二十周年院庆系列

凯原法学论丛

The Study on the Local Legislatures' Unified Deliberative Mechanism and its Implementation in China

我国地方立法统一审议制度及其运作研究

徐向华 著

法律出版社 LAW PRESS·CHINA

北京

图书在版编目(CIP)数据

我国地方立法统一审议制度及其运作研究 / 徐向华著. -- 北京 : 法律出版社, 2023
(凯原法学论丛. 二十周年院庆系列)
ISBN 978-7-5197-8174-3

Ⅰ. ①我… Ⅱ. ①徐… Ⅲ. ①地方法规-立法-研究-中国 Ⅳ. ①D927

中国国家版本馆 CIP 数据核字(2023)第 144114 号

我国地方立法统一审议制度及其运作研究
WOGUO DIFANG LIFA TONGYI SHENYI ZHIDU JIQI YUNZUO YANJIU

徐向华 著

责任编辑 孙东育 曲 杰
装帧设计 贾丹丹

出版发行 法律出版社
编辑统筹 学术·对外出版分社
责任校对 王 丰
责任印制 陶 松
经 销 新华书店

开本 710 毫米×1000 毫米 1/16
印张 24 **字数** 325 千
版本 2023 年 1 月第 1 版
印次 2023 年 1 月第 1 次印刷
印刷 北京新生代彩印制版有限公司

地址:北京市丰台区莲花池西里 7 号(100073)
网址:www.lawpress.com.cn
投稿邮箱:info@lawpress.com.cn
举报盗版邮箱:jbwq@lawpress.com.cn
销售电话:010-83938349
客服电话:010-83938350
咨询电话:010-63939796

书号:ISBN 978-7-5197-8174-3
定价:88.00 元

凡购买本社图书,如有印装错误,我社负责退换。电话:010-83938349

前　言

本书是由我的博士论文《我国地方立法统一审议制度及其运作研究》(2007 年上海大学)修订而成的。

统一审议是我国特有的原创性立法程序制度。其决定于我国人民代表大会特色的组织结构,却同时创造性地体现了代议机构该有的民主代议与有效决策两大价值的平衡,并不断赋予其新的内涵。2000 年《立法法》通过之后,统一审议也成为有立法权的地方人大及其常委会的法定立法程序,承载着维护国家法制统一、遏制不当利益的重要功能。本研究的初衷在于验证统一审议制度法定功能的实现程度,揭示影响其兑现程度的各种因素,并甄别出该制度的衍生功能及社会效用。为此,本研究深度聚焦"组织—规则—功能"三者互动关系,尤其探寻审议组织、议事规则对于统一审议功能发挥的多元影响,同时揭示组织、规则的差异导致该制度在不同省份的不同演绎结果。在此基础上,务实性地提出了若干旨在夯实该制度核心功能、提升制度效能的完善建议。

本书的部分内容曾公开发表(《地方立法统一审议制度的法定功能》,载《法学》2007 年第 11 期),但主体部分因极个别的研究素材尚未解密而无法尽早公开发表。之后,笔者在隐去上述资料及相关结论的基础上曾数次计划将文稿整理出版,但由于各种原因不得不反复搁置。此番承本人供职的上海交通大学凯原法学院的美意，将书稿列入20周年院庆出版系列，了却了我多年的夙愿。

在与学院沟通出版事宜的过程中，我也有过打退堂鼓的念头，主要是担心当年的时代见解可能成为历史意见。在学院及同人们的鼓励下，最终仍然决定将本书稿出版。一方面，目前我国对地方人大统一审议制度系统实证研究的著作尚付之阙如，因此愿以此一家之言抛砖引玉、求教大方，为推动该领域研究略尽绵薄；另一方面，作为对地方人大统一审议制度阶段性发展的研究，书稿即使仅作为历史意见也有其独特的学术价值，为学术界和实务界理解该制度的机理与功能、了解其阶段性的运行情况提供一种不可复制，且不可多得的历史参照。更何况，在对文稿进行出版前的必要微调时，我也“窃窃”欣喜多年前的不少研究结论，尤其是学术创见及其理论依据，已为十六年来我国地方人大的组织健全、程序完善及其统一审议的发展实践所采纳或者佐证。对此，我仅以注释的方式集中记录并表述在本书的“结论”和“余论”两个部分。

由于本研究获得的如下心得并不过时，也值得在此提前分享。首先，在我国治理体系与治理能力现代化的进程中，应当继续强调和重视“程序先行”，通过创设和优化决策及参与程序解决制度上的难题。其次，在程序制度设计中，应当特别注重引入交涉机制，为不同意见的分享、竞争和选择提供更加宽松、公平和开放的环境，在求同存异的基础上提升理性并精准决策的质量。最后，程序并非处在真空中，更无法独善其身。程序实然效用的提升离不开相关组织的优化及其议事规则的完善，通过组织和规则为程序赋能不失为制度建设的一方良策。

需要特别说明的是，其一，为了使本研究尽可能与时俱进，在书稿修订过程中对学术综述和制度发展两章进行了必要的动态更新。其二，2015年《立法法》的修改对统一审议制度作了微调。但是，毕竟本研究主要是以书稿完成前的地方立法统一审议制度实践为研究对象，因此，应尽可能“原汁原味”地将其置于当时的时空及制度条件下，以最大可能维持已形成结论的合理性和有效性。换言之，除前文论及的内容增加了些许注释之外，书稿初稿在交付出版社时仅对其他六章作了文字和标点的订正。此后,根据出版部门的要求,又对付梓前的书稿之研究内容及其相关结论作了微调。这两点,恳请读者在开卷前知悉。

此书依然是一本留有遗憾的书。二十四年前我的首本个人专著刊出时,我将其视为学术生命的又一个开端;本书的刊印,或许该成为我对自己近四十年学术生涯的一个认真总结和交代。同时,也趁退休之际,以此敬向院庆献礼!

目　录

第一部分　导　论

第二部分　本　　论

第一部分　导　　论

第一章　统一审议　立法制度与社会发展的联结

第一节　研究缘起和核心概念范畴界定

一、问题的提出

2000年3月15日第九届全国人民代表大会第三次会议表决通过了《立法法》。该法第68条第2款首次确立了我国地方立法的统一审议制度，明确规定“地方性法规草案由负责统一审议的机构提出审议结果的报告和草案修改稿”。[①] 在地方性法规制定程序中设立统一审议机制，这在我国立法制度发展史上具有非凡的创新意义。[②] 它不仅创举性地将全国人大及其常委会实践了近二十年的统一审议制度引入地方性法规的制定程序之中，而且制度性地改变了地方立法过程中仅由单一专门委员会进行“线性”审议的传统，使地方性法规草案的审议具有了在不同专门委员会间进行更多交涉和合议的宪法性制度空间。

然而，在地方立法实践中，地方性法规案是否

---

① 现为《立法法》(2015年)第77条第2款。

② 参见徐向华、林彦:《我国〈立法法〉的成功与不足》，载《法学》2000年第6期。

必须[①]进行统一审议？负责统一审议的又该是怎样的机构？《立法法》对此并未提供明确、具体的答案。于是，全国人大常委会办公厅在该法实施前的一个多月，即于2000年5月22日专门发出了《关于贯彻实施〈中华人民共和国立法法〉第六十八条有关规定的意见》（以下简称《意见》），对有权制定地方性法规的机关实施统一审议提出了具体要求。《意见》明确：

> "负责统一审议的机构"是指人民代表大会依照《中华人民共和国地方各级人民代表大会和地方各级人民政府组织法》设立的专门委员会。……凡没有设立法制委员会的地方，应当在2001年举行人民代表大会会议的时候，选举产生法制委员会。……从今年7月1日至明年举行代表大会会议之前，上述地方可以由人大常委会决定，授权一个机构在此期间承担统一审议的工作。[②]

《意见》发布后，有些省级地方人大常委会通过特别授权直接赋予人大法制委员会自始行使统一审议地方性法规草案的职权，[③]有些则决定在2001年年初代表大会会议召开之前，即统一审议机构正式成立之前由本级常委会主任会议、常委会的法制委员会和（或者）相关的法制工作机构等负责地方性法规草案的统一审议。[④]

但是，面对如此明确的权威意见，新疆维吾尔自治区人大常委

① 若无特别说明，本书正文和注释中的着重号均为作者标示。

② 张春生主编：《〈中华人民共和国立法法〉释义》，法律出版社2000年版，第297页。

③ 参见《湖北省人民代表大会常务委员会关于由省人民代表大会法制委员会承担地方性法规草案统一审议工作的决定》。

④ 参见《吉林省人民代表大会常务委员会关于授权法制工作委员会承担地方性法规草案统一审议工作的决定》《河北省第九届人民代表大会常务委员会关于授权法制委员会承担对地方性法规草案统一审议工作的决定》《海南省人民代表大会常务委员会关于授权法制工作委员会、法规室负责统一审议地方性法规草案的决定》《贵州省人民代表大会常务委员会关于贯彻实施〈中华人民共和国立法法〉有关规定的决议》《湖南省人民代表大会常务委员会关于授权法规工作委员会对地方性法规草案进行统一审议的决定》《内蒙古自治区人民代表大会常务委员会关于授权法制工作委员会承担地方性法规草案统一审议工作的决定》《江苏省人民代表大会常务委员会关于授权法制委员会承担地方性法规草案统一审议工作的决定》。

会却依然期待对统一审议制度在当地的实施进行某些变通，并寻求最高立法机关的认可。于是，其与全国人大常委会法制工作委员会（以下简称全国人大常委会法工委）展开了制度上的对话：

> 问：本届新疆维吾尔自治区人民代表大会换届选举时根据新疆的实际情况，未考虑设立专门委员会，因而在现有代表中缺乏进入专门委员会的人选。为此，本届人民代表大会选举产生法制委员会较为困难。我们建议，本届自治区人民代表大会暂不设立法制委员会，由自治区人大常委会法制（工作）委员会依据常委会的授权决定，继续承担地方性法规草案的统一审议工作，待本届人民代表大会代表换届选举时再充分考虑代表构成比例，选举产生法制委员会，以按照立法法的规定要求更好地坚持和实行统一审议制度。这一考虑是否妥当，特请示。（新疆维吾尔自治区人大常委会　2000.12.14）
>
> 答：《立法法》第68条第2款规定："地方性法规草案由负责统一审议的机构提出审议结果的报告和草案修改稿。"全国人大常委会办公厅《关于贯彻实施〈中华人民共和国立法法〉第六十八条有关规定的意见》中指出："负责统一审议的机构是指人民代表大会依照《中华人民共和国地方各级人民代表大会和地方各级人民政府组织法》设立的专门委员会。""凡没有设立法制委员会的地方，应当在2001年举行人民代表大会会议的时候，选举产生法制委员会。"作为专门委员会的法制委员会，由人大代表组成，履行统一审议的职责。常委会的工作机构不能代替法制委员会行使审议权。因此，建立法制委员会并使之履行统一审议职责，是贯彻落实立法法的需要，有地方立法权的地方人大应当在2001年举行的人民代表大会会议上，选举产生法制委员会。关于法制委员会组成人员的条件，法律除规定必须是人大代表外，没有其他具体规定，可在现有代表中选择一些比较合适的人员作为拟任人选。具体工作可以依靠法制工作委员会来做。各地都是按照这一精神办的。（全国人大常委会法

制工作委员会 2001.1.5)①

在上述答复中,全国人大常委会法工委通过重申全国人大常委会办公厅《意见》的部分内容,释放出一个非常清晰的决策讯息——对地方性法规的制定而言,统一审议是一项强制性的程序制度,不容任何变通,即便实行民族区域自治、具有法律变通权的地方也不能以情况特殊为由推迟该制度至2003年省级人大换届后付诸实施。

上述《意见》和答复公布以后,有关地方性法规案实施统一审议的争议似乎理该告一段落。然而,有关地方立法是否实行统一审议以及如何实行统一审议的争论仍未停歇,尽管所有相关的地方人大都已设立了专司统一审议职责的法制委员会。来自立法实务部门的同志和宪法学、立法学的学者围绕着法制委员会实施统一审议职权是否具有宪法依据以及是否吻合民主政治的理念,如何在统一审议中充分发挥法制委员会和其他专门委员会两方面的积极性,如何把握为遏制不当部门利益而提前介入的度,如何平衡立法的民主和效率两大价值并进而提高地方立法质量等一系列问题展开了热烈且积极的讨论和争鸣。②

事实上,所有的学术争鸣和建设性建议归根结底均涉及一个根本问题。这就是统一审议在地方性法规制定中究竟具有什么功能?的确,我国地方立法中的统一审议并不是一项外来的、继受性的制度,而是一项全新的立法程序制度。③ 因此,在提高立法质量,为法治国家建设提供良法的宏观背景下,该项制度究竟具有怎样的功能、在地方立法实务中究竟如何发挥作用以及究竟应该具备怎样的规范内容以实现功能的最大化等问题必然会引起高度的关注和广泛的探究。概观《立法法》实施以来所有的研究成果和实践模式,其更多地集中

---

① 全国人大常委会法制工作委员会编:《法律询问答复》(2000~2005),中国民主法制出版社2006年版,第15~16页。

② 讨论和争议的具体内容见本书第二章第二节的“主要学术议题述评”,第32~54页。

③ 关于统一审议制度为我国“特有”的立法程序制度的论述可见本书第三章第一节“审议制度的变迁和统一审议制度的建构”,第57~77页。

反映在如何确保统一审议制度的“可行”,[①]至于此项制度在我国究竟是否“必要”则鲜有充分、系统的论证和全面、客观的评价。然而,恰恰是后一方面的研究才将对此立法制度在我国的发展前景以及何以发展真正具有奠基性的,乃至决定性的意义。

本书选择后者为主要研究对象,尝试以现代西方结构功能主义的理论为分析工具和以“组织—规则—功能”为研究范式,借助科学的实证方法,在逐一解读《立法法》实施前后两届省级地方人大常委会以不同模式审议地方性法规草案的相关报告、审议周期以及表决结果的基础上,细致检视并分析《立法法》所建立的地方立法统一审议程序制度的功能。具言之,本书力图回答的问题是:第一,立法者赋予统一审议制度的法定功能是什么?第二,统一审议制度的法定功能在地方立法实践中是否得以实现?何以得以实现?尤其是法定功能的实现程度与实施统一审议的组织以及规则之间存在怎样的关联?第三,统一审议制度是否还存在除法定功能之外的“实然”功能?第四,若存在其他“实然”功能,其究竟是附着在法定功能上的“正”功能抑或是反功能?[②] 又何以借助负责统一审议的组织制度以及工作制度予以放大或抑制?

此外,本研究以地方立法统一审议制度为分析进路,将其作为考察立法制度与社会发展的一个视角,还在于试答,第一,以统一审议制度之“实”评我国立法程序价值体系之“虚”,探究我国立法程序制度的建构究竟应当取决于怎样的基本价值理念?第二,以立法程序制度之“点”析我国民主制度建设和各领域现行制度变革之“面”,把握任何一个组织乃至社会系统的科学决策究竟应当基于怎样的合理因子和机制,缕析究竟应当以怎样的思维和视角去权衡并决断改革方法并引领社会改革的成功?

---

① 关于研究成果侧重于如何保障统一审议制度“可行”的论述见本书第二章第二节的“二、《立法法》实施后的完善之辩”,第 43 ~ 54 页。

② 参见[美]罗伯特 · K. 默顿著:《社会理论和社会结构》,唐少杰、齐心译,译林出版社 2006 年版,第 135 页。需要说明的是,第一,该译本将我国社会学界更认同的“反功能”概念译成“负功能”,但本书采纳“反功能”之通说。第二,本书为清晰区分于“观察到的那些削弱系统之调适的后果”的“反功能”,将“观察到的那些有助于一定系统之调适的后果”称为“正功能”,尽管该译本将其定名为“功能”。

总之，本书希冀通过上述研究，揭示社会发展的隐秘。[①] 从微观而言，寻找出在法律语言外在包裹下的统一审议制度所实际运行的规律，并在能够证明该项立法程序制度是我国现阶段地方立法必不可少机制的基础上，侧重就实施该项制度的组织及其规则提出针对性的完善之策。从宏观而言，具体的统一审议实践，引领我们思考的不仅仅是立法制度的变迁，更重要的还有变革时代的国家政治、经济、文化等多方面的社会进步。

二、核心概念

在展开具体分析之前，本书首先对研究对象所涉及的两个核心概念——“地方立法”和“统一审议”——以及四个次级相关概念——“地方性法规案”、“专门委员会”、“法制委员会”和“法制工作机构”——分别予以界定或说明。

（一）地方立法

地方立法是一国立法活动的重要构成部分。在我国，作为与“中央立法”[②]相对应的概念，学术通常以“地方立法”来概括一般地方立法、民族自治地方立法以及特区地方立法。其中民族自治地方立法专指自治条例、单行条例的制定；特区立法分指经济特区的授权立法和特别行政区的法律制定；[③]一般地方立法则包括省级和设区的市级的人大及其常委会制定地方性法规的活动和同级人民政

---

① 真正面对社会生活的隐秘是社会学的“独到”意义。布迪厄指出：“社会学家和历史学家的职责在于对社会的运行进行科学的分析，法国一位科学哲学家加斯东·巴什拉说过：‘科学必须发掘隐秘。’这就是说既然有一个研究社会的科学，它就不可避免地要发掘隐秘，特别是统治者不愿看到被揭露的隐秘”。参见［法］皮埃尔·布迪厄、［美］汉斯·哈克著：《自由交流》，桂裕芳译，北京三联书店 1996 年版，第 53 页。

② 在我国，中央立法通常指全国人大及其常委会制定法律、国务院制定行政法规、国务院组成部门以及具有行政管理职能的直属机构等制定部门规章的活动。

③ 2021 年 6 月 10 日，全国人大常委会授权上海市人大及其常委会行使制定浦东新区法规的权力。此种法规可以对法律、行政法规、规章进行变通。从授权目的和授权立法权限上接近于经济特区法规制定权。参见《全国人民代表大会常务委员会关于授权上海市人民代表大会及其常务委员会制定浦东新区法规的决定》(2021 年 6 月 10 日第十三届全国人民代表大会常务委员会第二十九次会议通过)，载中国人大网，http://www.npc.gov.cn/npc/c30834/202106/9566bd58b477461483314c22ce449015.shtml。

府制定地方政府规章的活动。

需要说明的是，基于表述简洁的需求，本书借用的“地方立法”概念实际指称一个外延较之通识为小的研究对象。首先，由于《立法法》仅仅要求地方性法规制定实施统一审议，因此，本书所研究的“地方立法”不包括民族自治地方立法、特区立法以及一般地方立法中的地方政府规章的制定。[①] 其次，由于实证资料收集的限制，更囿于设区的市的人大及其常委会[②]与省级地方人大及其常委会的组织结构、议事规则以及地方性法规制定程序的相似性，本书进一步将研究对象仅仅定位于省级地方性法规制定过程中的统一审议。最后，尽管《立法法》对省级地方人大和常委会制定地方性法规的活动都提出统一审议的要求，但考虑到该项制度自 2000 年 7 月实施以来地方性法规更多由省级地方人大常委会制定，也由于各地对人大常委会统一审议规则的规范更为具体，因此，若无特别说明，本书有关功能评估和规则分析等部分再进一步将分析对象“缩小”为省级地方人大常委会制定地方性法规过程中的统一审议。

（二）统一审议

统一审议是我国的一项法定立法程序制度，适用于中央立法中

① 尽管《立法法》（2015 年）第 77 条第 1 款规定，地方性法规和自治条例、单行条例的制定程序都应当“根据中华人民共和国地方各级人民代表大会和地方各级人民政府组织法，参照本法第二章第二节、第三节、第五节的规定，由本级人民代表大会规定”，然而，依据该条第 2 款的规定，统一审议只强制适用于地方性法规的制定。《立法法》之所以在统一审议问题上对地方性法规和自治条例、单行条例作出不同的程序规范，主要基于此项制度实施的“可兑现”程度，尤其是组织结构的保障程度。由时任国务院法制办公室副主任曹康泰任主编，研究司司长汪永清统稿和定稿的《中华人民共和国立法法释义》指出，因考虑到自治条例和单行条例的制定机关是民族自治地方的人民代表大会，尤其是自治州、自治县两级人大设立统一审议机构的条件尚不具备，因此，《立法法》对自治条例和单行条例未提出统一审议的要求。参见曹康泰主编：《中华人民共和国立法法释义》，中国法制出版社 2000 年版，第 168 页。当然，也有学者认为，我国民族自治地方人大在制定自治条例、单行条例的过程中也应当采用统一审议制度。参见孙晓咏：《关于自治条例和单行条例制定中统一审议问题的思考》，载《中南民族学院学报（人文社会科学版）》2002 年第 1 期。

② 《立法法》（2015 年）第 72 条第 2 款规定，“设区的市的人民代表大会及其常务委员会根据本市的具体情况和实际需要，在不同宪法、法律、行政法规和本省、自治区的地方性法规相抵触的前提下，可以对城乡建设与管理、环境保护、历史文化保护等方面的事项制定地方性法规，法律对设区的市制定地方性法规的事项另有规定的，从其规定。设区的市的地方性法规须报省、自治区的人民代表大会常务委员会批准后施行”。

法律案①的审议和地方立法中地方性法规案的审议。就后者而言，统一审议指对列入省级地方人大或者人大常委会会议议程的地方性法规案，由省级地方人大法制委员会根据代表团或者常委会组成人员和有关的专门委员会的审议意见以及各方面提出的意见，对地方性法规草案进行审议，并提出修改情况的汇报或者审议结果报告、地方性法规草案修改稿和表决稿，提交人民代表大会全体会议或者常委会全体会议再次进行审议和表决的程序。

由此，地方立法的统一审议制度具备四项基本要素：

第一，就性质而言，统一审议是一项强制性而非选择性的法定立法程序制度。

第二，就主体而言，实施统一审议的是人民代表大会中负责法制工作的专门委员会而不是其他专门委员会或者常务委员会所属的法制工作机构。

第三，就对象而言，被统一审议的是已列入人大或人大常委会会议议程，并通常已经由其他相关专门委员会和人大或人大常委会全体会议初次审议的地方性法规案。

第四，就表现形式和结果而言，统一审议以地方性法规案的修改情况汇报或者审议结果报告、草案修改稿和表决稿②作为表现载体和议事结论。

（三）地方性法规案

“地方性法规案”（以下简称法规案）指依法有权提出议案的主体向省级地方人大及其常委会提出关于将某事项制定为地方性法规（以下简称法规）的书面提议，通常包括法规草案及其说明。需要说明的是，第一，由于作为统一审议对象的法规案是已经经过其他专门委员会和人大或人大常委会全体会议审议的法规案，因此，其和最初由提案主体提出的法规案在文本内容上并

---

① 2021 年修改后的《全国人大组织法》第 39 条第 2 款规定，宪法和法律委员会统一审议向全国人大及其常委会提出的法律草案和有关法律问题的决定草案。这与《立法法》（2015 年）第 20 条、第 33 条仅规定法律案的统一审议有所区别。

② 虽然《立法法》仅要求负责统一审议的机构对法规草案提出审议结果的报告和草案修改稿，但不少地方参照了《立法法》对全国人大常委会统一审议程序的规定，还要求法制委提出草案表决稿以付诸表决。

不完全相同。第二,尽管法规案通常由法规草案(以权利义务为主要内容)和草案说明(阐述制定法规的必要性、可行性以及解释主要条款的设计理由)两部分构成,但统一审议始终将法规草案作为重点审议的内容。

(四)专门委员会、法制委员会和法制工作机构

在地方,"专门委员会"是指地方人大根据《地方各级人民代表大会和地方各级人民政府组织法》(以下简称《地方组织法》)设立的,由本级人大代表通过选举方式组成的、依照专业分工原则设立的、受本级人大及其常委会领导的,负责立法、监督和财政预算审查等事务的[①]常设委员会。[②] 目前,我国各省级地方人大设立的专门委员会数量不等,但几乎都设有财政经济委员会、教育科学文化卫生委员会、内务司法委员会和法制委员会,等等。为简便论述,本书将参考本领域的学术惯例,用"其他专门委员会"(以下简称其他专门委)指代"除法制委员会以外的其他专门委员会",但作出特殊说明的除外。

"法制委员会"(以下简称法制委)是《地方组织法》授权设立的

---

① 《地方组织法》第30条第1款、第2款和第3款分别规定,"各专门委员会受本级人民代表大会领导;在大会闭会期间,受本级人民代表大会常务委员会领导","专门委员会的主任委员、副主任委员和委员的人选,由主席团在代表中提名,大会通过","各专门委员会在本级人民代表大会及其常务委员会领导下,研究、审议和拟订有关议案;对属于本级人民代表大会及其常务委员会职权范围内同本委员会有关的问题,进行调查研究,提出建议"。

② 委员会是各国立法机关组织体系中重要的结构要素。在比较宪法学领域中,各国学者按照不同的标准对立法机关的委员会进行分类。主要的划分标准有:一是以委员会的名称为标准进行分类;二是以是否行使立法职能为标准,将委员会划分为对立法有原始管辖权的和无原始管辖权的两种类型;三是以工作性质为标准,将委员会划分为全院、常设、特别、联合和内部事务委员会五种类型;四是以任期和有无确定的管辖职能为标准,将委员会分为常设和临时委员会两种类型。See John D. Lees & Malcolm Shaw, Committees in Legislatures: A Comparative Analysis 377 (1979). See also David M. Olson, The Legislative Process: A Comparative Approach 342 (1980).同时参见罗传贤:《立法程序》,台北,龙文出版社1993年版,第304页。在上述各种划分标准中,结合委员会的任期和职能两个标准对划分委员会的类型而言更具实际意义。在我国,所有的人大专门委员会都是具有特定职能的常设委员会,特别委员会(如全国人大香港特别行政区基本法起草委员会、全国人大常委会香港特别行政区筹备委员会预备工作委员会)和特定问题调查委员会则是因授权处理某一方面特别事项的非常设委员会。

专门委员会之一。[①] 在《立法法》颁布实施之后,根据全国人大常委会办公厅《意见》和全国人大常委会法工委答复的要求,法制委员会是负责法规案统一审议的法定机构。

"法制工作机构"指称"法制工作委员会"(以下简称法工委)。作为工作委员会,其性质和法律地位与专门委员会是不同的。首先,法工委是由人大常委会设立的法制工作机构,[②]专门委员会则是人大设立的。其次,法工委由常委会组成人员、非常委会组成人员的人大代表以及法学等领域的专家组成,专门委员会则由清一色的人大代表组成。最后,法工委仅是协助人大常委会行使职权的常设工作委员会,专门委员会则是同时协助人大及其常委会行使职权的常设委员会。

第二节　研究意义和结构纲要

一、研究意义

作为规制立法权力行使的轨道,立法程序通行于近代文明社会以来的民主国家;然而,作为程序理性之价值形态的外化物,各民主国家为达成"客观、理性、公正决定"目标[③]而设立的制度形态的立法程序却既有共性又有特色。与其他"舶来"的立法程序制度不同,自 2000 年起确立的我国地方立法统一审议完全是一项"土生土长"的享有"专利"的立法程序制度。借此,研究使命任重道远,研究意义也非同凡响。

---

① 《地方组织法》第 30 条第 1 款规定,"省、自治区、直辖市、自治州、设区的市的人民代表大会根据需要,可以设法制委员会、财政经济委员会、教育科学文化卫生委员会等专门委员会"。

② 《地方组织法》第 53 条第 1 款规定,"常务委员会根据工作需要,设立办事机构和其他工作机构"。

③ 罗传贤:《立法程序与技术》,台北,五南图书出版有限公司 1997 年版,第 327 页。

(一)理论范畴的意义

在理论范畴方面,“就事论事”地回应关于统一审议制度的存废争议是首要的研究使命和意义。

一方面,通过展现《立法法》实施后我国地方立法统一审议制度运行所取得的实效回应此项制度的质疑者和废除论者。质疑和废除者们所持观点究竟是真知灼见抑或是认识误区?统一审议制度是否因与其他国家通行的立法机关委员会制度及其议决程序不同而存有无法治愈的“硬伤”?统一审议制度是否暗含着弥补我国传统议事文化中“不明争”等某些不足的制度因子?统一审议制度的运行实效究竟将证明其在提高地方立法质量中“过大于功”还是“瑕不掩瑜”?倘若实践佐证了地方立法统一审议制度是一项次好的程序制度并获得不菲成功的话,那么,成功背后的支撑因素及其价值理念究竟又是什么?这种支撑因素是否与普遍公认的议会运行成功的制度基石之间存在亲缘关系或者可替代性(interchangeability)?本研究希望通过对上述问题系统而具体、客观而坦然的缕析,总结出一条既“照顾”我国立法机关现状又能将议事效果最大化的“中国规律”,同时向世界展示我国立法机关委员会制度在特定政治语境下的成功经验,拓展与各国进行立法机关委员会制度乃至整个立法制度的学术对话的空间。

另一方面,通过对统一审议制度建构历史、各地统一审议组织结构、工作规程和议事成果等全面而深入的研究,突破该项制度的支持和完善论者所忽略的知识盲区,打开其难以改变的思辨局限,并及时打上“补丁”。这些研究包括:统一审议制度究竟具有怎样的预设法定功能和“实然”事实功能?各地的统一审议组织结构以及工作规则与统一审议的功能发挥之间究竟具有怎样的逻辑联系?统一审议实践中的事实功能相对于法定功能而言究竟是“正”影响还是反功能?如何“统筹”针对统一审议制度的不足所进行的建设性批判所蕴含的价值理念?统一审议制度在我国“诞生”的缘由只是如同大部分学者和实务工作者认为的“消除不当利益”、“保持法制统一”和“提升立法技术”,还是基于更具智慧、能以最易被体认和接受的制度安排解决更为深层问题的政治考量?本研究企盼通过客观展现统一审议制度的历史和现实,平等正视其优势和不足,透彻阐释其功能和理念等各个面向，使我国统一审议制度的研究从“碎片化”达至“体系化”，并进而从这一制度中发现一个具有持久效用的“制度装置”①，使地方权力机关的立法以及所有议事效果真正行稳致远。

通过对地方立法统一审议制度的“个体”研究，在理论范畴内“举一反三”地审视和解析我国立法程序的价值体系以及各价值的“位次”，并在此基础上对我国立法程序制度“整体”建构和完善作出新的解说，则是本研究希冀承担的第二个研究使命。

在现代文明社会，立法程序是立法权力动态存在并外化为法律权利的正当通道和载体，是国家凭借立法手段分配权利义务、协调利益冲突、规制社会秩序和配置社会资源的合法路径和正当程序。不仅要强调“民主政治是目的，立法程序便是手段”，而且要体现“有程序正义才能公平合理地分配，以达致实质正义”。② 因而，“善待程序”已成为民主政治的一种基本理念；“无程序便无立法”亦已成为现代立法和法治的重要原则。

在我国，“正是程序决定了法治与恣意的人治之间的基本区别”的理念同样开始深入人心、渗进社会的肌体。然而，我国法律传统中的程序文化较为匮乏。一方面，立法程序的设计和运用受到了不应有的冷落；③另一方面，已设计并运用的立法程序又时常遭致“低效率”的批评。④

---

①　“制度装置”是日本行政法学上基于行政程序分类的一个较新的学术概念，由该国行政法学家芝池义一教授（京都大学）提出。芝池义一教授认为，可以对行政程序进行作为装置的行政程序和作为过程的行政程序的分类。前者是指某个具体的制度构造，如听证、理由说明，等等，后者则并不顾及这些具体的制度构造而关注行为活动的整体流程。如当谈及“行政程序正当化”或“实体法与程序法”时，其所涉及的是作为过程的程序，而“行政程序正当化”则是通过听证、意见书提出、理由说明等作为装置的行政程序实现的。参见[日]芝池義一：《行政法総論講義》（第4版），有斐閣2001年版，第277页以下。

②　罗传贤：《立法程序与技术》，台北，五南图书出版有限公司1997年版，第330页。

③　参见许崇德：《序言》（一），载苗连营著：《立法程序论》，中国检察出版社2001年版，第1页。

④　此构成对地方立法统一审议制度质疑的主要理由之一。参见本书第二章第二节第“二”部分的“（一）”之“1. 审议权限、职责纠葛——制约审议效率和质量的痼疾”，第44～45页。

在法学理论界,正义和效率两大基本价值构成了现代立法程序价值体系已成为学术共识。本书的目的在于,在承继学界共识的基础上,通过地方立法统一审议这一“微观”程序制度的诠释,重新论证或者明确以下两个基本观点:第一,正义是立法程序的首要和核心价值,现代立法程序的建构及运作应当遵循“正义优先、兼顾效率”的价值取向。因此,不能将效率因素唯一化和绝对化并以此去评价并舍弃地方立法统一审议制度。第二,作为立法程序设计的价值取向和主要标准之一,效率的衡量至少包括不可断裂、分离的两个方面:一是作出合议决定的内在成本是否经济,即所设定的议事程序能否保障以最少的投入获得最大多数人最大限度的参与;二是作出合议决定的外在成本是否经济,即所形成的立法成果能否足以以尽可能少的社会成员的牺牲或者反抗获得最多数人最大限度的满足和幸福。反之,生产过程经济但“立法”产品质量低劣,或者产品当属精品但立法过程过于奢侈。因此,也不能以孤立、片面的效率标准去甄别并废弃地方立法统一审议制度。

法治的价值不仅体现在立法内容的公平正义,更首先体现在立法程序设置的合乎理性。这就是本书在理论层面的第二个意义和贡献。

(二)实践领域的意义

相比较而言,下述三个方面所彰显的现实意义将更加鼓舞人心。

首先,为设立旨在坚持和完善统一审议制度的地方人大法制委提供科学的经验坐标体系。为实现统一审议制度的法定预期和孵化孕育其可能存在的事实上的“正”功能,统一审议的组织架构何以保证其中立性、专业化以及与其他审议组织的非同质化?法制委的人员规模、年龄阶梯、知识结构、禀赋要求和兼职比例何以要求和配置?法制委与法工委、其他专门委、主任会议等之间的交涉协调机制何以完善?统一审议规则的制度化当以侧重关注哪些机能以及是否需要引入新的审议规则?所有这些问题都将再次摆在省级人大面前,新一轮的组织结构微调和工作规范的修订也将在所难免。围绕上述问题,本书所作的理论和实践两方面的系统整理定将为新一届省级地方人大对统一审议制度的坚持、完善和创新提供科学的坐标以及制度之尺。

其次,为已经提上议事日程的政治体制改革和党内民主制度建设提供可资借鉴的决策机制模式。不容否认的是,我国国家治理体系和治理能力现代化水平不断提升,全过程人民民主也与时俱进。面对人民日益强烈的参政要求和改革呼声,执政的中国共产党和以为人民谋福利的人民政府应当如何应对并引导公民进行有序的政治参与将成为未来我国政治体制改革的一项重要任务。倘若我们能够从统一审议制度中发现一些既能鼓励意见表达又能促进利益整合的制度设计——如何通过不同审议主体之间以意见交换、利益协调和权力平衡的制度化交涉,使不同意见的整合成为可能,使决策的质量得到保证;又如何借助待异议为常规、视妥协为惯常、让少数发声、不强求多数的议事理念,使决策机关避免成为虚设的、摆样的"无障碍"通过机制,并最终让真理和科学制度在意见交锋中胜出——那么,我们就可以在未来其他领域的政治体制改革和党内民主建设中加以借鉴、尝试和完善。我们甚至可以将这种崇法、唯理、求真、务实的议事文化和实践平移到任何一个需要决策的组织和社会系统的土壤之中,成为不同利益表达和协调的制度空间。若如此,统一审议模式中的合理因子和机制就可以不断复制、永续发展,成为其他领域改革的有益摹本。

最后,为未来众多领域的制度变革提供足资参考的"另类"思维视角。对程序的轻视,使我们过去曾经、现在依然习惯于用实体方法去解决另一个实体问题。例如,在中央和地方关系的调整中,几乎总是囿于权限的划分。然而,这种视角提供的解决方案则可能因难以使各方利益得到满足而效果不彰。若本书最终得出的结论是,到目前为止,地方立法统一审议是一种比较成功的实践,那么,这种成功是否预示或者启迪我们,作为一种全新的制度尝试,统一审议不再动用实体资源,而是依赖于一个看似不起眼的程序设置,对内改造各组织结构之间的权力关系、提高组织决策的效能;对外平衡各方利益、优化公权力制衡、实现宪法体制下的人大决策中心地位的逐渐回归。这种既不大动干戈又能有效解决问题的程序装置,即"以四两拨千斤"的思维应当成为未来制度变革的视角乃至路径选项之一。任何时代中的任何民族,几乎都会因每项变革将涉及既有利益的调整和权力的重新划分而必然进行“温柔”抵抗，甚至激烈反对，有时反对的声音会延续到新制度运行后的很长时期。因此，变革方法的选择不仅对于变革的实施至关重要，而且对新制度的践行也影响深远。借此，如何以新的思维和视角去权衡并决断改革方法并引领改革成功，这也是本书所孜孜追求的实践意义。

（三）方法论层面的意义

一方面，本书对社会学方法的引入和运用为未来法学研究工具和视角的选择提供了借鉴。

传统的法学研究以规范分析为主，依赖于各种解释工具和方法，力图廓清各种规范之间的关系并最终提供解决法律问题的准则。然而，由于忽视对规范背后的各种场景的深入研究，规范分析常常陷入“只见树木、不见森林”的困境。20 世纪 90 年代以来，我国法学者开始认识到规范研究的局限性，并尝试将其他学科的方法引入其中。但这些尝试要么限于对其他学科方法的学说整理，不敢担当起研究实际问题的责任；要么在研究时将方法和分析对象分离，以致出现结论是其他学科的，而论证工具依然是规范学的学术尴尬。有些学者热衷于对国外法学交叉学科文献的翻译，却极少尝试用该学科的方法研究中国问题。方法和问题之间的分离和绝缘始终存在。本书作者希冀充当弥合社会学和法学距离的学术使者，通过借用样本调查研究和自然观察研究，运用量度化方法和调查访问法，使用“组织—规则—功能”等社会学的分析工具，一以贯之地运用于对地方立法统一审议制度分析的全过程，寻找规范分析框架下无法发现的问题，提供规范分析视角下无法提供的解决方案。总之，通过社会变迁来研究立法制度，透过立法制度来反思社会变革。这种法社会学的研究方法和路径无疑是本研究的一次“稚嫩”的尝试，当然也成为本研究的一大特点。

另一方面，中国法学研究不能脱离中国的社会现状，必须扎根于中国的社会事实。研究真实世界的法律而不研究空想世界的法律。[①]

---

① 参见苏力：《道路通向城市——转型中国的法治》，法律出版社 2004 年版，第 305 页。

因此，将法律制度从真空中拉回到现实生活，使有关法律制度的研究不再成为脱离社会的空泛概念和学术教条，扎扎实实地研究中国法治进程中自然而然流淌出来的实际问题，而不沉溺于、痴心于书本中堆砌的问题或头脑中臆造的问号，这是一个中国法学者必须始终亲历而为的学术实践和义不容辞的研究责任，这也当然成为本书作者孜孜以求的“正道”研究方法和努力塑造的“学术人格”。

当然，作为社会学领域中的一个非“正宗”研究者，寡闻中似乎感受到社会学界对法律制度建构的关注并非“倾力”，至于对立法制度设计的社会学视角几乎空白。倘若果真如此，本研究尽管不尽成熟却不乏“开拓”之价值。

二、结构纲要

本书分为导论、本论、结论和余论四个部分，共八章。

导论包括第一章和第二章。

第一章是对研究基本问题的概要。界定了本书的核心概念及其范畴；点明了研究任务并提炼了研究意义；排布了研究的结构框架；说明了本书的研究视角及其方法，尤其提出地方立法的统一审议是考察我国立法制度和社会发展彼此关系的一个重要且新颖的视角。

第二章是对统一审议制度理论争辩的文献述评。其中第一节通过对研究议题以及研究主体、方法和成果形式发展的梳理，描绘了统一审议制度研究的“总图景”。第二节则围绕着统一审议制度的存废和完善两大议题，评述了《立法法》实施前后学术界以及立法实务部门的研究热点及其结论的“分镜头”。其中《立法法》实施前的第一图景生动展示了从全国人大内部的理论论争至地方多数意见“正当”形成的理论轨迹，《立法法》实施之后的第二图景不仅围绕着统一审议制度本身具体梳理了审议的组织结构、审议权限、审议程序和审议技术诸方面的学术争鸣，发现了相关研究的精彩亮点以及不足之处，而且跳出统一审议制度的研究半径重点介绍了学术界对掣肘统一审议有效运行之根本原因的“一致”判断，评述了相关的完善之策。

本论包括第三章至第六章。

第三章是对统一审议制度建构及其功能的解析。第一节运用历史分析的方法,介绍了统一审议制度建构的四个阶段,分析了每一阶段在统一审议制度形成过程中的“增长点”和制度贡献,揭示了前后阶段在审议制度变迁中的承继和源流。第二节通过规范分析方法,逐一剖析了统一审议法定制度的两大基本结构,即显性的统一审议权的优势性和隐性的议事程序交涉性;重点论证了地方立法统一审议制度所负载的两项法定功能——遏制不当利益和维护法制统一的功能。

第四章至第六章是本书的重点部分。旨在借助组织、规则和功能三大分析工具,通过大量数据的统计分析和关键立法审议个案的具体解读,对可资评价我国地方立法统一审议制度本身及其实际运行状况与效果的三大基本要素——组织结构、工作规则和实际成效——进行“切换”式的研究,以此客观评价和科学说明:统一审议功能的实现及其实现程度与实施统一审议的组织及其议事等规则之间的必然逻辑及其相互关联。其中:

第四章实证分析了地方立法统一审议制度的运行实效。本章通过重点剖析辽宁、上海和江西三个省级行政区的法规案的审议周期、修改情况以及表决结果,并结合全国范围内省级层面被过滤并淘汰的典型法规个案的细致观察,系统而全面地评估了统一审议制度的实际功效,并进而作出四个初步判断:已实施的统一审议制度不仅实现了预设的两项法定功能,而且显现出强化不同主体间交涉的事实功能;统一审议的法定功能是其工具或外在功能的充分体现,程序自身或以内在功能表现的正义价值在统一审议制度的交涉性上得以集中体现。

第五章缜密解构了承担统一审议职责主体的组织结构。一方面,本章首先侧重考察了直接履行统一审议职责的31个省、自治区和直辖市人大法制委的组织规模、产生方式、成员构成以及“科层”配置,尤其是通过逐一“解剖”27个省级人大法制委成员的来源、专业、(专兼职)性质以及年龄等构成,归纳了四大类型法制委的组织特质、分析了不同的组织结构与统一审议职责承担之间的“贴合度”,揭开了不同组织结构与统一审议功能实现间的匹配“关键”,探索了完善法制委组织架构的关键“部位”,提供了与地方立法机关变迁、议事程序变革、立法任务消长等同样掣肘统一审议机制的基本要素保持动态平衡、相适相宜的组织“按钮”；另一方面，本章也解构了辅佐法制委完成统一审议任务的工作机构，通过对公用、独用和叠加的三种类型工作机构的大小规模、人员规模、内部构成以及工作职责等的分析，对工作机构的组织现状能否契合提供高效、细致、充分和专业的各项准备工作，适应统一审议工作效率和质量的组织要求以及未来走向作出了基本判断。

第六章规范研究了统一审议文本规则的制度全貌。本章以31个省级行政区制定的有关统一审议规则的76件法规和人大系统内部规则为考察对象，着重就实施统一审议主体的职权（责）边界、议事规则、相互关系模式以及沟通机制四个方面进行了规范研究。既基本摸清了我国地方立法统一审议相关规则的制度化和规范化现状，又大致厘清了各地统一审议现行规则与其功能实现的切合度和罅隙处，并就现阶段统一审议规则制度化和规范化的重点提出了原则性建议。

余论包括第七章和第八章。

第七章和第八章是本书的最后一部分。其中第七章在总结各章内容和观点的基础上，得出了本研究的四项基本结论，也回答了导论中提出的所有问题。第一，《立法法》首创的我国地方立法的统一审议程序制度具有遏制不当利益和维护法制统一两项法定功能；已实施的省级地方立法统一审议在相当程度上兑现了两项法定预期；统一审议实施组织以及规则的适当调整能够确保两项法定功能得以强化。第二，强大的不同主体间的交涉功能是实施统一审议制度的最大“意外收获”。相比较法定功能，交涉功能是一项“实然”的事实功能，是一项隐性化的功能，也是一项推动法定功能实现的正功能，但其也应统一审议实施组织及其规则不同而呈现明显的强弱或大小。第三，“正义优先、兼顾效率”是建构、运作并评价包括地方立法统一审议在内的我国所有立法程序制度的基本价值取向。第四，引入并强化交涉机制是实现科学决策、民主决策的“引爆点”，程序先行应当成为我国民主政治建设和制度变革的切入口之一，并可获取事半功倍的“奇效”。此外，将在本研究中形成的五个方面的困惑以及不成熟的“遐想”记录于第八章的余论。主要包括:关于统一审议制度与各国通行的议会委员会立法管辖制度的相悖性;关于法制委员会身份的单一性和中立秉性的纯度性;关于法制委员会主动审议的正当性;关于统一审议交涉的持续激励性,以及关于确立法制委与提案人之间重大分歧解决机制的必要性。

第三节 研究视角和研究方法

一、研究视角

(一)“三合一”的研究视角

任何民主国家中的立法,作为以国家政权名义“打造”的一种公共产品,法律理应具有广泛的民意基础或公意代表性;单一制国家结构形式下的我国所有有权主体的立法,理应坚持“维护社会主义法制的统一和尊严”①的宪法原则。唯有如此,法律才具备理当实施或遵守的“正义”基因。

无疑,法的实质正义必须凭借程序正义得以彰显和保障。由此,以矫正失灵功能为使命的“统一审议”程序制度在质疑和反对声中得以艰难确立并在全国范围内一体运行。通过对实施将近7年的地方立法统一审议制度实效的考察,无论是量化数据的统计还是关键个案的研究,一个结论被不断重复——统一审议的结果存在差异,即同一程序制度产生了不同的实体结果。

何以解惑?若仅留恋于“立法学”的研究视野,“就事论事”地研究统一审议制度本身,包括制度的理性设计和规范表述,显然难以发现立法制度背后的社会原因;若仅选择传统的“组织社会学”的研究范式,也许仅仅更易在组织变迁的社会环境因素中得出结论;若仅执着于“制度学”的研究视角,以现行规则的经验事实为分析起点的局限“僵局”依然无法被打破。

由此,本研究另辟“三合一”之研究蹊径——综合研究组织上的

① 《中华人民共和国宪法》第5条第1款。

制度、文化上的制度和立法上的制度。详言之，不仅研究立法领域中的地方立法统一审议制度，而且研究组织领域中的承担地方立法统一审议职责的组织，以及研究文化精神领域中作为地方立法统一审议运行轨道的工作规则，更研究三者所分别表征的法律制度与社会之间的相互关系。

（二）三元关系的分析框架

如前所述，在全国“一统”的地方立法统一审议制度之下，不同省级地方人大实施统一审议制度的环境优劣不同，实施该项制度的“成果”大小亦相异。

面对制度运行环境以及制度运行结果的分化，本研究创设“组织—规则—功能”三元关系的分析框架，不仅试图发现包括规范分析等任何单一分析框架下难以发现的“要害”问题或决定性“因子”，而且有效讨论我国省级地方人大以怎样的多种组织架构和以怎样的不同工作规则，与在全国范围内进行“同一”顶层设计的统一审议立法程序制度发生复杂互动的。

之所以提出这一分析框架或研究策略，最为基本的考量就是力图将看似孤立的三个研究对象由静态的结构转向联系的动态过程，同时将研究所涉及的社会事实假设为流动的而非静态的。[①] 最终，在“组织—规则—功能”三元关系的分析框架内，完成“通过社会考察法律制度，透过法律制度反思社会”的研究使命。

总之，本书以关键案例中的问题为出发点建立研究假设，以立法、组织和文化等多层面制度变迁的交互动力为分析线索去收集和分析资料，最终在立法、组织和文化制度内在关系的分析框架中获得研究结论——立法范畴内的制度实施要实现制定预期，不仅必须有“精良”的立法制度设计，而且必须至少具备保障该项立法制度功能最大化兑现的社会环境——“适当”的组织架构和“恰当”的工作规则，并由此回应或者验证本章第二节所希冀达到的理论、实践和方法论层面的研究意义。

---

① 参见孙立平：《迈向实践的社会学》，载《江海学刊》2002 年第 3 期。

二、研究方法

(一)具体研究方法

“科学研究是追求知识或解决问题的一种活动,从事这种活动所用的手段便是科学方法。”[①]为了更贴切地“解释”我国地方立法统一审议组织、规则和功能之间的相关性,继而为统一审议制度建构目的的最大限度实现而“控制”统一审议组织及其工作规则,本研究具体运用的实证研究方法相对多样。它们是:

以包括内在个案、工具性个案和集体性个案研究在内的个案研究法(Case Study)[②]叙明研究对象、分析典型事例、探讨一般情形。

以文献调查法(Literature Survey)“再现”《立法法》制定前后有关统一审议制度存(立)废的争议,“再现”《立法法》实施之后对完善地方立法统一审议制度的争鸣。

以历史分析法(Historical Analytical Method)厘清统一审议制度的发展沿革。

以规范分析法(Normative Analytical Method)解读《立法法》赋予统一审议制度的功能,即立法者预期的法定功能。

以档案资料分析法(Documentory Analysis)调查统一审议组织的实际“作为”。

以注释法(Interpretation Study)“扫描”省级人大统一审议组织的工作规范,阐释蕴含于条文中的“立法”宗旨,说明并发现议事规则和其他内部规程背后的设计意图及可反思的表述内容。[③]

在统计分析的基础上,以相关性研究(Correlation Study)描述统一审议组织、规则和功能三者之间的相互关系。

---

① 杨国枢、文崇一、吴聪贤、李亦园主编:《社会及行为科学研究法》(上册),重庆大学出版社 2006 年版,第 6 页。

② Robert E. Stake, The Art of Case Study Research (1995).

③ 法律解释始终是法律活动的基干,因而法学家们宣称,“法律是一种阐释性的概念”。([美]罗纳德·德沃金著:《法律帝国》,李常青译,中国大百科全书出版社 1996 年版,第 364 页)由于本书的研究目的之一是现行的统一审议工作规则是否利于统一审议组织实现统一审议制度的功能,因而第六章关于“工作规范 统一审议规则的文本分析”并不涉及作为方法的法律解释而相对侧重于本体论的范畴和强调反思的哲学性解释。

当然，上述“对应”式研究方法的叙述只是为了说明本书针对特定对象所采取的主要研究方法。事实上，研究方法的使用并非“泾渭分明”，针对某一研究对象所选用的方法往往具有“多元”性。

（二）具体资料获得方法

本研究获得具体研究资料的方法和途径主要有四个：

首先，文献法无疑是获得统一审议制度历史沿革及其社会背景资料的重要方法。

其次，本书研究的三大对象之一——因统一审议制度运行而变迁的省级人大内部新的组织结构——法制委的相关数据主要来自2006年《地方立法统一审议机制研究》课题组①（以下简称2006年课题组）所进行的问卷调查（以下简称2006年问卷调查），部分数据源于省级人大的官方网站和由作者本人以电话或电子邮件的方式直接采集于相关的省级人大法制委。

再次，另一研究主要对象——直接掣肘统一审议组织实现组织功能的运行规则——法制委的议事等工作规范数据全部通过法规或规则的文本统计分析所得。具体法规、规则的样本对象、数量和种类等详见第六章第一节的介绍。

当然，最重要的研究对象——有关统一审议制度运行实效的数据来自作者结合“量”的统计分析和“性”的实质判断对研究样本所作的分析。具言之，为了尽可能“查实”统一审议制度的实效，依照以下三项评估实效的具体内容分别采集相关素材：一是根据省级人大常委会公报（或会刊）公布的相关文件的形成日期，计算法规的审议周期；二是根据省级人大常委会公报（或会刊）公布的法制委的“审议结果报告”和“修改意见报告”，展现法制委对法规草案进行统一审议后提出的具体修改建议；三是反映法规草案具体表决结果

---

①　该项研究课题由上海市行政法制研究所资助。课题自2006年2月开始实施，2007年4月通过评审。课题负责人是上海市人大法制委的谢天放主任委员，成员包括上海市人大常委会发言人王宗炎、法制委主任委员助理何雅和法工委立法二处副主任科员崔凯先生。（参见谢天放、王宗炎、何雅、崔凯：《地方立法统一审议机制研究》，载《政府法制研究》2007年第10期）在此，由衷谢忱课题组允许我使用有关27个省级人大法制委的组织建构数据和相关评价的数据。

的数据由作者本人经办理相关手续后由有关省级人大常委会提供。此类分析性数据在本研究中不可或缺。有关审议周期、修改内容以及表决结果三类具体研究对象的抽样类型、方法和样本选择依据等详见本书第四章第一节关于“功能评估的对象”的内容。

最后，作为本研究的两个立论部分——统一审议制度的法定功能和存废争议——部分论述依据转引自《立法法》起草过程中全国人大常委会法工委的有关请示报告和简报等。

需要强调的是，尽管关于统一审议的组织、规则和功能三大研究对象及其相互关系的素材都是第一手的而非“移植”的，是客观真实的而非主观推断的，研究结论的提出也充分注意并运用了有助验证理论模式有效性和适用性的统计分析方法，但由于导致统一审议功能的实现与否以及实现程度的“因子”是复杂交错的，因而，虽然建构怎样的履行统一审议职责的组织，又设立怎样的运行统一审议的工作规则可能与统一审议制度法定功能的实现之间存在直接的、清晰的、稳固的和常态的关联性，然而，本研究结论并不排斥非直接的、变动的、非常态的影响因素的存在。

第二章　学术综述　统一审议制度的理论争辩

科学是站在巨人的肩膀上发展的。前人的艰辛探索和点滴积淀总是给予后人深邃的启迪和关键的帮助。由此,仔细研读和清晰梳理已有的学术成果,既为了尊重他人的知识产权,也为了给自身的研究和对话铺垫必要的背景以避免盲人摸象的无用功,更为了凸显本研究的社会价值和创新之处。

文献回顾主要包括两个部分:地方立法统一审议制度的研究发展概貌,以及地方立法统一审议制度的研究议题评述。

第一节　学术研究发展概述

一、研究议题的演变

学术界对地方立法统一审议制度的研究经历了从描述性的制度介绍到分析性的现状及对策研究的逐步深入的过程。从早期[①]的立法学教科书或者著作来看,对立法权限划分的关注胜于对立法程序

---

① 在我国,立法学是一门相对年轻的法学分支学科。学科的起点大致在 20 世纪 80 年代末。

设置的研究;在研究立法程序的著作中,对全国人大及其常委会立法程序的研究聚焦于对包括省级人大及其常委会在内的地方立法机关立法程序的研究;在研究地方立法机关立法程序的论著中,对法规案提案程序的论述详细于对审议程序的介绍;在涉及地方立法审议程序的论著中,对各地审议程序的概貌式介绍远多于对统一审议制度的系统研究。

早期著作对地方立法审议程序的研究视角不尽相同。有的学者将地方人大及其常委会的立法审议程序分为专门委员会或工作委员会审议、主任会议审议以及常委会会议审议三个环节加以研究。[①] 他们在第一个环节的论述中涉及了各专门委审议职责的划分,介绍了地方立法实践中存在的三种审议模式——各专门委分别审议制、法制(政法)委集中审议制以及以法制委为主导、与其他专门委员会协作的合作审议制。[②] 也有的作者对地方人大及其常委会的立法审议程序加以分开研究。[③] 其中,张善恭教授在介绍地方人大审议程序第四个步骤——“负责审议的专门委员会或法制委根据代表们的审议意见再进行审议,并提出意见”时介绍了地方的两种做法,即法制委统一审议制和专门委统一审议制。但是,许俊伦教授却未提及统一审议制。[④]

个别学者在介绍地方立法审议制度的同时,提出了审议程序应当遵循的原则。如王刚先生认为,要发挥三种审议模式的各自功用,必须遵循以下三个原则:“第一,要尊重各委员会特别是各专门委员会在研究、审议、拟定法规草案方面的职权,调动他们参与立法的积极性,立法活动中充分发挥他们在专门业务方面的特长。第二,要站在全局的高度审视问题,协调矛盾,平衡关系,维护社会主义法制的统一和尊严。防止站在某一部门的立场,维护某一部门的利益。第三,要有利于理顺立法工作的内外关系和提高立法工作的

---

① 参见唐孝葵、欧阳振、黄湘平主编:《地方立法比较研究》,中国民主法制出版社1992年版,第84~86页。

② 三种审议模式是本书作者根据原作者的描述予以归纳的。

③ 参见张善恭主编、徐向华副主编:《立法学原理》,上海社会科学院出版社1991年版,第169~170页;谷安梁主编:《立法学》,法律出版社1993年版,第110~111页。

④ 参见许俊伦:《地方立法论》,中国民主法制出版社1997年版,第129~133页。

业务水平。”①

张善恭教授则认为，无论审议主体和审议对象是否相同，审议过程都应当遵循下列原则：“法律规范的合宪性；权益调整的全面性；条文内容的实效性；外部体系的和谐性；语言文字的准确、简洁性；各方面意见的协调性。”②

值得重视的是，与地方立法审议机制的研究相对“浅显”相比，个别学者在20世纪90年代初就开始叩问全国人大及其常委会立法统一审议制度的合宪性、必要性、科学性和有效性，甚至提出废除该程序制度的观点。③

在2000年《立法法》颁布施行前，鲜有地方学者建议地方立法也设立统一审议机制。然而，来自全国人大常委会法工委的研究人员却涉及这一主题，并断言“多数地方人大的同志认为，实践证明全国人大的做法是成功的经验，对维护国家法律的统一与和谐，保证立法质量，起到了积极的作用……也有利于集中力量，提高工作效率。因此，建议明确规定地方性法规由法制委员会统一审议”。④

《立法法》颁布施行后，关于地方立法统一审议机制的文章大量出现，议题也趋向广泛和纵深。有些学者全盘肯定地方立法统一审议制度的“应然”功效；有些侧重研究统一审议制度在地方立法实践中的问题和困境；有些断然主张废除地方立法的统一审议制度；有些则侧重于制度细节的设计以使现行的统一审议制度扬长避短。⑤

研究议题的演变客观、生动地刻画了地方立法的发展进程。一

---

① 唐孝葵、欧阳振、黄湘平主编：《地方立法比较研究》，中国民主法制出版社1992年版，第85页。

② 张善恭主编、徐向华副主编：《立法学原理》，上海社会科学院出版社1991年版，第171页。

③ 参见李祖兴：《加强专门委员会在立法审议中的作用》，载《中国法学》1993年第3期；蒋劲松：《论人大各专门委员会的独立报告权》，载《人大研究》1995年第7期。

④ 陈斯喜：《〈立法法〉起草研讨会综述》，载《中国法学》1997年第3期；刘松山：《一部关于立法制度的重要法律——〈立法法〉制定过程中争论的主要问题及其解决方式》，载《中国司法》2000年第5期。

⑤ 有关观点及其争论见本章第二节的“二、《立法法》实施后的完善之辩”，第43～54页。

方面，在地方立法的起步和探索时期，立法任务并不繁重，[①]因而立法实践并没有建立一套科学、高效的立法程序以提供制度支撑的需求，理论界由此对程序制度关注较少也是自然；另一方面，当时地方立法机关的开放度相当有限，既未重视吸纳法学专业人才进入立法工作者队伍，立法过程也很少对包括法学学者在内的研究人员公开，学者们对立法程序及其实际效用缺乏足够的了解，自然也无法深入研究相关的程序问题。随着地方立法数量的增加以及对立法质量的日益重视，立法程序配置所提供的效率成为必然需求，专业人才也因国家民主政治的进步而获得相对"密集"参与地方立法的机会。正因如此，学者们对包括统一审议制度在内的立法程序展开了深入的研究。

二、研究主体的发展

如同整个立法学的研究主体，地方统一审议制度的研究主体在逐渐扩大的同时，也呈现实务性和年轻化的两大特点。

在早期，关注包括统一审议制度在内的立法问题的主体主要是来自社会科学院等研究机构和各大政法院校（系）中从事立法学、法理学、宪法学等学科研究的学者。当时几部主要的立法学教科书和著作主要由这些学者撰写，[②]因而他们自然成为研究地方立法程序的主力。值得一提的是，中国社会科学院政治学研究所、北京大学立法学研究中心和华东政法学院立法研究所这三个当时国内专门研究立法问题的机构是研究地方立法统一审议制度的主要

---

① 如上海市自1980年至1999年8月共制定法规143件。其中1980～1984年制定11部，平均每年2.2部；1985～1989年制定37部，平均每年7.4部；1990～1994年制定37部，平均每年7.4部；1995～1999年制定59部，平均每年11.8部；2000～2006年制定105部，平均每年15部。（所有修正的法规按修正前的通过日期计算）参见徐向华著：《中国立法关系论》，浙江人民出版社1999年版，第266～267页。

② 如吴大英、任允正：《立法制度比较研究》，法律出版社1981年版；吴大英：《中国社会主义立法问题》，群众出版社1984年版；郭道晖：《中国立法制度》，人民出版社1988年版；周旺生：《立法学》，北京大学出版社1988年版；李林：《立法机关比较研究》，人民日报出版社1991年版；张根大：《立法学总论》，法律出版社1991年版；张善恭主编、徐向华副主编：《立法学原理》，上海社会科学院出版社1991年版；唐孝葵、欧阳振、黄湘平主编：《地方立法比较研究》，中国民主法制出版社1992年版；谷安梁主编：《立法学》，法律出版社1993年版；曹叠云：《立法技术》，中国民主法制出版社1993年版；孙潮：《立法技术学》，浙江人民出版社1993年版；等等。

学术团队。当然,少数来自全国人大常委会、国务院法制机构和地方人大常委会的立法工作领导人也是此研究领域的主要贡献者。①

《立法法》颁布施行以后,研究地方立法统一审议机制的主体开始多样化。两类新的研究主体迅速形成并相当活跃。一类是从事地方立法实务的人员。他们立足于统一审议的运行现状,撰写了许多高质量的论文和文章,对统一审议制度的利弊问题进行了深入探讨。② 另一类是法律院校(系)的法学研究生。他们选择地方立法程序、地方立法审议机制和地方立法统一审议机制等作为硕士毕业论文的研究选题,③其中不乏新的研究成果。

三、研究方法的拓新

从总体上看,此领域的研究方法相对单一。

一些早期涉及统一审议制度的著作主要采用文本诠释的方法,即以相关法律条文为基础进行铺陈式的介绍,鲜见对统一审议运行的生动描述,缺乏剧场感。④ 也有学者借助比较研究的方法,在客观介

---

① 如顾昂然:《社会主义法制建设和立法工作》,中国政法大学出版社 1989 年版(作者曾任全国人大常委会法工委主任);李培传:《中国社会主义的立法理论与实践》,中国法制出版社 1991 年版(作者曾任国务院法制局副局长)。

② 参见徐苗铨:《统一审议制度与地方立法质量——浙江省地方立法实行统一审议 20 年的体会》,载周旺生主编:《立法研究》(第 2 卷),法律出版社 2001 年版;崔立文:《制定地方性法规程序比较评析》,周旺生主编:《立法研究》(第 4 卷),法律出版社 2003 年版;张引:《世纪之交的北京地方立法》,周旺生主编:《立法研究》(第 4 卷),法律出版社 2003 年版;沈国明:《关于改进地方立法机制和立法程序的几点思考》,载东方法治网 2007 年 3 月 30 日,http://appl.eastday.com/news/fazhi/index_gj.asp? pkey = 243;王宗炎:《关于地方人大立法审议机制的若干问题》,载《上海人大》2002 年第 10 期。

③ 参见孔瑜:《论省级人大法制委员会的统一审议制度》,华东政法学院 2002 届法学硕士学位论文;白平:《我国省级人大立法审议的组织结构研究》,载徐向华主编:《新时期中国立法反思》,学林出版社 2004 年版,第 245 页;戴少一:《论地方立法程序及其完善》,湘潭大学 2003 届法学硕士学位论文;赵伟:《论立法中的审议程序》,山西大学 2005 届法学硕士学位论文;刘新慧:《地方立法统一审议协调机制研究》,华东政法大学 2008 届法学硕士学位论文;徐子涵:《地方立法统一审议的交涉性研究》,上海交通大学 2013 届法学硕士学位论文;董占峰:《我国地方人大常委会立法程序研究》,上海交通大学 2013 届法学硕士学位论文。

④ 参见张善恭主编、徐向华副主编:《立法学原理》,上海社会科学院出版社 1991 年版,第 169 ~ 170 页;唐孝葵、欧阳振、黄湘平主编:《地方立法比较研究》,中国民主法制出版社 1992 年版,第 84 ~ 86 页。

绍外国议会实行委员会专属管辖制度的基础上，以不符合国际惯例为由主张废除统一审议制度。① 此外，地方立法机关工作人员更多采用白描叙事的方法，通过自身的立法经历论述统一审议机制的效用，但缺乏系统的学理分析，因而结论的说服力多有折扣。

可喜的是，2000 年《立法法》颁布实施以来，有些青年学者开始尝试运用其他学科的理论分析工具。其中华东政法学院硕士研究生孔瑜和白平分别从“结构—功能”关系和组织行为学的角度评析地方立法的统一审议制度，颇有新意。② 此外，地方立法实践部门的同志尝试的统一审议制度实证研究多显客观，也更具深度。③ 然而，迄今未见以组织社会学的研究视野和分析框架研究统一审议机制的学术成果。

四、成果形式的偏重

就已完成的约 140 篇学术成果而言，大部分是学术论文和实务研究文章。甘肃省人大常委会自 1999 年起创办并主办的《人大研究》杂志（月刊）和北京大学立法学研究中心主办的《立法研究》丛书是发表该主题论文的主要学术阵地，④一些颇有影响的论文大多刊登在这两份期刊和丛书中。不少出自地方立法实践部门的论文则刊登在全国人大常委会办公厅主办的全国人大常委会机关刊物

---

① 参见李祖兴：《加强专门委员会在立法审议中的作用》，载《中国法学》1993 年第 3 期；蒋劲松：《论人大各专门委员会的独立报告权》，载《人大研究》1995 年第 7 期；周伟：《立法机关委员会管辖比较》，载《人大研究》2003 年第 6 期。

② 参见孔瑜：《论省级人大法制委员会的统一审议制度》，华东政法学院 2002 届法学硕士学位论文；白平：《我国省级人大立法审议的组织结构研究》，载徐向华主编：《新时期中国立法反思》，学林出版社 2004 年版，第 248 页。

③ 参见谢天放、王宗炎、何雅、崔凯：《地方立法统一审议机制研究》，载《政府法制研究》2007 年第 10 期。

④ 在已出版的 5 卷《立法研究》中，每卷都有关于统一审议制度或地方统一审议制度方面的论文，如俞永生的《论改革完善中国地方立法程序》，载第 1 卷；徐苗铨的《统一审议制度与地方立法质量——浙江省地方立法实行统一审议 20 年的体会》，载第 2 卷；汪全胜的《论立法制度资源的合理配置》，载第 3 卷；崔立文的《制定地方性法规程序比较评析》，载第 4 卷；石东坡、王保民的《地方人大常委会议事质量理论与实践问题初探》，载第 5 卷。

《中国人大》杂志(半月刊)、各省级人大常委会主办的刊物[①]以及各省级人大常委会的官方网站上。

相对而言,多数已公开出版的立法学或人民代表大会制度方面的专著对统一审议制度似乎少有兴趣,[②]对地方立法统一审议制度的探讨更是缺乏,即便专门研究立法程序的专著也概莫能外。[③] 目前尚无专门研究立法统一审议制度或者地方立法统一审议制度的专著。

此外,如前文所述,迄今已有5篇法学硕士学位论文研究了地方立法统一审议制度,但尚无专门研究此项程序制度的博士学位论文。

第二节　主要学术议题述评

在《立法法》实施前后,有关统一审议制度的讨论重心是不同的。在《立法法》制定前,更侧重于论证统一审议制度的必要性、可行性,即立废之争;在《立法法》实施后,研究的重点则转向针对统一审议实施中的问题所选择的后续性补救制度,即完善之辩。

一、《立法法》制定前的存(立)废之争

(一)全国人大内部的争论及平息

众所周知,我国统一审议制度源于全国人大及其常委会的审议

---

① 如北京市人大常委会主管、主办的《北京人大》杂志(月刊)、上海市人大常委会主办的《上海人大》杂志(月刊)、广东省人大常委会主办的《人民之声》杂志(月刊)和宁夏回族自治区人大常委会主办的《宁夏人大》杂志(月刊)等。

② 参见汤唯、毕可志等:《地方立法的民主化与科学化构想》,北京大学出版社2002年版;孙哲著:《中国人大制度研究(1979～2000)》,法律出版社2004年版;徐育苗主编:《中外立法制度比较》,商务印书馆2004年版;何俊志著:《作为一种政府形式的中国人大制度》,上海人民出版社2013年版。当然也有例外,如周伟教授在其58万字的专著中对全国人大及其常委会的统一审议制度作了约2万字的探究。参见周伟著:《各国立法机关委员会制度比较研究》,山东人民出版社2005年版,第364～387页。

③ 郑州大学苗连营教授的《立法程序论》是专门研究立法程序的专著(286页)。书中涉及审议程序的篇幅很少(18页),论及统一审议机制的篇幅更少(2页),对地方立法中的统一审议机制则没有专门论述。参见苗连营:《立法程序论》,中国检察出版社2001年版,第195～212页。

程序。尽管统一审议在中央和地方立法中承载的功能不尽相同,[①] 但两者在诸多方面具有共通性。因此,梳理全国人大内部对统一审议制度的不同观点当为综述该项制度理论研究的应有之义,其无疑将有助于全面和客观地了解并"脉准"地方立法统一审议制度理论研究的"场景"和关键。

如上所述,统一审议始终是全国人大常委会奉行的审议模式。然而,从 1982 年确立至今,该项制度本身所承载的并不总是赞誉和褒扬。换言之,对其批评和质疑始终存在。

1. 以个人名义的学术批评。对统一审议制度作学术批评较多和较激烈的是全国人大常委会内部机构的工作人员。

1993 年,全国人大教科文卫委员会的李祖兴同志在《中国法学》上率先对统一审议制度进行学术评判,指出其存在四个弊端。[②] 其一,该制度"与立法工作的客观需要不相适应"。现代立法的专业性日益突出,因而立法机关必须配备并发挥专门委员会的作用。我国行政机关主导法律起草这一事实使得人大的专业审议变得更加迫切和务实。其二,该制度似乎与宪法规定无据。宪法第 70 条[③]并未对各专门委员会的审议权进行主次区分。其三,该制度与当时地

① 至少在时任最高立法机关领导人的讲话和在《立法法》的官方释义中,全国人大及其常委会的统一审议仅仅承担维护法制统一的功能而不背负克服不当部门利益的重任。如李鹏委员长在 1998 年 6 月 26 日第九届全国人大常委会第三次会议上的讲话中强调,"从程序上作出这样的规定是必要的。因为需要有一个立法综合部门对法律草案进行统一审议,使制定的法律与宪法保持一致,与有关法律相衔接,以保持法制的统一"。参见《李鹏委员长在九届全国人大常委会第三次会议上的讲话》,载中国人大网,http://www.npc.gov.cn/wxzl/gongbao/2000-12/16/content_5003945.htm。时任全国人大常委会法工委主任顾昂然在《中华人民共和国立法法讲话》中指出,"有关专门委员会进行审议,法律委员会统一进行审议……这些规定,既可以充分发挥有关专门委员会在审议法律方面的作用,又依全国人大组织法的规定,由法律委员会同意进行审议,有利于维护法律的统一"。顾昂然:《中华人民共和国立法法讲话》,法律出版社 2000 年版,第 26~27 页。全国人大常委会法工委工作人员编写的《中华人民共和国立法法释义》说明,"近 20 年的立法实践证明,建立统一审议制度,是维护法制统一的必要保证,它为保证立法质量、加快立法步伐起到了积极作用"。参见张春生主编:《中华人民共和国立法法释义》,法律出版社 2000 年版,第 117 页。

② 参见李祖兴:《加强专门委员会在立法审议中的作用》,载《中国法学》1993 年第 3 期。

③ 该条第二款规定:"各专门委员会在全国人民代表大会和全国人民代表大会常务委员会领导下,研究、审议和拟定有关议案。"

方立法机关主流的分散审议模式相异。其四，该制度可能造成立法资源的浪费。“同一个法律议案，在专门委员会这一个层次上，要有法律委员会与有关专门委员会进行双重审议，不仅在人大系统内部造成不必要的重复劳动，在人大系统外部，也常常使政府有关部门及其他有关各方的人员重复参加各种座谈会、咨询会。”基于上述评判，李祖兴力荐改统一审议制为分散审议制。

李祖兴的上述见解并非独树一帜。两年后，全国人大常委会办公厅研究室的蒋劲松同志也在《人大研究》上撰文批评统一审议制。[①] 他指出，统一审议架构下的法律委员会与其他专门委的分工看似平等，实际并不平等。他担忧法律委员会的除法律之外的其他专业能力及其判断力，并指出统一审议制度不利于人大立法的民主化、科学化和立法量的上升。最后他建议采用既有民意基础，又是最经济的制度选择——分散审议制。

2. 以组织方式的关注和争论。随着法律委员会与其他专门委对法律草案双重审议所产生问题的逐步显现，其他专门委开始公开批评统一审议制度。[②]

1997 年 11 月 18 日，第八届全国人大教科文卫委员会在工作报告中委婉地对其他专门委的能力被低估和闲置表示担忧，并明确提出要通过立法法的制定改革现存的统一审议制度。该报告指出：

> 专门委员会集中了一批有关方面的专家，……做了大量工作，但不论在立法、监督还是其他方面，都还存在一定的潜力。特别是长期以来，由于人大立法程序不顺，专门委

---

① 参见蒋劲松：《论人大各专门委员会的独立报告权》，载《人大研究》1995 年第 7 期。

② 事实上，有关法律委员会与其他专门委对法律草案双重审议所产生的问题，早在第七届全国人大期间已引起其他各专门委员会的关注和焦虑。如 1993 年 2 月 5 日，第七届全国人大内务司法委员会提交的五年工作总结中，委婉表达了对法律委员会统一审议法律案的意见，并慎重地向第八届全国人大建议，要“进一步发挥专门委员会在立法工作中的作用，提高工作效率，加速立法步伐，为经济建设和改革开放服务。对于综合性较强，涉及范围较广的法律，在法律草案的提出、审议过程中，应当充分挖掘专门委员会的潜力，使之成为全国人大常委会立法工作的助手，这样，有利于统筹安排，协调解决矛盾。”《第七届全国人民代表大会内务司法委员会工作报告》，载刘政、于友民、程湘清主编：《人民代表大会工作全书》，中国法制出版社 1999 年版，第 647 页。

员会在审议和拟定法律案方面的作用没能得到充分发挥。

建议通过修改全国人大组织法有关条款和在即将制订的立法法中做出有关规定，完善人大立法程序，理顺人大内部，特别是法律委员会和其他专门委员会在审议法律案上的分工，使各专门委员会能够更加有效地行使自己的职责，发挥更大的作用。①

1998年3月4日，第八届全国人大财经委员会在工作报告中提出了更直接、清晰的品评和诉求：

当前制约立法工作的一个重要问题是人大内部立法程序不顺，要进一步理顺关系，避免不必要的重复，提高工作效率。在法律草案的指导思想和具体内容方面，应更多地发挥专门委员会的作用，在法律衔接和文字方面要发挥法工委的作用。为解决立法程序中存在的问题，建议尽早制定立法法。②

显然，全国人大财经委希望通过制定立法法将原本由法律委员会统揽的法律草案审议“专权”分包出去：不仅赋予各专门委都有决断法律草案指导思想和具体内容的职权，而且将涉及法律衔接等法律专业方面的问题转由法工委负责。

显而易见，审议草案作用的被削弱和被限制是引发其他专门委不满的主要原因。

针对质疑，法律委员会作出了回应。在1998年的工作报告中，该委员会专门谈及其与其他专门委的关系，不仅说明其始终“努力形成好的工作作风”，“善于听取和研究来自各方面的意见”，尤其是“认真研究、消化并充分尊重常委会委员和其他专门委员会的意见”，而且重申法律委员会历来“坚持重大问题请示报告制度”，“在

① 《第八届全国人民代表大会教科文卫委员会工作报告》，载刘政、于友民、程湘清主编：《人民代表大会工作全书》，中国法制出版社1999年版，第674页。

② 《第八届全国人民代表大会财经委员会工作报告》，载刘政、于友民、程湘清主编：《人民代表大会工作全书》，中国法制出版社1999年版，第671页。

审议法律草案的工作中,始终……摆正自己的位置,做到不失职、不越权,凡属重大问题,都及时进行请示或提出报告”。更关键的是,法律委员会通过将“把好统一审议关,维护社会主义法制的统一”提升为“主要经验”的方式,再次巩固了统一审议制度以及自身在整个立法过程中应有的审议地位。

> 委员们通过多年的法律草案审议工作实践认识到,法律草案的统一审议是社会主义法制统一原则的客观要求,它既是一项严谨、细致的工作,又是一项重大责任。……在统一审议过程中始终坚持:…正确处理全局与局部、中央和地方、部门利益的关系,对草案中某些不适当强调地方、部门利益的内容提出修改意见。……法律委员会在立法任务繁重的情况下,努力同各方面做好协调工作,以认真负责的态度搞好统一审议,为保证全国人大及其常委会的立法质量打下了较好的基础。[①]

至此,法律委员会与其他专门委之间的公开争论显然已超出了当局者的范围,引起了全国人大常委会领导的高度重视。1998 年 6 月,李鹏委员长在第九届全国人大常委会第三次会议上专门就如何处理好法律委员会和其他专门委之间的关系进行系统论述,并提出了一系列的要求:

> 法律委员会和法工委要同其他专门委员会密切配合,对法律议案中的一些重大问题,主动与有关专门委员会联系,联合进行调查研究,共同协商解决。法律委员会提出的审议结果的报告,要全面、准确地反映各方面的意见,特别要充分反映有关专门委员会的意见。要建立协调和反馈制度,对法律案进行统一审议和修改时,无论是文字的修改,还是内容的修改,都应反馈给有关专门委员会,征求

---

① 《第八届全国人民代表大会法律委员会工作报告》,载刘政、于友民、程湘清主编:《人民代表大会工作全书》,中国法制出版社 1999 年版,第 663 页。

> 有关专门委员会的意见。同时,其他专门委员会都要配合和支持法律委员会和法工委的工作。有关专门委员会向法律委员会提交法律草案后,还应继续对法律草案审议中提出的意见进行研究,提出意见和建议。总之,全国人大机关是一个有机的整体,相互间是分工合作的关系,目标是一致的。各专门委员会、办公厅、法工委都要在全国人大常委会领导下,各司其职,各负其责,协调一致,共同做好立法、监督等工作,在推进依法治国、建设社会主义法治国家的进程中发挥积极的作用。①

这是自1982年确立统一审议制度以来,最高立法机关领导人对两种专门委员会关系所作的最为系统的论述,也是对运行近二十年的统一审议制度所暴露的问题作出的有针对性的、具体的回应。这一论述释放出两个极其重要的信息:首先,必须坚持统一审议制度。其次,必须完善统一审议制度。为了实现这一宗旨,最高立法机关领导人特别强调要加强委员会之间的沟通与合作,加强法律委员会与其他专门委的协调和反馈,尤其强调法律委员会在建立和维系各委员会分工合作关系的上应当付出更多的"主动"、"充分"和"都予以反馈"的努力。这一论述成为此后《立法法》设立统一审议制度的母本。

3.《立法法》起草过程中的争议。尽管有关统一审议制度的存废之争在《立法法》的起草后期依然存在,然而,在总体上因1998年李鹏委员长的讲话而趋于平和。更为多见的是,各专门委在肯定统一审议制度的基础上表达了在未来《立法法》正式确立的法律审议程序中应当拥有更多发言权的主张。

1999年8月23日,全国人大宪法和法律委员会②、全国人大常

① 《李鹏委员长在九届全国人大常委会第三次会议上的讲话》,载中国人大网,http://www.npc.gov.cn/wxzl/gongbao/2000-12/16/content_5003945.htm。

② 法律委员会是依据宪法第70条设立的全国人大的一个专门委员会。根据《全国人大组织法》(1982年)第37条第3款的规定,自1982年起,该委员会除承担作为专门委员会应当履行的职责之外,专门负责全国人大及其常委会层面的所有法律案的统一审议。自2018年3月11日起,法律委员会已更名为宪法和法律委员会,但《立法法》条文尚未对该委员会名称作相应的调整。因此,除在援引《立法法》条文时继续使用法律委员会这一称谓之外,下文将原则上使用"宪法和法律委员会"这一全新的称谓。

委会法工委联合召开座谈会,征求其他各专门委、预算工作委员会、办公厅有关局室对《立法法》草案的意见。会上,来自其他专门委的同志对统一审议模式提出很多建设性意见。内司委副主任委员顾金池建议明确法律委员会和其他专门委在审议法律草案中的职责分工,一审的实质性内容由其他专门委负责,二审由法律委员会负责,各有侧重。农村委员会办公室主任王宗非同志认为,统一审议并不意味着法律委员会的审议权高于或大于其他专门委,而是与有关其他专门委的审议角度不同;法律委员会应主要就法律草案的统一性、指导思想、原则、结构和立法技术等进行审议。财经委员会法案室主任朱少平提出,其他各专门委会集了各方面的专家,审议法律草案时应更多听取他们的意见。预工委预决算审查室主任姚胜建议,应当充分尊重其他专门委的意见,对专门委提出的审议意见不予采纳或作出重大修改的,应当经过一定的程序。①

如前所述,李鹏同志的意见奠定了《立法法》有关统一审议制度取舍的基调,明确了统一审议制度何以完善的方向。法工委在1999年年底向全国人大常委会党组递交的报告②中清晰地说明了这一点:

> 根据李鹏同志的讲话精神,草案在坚持法律委员会统一审议的同时,对法律委员会与专门委员会的关系作了进一步规定;一是法律委员会对有关专门委员会的重要审议意见没有采纳的,应当向有关专门委员会反馈。二是法律委员会审议时,可以邀请有关专门委员会成员列席会议,发表意见。三是各专门委员会之间对法律草案的重要问题意见不一致时,提交委员长会议讨论,协调解决。

显而易见,2000年通过的《立法法》有关法律审议程序的正式

---

① 转引自全国人大常委会法制工作委员会国家法行政室关于全国人大各专门委员会和全国人大常委会办公厅有关局室对《立法法》(草案)的意见汇总(1999年9月13日)。

② 1999年全国人大法工委向全国人大常委会党组就《立法法》起草情况所作的专门汇报,这也是《立法法》被提交审议前最重要的一份报告。只有在该报告被全国人大常委会党组批准之后,《立法法》(草案)才能进入全国人大的正式审议程序。

规定几乎与上述意见没有区别。①

（二）地方“多数”意见的产生及其法定化

《立法法》的起草也为我国地方立法审议制度的“民间”讨论和国家决策提供了契机。然而，由于表达建议的来源相对单一，博弈一方几乎限于全国人大其他专门委和办公厅，作为决策团队成员的全国人大常委会法工委又早已意决，因此，尽管各地、各方心仪的模式不同，但将统一审议制度推广至全国的观点始终居于主导地位。

1997年4月9日至12日，全国人大常委会法工委在广东东莞市召开《立法法》起草工作研讨会，参加会议的地方代表主要来自人大常委会负责法制的委员会和地方政府法制部门。毫无疑问，这些同志提出的观点具有明显的倾向性和趋同性。会议综述提到：

> 多数地方人大法制部门的同志认为，实践证明全国人大的做法是成功的经验，对维护国家法制的统一与和谐，保证立法质量，起到了积极的作用；特别是在人大工作人员编制少的情况下，由一个委员会统一审议，也有利于集中力量，提高工作效率。因此，建议明确规定地方性法规由法制委员会统一审议。②

即使对推广统一审议持保留态度的也仅仅出于对法制委工作负荷的考虑：

> 也有个别同志认为，由法制委员会统一审议，工作量太大，如果没有相应配备足够的人员，则不堪重负。③

1999年5月21日至22日，全国人大常委会法工委在珠海专门

---

① 参见《立法法》（2000年）第31条、第32条、第33条。

② 转引自全国人大常委会法工委国家法行政法室关于《立法法》起草工作研讨综述（1997年5月8日）。

③ 转引自全国人大常委会法工委国家法行政法室关于《立法法》起草工作研讨综述（1997年5月8日）。

召开部分省、市人大同志座谈会，听取《立法法（征求意见稿）》的意见。会后的《法制工作简报》再次反映了与会人员推广地方立法统一审议制度的强烈要求以及消除部门利益倾向和维护法制统一的共同理由。

> 大家认为，这些年来，地方立法虽然取得一定成绩，但也存在一些不容忽视的问题，如部门倾向严重、与上位法抵触、法规之间有冲突等，影响了地方立法的质量。出现这些问题，一个重要原因就是立法程序不健全。各专门委员会分工负责，一包到底的办法，问题很多，各专门委员会的成员大都在政府相关部门工作多年，现在工资、待遇还在原单位，对所在部门有深厚感情，在审查有关法规草案时，难以超脱。大家普遍认为，地方立法要提高质量，必须从程序上予以保障，从制度上作出安排。现在法律、法规的数量越来越多，法律、法规之间的和谐统一极为重要，必须有一个机构从宏观上统一协调，因此，应当在立法法中明确规定法规统一审议程序（刘克希、崔伟、徐平、丁祖年、练俊才、张灵汉、上海人大吴振贵、孙潮）。[①]

巧合的是，上述与会人员全部来自省级人大法制委或常委会的法制工作部门，[②]因此，主张的趋同性相当高。

同年9月27日，全国人大常委会法工委国家法行政法室在总结部分地方人大对《立法法（草案）》的意见时再次强调：

> 大家普遍认为，建立统一审议制度，是维护法制统一

---

① 转引自全国人大法律委员会、全国人大常委会法工委办公室编印的《法制工作简报》（1999年9月6日）。

② 刘克希时任江苏省人大常委会法工委副主任；崔伟时任山西省人大法制委副主任；徐平时任福建省人大常委会法工委副主任；丁祖年时任浙江省人大常委会法工委副主任；练俊才时任四川省人大法工委副主任；张灵汉时任深圳市人大法工委主任；吴振贵和孙潮时任上海市人大法工委委员。

的必要保证。

这次到会的十余个省、市多数地方制定地方性法规是初审由有关专门委员会分工负责，二审由法制委员会负责，其他专门委员会派人参加……认为草案规定地方性法规草案由负责法制的专门委员会统一审议，是必要的（山西省人大常委会法制委崔伟，浙江省人大常委会法工委徐苗铨、刘克希、吴振贵、龚良柏、索跃、谭舜哲、孙潮）。①

1999年10月，为决定《立法法》草案是否提交全国人大常委会会议初审，法工委专门向全国人大常委会党组呈送了有关《立法法》起草中关键问题的请示报告。报告对统一审议的请示意见对该制度的最终命运产生了决定性影响。虽然报告提到"在征求意见过程中，各地对是否在立法法中规定一律实行统一审议，意见不尽一致"，并罗列了赞成和反对双方的各自理由，②但法工委为常委会党组"拍板"提供了推广统一审议制度的"权威性"建议，并"清晰"解释道：

我们研究认为，实行统一审议，是从程序上保证法制统一，提高立法质量的必要措施。从实践效果看，凡实行统一审议的地方，制定的地方性法规部门倾向相对较少，也较少出现地方性法规同法律、行政法规相抵触或者地方性法规之间相互矛盾的情况，立法质量比较有保证；而没有统一审议环节的地方，出现的问题相对较多。③

最终，该意见成为《立法法》创建的我国现行的一项重要地方立

---

① 转引自全国人大常委会法制工作委员会国家法行政室关于中央有关部门和部分地方对立法法（草案）的意见汇总（1999年9月27日）。刘克希时任江苏省人大常委会法工委副主任；龚良柏时任湖北省人大经济法规处副处长；索跃时任新疆维吾尔自治区人大法工委副主任；谭舜哲时任青岛市人大法制室主任；吴振贵和孙潮时任上海市人大法工委委员。

② 转引自全国人大常委会法工委有关《立法法》草案相关问题的请示报告（1999年）。

③ 转引自全国人大常委会法工委有关《立法法》草案相关问题的请示报告（1999年）。

法制度。

纵观《立法法》的制定过程,意见收集的程序无疑与主流意见的最终形成之间具有确定的关联性。基于这一基本判断,无论最终我国省级地方立法审议机制何以设计,甚至现行的统一审议机制的确利多弊少,契合于我国目前的议事民主水平和立法程序文化,依然反映出其起草过程两个可进一步完善的环节。首先,从征集意见的省级行政区而言,应当同时邀请有可能力荐其他审议模式的地方充分发表意见和见解。尽管全国人大法工委在送呈党组的请示报告中坦诚地方立法中的分散审议、统一审议、统分结合三种模式三分天下,①但参加征求意见会议的绝大多数是已实行统一审议的"十几个"省份。由此,与"大部分"地方相异的声音便相当微弱。其次,从听取意见的各地人大系统内部的委员会而言,应当尽可能让不赞成统一审议的其他专门委的声音进入决策者的"听觉"系统。遗憾的是,在上述各种汇集征求意见的报告中,尚未发现来自地方其他专门委成员的声音。于是,不同于法制委的见解最终未成为最高决策层的遴选方案之一。这样,统一审议制度便成为一种唯一的、有共识的、非用不可的审议模式。

程序制度的安排最终是为隐藏其后的根本目的服务的。如1999年全国人大常委会法工委的第三十五期《简报》所言,统一审议制度的根本目的就是消除地方立法中的不当部门利益和维护国家法制统一。因此,一方面,从通过制度安排来消除地方立法不当部门利益而言,实行统一审议在表面上涉及的仅仅是其他专门委与法制委之间的审议权力分配,但其实质却是借助于一项程序制度让人大能够真正成为重大问题立法决策的重心而不再受制于行政系统。据此,此项制度的创设绝不会止步于人大系统内部的权力配置,而是在我国决策系统中调整人大与政府之间权力分配。因此,在《立法法》的设计者们看来,为了增强人大的"整体"决策优势,"局部"的其他专门委就必须作出让步乃至牺牲。另一方面,以增加一个程序环节使单一制大国中维护法制统一的棘手难题得以"解

① 转引自全国人大常委会法工委有关《立法法》草案相关问题的请示报告(1999年)。

套”出发，实行地方立法统一审议所涉及的就更不仅仅是地方单一层面中人大内部各专门委之间的关系，而是在中央和地方两个层面中通过立法权力关系的调适来实现两者权力格局的协调和稳定。因此，《立法法》的决策者们希望借助于地方人大法制委的架构及其作用，使地方立法能够与中央立法保持高度统一，维护中央的决策权威。

二、《立法法》实施后的完善之辩

统一审议的存废之争随着《立法法》的制定而暂告段落。迄今，大部分学者和地方立法实务工作者认为地方立法统一审议制度已在诸方面取得明显成效：一是促进了国家法制的统一；二是防止了地方立法中的部门利益倾向；三是提高了地方立法的质量。[①] 这些论断部分证明了地方立法统一审议的实践实现了《立法法》对该项制度的设计初衷，即“更好地规范立法行为，提高立法质量，克服地方立法中的部门利益倾向，维护法制的统一”。[②]

然而，成效的取得并不意味地方立法统一审议制度是无须探讨的。[③] 相反，立法理论界和实务部门都认为该制度的运行始终存在或潜藏着一些难以克服的问题，也并未在这些问题的解决理念和机制上形成基本的共识。

从总体上看，已有的研究成果主要在两大范畴中展开：一是统一审议制度的问题以及产生原因；二是解决这些问题的可行方案。

---

① 参见徐苗铨：《统一审议制度与地方立法质量——浙江省地方立法实行统一审议20年的体会》，载周旺生主编：《立法研究》（第2卷），法律出版社2001年版，第559～560页；张引：《世纪之交的北京地方立法》，载周旺生主编：《立法研究》（第4卷），法律出版社2003年版，第298页；孙晓咏：《关于自治条例和单行条例制定中统一审议问题的思考》，载《中南民族学院学报（人文社会科学版）》2002年第1期；沈国明：《关于改进地方立法机制和立法程序的几点思考》，载东方法治网2007年3月30日，http://appl.eastday.com/news/fazhi/index_gj.asp? pkey=243。

② 张春生主编：《中华人民共和国立法法释义》，法律出版社2000年版，第323页。

③ 有的同志认为，《立法法》确立的地方立法统一审议制度“给全国各地的立法机关多年来争论不休的问题划上了句号”[参见徐苗铨：《统一审议制度与地方立法质量——浙江省地方立法实行统一审议20年的体会》，载周旺生主编：《立法研究》（第2卷），法律出版社2001年版，第560页]，然而，事实证明这一结论颇为“善意”或者草率。

（一）主要问题及其产生原因

自全面引入地方立法以来，统一审议制度受到的质疑并未匿迹。不少学者认为，由于各类审议主体间的权限未经科学而清晰的界定、审议主体内部或不同审议主体间的组织结构未得以合理而协调的安排、审议程序未经过充分而严谨的设计、审议技术未获得恰当而有效的运用，更由于立法提案在很大程度上的行政垄断，因而统一审议制度并未充分发挥出应有功效。相反，上述问题的存在却在很大程度上影响了统一审议乃至地方立法的质量。

1. 审议权限、职责纠葛——制约审议效率和质量的痼疾

第一，法制委与其他专门委貌似合理的权限划分是最大问题所在。按照通行的职责划分，其他专门委在人大常委会一审前负责对提案主体提交的法规案进行审议，审议的重点是立法的必要性、可行性以及非法律的专业性问题；法制委在统一审议中的主要任务是在常委会一审结束后结合常委会组成人员和其他专门委的审议意见再次进行审议，审议的重点是法规案的合法性、协调性以及立法技术问题。此种分工似乎较为清晰，也似乎能够发挥不同专门委员会的专长，然而，正是这种分工以及由其引发的法制委与其他专门委在观念和态度上的转变恰恰成为法规案审议难以充分的重要诱因。

一方面，作为“当事人”的其他专门委成员认为，统一审议施行后的审议重心当为法制委的审议，因而对应当由其承担的审议工作重视不够；[①]另一方面，因法制委成员相对缺乏其他各领域的专业知识，专业识别能力的欠缺反而使藏匿于法规案中的不当部门利益得以“幸存”，从而违背设置统一审议机制的一大初衷。

第二，法制委与法工委操作层面上的职责不清也是难解的“套”。实行统一审议后，法工委的工作任务发生了重要变化，“法工委从二线转入一线，从配合各委员会做好法规制定工作变为直接负责做好法规一审以后到二审通过的各项立法准备工作”。[②] 由此，尽管法制委和

① 参见顾月：《实行统一审议后如何充分发挥专门委员会在立法中的作用》，载《人大研究》2002 年第 10 期；梁少芬：《重构法规案审议分工和程序的设想》，载《人民之声》2010 年第 5 期（作者时任广东省人大内务司法委员会副主任委员）。

② 张引：《世纪之交的北京地方立法》，载周旺生主编：《立法研究》（第 4 卷），法律出版社 2003 年版，第 299 页。

法工委的组织法地位原本不同而无须“矛盾”，但统一审议实践中却因两者关系尚未理顺、各自职责尚不清晰而多有“碰撞”。

2. 统一审议组织构成缺陷——掣肘审议效率和质量的关键

有学者提出，法制委自身组织结构的不合理直接制约着统一审议的效果。实行统一审议之后，审议任务相当繁重但人员配备缺口较大，法制委只得以劳待逸、“疲劳作战”，甚至“不堪重负”。[①] 同时，法制委的专职化程度较低，审议所需的时间和人员难以保证，专家型人才的匮乏也大大制约了审议质量。[②] 此外，因法制委还承担着除统一审议外的其他职能，诸如起草法规草案、执法检查等，使本就捉襟见肘的法制委陷入更为窘迫的境地。[③] 总之，统一审议组织结构难以调适到位，无法确保统一审议功能如期兑现的殷殷期待。

3. 统一审议程序瑕疵——影响审议效率和质量的隐患

统一审议无疑是《立法法》的一大程序“创新”，其目的在于提高法案的审议效率和质量。但是，有学者发现，这一制度创新恰恰同时隐藏着影响审议效率和质量的程序瑕疵。

法制委统一审议时间的不充裕是主要问题之一。有实务工作者总结道，“从目前的实践看，法规草案一审后，往往在下一次常委会就要提请二审。也就是说，统一审议机构一般只有不到 2 个月的时间要对下次常委会会议审议的诸多立法项目开展调研、论证，时间十分紧张”。[④] 但是，也有学者认为，上述担忧纯属自扰。由于一审后的草案已较成熟，加之法制委在起草阶段的提前介入，因此，即便时间有限，法制委也能顺利完成统一审议。[⑤]

另一个程序问题是各种审议主体的提前介入都不够充分。第

---

① 参见刘建伟：《省级国家权力机关立法程序探讨》，载周旺生主编：《立法研究》（第 2 卷），法律出版社 2001 年版，第 571 页。

② 参见刘生荣：《关于地方立法实行统一审议制度的思考》，载《人大研究》2002 年第 8 期。

③ 参见王宗炎：《关于地方人大立法审议机制的若干问题》，载《上海人大》2002 年第 10 期。

④ 叶勇鹏：《实行统一审议后地方立法存在的问题及对策》，载《人民政坛》2002 年第 12 期。

⑤ 参见王林、赵志宏：《地方立法：统一审议需统一认识》，载《人民政坛》2001 年第 6 期。

一，如前文所述，由于其他专门委对统一审议“唯重心”的误解以及对法制委强势地位的不满，其承担立法审议的积极性大大受挫，包括对提前介入等正式审议前的准备工作缺乏热情。第二，有学者出身的法工委主任等隐讳呼吁让法工委的提前介入“制度化”，以便更全面深入地了解政府起草法规案的背景。[①] 第三，更有作者指出，由于一审后的法规案的调研、论证均交由法制委完成，其他常委会组成人员参与上述活动的次数和机会相当有限，以致影响他们对草案内容的熟悉并进而影响常委会的审议质量。[②]

此外，法制委与其他专门委、法制委与法工委间协调机制的制度化缺乏或者不完善也是影响审议效率和质量的主要程序缺陷之一。

4. 统一审议技术不当——妨碍审议效率和质量的瓶颈

除权限上的纠葛、组织上的缺陷和程序上的瑕疵之外，法制委自身审议技术也存在些许足以影响整体审议结果的缺陷。孔瑜的学位论文指出了统一审议中的一些技术障碍：“从整体上看，逐条审议时法制委员会的成员是自由发言，缺少辩论制度，审议时不同意见的交锋性不强。法规案修正案的提出形式不规范，审议时需要提出不同意见时，往往以‘有的同志认为’‘有的委员会认为’‘有的代表认为’等方式引入。究竟不同意见或反对意见达到什么程度，难以准确衡量。法制委员会没有控制好审议节奏。”[③]审议中存在的共同现象是前松后紧。即法制委员会对法规案前半部分审议比较充分，占用很多时间，后半部分审议要仓促一些。法规案的法律责任部分和对行为主体权利救济实际应成为审议的重心，但是由于法律责任和救济往往被安排在法规案的最后一章，内容尖锐、时间紧

---

① 参见丁伟：《完善地方立法统一审议工作机制的几点思考》，载《中国人大》2005 年第 20 期；王宗炎：《关于地方人大立法审议机制的若干问题》，载《上海人大》2002 年第 10 期；沈国明：《关于改进地方立法机制和立法程序的几点思考》，载东方法治网 2007 年 3 月 30 日，http://appl. eastday. com/news/fazhi/index_gj. asp? pkey = 243。

② 参见叶勇鹏：《实行统一审议后地方立法存在的问题及对策》，载《人民政坛》2002 年第 12 期。

③ 孔瑜：《论省级人大法制委员会的统一审议制度》，华东政法学院 2002 届法学硕士学位论文；沈国明：《关于改进地方立法机制和立法程序的几点思考》，载东方法治网 2007 年 3 月 30 日，http://appl. eastday. com/news/fazhi/index_gj. asp? pkey = 243。

迫,审议压力大。[①]

5. 立法提案权的行政垄断——统一审议制度运行不畅的根本原因

无论是审议组织及其权限还是审议程序或者技术,上述问题的剖析虽然都框定于统一审议制度本身,但依然不失其"刻画"或"临摹"该制度运行中种种困境的真实性。然而,在一些学者看来,凭借"身在此山中"所发现的问题及其原因并不可能透彻解析出统一审议所遭遇的根本性制度障碍,也不可能彻底揭开掣肘统一审议有效运行之根本原因的"庐山真面目"。他们认为,唯有将统一审议这个"点"放到整个立法程序乃至立法体系的"面"之中才能最终发现深藏不露的根本原因。

令人惊奇的是,这些学者不约而同地将根本原因锁定在我国现行的立法提案制度上。他们认为,法规提案权几乎被行政部门掌控,由其提交的法规草案难免带有不当的部门利益,"较多强调本部门的权力,有的还力图通过立法扩大自己的权力,对国家机关权力制约的条款少,对政府部门之间权限、职责划分的规定协调不够"。[②] 当权力机构在立法审议的权限、组织、程序和技术等多方面出现问题时,"政府提案"的负面效应便被几何级数地放大。

(二)制度对策

面对统一审议制度运行中的各种问题,学者们从不同角度提出了相关对策。在总体上,这些对策源出"废除论"和"完善论"两种面向。"废除论"者认为,统一审议的问题是制度"基因"上的先天缺陷而无法自身"治愈",废除则是"唯一"的根除方法;"完善论"者则强调,统一审议制度有其存在的国情必要,既是"次好"选择,也无替代模式。因而,找寻科学、有效的完善之策,辅助其扬长避短,发挥最大制度功效便是当务之急。

---

① 孔瑜:《论省级人大法制委员会的统一审议制度》,华东政法学院 2002 届法学硕士学位论文。

② 沈国明:《关于改进地方立法机制和立法程序的几点思考》,载东方法治网 2007 年 3 月 30 日,http://appl.eastday.com/news/fazhi/index_gj.asp? pkey = 243。

1. 废除论及其主要理由

应当承认，尽管在20世纪90年代中期，要求废除全国人大统一审议制度的呼声不绝于耳，然而，明确提出废除地方立法统一审议制度的主张如今已不复存在。当时，持废除论的学者坚持认为，最先由《全国人大组织法》确立的统一审议制度不仅与宪法有关专门委员会的职能规定相抵触，①而且与世界各国通行的委员会立法管辖制度背道而驰，②更关键的是，统一审议制度运行的实践证明，其人为地制造了法律委员会与其他专门委之间的角色矛盾进而影响了法律案的审议效率和质量。因此，此制度的废除不仅理属应当，更是提高立法质量、完善宪法制度的应有之义。③

2. 完善论以及完善之策

与极少数废除论者相比，更多学者主张以积极的态度正视统一审议制度运行的各种问题。尤其在《立法法》将统一审议确认为我国正式的地方立法制度之后，完善论者更为务实和针对性地提出众多建设性的制度对策。包括：

第一，合理配置权限。廓清主体之间的审议界限，理顺相互之间的职责关系，以实现既减少杯葛、推诿，又在各尽其职的基础上彼此“借力”、形成合力。

关于法制委与其他专门委审议职权的合理划分。如何实现合理划分，人们的思路截然相反。多数学者赞同现行制度的基本设计，让法制委与其他专门委各自恪守现行的职责分工，即前者负责审议法规案的合法性（与上位法和同位法保持一致与协调）、正当性（摒除不当的地方和部门利益）和规范性（符合立法技术的要求）；后者则专注于审议法规案的必要性、可行性以及非法律方面的专业性。他们认为，两个审议主体唯互相尊重乃至“捍卫”对方的审议权

---

① 参见李祖兴：《加强专门委员会在立法审议中的作用》，载《中国法学》1993年第3期。

② 参见周伟：《全国人大法律委员会统一审议法律草案立法程序之改革》，载《法律科学》2004年第5期。

③ 参见李祖兴：《加强专门委员会在立法审议中的作用》，载《中国法学》1993年第3期；蒋劲松：《论人大各专门委员会的独立报告权》，载《人大研究》1995年第7期；周伟：《全国人大法律委员会统一审议法律草案立法程序之改革》，载《法律科学》2004年第5期。

限，不越俎代庖，才能减少摩擦、促进互信、增进合作。① 也有少数实务工作者主张，应当在常委会第一次审议后由专门委员会“对法规案的必要性、可行性、合法性和法规案的主要问题进行审议，提出审议意见和修改建议稿”，而法制委员会在常委会第二次审议后进行统一审议。②

然而，一些省级人大法制委成员认为，法制委行使的统一审议权力不但是无可争议的，而且是可以放大泛化的。当其他专门委不愿发挥积极性时，法制委更当充分发挥审议作用，因此，审议范围不宜作任何限制。③

当然，也有全国人大法律委员会与一些地方法制委的领导更为智慧地提出，从“硬性”的制度层面明晰两个委员会的审议权限只能缓解矛盾，问题的根本解决更需要各专门委之间加强协调、通力合作的“软性”意识培育和氛围塑造。④ 唯有强化审议前后的沟通和交流，才能避免摩擦、促进合作、达致和谐。

关于法制委与法工委职责关系的依法理顺。如何厘清法制委与法工委之间的职责关系，研究者们的共识是：应当确立的原则是，“进一步统一认识，理顺关系，明确法制委和法工委的职责和工作程序，加

---

① 参见刘生荣：《关于地方立法实行统一审议制度的思考》，载《人大研究》2002 年第 8 期；顾月：《实行统一审议后如何充分发挥专门委员会在立法中的作用》，载《人大研究》2002 年第 10 期；叶勇鹏：《实行统一审议后地方立法存在的问题及对策》，载《人民政坛》2002 年第 12 期；宋方青、王翔：《论我国人大立法审议机制的功能与优化》，载《厦门大学学报（哲学社会科学版）》2018 年第 6 期。

② 参见梁少芬：《重构法规案审议分工和程序的设想》，载《人民之声》2010 年第 5 期（作者时任广东省人大内务司法委员会副主任委员）。

③ 参见丁伟：《完善地方立法统一审议工作机制的几点思考》，载《中国人大》2005 年第 20 期；崔立文：《制定地方性法规程序比较评析》，载周旺生主编：《立法研究》（第 4 卷），法律出版社 2003 年版，第 316 页。

④ 参见沈国明：《关于改进地方立法机制和立法程序的几点思考》，东方法治网 2007 年 3 月 30 日，http://appl. eastday. com/news/fazhi/index_gj. asp? pkey = 243，（作者时任上海市人大常委会法工委主任和人大法制委副主任委员）。另可参见乔晓阳：《怎样做好统一审议工作》，载《中国人大》2016 年第 18 期（作者时任全国人大法律委员会主任委员）；林化宾：《创新工作机制　提高统一审议质量》，载《上海人大》2016 年第 10 期（作者时任上海市人大法制委主任委员）；丛林：《在全省地方立法工作交流会上的发言》，载《人民政坛》2016 年第 7 期（作者时任福建省人大法制委副主任委员）。

强在立法工作中的密切配合,减少层次,提高工作效率”。[①] 具体而言,两者的关系定位不能超越现行宪法和组织法的基本规定。法制委“作为一级机构,其主要职责和工作方式是举行会议并发表审议意见,一般并不需要也没必要独立和直接进行基础性的调研论证工作”,[②]调研和论证等基础性工作由法工委这一“专门为常委会提供立法方面服务的工作机构”承担更为合适和科学。[③] 也有实务工作者提出,法制委应当集中精力解决实体性问题,而立法技术规范等问题应交由法工委处理。[④] 同时,法制委和法工委还需加强沟通和合作。诸如,“法制委员会的分管委员和法工委工作班子一道,就一审中的热点问题召开座谈会或进行调研,听取政府有关部门和有关专门委员的意见并进行分析,形成法规草案修改的初步方案供法制委员会审议、研究”。[⑤] 正如乔晓阳先生指出的,“两委协调一致、形成合力,是我们履行好统一审议职责的关键”。[⑥]

第二,科学充实组织。要提高统一审议的效率和质量,首先必须改革优化负责统一审议机构的组织结构,使其能够胜任统一审议的重任。对此,沈国明先生提出了包括优化法制委人员构成、兼任委员、兼职委员等一系列改革主张:一是“法制委员会组成人员的结构应当合理,不仅要有法律方面的人员,还应有熟悉专业知识和有实际工作经验的人员”。[⑦] 这样,法制委不仅能够充分发挥其“统”

---

① 沈国明:《关于改进地方立法机制和立法程序的几点思考》,载东方法治网2007年3月30日,http://appl.eastday.com/news/fazhi/index_gj.asp? pkey=243。

② 王宗炎:《关于地方人大立法审议机制的若干问题》,载《上海人大》2002年第10期。

③ 参见王宗炎:《关于地方人大立法审议机制的若干问题》,载《上海人大》2002年第10期;张引:《世纪之交的北京地方立法》,载周旺生主编:《立法研究》(第4卷),法律出版社2003年版,第299页;沈国明:《关于改进地方立法机制和立法程序的几点思考》,载东方法治网2007年3月30日,http://appl.eastday.com/news/fazhi/index_gj.asp? pkey=243。

④ 参见钱富兴、王宗炎:《关于当前地方立法若干问题的探讨》,载《上海人大》2011年第8期。

⑤ 王宗炎:《关于地方人大立法审议机制的若干问题》,载《上海人大》2002年第10期。

⑥ 乔晓阳:《怎样做好统一审议工作》,载《中国人大》2016年第18期。

⑦ 沈国明:《关于改进地方立法机制和立法程序的几点思考》,载东方法治网2007年3月30日,http://appl.eastday.com/news/fazhi/index_gj.asp? pkey=243。

的职能,加强对法规草案的合法性审查;而且能够通过强化专业知识的储备提高与其他专门委的沟通能力,甚至在一些情况下胜任起专业问题的审议。二是“法制委员会少数成员由其他专门委员会的成员兼任……对提高法规草案审议质量是有益的”。这样,由于部分法制委成员与其他专门委之间存在“亲缘”关系,两种委员会之间的沟通、互动和合作无疑将大为提高。三是“法制委员会组成人员中,除了少数驻会专职成员外,应当适当有一些法律和有关环保、财经、教育、科技等方面的专家为兼职委员”。这样,比一般具备某一学科背景的成员拥有更多专业知识的专家往往能够高屋建瓴地提供政策层面的参考和建议,对提高统一审议的质量大有助益。此外,还必须“切实加强法工委立法工作力量,加强学习培训,提高工作人员的素质,以适应繁重立法工作任务的需要”。也有部分实务工作者建议,应当适当扩大法制委员会的规模,并确保法律专业工作者占有一定比例。①

由于常委会会议的一审质量直接决定了统一审议的工作量和难易程度,因此,提高全体常委会组成人员的素质,健全相关的组织和工作制度对于提高统一审议的质量也至关重要。对此,有些学者倡导要加强常委会组成人员的法律知识储备,②有些建议要加强常委会组成人员的立法调研,③有些倡议为常委会组成人员配备辅助其进行工作的立法助理。④

第三,完善主要程序。尽管因统一审议时间不充分造成的审议质量低下已被关注,但鲜见制度对策的提出。仅有的建议是将审议重心前移或回归,即“相关专门委员会、工作委员会应充分发

---

① 参见钱富兴、王宗炎:《关于当前地方立法若干问题的探讨》,载《上海人大》2011年第8期。

② 参见尹秀荣、孙德英:《关于提高地方立法质量的几点思考》,载《沈阳干部学刊》2004年第6期;丛林:《在全省地方立法工作交流会上的发言》,载《人民政坛》2016年第7期。

③ 参见尹秀荣、孙德英:《关于提高地方立法质量的几点思考》,载《沈阳干部学刊》2004年第6期;叶勇鹏:《实行统一审议后地方立法存在的问题及对策》,载《人民政坛》2002年第12期。

④ 参见叶勇鹏:《实行统一审议后地方立法存在的问题及对策》,载《人民政坛》2002年第12期;刘建伟:《省级国家权力机关立法程序探讨》,载周旺生主编:《立法研究》(第2卷),法律出版社2001年版,第577页。

挥其专业机构的特长，对起草法规中的主要分歧和难点问题，积极提出真知灼见，努力在初审阶段解决法规草案中的主要问题”。[①]此建议者认为，倘若大部分审议工作已为其他专门委和工作机构完成，那么，即使时间有限，法制委也会因负荷适当而不勉为其难。

相对而言，现有研究成果针对提前介入机制的完善提出了更多的对策建议。首先，在时间节点上，提前介入应当适度而并非没有节制，“防止介入过深使立法法规定的审次制度形同虚设”。[②]其次，在承担者上，提前介入主要由法工委而不是法制委完成。[③]最后，在工作作风和具体方法上，必须“尽早进入状态、抓紧时间熟悉法规案和相关上位法、同位法的内容”“尽早参与专门委员会具体的立法调研和法规起草工作，及时研究法规案存在的主要问题，分析、论证法规案草案提交常委会一审的立法必要性、合法性、可行性等条件是否成熟”；必须秉承谦逊、谨慎的作风，参加其他专门委会议；必须在“法制委内部及时沟通，防止在同一问题上发出不同声音”。[④]

就法制委内部审议程序而言，一些省级人大法制委在总结经验的基础上强调，统一审议“要充分发挥法制委员会成员的集体智慧”，不应依靠委员单兵作战；[⑤]要建立辩论制度，让不同声音都有机会表达，[⑥]不能形成个别委员的“一言堂”；法制委负责人在内部意见分歧的情况下应当发挥高超的协调能力。[⑦]也有人

---

① 参见叶勇鹏：《实行统一审议后地方立法存在的问题及对策》，载《人民政坛》2002年第12期。

② 丁伟：《完善地方立法统一审议工作机制的几点思考》，载《中国人大》2005年第20期。

③ 参见王宗炎：《关于地方人大立法审议机制的若干问题》，载《上海人大》2002年第10期。

④ 丁伟：《完善地方立法统一审议工作机制的几点思考》，载《中国人大》2005年第20期。

⑤ 参见王宗炎：《关于地方人大立法审议机制的若干问题》，载《上海人大》2002年第10期；沈国明：《关于改进地方立法机制和立法程序的几点思考》，载东方法治网2007年3月30日，http://appl.eastday.com/news/fazhi/index_gj.asp? pkey=243。

⑥ 参见刘建伟：《省级国家权力机关立法程序探讨》，载周旺生主编：《立法研究》（第2卷），法律出版社2001年版，第578页。

⑦ 参见王宗炎：《关于地方人大立法审议机制的若干问题》，载《上海人大》2002年第10期。

建议，应当通过制定《法制委员会议事规则》明确一系列程序要求。[①]

就法制委外部关系而言，形成可运行的、协调法制委与其他专门委之间意见和分歧的机制也相当重要。人大常委会领导应当担当这样的角色。[②] 也有人主张，法制委员会"统一审议的权力不能削弱人民代表大会及其常务委员会作为立法表决主体的审议权"，"全体会议的审议权和修正案的提出权，就是对法制委员会统一审议权力的制约"。[③]

此外，在统一审议过程中，可以通过举行听证会等方式[④]吸引公众参与、拓宽信息渠道、提高立法的可接受度和民主性。

第四，引入得当技术。审议技术运用得当，审议效率和质量便将大大提高。对此，王宗炎先生提出了一系列审议技术方面的建议。统一审议"应当抓住重点问题、有争议的重点条款进行，防止平均使用力量、一般化的'过堂'"，"应当着重于合法性、协调性方面的把关，不拘泥于表述技巧和文字性争论"。[⑤] 在审议报告内容的安排上，他建议：首先，反映各方意见要完整，但为常委会决策提供的方案应简洁、明了。其次，"审议结果报告中的修改说明应当围绕常委会带有代表性、倾向性的集体审议意见，说明采纳或者不采纳的理由"。再次，"对于常委会组成人员的个别审议发言宜作分析、梳理，作出不同处理"。最后，"审议结果报告的结构和表述方式，宜根据实际情况灵活掌握，既可以依照法规条序逐条陈述，也可以按审议意见的内容适当归纳成若干问题分别

---

① 参见钱富兴、王宗炎：《关于当前地方立法若干问题的探讨》，载《上海人大》2011年第8期。

② 参见丁伟：《完善地方立法统一审议工作机制的几点思考》，载《中国人大》2005年第20期。

③ 陈美华：《完善地方立法审议制度的构想》，载《福建政法干部管理学院学报》2009年第1期（作者时任福建省人大常委会法制工作委员会行政立法处处长）。

④ 刘建伟：《省级国家权力机关立法程序探讨》，载周旺生主编：《立法研究》（第2卷），法律出版社2001年版，第577页；孔瑜：《论省级人大法制委员会的统一审议制度》，华东政法学院2002届法学硕士学位论文。

⑤ 王宗炎：《关于地方人大立法审议机制的若干问题》，载《上海人大》2002年第10期。

表述”。[①]

第五，提出根本对策。为了消除地方立法中的不当部门利益、扭转审议信息不对称的局面，立法理论界和省级地方立法实务部门纷纷探索“拓宽法规草案的起草渠道”，以“发挥人大常委会作为立法机关的主导作用，改变政府主导法规起草的局面”。[②]

当然，如何有所区别、循序渐进地拓宽法规案的起草渠道也是近年来人们重点关注的问题。比较成熟的研究结论是：“对一些重要的、综合性的、带有全局性的，关系本地区经济发展和社会稳定的重要法规，应当由人大专门委员会或常委会的工作委员会牵头组织起草或直接起草，发挥立法机关的主导作用；对涉及几个部门职责的法规，应由政府法制办起草或者组织起草；对一些法律问题较多的专业性法规，可以邀请专家学者参加起草，发挥专家、学者的作用，实行立法工作者、实际工作者和理论工作者三结合，也可以委托专家起草。”[③]

---

① 对报告内容的简洁性，王宗炎先生认为，“对法规草案的统一审议，主要是在综合分析各方意见的基础上，确认法规内容的合法性，对常委会一审提出的各种意见作出选择并说明取舍的理由，提出条文的具体修改方案。对于一审争议较大的条款，可以提出不同的修改方案供常委会选择。法制委员会的审议结果报告和修改情况报告主要是协助常委会作出修改抉择，不需要重复陈述审议意见报告中已予说明的立法必要性等内容”。对常委会个别成员审议意见的具体处理方法，其提出，“对于有实质性内容、可能具有代表性的重要意见作出分析判断；对于个别组成人员提出的纯属技术性、文字性的意见，则不需要在审议结果报告中一一应答；对于不具有代表性的、不具有代表性的重要意见作出分析判断；对于个别组成人员提出的纯属技术性、文字性的意见，则不需要在审议结果报告中一一应答；对于不具有代表性的、不拟采纳的个别意见，可以通过会外个别交换意见的方式进行沟通，一般不需要在报告中一一列举陈述”。参见王宗炎：《关于地方人大立法审议机制的若干问题》，载《上海人大》2002 年第 10 期。

② 刘建伟：《省级国家权力机关立法程序探讨》，载周旺生主编：《立法研究》（第 2 卷），法律出版社 2001 年版，第 575 页。

③ 沈国明：《关于改进地方立法机制和立法程序的几点思考》，载东方法治网 2007 年 3 月 30 日，http://appl. eastday. com/news/fazhi/index_gj. asp? pkey = 243。

第二部分　本　　论

第三章　制度解析　统一审议制度的建构和功能

第一节　审议制度的变迁和统一审议制度的建构

历史往往蕴含着解决现实问题的答案。

对文献的梳理有助于了解已有研究者对统一审议制度的认知水平，以利于廓清后来者的研究思路和重点。然而，这种间接视角并不能完全呈现统一审议制度的全貌。因此，必须切换镜头，将研究焦点直接定位于统一审议制度本身：在系统分析统一审议制度实际运作及其效果之前，还原描述该制度在省级人大立法程序中的确立过程。

众所周知，自 1982 年年底以来，统一审议始终是全国人大及其常委会立法程序的重要组成部分。[①] 然而，对我国绝大多数省级地方立法机关来说，统一审议则是一项诞生于 21 世纪的程序制度。尽管该制度在地方的普遍建立经历了漫长而复杂的过程，每个省级人大审议制度的演变也都有其独

---

① 1982 年 12 月 10 日通过并施行的《全国人大组织法》第 37 条第 3 款规定，“法律委员会统一审议向全国人民代表大会或者全国人民代表大会常务委员会提出的法律草案；其他专门委员会就有关的法律草案向法律委员会提出意见”。

特的"版本",[①]但总体上依然呈现清晰的演变路径和共同的发展趋势。需要说明的是,由于缺乏我国早期省级地方人大立法实践的分析资料,本章以地方审议程序规则为主要研究对象,并尽可能提供规则之外的辅助资料,以最大限度地还原审议制度发展的真实历程。

大致而言,统一审议制度在我国地方的建立经历了四个阶段:

一、审议组织唯人大及其常委会和法定审议规则空白阶段(1979 年至 20 世纪 80 年代初)

和全国人大一样,多数地方人大自 1979 年开始恢复工作。1979 年 7 月 1 日第五届全国人大第二次会议通过的《地方组织法》(以下简称 79 年地方组织法)首次赋予省级人大地方性法规制定权。其第 6 条规定,"省、自治区、直辖市的人民代表大会根据本行政区域的具体情况和实际需要,在和国家宪法、法律、政策、法令、政令不抵触的前提下,可以制定和颁布地方性法规,并报全国人民代表大会常务委员会和国务院备案"。

同时,该法虽未涉及专门委员会的规定,却完全沿袭 1954 年 9 月 21 日第一届全国人大第一次会议通过的《中华人民共和国地方各级人民代表大会和地方各级人民委员会组织法》的规定,不仅确认地方各级人大可以在大会期间设立临时委员会,而且明确作为临时性委员会之一的议案审查委员会的职责。其第 13 条和第 14 条第 2 款分别规定,"地方各级人民代表大会举行会议的时候,可以设立代表资格审查委员会、议案审查委员会和其他需要设立的委员会,在主席团领导下进行工作","向地方各级人民代表大会会议提

---

① 如河北和江西省人大常委会的同志曾在 1992 年对人大发展的历程作了不同的阶段划分。在河北,初创阶段是 1980 年 2 月至 1983 年年底;发展阶段为 1984 年至 1987 年年底;完善阶段为 1988 年至 1992 年。在江西,初创阶段为省人大常委会成立到 1986 年 1 月;发展阶段为 1986 年 1 月省人大常委会颁布《关于制定地方性法规的规定》到 1988 年 12 月;初步完善阶段为 1988 年 12 月省人大常委会通过《关于批准法制工作委员会对 1988 年以前制定的地方性法规清理意见的决定》至 1992 年。参见牛会拴(河北省人大常委会政法委员会):《河北省 11 年地方立法工作》;胡德祖(江西省人大常委会法制工作委员会主任):《江西省地方立法 12 年》,载《中国法律年鉴》(1992 年),中国法律年鉴社 1992 年版,第 665 页、第 679 页。

出的议案，由主席团提请人民代表大会会议讨论，或者交付议案审查委员会审查后提请人民代表大会会议讨论”。[①]

或许79年地方组织法的制定者们也意识到庞大的组织规模无法使代表大会经常召开会议、讨论问题、制定法规，因此该法创设性地容许县级以上地方人大设立常委会，[②]并同时赋予省级人大常委会制定地方性法规的权力。其第27条规定，“省、自治区、直辖市的人民代表大会常务委员会在本级人民代表大会闭会期间，根据本行政区域的具体情况和实际需要，在和国家宪法、法律、政策、法令、政令不抵触的前提下，可以制定和颁布地方性法规，并报全国人民代表大会常务委员会和国务院备案”。

自此，省级人大常委会作为本级人大的常设机关，在大会闭会期间开始承担大量工作，尤其是立法工作。然而，由于多年来地方立法的基本“空白”，因此79年地方组织法无法经验性地规范地方人大常委会法规的制定及其审议程序。换言之，此阶段的省级地方人大立法完全是在缺乏法定程序的状况下探索运行的，探索的主体就是人大常委会。常委会全体会议成为唯一的审议主体，法规草案几乎都经由常委会全体会议一次审议通过。[③] 相对于现时省级立法机关立法工作的负荷，当时的工作量并不繁重，但省级人大常委会还是无法承受“百废待兴、制度先行”的社会需求对立法机关的巨大压力。因此，有些省级人大常委会开始寻找“助手”，以设立工作委员会来缓解压力，尽管当时国家法律并未规定省级人大常委会可以设立工作机构。1980年5月20日，上海市第七届人大常委会第四次会议决定，常委会下设政治法律、

---

① 1954年的《地方组织法》第12条和第13条第2款已有这些内容的规定。1979年《地方组织法》的上述规定在文字上与1954年的规定完全相同。

② 其第25条规定，“省、自治区、直辖市、自治州、县、自治县、市、市辖区的人民代表大会设立常务委员会”。相关决策背景，参见程湘清：《一项彪炳史册的政治体制改革之举——设立地方人大常委会的历程、意义和功效》（上），载《吉林人大》2009年第11期。

③ 如1980年3月的《上海市区、县人民代表大会代表选举暂行实施细则》和同年5月的《上海市人民代表大会常务委员会关于加强与市人民代表大会代表联系的暂行办法》两件法规都由上海市人大常委会会议一次审议并通过（参见白平：《我国省级人大立法审议的组织结构研究》，载徐向华主编：《新时期中国立法反思》，学林出版社2004年版，第261页）。河北的情况亦是如此。

财政经济、市政建设、科学文教4个委员会协助常委会进行立法审议工作。[①] 同年7月5日，广东省第五届人大常委会第四次会议决定设立法制工作委员会。作为该省人大常委会设立的第一个法制工作机构，其主要职能也是协助常委会完成法规草案的审议工作。[②] 当然，在上海，由于4个委员会的主任均由常委会主任兼任，因此，委员会并未发挥出应有的组织功能，对地方立法效率的提升相对有限。[③]

二、全体会议一审下的审前程序得以开发——统一审议制度萌芽阶段(20世纪80年代初期到1986年12月)

1982年12月4日，第五届全国人大第五次会议上问世的现行宪法以根本大法的方式肯定了79年地方组织法关于省级人大及其常委会行使法规制定权的规定。同次会议修正了79年地方组织法，继续赋予省级人大及其常委会制定地方性法规的权力，[④]但依然未对法规制定程序进行规范。

然而，随着地方立法任务的增加和立法经验的积累，各省级地方立法机关渐趋认识到包括审议规则在内的立法程序的必要，纷纷致力于审议规则的制度化，开启了我国省级人大及其常委会的法规法定审议程序从无到有的历程。[⑤]

从制定时间上看，1984年至1986年三年是地方人大立法程序

---

① 白平：《我国省级人大立法审议的组织结构研究》，载徐向华主编：《新时期中国立法反思》，学林出版社2004年版，第262页。

② 参见广东省人大常委会法律委员会：《广东省地方立法十年概况》，载《中国法律年鉴》(1990年)，中国法律年鉴社1990年版，第869页。

③ 白平：《我国省级人大立法审议的组织结构研究》，载徐向华主编：《新时期中国立法反思》，学林出版社2004年版，第262页。

④ 参见宪法第100条、1982年《地方组织法》第27条第1款。

⑤ 在这一阶段，地方政权建设方面的立法数量始终是仅次于财政经济方面的立法数量，成为地方性法规的立法主题。“从1979年11月至1985年12月底，各省、自治区、直辖市制定并报全国人大常委会备案的法规共有707件。其中，财政经济类269件，占38%；地方政权建设类165件，占23%。”(全国人大常委会办公厅联络局地方联络处，1987年)有关地方人大立法程序方面的立法则是该阶段地方政权建设方面立法的主要组成部分。

规则的高产期,分别有8件、8件和4件①省级法规制定条例颁布实施。

从文件形式、结构和表述上分析,这些法规呈现明显的初创阶段的临时性和不完善性。一些法规以"试行"、②"暂行规定"、③"若干问题规定"或"若干规定"④冠名;有些法规相当简单,甚至没有"条款项"的结构要件;⑤有些法规在审议程序用语上不尽规范,以"审查"⑥"审定"⑦等词汇来指称审议程序。

在具体内容上,该时期省级人大的审议组织及其规则主要有五大特点:

(一)常委会制定的地方性法规以全体会议一次审议为原则

多数省级行政区要求法规草案经常委会会议一次审议即付表

---

① 1984年出台的是福建(2件)、吉林、湖南、陕西、山西、黑龙江和江苏的法规;1985年颁布的是浙江、山东、辽宁、广东、内蒙古自治区、贵州、河南和安徽的法规;1986年公布的是青海、上海、广西壮族自治区和宁夏回族自治区的法规。

② 如1984年《福建省人民代表大会常务委员会工作条例》(试行)、1984年《湖南省人民代表大会常务委员会制定地方性法规程序》(试行)、1984年《陕西省人大常委会关于制定地方性法规程序的规定》(试行)、1984年《山西省人民代表大会常务委员会制定地方性法规的程序》(试行)、1985年《河南省人大常委会制定地方性法规的程序》(试行)和1985年《内蒙古自治区人大常委会制定地方性法规的若干规定》(试行)。

③ 如1984年《福建省制定地方性法规的暂行规定》、1985年山东省《关于制定地方性法规程序的暂行规定》、1985年《辽宁省人民代表大会常务委员会关于制定地方性法规的暂行规定》、1985年《广东省人民代表大会常务委员会关于制定地方性法规程序的暂行规定》、1986年《上海市人民代表大会常务委员会制定地方性法规程序的暂行规定》、1985年《贵州省制定地方性法规的程序的暂行规定》。

④ 如1984年《吉林省人民代表大会常务委员会关于制定和执行地方性法规若干问题的规定》、1984年《黑龙江省人民代表大会常务委员会关于制定地方性法规若干问题的规定》、1984年《江苏省人民代表大会常务委员会关于制定地方性法规的若干规定》。

⑤ 如1984年《江苏省人民代表大会常务委员会关于制定地方性法规的若干规定》、1984年《陕西省人民代表大会常务委员会关于制定地方性法规程序的规定》(试行)、1985年《云南省人民代表大会常务委员会关于制定地方性法规的暂行规定》。

⑥ 参见1984年《福建省制定地方性法规的暂行规定》第10条、1984年《陕西省人民代表大会常务委员会关于制定地方性法规程序的规定》(试行)第7条、1985年《辽宁省人民代表大会常务委员会关于制定地方性法规的暂行规定》第11条、1986年《青海省人民代表大会常务委员会关于制定地方性法规的规定》第13条。

⑦ 参见1984年《黑龙江省人民代表大会常务委员会关于制定地方性法规若干问题的规定》第10条、1985年《宁夏回族自治区关于制定地方性法规程序的规定》第6条。

决。有些省级行政区未规定两审程序；有的明确规定法规草案审议意见基本一致的即交付表决；[①]有的原则规定草案可在当次会议通过但未规定两审程序；[②]有的仅仅涉及法规草案的表决程序而未规定审次，但从行文中可推定出一审制。[③]

同时，有些省级行政区确立了两审审次，但性质各不相同。其中：

一些省级行政区将二审作为补充程序，规定法规草案在本次常委会会议审议后未付表决的，根据审议意见修改后留待下次会议再行审议。[④]

有些省级行政区确立了一审和两（多）审的选择模式。其中有的规定法规草案可在本次会议表决，也可进行修改后在下次会议审议表决；[⑤]有的规定草案可一次会议审议通过，也可两次以上会议审议；[⑥]也有的规定法规草案可在本次会议审议并表决，也可由本次会议初审并交由起草部门进一步修改。[⑦]

上海、云南两省市将两审设定为强制性程序。1986年《上海市人民代表大会常务委员会制定地方性法规程序的暂行规定》确立的是"原则两审、例外一审"制。其第14条规定，"常务委员会审议地方性法规草案，一般先由提请审议的机关负责人或代表在常务委员

---

① 参见1984年《福建省制定地方性法规的暂行规定》第13条第2款。

② 如1986年《青海省人民代表大会常务委员会关于制定地方性法规的规定》第16条规定，"提请省人民代表大会常务委员会审议的地方性法规草案，经审议认为可以付诸表决的，即在本次会议上进行表决"。

③ 参见1985年《浙江省人民代表大会常务委员会制定地方性法规的程序的规定》第12条。

④ 参见1985年山东省《关于制定地方性法规程序的暂行规定》第8条；1984年《吉林省人民代表大会常务委员会关于制定和执行地方性法规若干问题的规定》第10条；1984年《湖南省人民代表大会常务委员会制定地方性法规程序》（试行）第9条。

⑤ 参见1985年《辽宁省人民代表大会常务委员会关于制定地方性法规的暂行规定》第15条；1985年《内蒙古自治区人民代表大会常务委员会制定地方性法规的若干规定》（试行）第15条；1986年《广西壮族自治区人民代表大会常务委员会关于制定地方性法规程序的规定》第13条；1984年《陕西省人民代表大会常务委员会关于制定地方性法规程序的规定》（试行）"七、地方性法规的审议"第（四）项。

⑥ 参见1985年《广东省人民代表大会常务委员会关于制定地方性法规程序的暂行规定》第8条第（三）项。

⑦ 参见1984年《江苏省人民代表大会常务委员会关于制定地方性法规的若干规定》"五、地方性法规草案的审议"之（4）。

会会议上作该法规草案的说明，经过充分讨论后，将法规草案交有关专门委员会审议修改，再提请下次或者以后的常务委员会会议审议通过；有的地方性法规草案，也可以经常务委员会一次会议审议通过”。云南省则规定“原则一审，例外两审”，即重要的法规必须实行两审制。①

此外，作为法规案“审次”制度的一个环节，各省的通例是，无论设定怎样的审级制度，普遍实行常委会全体会议审议而基本不用目前常态的分组会议审议制，更无联组会议审议制的“踪影”。

审议程序初创阶段所普遍实行的“一审制”及其“全体会议审议制”从一个侧面反映出当时省级地方人大立法工作量的两个基本情况：一是需要审议的草案条文较少；二是“复制”上位法的现象相当普遍。借此，法规草案无须多次审议。

（二）常委会审前程序得以重视、统一审议雏形开始显现

为保证常委会全体会议的一审质量，一些地方将工作起点延伸至一审之前，以通过发挥常委会工作机构、专门委和主任会议的作用为常委会的一审做好充分的审前准备。这些地方在常委会的一审程序前增加了二个至三个其他审议主体的审议程序规则。

增加两道审前程序的分别是青海、辽宁、广东和黑龙江。其中青海规定法规草案由常委会工作机构“先行审查”，然后由主任会议“审查”；②辽宁规定先由常委会有关工作委员会对草案进行“初步审查”，然后由主任会议“审议”；③广东规定草案先由常委会各有关委员会“初审”，然后由主任会议“审议”并决定是否列入常委会会议议程；④黑龙江则规定常委会有关主管机构先对草案进行审查，然

① 参见1985年《云南省人民代表大会常务委员会关于制定地方性法规的暂行规定》“九、地方性法规的审议”第（二）项。

② 参见1986年《青海省人民代表大会常务委员会关于制定地方性法规的规定》第13条、第14条。

③ 参见1985年《辽宁省人民代表大会常务委员会关于制定地方性法规的暂行规定》第11条、第12条。

④ 参见1985年《广东省人民代表大会常务委员会关于制定地方性法规程序的暂行规定》第8条。

后由主任会议“审定”并决定是否列入常委会会议议程。[①]

增加三道审前程序的分别是福建、湖南、广西壮族自治区、陕西和云南。这些省级行政区设定的三道审前程序每道都有“个性”。具体为：一则第一道程序的审议主体“五花八门”，其中福建规定先由“常委会工作委员会审查”，湖南规定先由“专门委员会审议”，广西壮族自治区规定先由“常委会有关委员会初审”，陕西规定先由“常委会有关委员会审查”，云南则规定先由“专门委员会审议”；二则第三道程序如出一辙，即均由主任会议“决定”或者“审查并决定”是否列入常委会会议议程；三则特别值得注意的是，第二道程序或是“征求常委会法制委员会意见”，[②]或由法律委员会审议，[③]或由法制委“审查”。[④]

由此可见，常委会审前“三道审”的一个重要共同点就是法制工作机构（或法制/律委员会）与其他类型工作机构（或其他专门委）的分工开始出现。更令人惊讶的是，这些规则都不约而同地将法制工作机构（或法制/律委员会）的“二道审”置于其他类型工作机构（或其他专门委）的“一道审”之后。这种制度性的分工安排足以表明上述省级地方立法机关已意识到审议组织结构对立法效率和质量的影响。此观念与统一审议制度的设立初衷存在相当程度的同质性，其审议工序上的前后安排已依稀透射出统一审议的影子。但是，当时的审前“三道审”制与现行统一审议制度之间存在两大差异。一是实施审议的阶段不同。在统一审议制下，法制委通常在常委会一审后对常委会组成人员和其他专门委的审议意见进行审议；在审前“三道审”中，法制工作机构或法制/律委员会是在法规草案提交常委会审议之前进行活动。二是审议的重点内容不同。在统

---

① 参见 1984 年《黑龙江省人民代表大会常务委员会关于制定地方性法规若干问题的规定》第 12 条。

② 参见 1984 年《福建省制定地方性法规的暂行规定》第 10 条。

③ 参见 1984 年《湖南省人民代表大会常务委员会制定地方性法规程序》（试行）第 7 条，1986 年《广西壮族自治区人民代表大会常务委员会关于制定地方性法规程序的规定》第 10 条、第 11 条第 1 款和 1985 年《云南省人民代表大会常务委员会关于制定地方性法规的暂行规定》“九、地方性法规的审议”第（一）项。

④ 参见 1984 年《陕西省人民代表大会常务委员会关于制定地方性法规程序的规定》（试行）“七、地方性法规的审议”第（一）项、第（二）项、第（三）项。

一审议制下,法制委和其他专门委的审议重点不同,前者承担草案合法性、正当性和技术规范性的审查,后者负责对草案必要性、可行性以及其他专业问题的审议;在审前“三道审”制下,法制工作机构或法制(律)委员会与其他类型工作机构或其他专门委的审议至少在制度设计上只是工序上的先后,而不存在审议对象上的分工。[①]由此,因不同委员会的审议对象容易出现重合而致使立法资源的浪费。

(三)人大常委会主任会议具有决定法规草案内容的实质审议权

在一些省级地方人大,常委会主任会议作为负责常委会日常工作的核心机构,不仅在当时已被赋予是否将法规案列入议程的程序性决定权力,而且拥有远比如今更具“分量”的审议(或审定、审查)法规案内容的实体性权力。其行使实质审议权的方式大致有两种:一是主任会议直接对提案主体提交的法规草案进行审议,并决定是否将其列入常委会会议议程。宁夏回族自治区、江苏和广东采用此模式;[②]二是主任会议在常委会工作机构或法制委审议基础上实施审议,并决定是否将法规草案提交常委会会议审议。青海、辽宁、陕西采用此模式。[③]

此外,个别省级行政区还赋予主任会议对常委会审议方式的建议权。如1984年《福建省制定地方性法规的暂行规定》第13条规定,常委会“审议方式由主任会议建议,常委会决定”。1988年《海南省地方性法规制定程序条例》第19条第1款也规定了这一内容。

---

① 唯一例外的是云南。1985年《云南省人民代表大会常务委员会关于制定地方性法规的暂行规定》“九、地方性法规的审议”第(一)项规定合法性和规范性是法制委的审议重点,即“应当就其(指经专门委员会审议过的法规草案)是否与宪法、法律、行政法规相抵触,是否与本省其他地方性法规相矛盾,是否符合规范化的要求,向有关专门委员会提出意见”。

② 参见1985年《宁夏回族自治区关于制定地方性法规程序的规定》第6条第2款、1984年《江苏省人民代表大会常务委员会关于制定地方性法规的若干规定》“五、地方性法规草案的审议”之(3)和1985年《广东省人民代表大会常务委员会关于制定地方性法规程序的暂行规定》第8条第(一)项。

③ 参见1986年《青海省人民代表大会常务委员会关于制定地方性法规的规定》第13条和第14条、1985年《辽宁省人民代表大会常务委员会关于制定地方性法规的暂行规定》第11条和第12条、1984年《陕西省人民代表大会常务委员会关于制定地方性法规程序的规定》(试行)“七、地方性法规的审议”第(一)项、第(二)项、第(三)项。

（四）专门委员会尚未普遍设立、常委会工作机构成为审议组织

一方面，绝大多数省级人大在该时期尚未设立专门委员会，各省法规案的提案主体中没有专门委员会便是明证。但也有个别省级行政区开始尝试设立专门委员会。1985 年 7 月，考虑到常委会工作机构无法在市人大会议期间审议法规草案，上海市第八届人大第四次会议决定设立包括法制委在内的 4 个专门委员会。自此，法规的审议开始进入专门委员会专属管辖、一揽到底的阶段。①

另一方面，在省级人大专门委员会尚未设立的情况下，绝大多数常委会倚重工作机构。工作机构在法规审议中扮演着重要的角色，承担着部分审议职能。如前文所述，为缓解常委会的工作压力，各地在 20 世纪 80 年代初纷纷设立了工作机构。例如，广东省于 1980 年设立了省人大常委会法制工作委员会，并于 1983 年设立了包括法律委员会在内的 5 个常委会工作委员会并赋予其法规草案初审权。② 河北省人大常委会也于 1983 年设立了 4 个工作委员会承担法规草案的审议工作。③

除承担法规草案的初审职责外，常委会的工作委员会还负责法规草案的修改。修改草案的程序有的在常委会一审之前，④也有的在常委会一审之后。⑤

（五）众多审议程序得以创新，审议规则体系开始萌芽

相比较现行的审议制度，该时期的审议程序较为简单。然而，各省级人大常委会的审议规则中也有不少制度创新。主要有：

---

① 参见白平：《我国省级人大立法审议的组织结构研究》，载徐向华主编：《新时期中国立法反思》，学林出版社 2004 年版，第 265～267 页。

② 参见广东省人大常委会法律委员会：《广东省地方立法十年概况》，载《中国法律年鉴》（1990 年），中国法律年鉴社 1990 年版，第 869～870 页。

③ 参见牛会拴：《河北省 11 年地方立法工作》，载《中国法律年鉴》（1992 年），中国法律年鉴社 1992 年版，第 665 页。

④ 参见 1984 年《福建省制定地方性法规的暂行规定》第 10 条、1985 年山东省《关于制定地方性法规程序的暂行规定》第 7 条第（三）项。

⑤ 参见 1984 年《陕西省人民代表大会常务委员会关于制定地方性法规程序的规定》（试行）“七、地方性法规的审议”第（四）项、1984 年《黑龙江省人民代表大会常务委员会关于制定地方性法规若干问题的规定》第 16 条。需要说明的是，只有在当时已实行“二审”的个别省级行政区，修改草案才发生在一审之后。

法规草案起草要求制度。一些省级行政区对法规的草拟提出要求。如1984年《浙江省人民代表大会常务委员会关于制定地方性法规的程序的规定》第4条规定,地方性法规必须符合如下要求:“(一)不与宪法、法律、行政法规相抵触;(二)符合本省实际,切实可行;(三)与其他有关的地方性法规相衔接;(四)结构严谨、逻辑严密、文字简练、用词准确。”山东、青海、黑龙江、福建和广东也都有相似规定。正是这些起草要求最终发展为日后常委会审议法规案的基本内容。

法规草案提前送达制度。有些省级行政区建立了法规草案提前送达制度,以便常委会组成人员在会议召开之前熟悉草案内容,做好审议准备。当然,各省要求提前送达的时间有所不同。吉林规定提前半个月送达,①福建、山东和辽宁则规定提前两个月送达。②

此外,吉林、河南还设立了提案人到会说明、回答询问的制度,而不像大多数省级行政区那样只要求提供书面说明;③广东省规定了常委会的审议期限和结果告知制度;④北京建立了人大常委会法制建设顾问制度,“聘请了12名较有声望的法律专家、学者以及既有理论研究能力又有丰富实践经验的法律工作者”;⑤黑龙江则规定“审议地方性法规草案,要充分发扬民主,允许不同意见的争论。”⑥

---

① 参见1985年《吉林省人民代表大会常务委员会关于制定和执行地方性法规若干问题的规定》第8条第2款。

② 参见1984年《福建省制定地方性法规的暂行规定》第9条、1985年山东省《关于制定地方性法规程序的暂行规定》第7条第(二)项和1985年《辽宁省人民代表大会常务委员会关于制定地方性法规的暂行规定》第13条。

③ 参见1985年《吉林省人民代表大会常务委员会关于制定和执行地方性法规若干问题的规定》第9条和1985年《河南省人民代表大会常务委员会制定地方性法规的程序》(试行)第14条。

④ 参见1985年《广东省人民代表大会常务委员会关于制定地方性法规程序的暂行规定》第9条第(二)项规定,“省人大常委会在收到提请审议的法规草案后,应于三个月内将审议情况告知送审机关”。

⑤ 参见北京市人大常委会法制室:《北京市地方性法规的制定及其实施》,载《中国法律年鉴》(1990年),中国法律年鉴社1990年版,第849页。

⑥ 参见1984年《黑龙江省人民代表大会常务委员会关于制定地方性法规若干问题的规定》第16条。

三、专门委员会普遍设立后的审议功能强化和分化并存——统一审议主体要素发育阶段(1986 年 12 月到 20 世纪 90 年代初)

专门委员会普遍设立是这一时期省级人大组织结构的最大变化。促成这一变化的是 1986 年年底《地方组织法》的修订。

事实上,全国人大及地方各级人大在 1986 年《地方组织法》修订之前就高度重视并强调发挥专门委员会在地方人大立法中的作用。1986 年 4 月,陈丕显副委员长在第六届全国人大第四次会议上所作的全国人大常委会工作报告中提到:

> 大家进一步明确了省、自治区、直辖市人大专门委员会要把积极参与制定地方性法规作为重要任务……并加强委员会自身的建设,充实和加强办事机构。①

上述共识推动了当年《地方组织法》的修订。该年 6 月 26 日至 27 日,在各省、自治区、直辖市人大常委会负责同志的座谈会上,围绕着全国人大常委会法工委草拟的《对〈地方组织法〉几个问题的修改意见》,山西、内蒙古自治区和吉林等省级行政区都提出“省级和设区的市的人大可以设立专门委员会”的建议。② 1986 年 12 月 2 日,第六届全国人大常委会第十八次会议完成了对《地方组织法》的第二次修订。此次修订的主要内容之一就是授予地方人大设立专门委员会的权力并赋予专门委员会地方性法规审议权。该法第 25 条(现第 30 条)规定:

> 省、自治区、直辖市、自治州、设区的市的人民代表大会根据需要,可以设法制(政法)委员会、财政经济委员会、教育科学文化卫生委员会等专门委员会。各专门委员会

---

① 《全国人民代表大会常务委员会工作报告》(1986 年)。

② 参见全国人大常委会法工委国家法行政法室:《地方人大常委会负责同志座谈〈对地方组织法几个问题修改意见〉的意见》(1986 年),第 3 页。当然,在这次座谈会上,也有辽宁等个别省级行政区认为“地方人大可以不设专门委员会,以在人大常委会设工作委员会为好”。

受本级人民代表大会领导；在大会闭会期间，受本级人民代表大会常务委员会领导。

各专门委员会在本级人民代表大会及其常务委员会领导下，研究、审议和拟订有关议案；对属于本级人民代表大会及其常务委员会职权范围内同本委员会有关的问题，进行调查研究，提出建议。

1987年年初，为了促进地方人大贯彻实施新修订的《地方组织法》，全国人大常委会副委员长王任重在会见云南省第六届人大第五次会议全体代表时特别强调，“还要加强人大本身的建设，包括专门委员会和其他办事机构的设置与充实，工作制度的建立与完善”。[①]

总之，1986年《地方组织法》的修订大大改变了地方人大立法的审议组织结构。地方人大专门委员会自此获得了国家法律的认可和授权，逐渐成为主要的审议主体，并为之后法规审议主体的分化以及审议次数的增加奠定了组织架构的基础。

这一时期的审议结构及其规则呈现三大特点：

（一）专门委员会审议功能得以强化、常委会工作机构审议功能适当减弱

1986年《地方组织法》的颁布为省级地方立法机关通过制定或修改审议规则，赋予专门委员会审议法规案的权力提供了组织法上的依据。

各地审议规则的这一重大变化无疑使审议重心从常委会的工作机构转移到了人大各专门委员会。但各地对专门委履行审议职能的“时段”和具体任务的规定有所区别。云南省规定，专门委员会主要负责常委会一审前的审议，[②]山东、黑龙江和青海三省则将专门

---

① 王任重：《在会见云南省六届人大五次会议全体代表时的讲话》（1987年2月26日），载《中国法律年鉴》（1988年），中国法律年鉴社1988年版，第626页。

② 参见1988年《云南省人民代表大会常务委员会议事规则》第17条。同时，该规则第18条也规定专门委员会在常委会一审后负责暂不付表决的法规草案的审议工作。

委员会的审议安排在常委会一审之后。[①] 其中黑龙江和青海还对专门委员会负责一审后的草案修改工作作了特别规定。

当然，1986年《地方组织法》赋予专门委员会法规审议权的规定并未对所有省级人大产生绝对约束力，一些省级行政区的人大常委会仍然"依赖"工作机构辅助其完成法规的审议工作。内蒙古自治区、天津、新疆维吾尔自治区、宁夏回族自治区和福建便是如此。其中前三个地方授权常委会工作委员会分担审议工作。如天津规定工作委员会既负责常委会一审前的初审，也负责一审后的审议和修改；[②]内蒙古自治区和新疆维吾尔自治区则授权工作委员会负责常委会一审后的审议工作。[③] 后两个地方甚至将部分审议权"转让"给常委会办公厅行使。[④]

更值得一提的是，面对专门委员会审议地位不断加强的趋势，河南选择了逆流而行。1987年实施的《河南省人民代表大会常务委员会议事规则》第14条、第19条改变了1985年《河南省人民代表大会常务委员会制定地方性法规的程序》（试行）第11条至第15条的规定，将原由专门委员会承担的审议职能如数"转交"给了常委会工作委员会。[⑤]

（二）统一审议之名得以显现，统一审议之实初露端倪

1988年5月14日通过的《贵州省人民代表大会常务委员会议事规则》（试行）第17条第2款规定：

> 常务委员会初步审议后的法规案，由有关的专门委员会视情况印发不同范围征求意见，并就法规案的主要问题

---

① 参见1988年《山东省人民代表大会常务委员会议事规则》第15条、1988年《黑龙江省人民代表大会常务委员会议事规则》第18条和1988年《青海省人民代表大会常务委员会制定地方性法规程序的规定》（修正）第15条。

② 参见1989年《天津市人民代表大会常务委员会议事规则》第23条、第24条。

③ 参见1989年《内蒙古自治区人民代表大会常务委员会制定地方性法规的规定》第11条、1988年《新疆维吾尔自治区人民代表大会常务委员会议事规则》第15条。

④ 参见1988年《福建省人民代表大会常务委员会议事规则》第16条第1款、1991年《宁夏回族自治区人民代表大会常务委员会制定和批准地方性法规程序的规定》第9条。

⑤ 由于档案保存的原因，无法查找到1987年《河南省人民代表大会常务委员会议事规则》的起草说明，因此，本书无法说明该规则第14条和第19条的修改原因。

> 进行调查研究，向主任会议提出审议意见。法规案经主任会议统一审议后，再由有关的专门委员会向下次或者以后的常务委员会会议提出审议结果的报告。

自此，"统一审议"作为表述地方审议程序的法律用语开始在地方性法规制定条例中出现。尽管由常委会主任会议承担统一审议与现行的由法制委行使统一审议职能差异较大，尽管上述规定并未区分主任会议和专门委员会各自的审议重点，然而，此规定对于构建我国地方立法统一审议制度的意义不同凡响。其不仅使"统一审议"制度自此在省级地方人大立法程序中获得"名分"，而且预示着地方性法规的审议模式将进入由某个审议主体在特定阶段实施统一审议的发展历程，无论实施"统一审议"的主体是谁，又在哪个审议阶段进行。

同年 7 月，《湖北省人民代表大会常务委员会制定地方性法规的规定》颁布，相关规定与现行统一审议制度的"神形"越发相似。首先，明确赋予法制委"负责制定法规的规划和协调、统一审议提请常务委员会审议的法规草案"的职权。其次，明确其他专门委和法制委的各自审议阶段，即由前者负责常委会初审前的审议工作，后者承担常委会初审后的审议和修改任务。最后，明确法制委与其他专门委的合作机制，规定"法制委员会应协助有关专门委员会审议，并将有关专门委员会的审议意见连同自己的意见一并提请主任会议决定是否列入会议议程"。[①] 当然，湖北省有关不同专门委员会审议权限的规定依旧只是审议工序上的分配而并非审议重点的分工。然而，无可否认的是，其对法制委作为统一审议主体的确认以及对法制委与其他专门委之间协同机制的安排无疑是现行地方立法统一审议制度的滥觞。正是从这个意义上说，此阶段的湖北统一审议制度几乎"实至名归"。[②]

---

① 分别参见 1988 年《湖北省人民代表大会常务委员会制定地方性法规的规定》第 4 条、第 13 条、第 14 条。

② 此外，陕西省的规定属于无统一审议之名而行其实的类型。虽然没有使用统一审议这个概念，但该省的规定与湖北省较为相似，即其他专门委负责常委会初审前的审议工作，而法制委则在常委会初审后对法规草案进行审议和修改。唯一的区别是陕西没有强调两种委员会之间的合作关系。参见 1989 年《陕西省人民代表大会常务委员会制定地方性法规程序的规定》第 8 条第 2 款、第 11 条。

（三）常委会审议程序日臻科学和完善

除强化专门委员会的审议职能和探索统一审议制度之外，各地在此时期还通过各种途径不断完善常委会的审议程序，提高审议质量。

首先，分组会议、联组会议等新的审议方式得以采用。越来越多的省级行政区开始采用分组或者联组会议进行审议，但“启用”这些审议组织的程序规定有所不同。黑龙江和内蒙古自治区规定常委会全体会议审议后可分组会议审议，也可召开联组会议审议；①河北规定常委会举行会议时，“可以召开全体会议、分组会议，必要时召开联组会议”；②在河南，常委会的审议组织也包括全体、分组和联组会议三种，但“联组会议的召开，由主任会议根据需要决定”；③吉林则规定只有出现“原则性分歧”时，才“应举行联组会议讨论”。④

其次，明确而具体的法规草案审议要求或审议重点开始提出。与前一阶段法规草案草拟要求的提出相呼应，有些省级行政区进一步关注法规案的审议要求或重点。内蒙古自治区提出常委会应当审议草案的“必要性、合法性、可行性、规范性”；⑤河北对常委会审议法规案的要求是“必要性、可行性、合法性、科学性和规范性”；⑥吉林明确常委会应就草案的“合法性、必要性、可行性和立法技术问题进行审议”；⑦宁夏回族自治区强调常委会“应着重就法规草案内容的必要性、合法性、可行性、规范性进行审议”。⑧ 可见，除了该阶段尚未明确提出消除不当利益的“正当性”要求之外，若将上述审议要求分别转化为其他专门委（必要性、可行性、科学性）和法制委（合法性、

① 参见1988年《黑龙江省人民代表大会常务委员会议事规则》第18条、第19条，1989年《内蒙古自治区人民代表大会常务委员会制定地方性法规的规定》第10条。

② 1988年《河北省人民代表大会常务委员会议事规则》第9条。

③ 1987年《河南省人民代表大会常务委员会议事规则》第10条第2款。

④ 1989年《吉林省人民代表大会常务委员会制定地方性法规的规定》第11条。

⑤ 1989年《内蒙古自治区人民代表大会常务委员会制定地方性法规的规定》第10条第2款。

⑥ 1988年《河北省人民代表大会常务委员会议事规则》第11条。

⑦ 1989年《吉林省人民代表大会常务委员会制定地方性法规的规定》第11条。

⑧ 1991年《宁夏回族自治区人民代表大会常务委员会制定和批准地方性法规程序的规定》第12条。

规范性、技术性）的审议重点，并组合前文提及的两类专门委员会的工序分配，如今通行的统一审议制度便跃然眼前。

最后，一些省级行政区还设计了有助于提高审议效率的相关制度。如河南和吉林限定了常委会组成人员的发言时间。[①] 吉林还针对审议中出现原则分歧的现象，规定可以就分歧条款单独进行表决。[②]

四、两（多）审制和提前介入制普遍确立——统一审议时间和信息要素具备阶段（20 世纪 90 年代）

20 世纪 90 年代起，尤其是邓小平南方谈话以及党的十四大确立社会主义市场经济体制为发展方向之后，立法机关不仅因客观需要而成为法律制度的主要建设者，而且权力机关权威的提升也令其主观期盼有更大作为。于是，在主客观两方面因素的综合下，地方立法机关自 1992 年起开始了又一轮完善审议组织及其程序的制度变革，并一直持续到《立法法》颁布实施为止。这一轮制度变革的目的依然是通过设置科学有效的审议程序使立法机关适应因日益增长的立法需求，而如何避免地方立法中的不当利益也成为制度变迁的应有之义。

总的来说，这一时期审议制度出现了两个新的趋势和特点。

（一）常委会审议次数增加，统一审议必需的两审制普遍设立

从这一时期开始，常委会逐渐转变成一个真正能够经常工作的代表大会常设机关。体现此转变的重要表征之一就是法规案审次的增加。如果说一审制还能应付制度初创时期条文数少、内容相对简单的立法需求的话，那么，随着立法任务的加重和立法技术化要求的提高，尤其是立法事项的日趋复杂以及利益表达的不断分化，一审制已难以为继，两审乃至多审制成为一种不可避免、无可争议的选择。

于是，各地纷纷增加法规案的审议次数，但规则略微不同。吉

---

① 参见 1987 年《河南省人民代表大会常务委员会议事规则》第 13 条、1988 年《吉林省人民代表大会常务委员会议事规则》第 27 条。

② 参见 1989 年《吉林省人民代表大会常务委员会制定地方性法规的规定》第 11 条。

林规定，法规草案“一般经（常委会）两次会议审议交付表决”。[①] 海南、黑龙江、辽宁规定原则上实行二审制，但条件成熟的也可一次审议通过。[②] 其中黑龙江对一审制的适用作了严格限制，即只有“对内容单一的议案，在征得出席会议的常委会组成人员的多数同意后，可以由主任会议建议常委会一次审议即交付表决”。[③] 此外，山西和天津规定为三审制，但内容上也有区别。前者规定，“个别难度较大的法规草案，可安排三次审议，但从初审到三审的时间间隔一般不得超过一年”。[④] 后者规定，“如果法规草案所涉及的内容比较复杂，经过常务委员会第二次审议仍有分歧意见的，也可以由常务委员会有关工作机构对法规草案再作修改，在以后的常务委员会会议上进行第三次审议”。[⑤]

两次或多次审议环节的植入为统一审议制度的最终出台和实际运行提供了程序链上的可能要素，因为统一审议至少要在两审制的条件下才能实施，也只有在两（多）审下才能真正发挥专业性和民主性的两大优势。

（二）普遍强调提前介入，统一审议所需信息得以一定程度“还原”

在现行政治体制下，由于政府作为主要提案人的现象客观存在，也由于常委会的审议时间始终有限，因此，省级人大自20世纪90年代起普遍强调相关专门委员会或工作委员会提前介入草案的起草，及时了解起草背景和草案内容，尽早协调所涉部门之间的相互关系。

福建、吉林和山西等省在法规制定程序中直接规定了提前介入制度。其中福建规定的提前介入的主体最为宽泛，即专门委员会和

---

① 1998年《吉林省人民代表大会常务委员会议事规则》第17条第1款。

② 参见1993年《海南省人民代表大会常务委员会议事规则》、1994年《辽宁省人民代表大会常务委员会制定和批准地方性法规条例》第26条、1997年《黑龙江省人民代表大会常务委员会制定和批准地方性法规条例》第32条。

③ 1997年《黑龙江省人民代表大会常务委员会制定和批准地方性法规条例》第32条。

④ 1998年《山西省人民代表大会常务委员会制定地方性法规的规定》第20条。

⑤ 1999年《关于修改〈天津市人民代表大会常务委员会议事规则〉的决定》。

常委会办事机构都可提前介入，[①]吉林仅赋予专门委员会和常委会法制工作委员会提前介入的权力，[②]山西对提前介入进行了更为细致的分工，即其他专门委或工作委员会提前介入省人民政府、省高院、省检察院起草的法规，法制委则对其他专门委或工作委员会起草的草案提前介入。[③]

有些省级行政区虽未将此项制度法定化，但在立法实践中始终注重提前介入。如湖北省强调"两个提前介入"，即"专门委员会提前介入政府及其部门起草法规的工作，法规工作室提前介入专门委员会论证、修改法规草案的工作"；[④]上海则实行"审议重心前移"，"各专门委员会和法制工作委员会在政府部门起草法规草案时就提前介入……各专门委员会对政府报送的法规草案的立法必要性、可行性以及法规草案中存在的主要问题，在常委会一审时就提出初步审议意见报告"。[⑤]

提前介入无疑是基于我国政治现实作出的变通选择。如前文所述，统一审议制度是反映我国决策重心回归宪法架构、回归人大的一种"细节性"制度安排。然而，囿于整个政治体制以及人大系统内部组织结构、立法程序以及议事文化等基本要素现状，人大及其常委会尚未完全成为一个高效运作、适应社会现代化进程中立法需求增长和立法事项复杂的机关，大部分法律、法规的起草只能依赖行政机关。因此，提前介入就成为主要承担审议职能的人大及其常委会扭转信息不对称的必然选择，这也是人大在"有心无力"的困境下所能找到的最佳选择。

就人大系统内部关系而言，专门委员会提前介入的实践乃至普及，在客观上为日后法制委在统一审议之前尽早掌握履行审议职责所需的第一手信息资料做了铺垫。法制委可以通过适度提前介入缓解实施统一审议时间有限而审议任务繁重的矛盾，以尽可能把握

---

① 参见1994年《福建省人民代表大会常务委员会制定地方性法规的规定》第11条。

② 参见1998年《吉林省人民代表大会常务委员会议事规则》第14条。

③ 参见1998年《山西省人民代表大会常务委员会制定地方性法规的规定》第11条。

④ 袁兵：《湖北省法制建设》之《地方立法》，载《中国法律年鉴》（1999年），中国法律年鉴社1999年版，第779页。

⑤ 黄钰：《上海市法制建设》之《地方立法》，载《中国法律年鉴》（1999年），中国法律年鉴社1999年版，第742页。

法规的关节点并提出常委会审议的主要问题，掌握统一审议的主动权并提出切实可行的修改方案。

五、补充说明及小结

需要特别说明的是，历史的回顾显然使我们直观而容易地了解统一审议制度在我国地方立法实践中从无到有的过程，然而，这无非只是省级人大立法审议组织结构变迁的一个表象。事实上，在《立法法》确立统一审议机制之前的十余年，地方审议组织结构始终存在分散审议和统一审议（严格而言，只能称其为“类统一审议”）两种模式，并始终处于互相影响、相互竞争的态势。各省级地方立法机关根据本地的实际情况，不仅有意识地选择适合本地需要的审议模式，[①]而且适时地根据立法环境调整审议模式。有的省级行政区从分散审议进入到统一审议，如上海从1985年确立的专门委员会归口负责过渡到1998年成立法制工作委员会进行统一审议；[②]有的地方则从统一审议转变为分散审议，如湖北在1994年将原先承担统一审议的法制委的职权“削减殆尽”；[③]甘肃则在1986～1998年的12年分别实践了统一、分散和统分结合三种不同的审议模式。[④] 两种审议模式在不同省级行政区、不同时期获得不同程度的青睐这一事实充分说明，或许没有哪种审议模式是绝对优越或者始终最佳的。换言之，对于省级地方立法机关来说，统一审议模式并不当然具有制度上的优势。也基于此，我们对统一审议制度在各地，尤其是在那些原先运行分散审议模式的地方所遭遇的困境具有较充分的思想准备和较坦然的心态。或许，本书可以下一个并不冒失的论

---

① 根据全国人大常委会法工委在《立法法》起草过程中的粗略统计，当时全国约有1/3的省级行政区由负责法制的委员会统一审议；约有1/3的省级行政区一审时由各委员会分别审议，二审时由负责法制的委员会统一审议；约有1/3的省级行政区没有统一审议的环节，自始至终由各有关委员会负责审议，分头向常委会会议提出法规草案表决稿。

② 具体变迁过程参见白平：《我国省级人大立法审议的组织结构研究》，载徐向华主编：《新时期中国立法反思》，学林出版社2004年版，第264～270页。

③ 参见孔瑜：《论省级人大法制委员会的统一审议制度》，华东政法学院2002届法学硕士学位论文。

④ 参见孔瑜：《论省级人大法制委员会的统一审议制度》，华东政法学院2002届法学硕士学位论文。

断——让各地回归《立法法》实施前的状况,因地制宜地选择适合自身需要的审议模式不失为一种更好的方案,只要这种模式能够同时实现《立法法》以及统一审议制度设计者所期盼的消除不当部门利益和保障法制统一的根本宗旨。

无论如何,回顾从1979年地方人大制度恢复到2000年《立法法》颁布实施这20年审议机制的变迁历史不仅必要,而且受益。这是因为,我们不仅清晰见证了省级地方立法机关审议组织从无到有、从临时到常规、从不专业到专门化、从偏重宏观结构到兼顾细节设计的发展过程,而且更可以透过这一"缩影"事件及其发展历程作出一个基本判断——程序正义的理念和手段已从完全空白、绝对排斥发展到不断强化、"游刃"使用,我国现代法治的建设及其水平正从不完善到日臻完善、相对"低下"到脱离"贫困"。更令人振奋的是,这一"微观"表现及其发展历程深刻地反映出我国决策机制的重心正在不断向人民代表大会转移,正在渐趋回归作为根本政治制度的人民代表大会制度。的确,人民代表大会作为决策机关的权威性和至高性,必须具体、直观彰显于借助其内部结构的合理设置所产生的高工作效率和好决策质量。唯有如此,社会及其公众才能真正获得一套公平正义、合理科学、可持续的法律规范体系。

第二节　地方立法统一审议制度的基本结构和法定功能

一、地方立法统一审议制度的基本结构

如上所述,《立法法》第77条第2款在我国立法程序制度建设史上创设了地方立法的统一审议制度。该款规定的内容如下:

> 地方性法规草案由负责统一审议的机构提出审议结果的报告和草案修改稿。

尽管表述此款的文字极其有限,所负载的立法程序内容信息

并不充分，然而，该条第1款关于“地方性法规案……审议……程序，根据中华人民共和国地方各级人民代表大会和地方各级人民政府组织法，参照本法第二章……第三节……的规定”之规范，决定了对地方立法统一审议制度的基本结构分析不必“框死”于《立法法》第77条第2款的规定。事实上，各省级地方人大也的确在之后制定的地方立法条例中参照了《立法法》第二章第三节的相关规定，规范了包括统一审议制度在内的法规案的审议程序。[①]正因为如此，《立法法》第二章第三节有关全国人大常委会统一审议制度的规范可以作为地方立法统一审议制度结构分析的“补充”乃至“替代”对象。[②]

《立法法》关乎全国人大常委会统一审议制度的规定共4条。分别是：

> 第二十九条　列入常务委员会会议议程的法律案，一般应当经三次常务委员会会议审议后再交付表决……
>
> 常务委员会会议第二次审议法律案，在全体会议上听取法律委员会关于法律草案修改情况和主要问题的汇报，由分组会议进一步审议。
>
> 常务委员会会议第三次审议法律案，在全体会议上听取法律委员会关于法律草案审议结果的报告，由分组会议对法律草案修改稿进行审议。
>
> 第三十三条　列入常务委员会会议议程的法律案，由法律委员会根据常务委员会组成人员、有关的专门委员会的审议意见和各方面提出的意见，对法律案进行统一审议，提出修改情况的汇报或者审议结果报告和法律草案修

① 关于各地根据《立法法》的要求，在省级地方立法条例中具体规范法规审议程序，尤其是统一审议程序的情况，详见本书第六章第一节“统一审议规则的制定概况”和第二节“统一审议规则的主要内容”。

② 需要说明的是，《立法法》第二章第二节的第20条和第24条也对全国人大制定法律的活动提出统一审议的要求。由于考虑到该法实施以来地方性法规几乎皆由地方人大常委会制定，也由于《立法法》有关全国人大常委会统一审议程序的规范更为具体，因此，本部分仅以《立法法》关于全国人大常委会统一审议制度的规定作为补充性的分析对象。

改稿,对重要的不同意见应当在汇报或者审议结果报告中予以说明。对有关的专门委员会的重要审议意见没有采纳的,应当向有关的专门委员会反馈。

法律委员会审议法律案时,应当邀请有关的专门委员会的成员列席会议,发表意见。①

第三十五条 专门委员会之间对法律草案的重要问题意见不一致时,应当向委员长会议报告。

第四十一条 法律草案修改稿经常务委员会会议审议,由法律委员会根据常务委员会组成人员的审议意见进行修改,提出法律草案表决稿,由委员长会议提请常务委员会全体会议表决,由常务委员会全体组成人员的过半数通过。

上述条款反映了我国统一审议立法程序制度的基本结构:统一审议权的优势性——议事程序的交涉性——审议结果的制衡性。

第一,确立了宪法和法律委员会“优势”于其他专门委的审议地位。② 立法审议程序中,宪法和法律委员会的优势地位是通过审议次序的前后、审议原型的差异和职能配置的不同而加以确立和判断的。首先,《立法法》第33条第1款关于宪法和法律委员会在有关其他专门委对法律案提出审议意见的基础上实施统一审议的规定体现了这一“优势”特性。此规定不仅在审议次序上明确其他专门委审议在先、宪法和法律委员会审议在后,而且在审议原型上区分了其他专门委审议的是法律案,宪法和法律委员会审议的对象除法

① 《立法法》(2000年)第31条第2款的规定与现行《立法法》第33条第2款的规定略有差异。前者表述为:“法律委员会审议法律案时,可以邀请有关的专门委员会的成员列席会议,发表意见。”显然,邀请有关的专门委员会的成员列席会议和发表意见已经成为法律委员会审议法律案时的程序性义务而非选择性权利。

② 周伟教授在分析全国人大宪法和法律委员会和其他专门委对法律草案进行双重审议的弊端时,对法律委员会有权“凌驾”于其他专门委对法律草案提出的审议意见之上实施统一审议的现象批评为“专门委员会管辖分工不平衡”,并将法律委员会专司统一审议定性为“专有管辖”或“专属管辖”。周伟:《我国立法程序中专门委员会审查法案的主要问题》,载《学海》2005年第3期。

律案外,还包括其他专门委提出的法律案的审议意见。[①] 正因为在程序制度设计上突出了审议次序的不可逆和审议对象的包含性,因此,宪法和法律委员会的“声音”通常更强,对其他专门委审议意见的采纳与否具有相当程度的“自主性”。其次,《立法法》第 33 条第 1 款和第 41 条要求宪法和法律委员会以提出审议结果报告(或修改情况的汇报)、法律草案修改稿和法律草案表决稿作为行使统一审议职能体现的规定也充分显示了“优势”特性。在全国人大常委会常态的“三审”法定程序中,除“一审”听取的是提案人的说明之外,“二审”和“三审”听取并审议的分别是宪法和法律委员会提交的“关于法律草案修改情况和主要问题的汇报”和“关于法律草案审议结果的报告”,最终表决的也是宪法和法律委员会提出的“法律草案表决稿”。尽管其他专门委的每个成员都有权在常委会全体会议上发表审议意见,然而,作为组织的正式行为——宪法和法律委员会经统一审议所提出有关法律案的各种书面文件无疑更易于为常委会全体会议“倾听”并接受。

第二,建立了宪法和法律委员会与其他专门委之间的“交涉性”制度结构。《立法法》第 33 条第 1 款的规定虽然简短,却构建了立法程序应有的交涉制度平台。所谓立法程序的交涉性,是指立法决策参与者运用各自的法定程序权力在充分辩论的基础上进行协商和妥协,以最终达成各方都愿意并能够接受的多数结果。[②] 交涉是立法正当化的关键。即便人类因有限理性而使立法存有瑕疵,但人们之所以依然尊重法的权威和信奉法的合法,这恰恰源于其是在众多不同意见的冲突和交锋基础上合议的结果,恰恰契合于立法程序的交涉所生成的形式上的正当性。[③] 正因为交涉是立法程序最基本

---

① “1982 年 12 月五届全国人大第五次会议通过的全国人大组织法明确规定,法律委员会统一审议向全国人民代表大会或者全国人大常委会提出的法律草案,其他专门委员会就有关的法律草案向法律委员会提出意见。1987 年制定的全国人大常委会议事规则又对法律委员会统一审议问题作出了进一步规定。立法法总结了全国人大多年来立法的成功经验,进一步重申和明确了这一规定。”参见张春生主编:《中华人民共和国立法法释义》,法律出版社 2000 年版,第 117 页。

② 参见徐向华:《中国立法关系论》,浙江人民出版社 1999 年版,第 205 页。

③ See William N. Eskridge & Philip P. Frickey & Elizabeth Garrett, Cases and Materials on Legislation: Statutes and the Creation of Public Policy 67 (2001).

的要求,《立法法》确立的统一审议机制也嵌入了这一元素。一方面,宪法和法律委员会具有审议的优势地位,有权审议其他专门委对法律案的审议意见,有权提出常委会在下一个审议环节中的议事原型;另一方面,其他专门委也享有交涉的制度空间。不仅其成员在宪法和法律委员会审议法律案时,有权获邀"列席会议,发表意见",而且其提出的重要不同意见无论是否被采纳,都"应当在汇报或者审议结果报告中予以说明";若提出的重要审议意见的确未被宪法和法律委员会采纳,还应当获得"反馈"。正因为《立法法》安排了这样的交涉性制度结构,从而使具有"优势"审议权的宪法和法律委员会在统一审议过程中,必须相当郑重地研究包括来自其他专门委等各方面的审议意见,极其审慎地行使"不予采纳"的议事决定权或履行否决来自其他审议组织的瑕疵审议意见的义务,并承担起否决的举证责任和解释责任。正是这些组织意义上的行为,使权力的行使具有审慎的"基因",进而强化了交涉,形成宪法和法律委员会与其他专门委之间的牵制和制约。①

第三,建立了宪法和法律委员会与其他专门委对重要问题具有不同审议意见时的制衡机制。《立法法》第35条清晰表明,法律在赋予宪法和法律委员会统一审议的程序优势和建立不同委员会之间交涉机制的同时,也赋予其他专门委抗衡法律委员会的权力。换言之,宪法和法律委员会虽然享有提出带有一定自主认同的法案修改情况汇报或者审议结果报告和法律草案修改稿的权力,但同时必须承担就其与其他专门委对法案重要问题的

---

① 交涉是立法程序应有的基本特征,也是其独具的程序价值。《立法法》及其设定的统一审议制度也不例外。只是因为我国长期以来对"交涉"一词的使用习惯于消极或者贬义的意义,因此,在正式或者官方文件中,通常以"配合"、"协调"和"沟通"等词语取代包括统一审议在内的各项立法程序制度的"交涉性"。例如,全国人大常委会法工委主任顾昂然在《中华人民共和国立法法讲话》中指出,之所以规定对法律委员会审议法律案可以邀请其他专门委成员列席会议、发表意见,就是"为了加强法律委员会和各专门委员会的配合"。参见顾昂然:《中华人民共和国立法法讲话》,法律出版社2000年版,第26页。又如,全国人大常委会法制工作委员会编《中华人民共和国立法法释义》指出"既考虑到充分发挥有关专门委员会在审议法律案方面的作用,又明确了法律委员会负责统一审议的职责","这些规定使全国人大各专门委员会对法律案的审议工作得到了交流和沟通"。参见张春生主编:《中华人民共和国立法法释义》,法律出版社2000年版,第117页、第122页。

意见分歧如实向委员长会议报告的义务，并由委员长会议就此争议提出程序上的解决意见。这种强制性报告义务制度的设计初衷，既“坦诚”了立法中不同的利益主张时而会“尖锐”到无法使专门委员会之间形成共识，更“担忧”宪法和法律委员会同样存在缺陷，面对不同群体相交乃至相悖的利益诉求，难以始终“兼听则明”、不偏不倚，难以总是中立超然、没有偏私，更何况利益的识别、选择时常首先是个“科学”认知而并非“价值”判断的问题。因而，对于法案中重要问题的分歧，强制报告制度使宪法和法律委员会并不具有最终的决定权，以对其“优势”地位进行必要的制约，同时保障在程序上具有弱势地位的其他专门委具有持续交涉乃至抗衡的“话语权”，从而促使不同专门委员会之间事先理性妥协，避免不必要僵局的产生；事后确保不同诉求的取舍置于委员长会议知晓的状态下，确保立法决断真正出自人大常委会的集体意志。

由此，统一审议制度的三大结构要素相互连接，环环紧扣：在体现出显性的统一审议权的优势性的同时渗入了隐性的议事程序交涉性，并最终确保审议结果在制衡的机制下审慎产出。

由于前文已经阐释的理由，地方立法统一审议制度同样具备全国人大常委会统一审议的“优势”、“交涉”以及“制衡”三大特征。然而，问题的关键是：第一，建立在地方立法过程中的这项制度是否能够真正实现法制委审议地位的相对“优势”？具有多大程度的“优势”？以及这种优势是否吻合统一审议制度的法定功能？第二，在统一审议程序的实施过程中是否能够切实保障其他专门委的交涉权？其他专门委究竟如何表达意见并影响法制委的统一审议结果？法制委究竟如何接纳或者否定其他专门委所形成的审议意见并构成审议结果报告和草案修改稿？以及这一交涉是否有助于统一审议制度法定功能的实现，甚至引发“事实”功能？第三，在统一审议过程中，制衡究竟能在多大程度上使法制委“谨慎”行使审议权，在统一审议中做到“兼听”、“理性”和“谦仰”，[①]又能在多少成

① 参见谢天放、王宗炎、何雅、崔凯：《地方立法统一审议机制研究》，载《政府法制研究》2007 年第 10 期。

分上激励各专门委员会充分交涉、理智妥协，为最终为实现法定功能服务？这些都成为值得进一步研究的问题。换言之，这些问题决定了本书实证调查部分的取材内容，成为本书分析考察的主要部分，对这些问题的回应也最终构成了本书的研究结论。

二、地方立法统一审议制度的法定功能

（一）《立法法》的法定功能

在一国政治生活中，立法是实现国家和地方对社会依法管理的一种创制法律制度的重要活动。因此，《立法法》首条开宗明义地宣告了其制定目的，即：

> 第一条　为了规范立法活动，健全国家立法制度，提高立法质量，完善中国特色社会主义法律体系，发挥立法引领和推动作用，保障和发展社会主义民主，全面推进依法治国，建设社会主义法治国家，根据宪法，制定本法。

毋庸置疑，此规定是《立法法》的制定者们期待该法能够达成的目的，也是《立法法》确立的各项制度应当实现的法定功能。它们是：[①]

第一，健全立法权限、立法程序等国家立法制度，规范各层次的立法活动；

第二，提高立法质量、维护国家法制统一，完善中国特色社会主义法律体系；

第三，保障和发展社会主义民主；

第四，推进依法治国，建设社会主义法治国家。

应该说，在上述四项被期待的法定功能中，后两项显然具有极其宽泛的覆盖性，绝不是《立法法》的“独占”功能，因为其几乎是一切立法的目标和价值。换言之，《立法法》的“专属”法定功能主要

---

① 参见《关于〈中华人民共和国立法法（草案）〉的说明》（2000 年 3 月 9 日在第九届全国人民代表大会第三次会议上），载中国人大网，http://www.npc.gov.cn/wxzl/gongbao/2000-12/16/content_5008936.htm。

有两项。具体是：

规范立法行为——立法行为的规范功能。此功能侧重于立法制度本身——立法权限和立法程序的完善。由于立法行为的实施需要启动权力“阀门”，立法活动的进行需要运行程序“轨道”，因此，立法者首先赋予《立法法》的第一项法定功能就是健全立法权限和立法程序等国家立法制度，实现法律、法规和规章等制定权限和制定程序的规范化和制度化。

优化立法结果——立法结果的优化功能。此功能关注的是立法行为的对象——立法产品的数量和质量。由于法律体系是一国按照一定的原则和方法组成的全部法律规范的有机联系整体，因此，“完善中国特色的社会主义法律体系”无疑需要立法数量和质量的双重支撑和保障。由此，立法者更为重视赋予《立法法》优化立法结果的第二项法定功能——既加强立法工作，使我国政治、经济和社会生活的主要方面都做到有法可依，为“建立”有中国特色的社会主义法律体系奠定足够的“数量”基础，又提高立法质量，坚持立法从国家的整体利益和人民的根本利益出发而防止并遏制不当的部门保护和地方保护，维护社会主义法制的统一和尊严，为“完善”中国特色社会主义法律体系夯实良好的“质量”基础。

应该肯定，上述两项功能之间是一种“手段—目的”的关系，也具有一定的因果逻辑性。然而，从功能侧重的场域和实现的环境而言，两项法定功能完全可以独立发挥效用。

（二）地方立法统一审议制度对《立法法》法定功能的具体化

如同《立法法》所设定的其他各项立法制度，地方立法统一审议制度的构建同样是为了体现并彰显该法的法定功能。作为整个立法程序中的一个环节，地方立法统一审议是一项“承前启后”的程序制度。其既具有对统一审议之前的其他审议组织所作出的审议意见进行判断、权衡并取舍的作用，又呈现对后续的常委会全体会议的审议质量、表决的效率及其结果施加影响的功效。[①] 借此，地方立法统一审议制度无疑将体现并服务于《立法法》的上述两项法定功能。

---

① 参见本书第四章第三节“法规案修改报告的形式和内容分析”和第四节“表决结果比较分析”的相关分析与论证，第115～149页和第149～156页。

更为关键的是,地方立法统一审议制度进一步细化了《立法法》的法定功能。从该制度的基本结构来看,确立法制委"优势"审议地位的结构要素的嵌入,确保其他专门委"交涉"议事权的结构要素的引入,以及建立法制委与其他专门委具有不同审议意见时制衡机制的安排,都为立法行为的规范和立法结果的优化提供了更为细节和更可操作的制度平台。

一方面,地方立法统一审议制度使关乎立法行为的审议权限和程序的规范功能具体到法规审议阶段的统一审议环节。首先,就权限而言,统一审议各方意见、列席会议和发表意见等实体权利的分别赋予,在统一审议的各种文件材料中说明重要的不同意见、反馈未被采纳的重要审议意见、向主任会议报告各专门委对法规案重要问题的不同审议意见等实体责任的分别承担,为法制委和其他专门委在地方立法统一审议中的作为明确了行为边界及其责任,各司其职,各负其责,以"充分发挥各专门委员会在法律(规)案审议中的作用"。[1] 其次,就程序而言,包括其他专门委审议法规案在先而法制委审议在后,法制委逐一提出修改情况汇报、法规草案修改稿、审议结果报告、表决稿,历次常委会全体会议分别听取前述相关报告并分组审议等各项程序的安排,为统一审议的实施步骤明确了先后次序,"使各专门委员会参与的立法工作的程序更具有可操作性"[2]。

另一方面,优化立法结果的法定功能通过地方立法统一审议制度得以重点突出,并集中表现为两项次级功能。其一,遏制立法中的不当部门利益和地方利益——不当利益遏制功能。其二,坚持不同宪法、法律和行政法规相抵触的前提,维护社会主义法制的统一和尊严——法制统一维护功能。通过不当利益的遏制和统一法制的维护,实现立法结果质量的提高,这就是立法者赋予地方立法统一审议制度更为直接和具体的法定功能。对此,在第九届全国人大第三次会议上所作的《〈立法法〉(草案)的说明》强调,"地方性法规

① 《关于〈中华人民共和国立法法(草案)〉的说明》(2000 年 3 月 9 日在第九届全国人民代表大会第三次会议上),载中国人大网,http://www. npc. gov. cn/wxzl/gongbao/2000 - 12/16/content_5008936. htm。

② 张春生主编:《中华人民共和国立法法释义》,法律出版社 2000 年版,第 117 页。

的制定程序中……规定要有统一审议的环节，以进一步提高地方性法规的质量，保证法制统一”；我国官方的权威解释也都明确肯定了该制度的两项次级功能。如国务院法制办编写的《中华人民共和国立法法释义》指出，“有的（地方性法规）草案不适当地强调本部门的权力和利益，力图通过地方立法来维护、巩固甚至扩大本部门的各种职权，同时尽量回避或者减轻本部门应当承担的义务；有的在涉及审批、发证、收费、处罚等管辖权划分上，部门之间各不相让、争夺不休。为了……防止和克服地方立法中的部门利益倾向……有必要在地方立法程序中规定由专门的工作机构统一审议的制度”①，全国人大常委会法工委编写的《中华人民共和国立法法释义》强调，法规采用统一审议机制的目的就是“更好地规范立法行为，提高立法质量，克服立法中的部门利益倾向，维护法制的统一”，“建立统一审议制度是维护法制统一的必要保证”②。

总之，实定法的结构分析表明，《立法法》期待地方立法统一审议程序制度也能实现立法行为的规范和立法结果的优化两项法定功能，其中后者更突出地显示为遏制不当利益和维护法制统一的次级功能。

---

① 曹康泰主编：《中华人民共和国立法法释义》，中国法制出版社 2000 年版，第 167 页。

② 张春生主编：《中华人民共和国立法法释义》，法律出版社 2000 年版，第 117 页、第 323 页。

第四章　功能评估　统一审议制度的实效评估

据不完全统计，自2000年6月底山东省人大常委会在审议《山东省森林资源管理条例（草案）》时首次启动我国地方立法统一审议制度至2007年5月，约2500件省级法规经由统一审议程序而“诞生”。[①] 那么，统一审议制度在几千件的法规制定中究竟扮演了什么“角色”，发挥了怎样的作用，又取得了怎样的实效？

2006年问卷调查显示，26个省级[②]人大法制委的自我评价为：

第一，辽宁等16个省级行政区肯定“法制委的统一审议对于克服地方立法中的部门利益倾向”“起了明显作用”，江西等10个省级行政区定位为

---

① 自2000年7月1日起至2007年5月底止，23个省级人大常委会共制定地方性法规1913件。其中北京120件、天津136件、上海135件、重庆151件（数据采自中国人大网的“中国法律法规信息系统，www.npc.gov.cn），河北60件、山西47件、内蒙古自治区84件、辽宁136件、吉林74件、黑龙江81件、江苏99件、浙江67件、安徽96件、福建54件、江西53件、山东84件、河南70件、湖北54件、广东50件、广西壮族自治区55件、宁夏回族自治区60件、云南86件、甘肃61件（数据采自国信中国法律网国家法规数据库，www.chinalaw.net）。

② 山西、海南、西藏自治区和新疆维吾尔自治区四个省和自治区未参加2006年问卷调查。上海则因2006年课题组的成员主要来自市人大法制委和人大常委会法工委，因而未回答2006年问卷调查中的主观题。下文不再赘述。

“有一定作用”，无省级行政区认为“作用不明显”（见图4-1）。

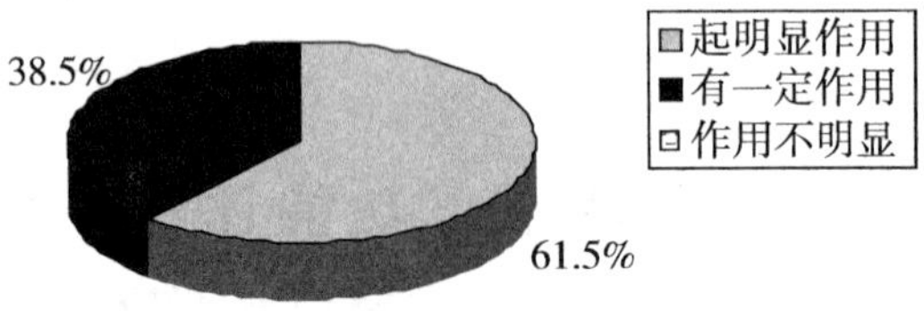

图4-1　本届①省级人大法制委对统一审议制度克服部门利益的判断

注：认为“起明显作用”的省级行政区包括天津、河北、内蒙古自治区、辽宁、吉林、浙江、福建、山东、湖南、广东、重庆、四川、贵州、陕西、甘肃和青海；认为“有一定作用”的省级行政区包括北京、黑龙江、江苏、安徽、江西、河南、湖北、广西壮族自治区、云南和宁夏回族自治区。

第二，辽宁等20个省级行政区认为“法制委的统一审议对于提高立法质量”“起了明显作用”，北京等5个省级行政区判断“有一定作用”，同样没有省级行政区选择“作用不明显”，重庆未回答此题（见图4-2）。

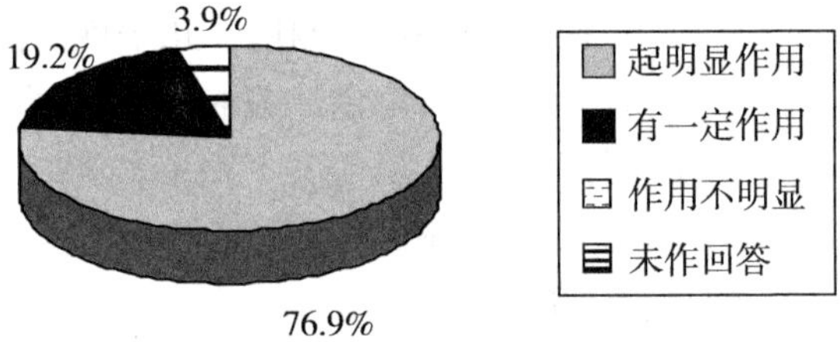

图4-2　本届省级人大法制委对统一审议制度提高立法质量的判断

注：认为“起明显作用”的省级行政区包括天津、河北、内蒙古自治区、辽宁、吉林、江苏、浙江、福建、江西、山东、河南、湖北、湖南、广东、四川、贵州、陕西、甘肃、青海和宁夏回族自治区；认为“有一定作用”的省级行政区包括北京、黑龙江、安徽、广西壮族自治区和云南；未作回答的省级行政区是重庆。

为了印证法制委的上述“自评”是否客观，本章将重点剖析三个省级行政区的法规草案的审议周期、修改情况以及表决结果，并结合介绍分析全国范围内省级层面过滤并淘汰法规案的典型个案，以评估统一审议制度的实际功效，并进而得出此实际功效是否与预设的法定功能完全“吻合”抑或“相交”乃至“背离”的客观判断。

---

① 指2003年1月至2008年1月时期的我国各省级地方人大。本章下文所指“本届”均指这一时期的我国各省级地方人大，除有特别说明之外。

第一节　功能评估的对象和内容

一、功能评估的对象

（一）抽样类型、方法和样本选择

为了研究的可行，本书首先采用非概率抽样（Non-probability Sampling）类型中的判断抽样（Judgmental Sampling）方法，选定辽宁、上海和江西三个省级人大的统一审议为本章的分析样本。

判断抽样又称为立意抽样（Purposive Sampling），是研究者根据研究目标和自身主观判断进行选择和确定研究对象，并通过对典型对象的研究以掌握总体情况的研究方法。① 与概率抽样相比，这种抽样方法所得到的样本的代表性较弱，难以准确说明样本的统计值在多大程度上适合于总体，即研究经由判断抽样所得的样本并最终形成的研究结论虽能在一定程度上说明总体，却不能从数量上直接推断出总体。然而，在可供抽样的总体范围较小、只能抽取少数样本的情况下，概率抽样反而可能会遗漏更为重要或更具代表性的个案。此时，判断抽样便不失其为首选的方法，以充分显现方向明确、确保重要个案被“网罗”在样本中的明显优势。

借此，在我国省级行政区域数量相对有限、对法规实施统一审议历史不长、可供系统研究的立法档案大多尚未公开以及研究时间相对有限的诸多情况下，尤其在对地方立法统一审议的总体情况比较熟悉的前提下，本研究通过对判断抽样所获取的样本进行分析并形成的结论应当具有相当的说服力和证明力。

（二）抽样标准及其意义

之所以通过判断抽样选取辽宁、上海和江西三个省级人大的统一审议作为分析对象，主要基于为保障研究目的的实现而细化并确立的判断标准。本研究通过全面收集有关地方立法统一审

---

① 参见杨国枢、文崇一、吴聪贤、李亦园主编：《社会及行为科学研究法》（上册），重庆大学出版社2006年版，第67页。

议的相关资料，逐一分析各省级人大法制委的组织结构、工作规则以及统一审议实践的典型个案，并借助 2006 年问卷调查的数据资料，确立了组织结构类型、工作制度内容以及相互关系状况三项抽样标准。

1. 统一审议组织结构的类型标准

审议组织是运行统一审议制度的基本组织保障。一般而言，组织结构的不同必然在一定程度上导致审议结果的差异。

本研究选择的三地省级人大在统一审议组织结构的基本方面与其他各省级人大的一般共性相符。如三地统一审议组织的名称、法制委成员的来源种类、法制委工作机构等与所有或者绝大部分省级人大法制委的情形一致。这种同一性增强了样本研究结论总体上的可靠性。

同时，三地的统一审议组织又都具有明显的个性特征，是一定组织结构类型的代表。这种典型性有助于归纳出研究对象的三种不同类型及其类属特征。因此，总结三地在统一审议组织建构方面的实际状态，可以为分析我国其他省级行政区的同类问题提供基本的分析框架。同时，三地在组织结构方面的所有尝试及其结果，对其他省级行政区在完善组织保障体系的过程中都具有示范或者警示的作用。具体而言，三地的审议组织可以划分为以下三种类型：

辽宁省人大法制委的代表类型是“外部性”。显著特征是：(1)党政性强但专业程度不高。组成人员全部由原、现职党政机关局级领导干部担任，而法律专业人员则空缺。(2)对外联系紧密，对内相对稀疏。前者仍表现为党政机关领导干部在法制委任职人数较多，后者则表现为法工委领导和其他专门委成员均未在法制委中兼任。(3)规模较小。法制委成员 9 人，少于江西的 16 人和上海的 10 人；法工委成员 10 人，与另外两省并列有数据可查的 25 个省级人大常委会法工委的倒数第二。

江西省人大法制委堪称“高规格”类型的代表。主要特点是：(1)级别较高。法制委主任委员由人大常委会副主任兼任。(2)规模较大。法制委组成人员达 16 人，居被调查 27 个省级人大之首，副主任委员 5 名，名列第二，作为专门负责立法的工作机构的法工委成员 15 人,居第四。(3)独立性较强。法制委组成人员中原党政机关局级领导干部和现职党政机关局级领导干部人数均在 30% 以下。(4)专门化程度较高。一是驻会成员多达 6 人,居被调查省级人大常委会的第二位。二是法律专业人员有 2 人,居第五位。

上海市人大法制委具有"大众化"类型的特点。不仅表现为规模和专业性均处中游,而且更体现为对内联系紧密,党政性弱。如法工委主任兼任法制委副主任委员,半数法制委成员来自其他专门委;法制委中无现职党政机关局级领导干部,原党政机关局级领导干部人数也在 30% 以下。

2. 统一审议工作规则的内容标准

工作规则是运行统一审议制度的主要行为"轨道"。工作规则的内容不同必然"催生"不同的统一审议效果。

就统一审议工作规范内容而言,三个省级行政区同样满足符合共性、兼具个性的条件。

在共性方面,三地工作规范同其他省级行政区一样,都明确了主要职责、审议原则以及包括会议制度、审议制度、表决(决定)制度、听取意见制度和协调制度在内的基本程序三大内容。

三地统一审议的工作规则也各有特色。

首先,就工作规则的"面世"和"升级"而言,江西和上海人大法制委的"工作规则"都制定于地方立法统一审议起步的 2001 年年初,是我国最早制定的与统一审议制度相配套的实施性规则,对其他省级行政区法制委工作规则的制定具有较大影响。[①] 另外,在经过数年的统一审议实践之后,江西和上海人大法制委又分别在 2005 年 9 月和 2007 年 1 月对"工作规则"进行修改,成为这一时期本届各省级人大对法制委工作规则进行"升级换代"的"唯二"代表。上一届辽宁省人大法制委并未随统一审议的开展而制定相应规则,而是迟至 2003 年 3 月本届人大换届后出台"工作规则"。此状况显然不同于江西和上海,却成为由本届人大进

---

① 根据收集的 20 件省级人大法制委工作(议事)规则,制定于 2001 年年初的省级行政区共有 4 个。除江西和上海之外,还有福建和贵州。具体制定时间见本书第六章第一节第"二"部分的"(一)内部规则的名称",第 241 ~ 243 页。

行工作规则建设的其他十余个省级行政区的代表。

其次,就工作规则的“容量空间”而言,其一,江西规定的统一审议原则的内容更为丰富。除肯定维护法制统一、坚持立法民主、突出地方特色等原则之余,强调了注重立法规范、提高立法质量的原则。其二,上海规定的涉及两委(即法制委和法工委)关系的制度更为细致。除规定两委负责人召开联席会议,以讨论、协调重大问题,通报工作情况之外,还明确了两委联合运作的工作机制,从而形成立法项目由法制委分管委员到工作人员四个层次的人员共同承担的分工负责制。其三,辽宁规定的关乎法制委和其他专门委的协调机制相对简单和“外部”化,诸如法制委和其他专门委意见不一时相对依赖党组会议或者常委会主任会议的决定。

兼具共性和个性特征的三地人大法制委的工作规则,不仅为研究自统一审议制度产生起就开始的地方议事制度建设及其发展变化提供了丰富和完整的素材,而且为研究结论的代表性和特殊典型性提供了可信的和可“触摸”的资料佐证。

3. 统一审议相关关系的自评标准

统一审议及其组织与其他审议及其组织的相互关系是实施统一审议的重要外部环境。相互关系的不同状况必然掣肘统一审议的运行及其最终效果。

三地人大法制委在对统一审议机制予以总体肯定的同时,也对该制度面临的最为棘手、最不易处理的相互关系问题有着不同的感受。尤其是江西和辽宁两省法制委对如下两类关系有着全然不同的评价。

在法制委与其他专门委的关系方面,江西认为两者关系比较协调,两方面积极性都得以较好发挥;辽宁则坦言两者关系有时比较紧张,其他专门委的积极性有所减弱。

在常委会全体会议审议与统一审议的关系方面,就常委会“一审”对统一审议的影响而言,江西认为常委会有时审议时间不足、审议不够充分,以致统一审议存在一定难度,辽宁则表示常委会审议一般都比较充分;就统一审议对常委会“二审”的影响力而言,江西评价较好,辽宁则感受一般。

上述三项判断标准是统一审议功效评估中最为关键又相互联系的方面。其中审议组织的结构种类是制约功能实现的组织基础,审议规则的具体内容是引导功能兑现的行为路径,审议关系的和谐程度是影响功能发挥的交涉生态。正因如此,本项目选定并具体分析的辽宁、上海和江西三地人大统一审议的实际功效,应当能较客观地说明全国省级人大统一审议的普遍功效,也能形象地概括出不同省级行政区统一审议的不同功效,并据此对我国地方立法统一审议制度的总体功能作出全面而客观的可信评价。

此外,在统一审议机制研究方面,2006 年课题组在我国地方立法统一审议制度施行近 5 年之际进行了专题研究并形成了我国在该领域的首个研究成果。本书第五章内容可以说是该项研究的延续和深入。

(三)具体分析对象的确定

在根据上述三项判断标准"圈定"出辽宁、上海和江西三个省级行政区的基础上,基于相关原始档案不全的现状和足以说明问题的考量,对本章借以评估统一审议实际功效的法规草案审议周期、修改情况以及表决结果三项分析内容,逐一采用如下选样方法并确定具体的分析对象。

第一,采用系统抽样(Systematic Sampling),即等距抽样的方法,研究统一审议制度实施前后法规审议周期的变化。本研究分别对上一届和本届上海和江西两地人大常委会在统一审议制度实施前后制定或修正/订(以下统称修改)的所有 250 件法规以及本届辽宁人大常委会制定或修改的所有 29 件法规[①]按照制定或者修改的时间进行编号排序,并依据百件左右法规的样本规模计算出"3"的抽样间距,再根据"3"这一固定间隔逐一抽取编号为"1""4""7""10""13"……的法规作为分析样本。共选取三地法规样本 95 件,其中辽宁 10 件、上海 43 件、江西 42 件,分别占样本总数的 10.5%、45.3% 和 44.2%(见图 4-3)。

---

① 因上一届辽宁省人大常委会期间的法规草案提交日无法查实,故仅选取本届人大常委会制定和修改的法规。

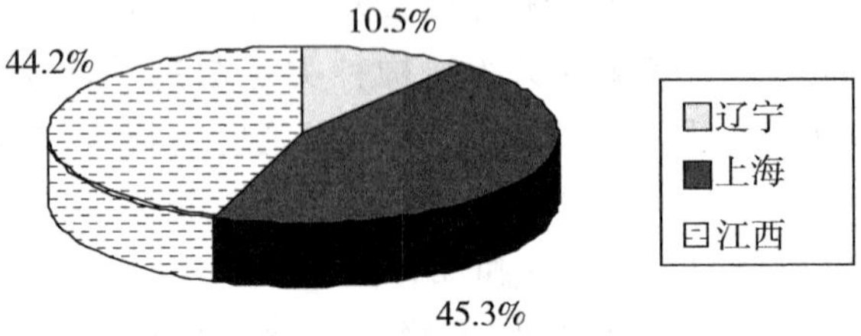

图 4－3　审议周期样本分布情况

第二，采用不取样而就有限群体为研究对象的方法，研究统一审议制度实施前后法规表决结果的变化。即分别将上一届和本届辽宁、[①]上海和江西三地人大常委会在统一审议制度实施前后制定或修改的所有存有表决结果记录的法规作为分析样本，共获得三地法规样本 238 件。其中辽宁 26 件、上海 124 件、江西 88 件，分别占样本总数的 10.9%、52.1% 和 37.0%（见图 4－4）。

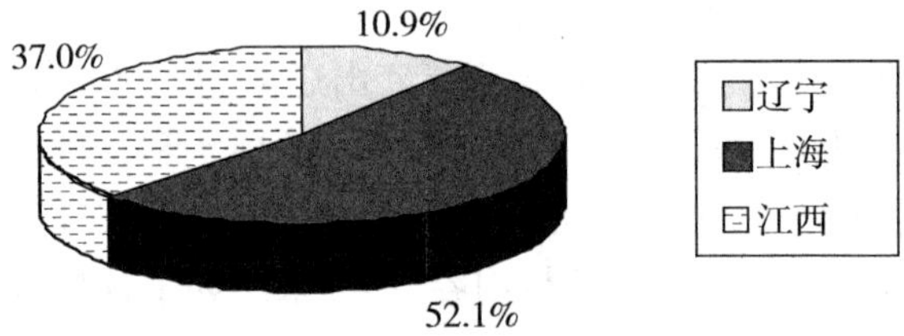

图 4－4　表决结果样本分布情况

第三，采用判断取样方法，研究统一审议制度实施后对法规草案的修改情况。即在辽宁、上海和江西三地人大常委会于 2005 年制定或修改的 29 件法规中，以尽可能选取经由每个其他专门委初审 1 件法规案为原则，共采集三地法规样本 20 件。其中辽宁 6 件、上海 9 件、江西 5 件，分别占样本总数的 30.0%、45.0% 和 25.0%（见图 4－5）。

① 各地立法档案保存完好状况不一。经调查后知悉辽宁省十届人大之前的常委会立法表决结果情况已无法查询；可查实的江西省人大常委会在《立法法》实施前通过的法规表决情况不足 1/3；上海市近两届人大常委会制定的法规表决情况在档案资料和内网资源的互补下基本齐全。因此，本部分有关统一审议制度实施前后表决结果的分析不得不放弃严格的抽样方法，在尊重现实的前提下，尽可能保证分析对象在数量上达到适当的规模。借此，本书将三地中凡能查实表决结果的法规全部纳为研究样本。

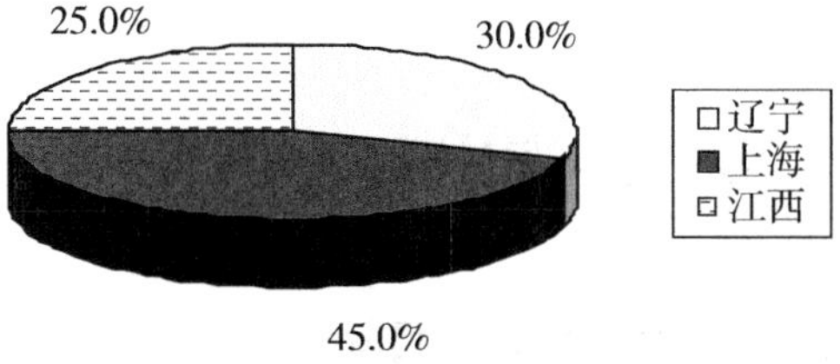

图4－5　修改情况样本分布情况

二、功能评估的内容

本章对三地统一审议实效的评估内容以及具体步骤如下：

首先，录入原始素材，统计相关数据。对选取的法规按照本书附表一、附表二和附表三的要求，进行分解归类后录入；根据录入情况进行相关数据的统计。这些数据主要包括：①选取的法规数在三地同期法规制定总量中的分布；②同一省级行政区在实施统一审议前后法规审议周期（天数）的变化；③不同省级行政区的法规在实施统一审议前后的审议周期（天数）的变化；④同一省级行政区在实施统一审议前后法规表决结果的变化；⑤不同省级行政区的法规在实施统一审议前后的表决结果的变化；⑥各省级行政区统一审议机构提出的各类审议报告的篇幅、涉及条文；⑦各省级行政区统一审议机构提出的各类审议报告中修改意见的来源；⑧各省级行政区统一审议机构提出的各类审议报告中修改意见的内容。

其次，分析相关数据，评估法定功能实现程度。通过②③④⑤⑥⑦⑧等各项数据分析，尤其是关乎审议周期、表决结果和修改情况的②③④⑤⑧五项数据的分析，推导出统一审议制度在实践中是否实现其法定功能以及实现程度的结论。

最后，解读相关数据和典型个案，判断事实功能的有无以及未来制度空间。通过分析修改情况数据以及对法规样本的各类审议报告内容和审议过程中出现的典型现象的深入探究，逐一缕析统一审议的实施有无附带产生事实功能？这些功能在整个审议过程中承担怎样的作用？法定功能与事实功能间有无同时存在和发生作用的制度空间？

第二节　审议周期比较分析

一、审议周期的含义和研究目标

本节研究的审议周期(以下简称总历时),指法规案提交省级人大常委会之日到该法规草案被交付表决之日间的时间长度。以法规案是否进入常委会会议议程为切分点,审议周期又可分为两个时段:从法规案提交日到常委会会议第一次审议日的"第一时段"(以下简称历时1)和一审日到法规草案交付表决日的"第二时段"(以下简称历时2)。《立法法》实施以来,各省级人大立法的实务表明,历时1几乎对应着由相关其他专门委承担审议职责的阶段;历时2则基本对应着法制委进行统一审议的阶段。

对法规案的审议周期研究,意在直观判断统一审议的实施对常委会审议法规案的时间成本有无影响及其影响程度,并从侧面回答下列设问:其一,作为两个时段的审议主体,法制委和相关其他专门委的交涉及协调的充分程度;其二,基于法制委和其他专门委的"分时段"审议还原出的各常委会组成人员和各其他专门委以"审议意见"的方式以及提案人和社会各方以"意见"的方式所展现的利益诉求的博弈和整合的充分程度;其三,法规案中可能"隐藏"的表达不当利益和有违法制统一的内容是否经不同专门委的审议,尤其是法制委的统一审议后得以有效去除。

为实现这一研究目标,本节研究的内容和路径主要是:

第一,对同一省级行政区的人大统一审议制度实施前后的法规审议周期进行纵向的历史比较。由于上一届辽宁省人大常委会期间的法规草案提交日无法查实,故本节有关统一审议制度实施前后的审议周期变化的对比分析仅限于江西和上海两地的情况。

第二,对三地人大实施统一审议后的法规审议周期进行横向的省际比较,以了解并分析统一审议组织结构和工作规则对审议周期有无影响以及影响程度。

因此,本节将经系统抽样获得的三地在上一届和本届人大期间公布的95件法规,按照两个大阶段和两个小阶段进行审议周期的变化研究。两个大阶段以《立法法》的施行日——2000年7月1日作为分界线,以进行法规审议周期在统一审议制度实施前后的纵向比较。统一审议制度正式运行后的阶段又分为两个小阶段,以近两届省级人大的换届日——2003年1月前后作为切分点,以进行统一审议制度实施后两届人大在法规案审议周期上的变化分析。换言之,本书比较研究审议周期在以下三个阶段中的变化:自上一届省级人大组成至2000年6月30日《立法法》施行前的"第一阶段"(对应下列各表栏目中的"上一届"的"2000年6月止")、自2000年7月1日《立法法》施行至2003年1月前后本届人大组成前的"第二阶段"(对应下列各表栏目中的"上一届"的"2000年7月起")、自2003年1月左右本届人大组成至2007年1月31日止的"第三阶段"(对应下列各表栏目中的"本届")。各阶段可供分析的法规样本数分别为19件、30件①和46件(见表4-1)。

表4-1　三地地方性法规总样本在三个时期的分布

单位:件

样本分布地区	上一届				本届		合计		制定和修改合计
	2000年6月止		2000年7月起						
	制定	修改	制定	修改	制定	修改	制定	修改	
辽宁	—	—	—	—	6	4	6	4	10
上海	5	4	5	8	7	14	17	26	43
江西	7	3	8	9	12	3	27	15	42
小计	12	7	13	17	25	21	50	45	95
总计	19		30		46		95		95

需要强调的是,制定和修改法规的工作量通常是有区别的,前者任务一般明显重于后者。因此,法规样本审议周期的变化可能受法规制定抑或修改性质的影响。借此,审议周期研究结论的得出应当考虑以

① 抽样结果应有31件法规。但因2000年7月13日第三次修正的《上海市文化娱乐市场管理条例》的提案日因档案问题无法查实,且在一审时即付表决而未进入统一审议程序,因此无法统计该法规的各历时。

下两个方面因素：其一，尽管法规制定数和修改数在总体上基本持平（50∶45），但上海的制定量明显小于修改量（17∶26），江西则相反（27∶15），因此，江西法规样本的平均审议周期在理论上应当长于上海；其二，尽管江西的法规制定量在三个时期均大于或者接近修改量，但上海的制定量和修改量在统一审议实施前后的分布不同，实施前的制定量仅略多于修改量，实施后的制定量则明显少于修改量，因此，上海法规样本的平均审议周期在统一审议制度实施前后的变化可能不及江西明显。

二、统一审议实施前后法规案的审议周期历史比较

（一）统一审议实施前后的历时1比较

统计结果显示，无论是所有法规样本还是制定或者修改样本，上海和江西两地人大其他专门委审议每件法规的均历时1都在统一审议实施后呈现“缩水”的“同向”变化（见图4-6、图4-7）。

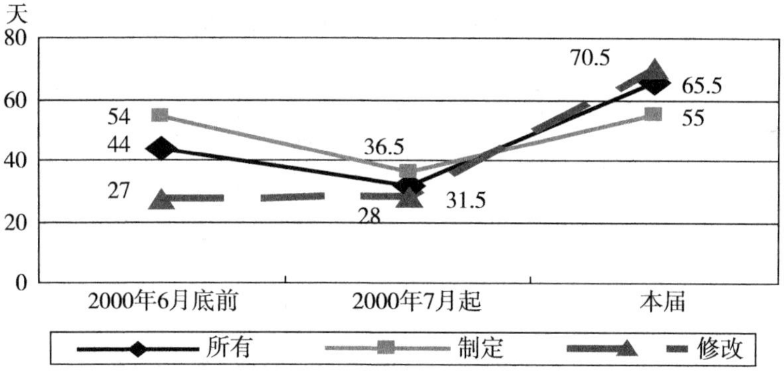

图4-6　上海市地方性法规样本在统一审议前后的均历时1比较

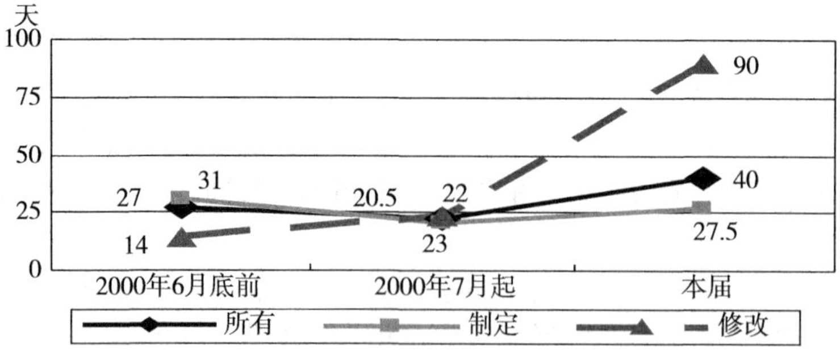

图4-7　江西省地方性法规样本在统一审议前后的均历时1比较

1. 在实施统一审议初期的第二阶段。上一届人大其他专门委用于审议的均历时 1 的主要变化是:第一,两地制定法规的均历时 1 比统一审议实施前的第一阶段有所减少且减幅明显,多达 14 天(见表 4 –3);第二,修改法规的均历时 1 则有所延长但增幅较小,仅为 3 天半(见表 4 –4);第三,由于上述现象,加之该时期的法规样本修改数量大于制定数量(17 : 13),最终导致两地所有法规样本的均历时 1 减少 9 天(见表 4 –2)。

表 4 –2　地方性法规总样本在统一审议实施前后的历时 1 比较

单位:天

样本分布地区	上一届						本届		
	2000 年 6 月止			2000 年 7 月起					
	最长	最短	平均	最长	最短	平均	最长	最短	平均
上海	97	6	44	94	14	31. 5	149	2	65. 5
江西	60	3	27	42	1	22	133	1	40
总体	97	3	35	94	1	26	149	1	55

本书对审议天数作如下处理:平均值有小数且大于或等于 0. 5 的,按 0. 5 天计,小于 0. 5 的不计入天数。

表 4 –3　地方性法规制定样本在统一审议实施前后的历时 1 比较

单位:天

样本分布地区	上一届						本届		
	2000 年 6 月止			2000 年 7 月起					
	最长	最短	平均	最长	最短	平均	最长	最短	平均
上海	97	8	54	94	14	36. 5	90	14	55
江西	60	3	31	42	4	20. 5	133	1	27. 5
总体	97	3	40. 5	94	4	26. 5	133	1	37. 5

表 4－4 地方性法规修改样本在统一审议实施前后的历时 1 比较

单位:天

样本分布地区	上一届						本届		
	2000 年 6 月止			2000 年 7 月起					
	最长	最短	平均	最长	最短	平均	最长	最短	平均
上海	48	6	27	61	15	28	149	2	70.5
江西	20	8	14	42	1	23	116	38	90
总体	48	6	21.5	61	1	25	149	2	74

2. 在实施统一审议相对成熟的第三阶段。本届人大其他专门委员会的均历时 1 的主要变化是:第一,制定法规的均历时 1 虽然比第二阶段多了 11 天,但比统一审议实施前少了 3 天(见表4－3);第二,修改法规的均历时 1 大大超过前两个阶段,分别增加了 52 天半和 49 天(见表 4－4);第三,由于受修改法规历时 1 的影响,所有法规的均历时 1 几乎都比第二阶段翻了一番,达 29 天,比统一审议实施前的耗时也延长了 20 天之多(见表 4－2)。

需要说明的是,本届人大其他专门委在修改法规样本和所有法规样本上的均历时 1 都多于统一审议前的现象有相当程度的误差。在上海,修改法规样本中的最长耗时(149 天)由《上海市民用机场地区管理条例》等 5 件法规共享。① 由于这些法规都是为配合《行政许可法》的实施而作的修改,因此作了合并审议。与 5 件法规一起合并审议的还有《上海市河道管理条例》《上海市燃气管理条例》等 9 件法规的修改。因此,若将 149 天分摊到合并审议的 14 件法规计,本届上海人大其他专门委在一审前对所有法规案的平均审议耗时便从 65.5 天降至 32.5 天,修改法规的平均审议耗时更是从 70.5 天压缩至 21 天;即便将 149 天仅在被选样本的 5 件法规中均分,也使上述两组数据分别降至 37 天和 28 天。据此,尽管统一审

① 5 件法规是《上海市民用机场地区管理条例》、《上海市公路管理条例》、《上海市水路运输管理条例》、《上海市公园管理条例》和《上海市排水管理条例》,提交日为 2003 年 5 月 12 日,一审日为 2003 年 10 月 8 日。参见《上海市人民代表大会城市建设环境保护委员会关于〈上海市民用机场地区管理条例修正案(草案)〉等十四件地方性法规修正案(草案)的审议意见报告》,载《上海市人民代表大会常务委员会公报》总第 164 期。

议实施后的上海人大其他专门委在修改法规上的均历时1依然多于第一阶段1天,但所有样本的审议时间仍较实施统一审议前下降了7天。江西省的情况亦是如此①(见表4-4)。由此可见,因修改内容相对单一而采取的"打包"审议反而造成了审议时间成倍增长的"假象"。

综上所述,本研究的初步判断是:统一审议制度实施后,两地人大其他专门委在常委会一审前对法规的审议时间呈现"缩短"的规律性变化,即所有法规样本的平均审议时间至少缩短3天半乃至4天半,其中制定法规样本减少了8天,具体的缩短幅度因制定或修改法规的繁简、难易程度而不同。

(二)统一审议实施前后的历时2比较

与历时1的统计结果不同,统一审议制度实施后,两地人大法制委在统一审议阶段的耗时(历时2)在制定、修改和所有法规三类样本上表现出明显不同的变化趋势(见图4-8和图4-9)。具体表现为:

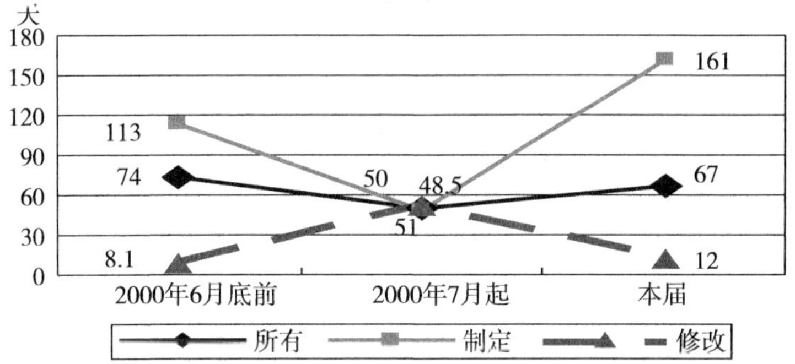

图4-8 上海市地方性法规样本在统一审议前后的均历时2比较

① 样本中的《江西省实施〈中华人民共和国义务教育法〉办法》和《江西省渡口管理条例》2件法规与其他6件法规由法制办一并提交审议,提交日为2003年12月4日,一审日为2004年3月29日,耗时116天。8件法规均为修正法规。参见江西省第十届人大常委会第八次会议会刊。当然,由于本届修改的法规样本仅3件,因此即便考虑"打包"审议的因素之后计算得出的江西省人大其他专门委在统一审议前的审议耗时仍比第一阶段有所增加。

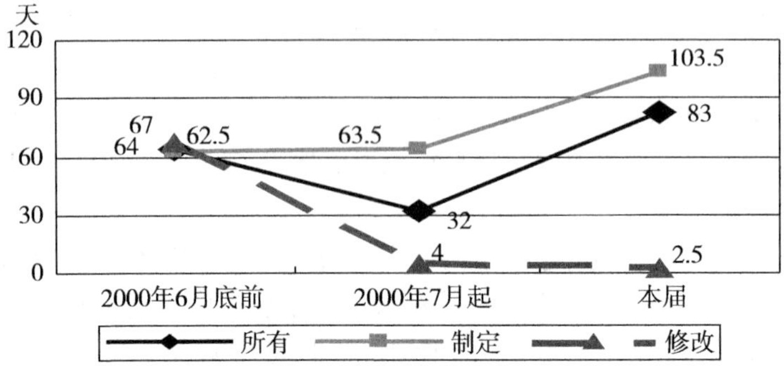

图 4－9　江西省地方性法规样本在统一审议前后的均历时 2 比较

1. 所有法规样本的均历时 2 在三个阶段的分布呈下凹状，但两地情形有所不同。一则，在统一审议运行初期的第二阶段，上海的均"历时 2"减少幅度较小（24 天），江西则较大（32 天）。二则，上海的均历时 2 在第三阶段虽有所回升但仍比统一审议实施前少 7 天，①江西则比统一审议制度实施前增长了 19 天（见表 4－5）。

表 4－5　地方性法规总样本在统一审议实施前后的历时 2 比较

单位：天

样本分布地区	上一届						本届		
	2000 年 6 月止			2000 年 7 月起					
	最长	最短	平均	最长	最短	平均	最长	最短	平均
上海	210	2	74	91	3	50	358	1	67
江西	191	3	64	67	4	32	185	2	83
总体	210	2	68	91	3	39. 5	358	1	74

① 尽管本届上海已出现 2 件历时 2 在 300 天以上的法规，但平均耗时依然少于统一审议制度实施之前。2 件法规是《上海市住房公积金管理若干规定》（305 天）和《上海市促进就业若干规定》（358 天）。在前者的审议过程中出现了 5 位委员联名提出修正案的情况，对后者的审议则因委员认为草案的原则性规定较多，需要进一步完善，增强其操作性和实效性。该规定草案后经提案人补充完善后再提请审议。参见《上海市人民代表大会法制委员会关于〈上海市住房公积金管理若干规定（草案）〉（修改稿）修改情况的报告》和《上海市人大常委会法制委员会关于〈上海市促进就业若干规定（草案）〉审议结果的报告》，分别载《上海市人民代表大会常务委员会公报》总第 179 期和《上海市人民代表大会常务委员会公报》总第 182 期。

造成此现象的主要原因是:其一,第二阶段中所有法规样本的修改数多于制定数,因此两地都出现因修改法规的历时2相对较少而导致所有样本均历时2呈下降趋势。其二,在第三阶段,本届上海人大常委会的法规修改量远远大于制定量(14∶7),均历时2原本相应减少,加之出现2件修改法规经一审后当天即付表决而未启动统一审议程序,[①]3件法规在一审后次日即付表决,[②]上述“打包”审议的法规的历时2也仅为2天,由此导致本届上海所有法规样本的均历时2比统一审议实施前少5天的结果。江西的情况正好相反,法规制定样本在第三阶段明显多于修改样本(12∶3),加之历时2为120天以上的法规占样本总数近半,由此出现了本届该省的所有法规样本均历时2比第一阶段多19天的结果。

2. 统一审议实施后的两地本届人大法制委在制定法规样本上的均历时2呈现猛增的势头。在上海,本届制定法规样本的均历时2为161天,分别比统一审议实施前和实施之初两个阶段多48天和112.5天,尽管第一个阶段存在历时2高达210天(《上海市民访条例》)和174天(《上海市房屋租赁条例》)的两个个案。[③] 在江西,制定法规样本的均历时2在三个阶段中从平稳转向暴涨,即第二阶段的历时2虽然与第一阶段几无区别,均为63天左右,但本届却猛然增至103.5天(见表4-6)。

---

① 2件法规分别是《上海市市容环境卫生管理条例》(修正)和《上海市制定地方性法规条例》(修正)。

② 3件法规分别是《上海市民用机场地区管理条例》(二次修正)、《上海市排水管理条例》(三次修正)和《上海市轨道交通管理条例》(修正)。

③ 由于制定《上海市城镇职工社会保险费征缴若干规定》所耗费的历时2仅为4天,其他制定法规样本的历时2也比较平稳,因此,上海在统一审议实施之初的历时2较少。

表 4-6　地方性法规制定样本在统一审议实施前后的历时 2 比较

单位:天

样本分布地区	上一届						本届		
	2000 年 6 月止			2000 年 7 月起					
	最长	最短	平均	最长	最短	平均	最长	最短	平均
上海	210	41	113	91	4	48.5	358	64	161
江西	78	54	62.5	67	58	63.5	185	59	103.5
总体	210	41	83.5	91	4	57.5	358	59	124.5

3. 统一审议实施后的两地修改法规样本的均历时 2 在总体上呈下降趋势。第一、第二和第三阶段的均历时 2 分别为 38 天、26 天和 10 天,但上海呈现明显的上抛物线,江西则在统一审议实施后呈现从 67 天骤降为 4 天左右的趋势(见表 4-7)。

表 4-7　地方性法规修改样本在统一审议实施前后的历时 2 比较

单位:天

样本分布地区	上一届						本届		
	2000 年 6 月止			2000 年 7 月起					
	最长	最短	平均	最长	最短	平均	最长	最短	平均
上海	17	2	8.5	88	3	51	127	1	12
江西	191	3	67	6	3	4	4	2	2.5
总体	191	2	38	88	3	26	127	1	10

本届上海和上一届江西用于修改法规样本的均历时 2 较短或者急降的原因如前文所述,主要因大量在常委会一审的同次会议上即付表决的样本所致。[①] 此外,江西在统一审议实施前不仅修改的法规样本仅 2 件,而且修改法规样本中包含着一件历时 2 多达 191 天的

① 除前文提到的上海的 5 件法规外,江西在统一审议实施初期的所有 9 件修改法规样本也都是如此。9 件法规是《江西省消防条例》、《江西省特种行业治安管理条例》、《江西省城市居住小区物业管理条例》、《江西省建筑管理条例》、《江西省种畜种禽管理条例》、《江西省广播电视管理条例》、《江西省城市房地产开发管理条例》、《江西省实施〈中华人民共和国母婴保健法〉办法》和《江西省烟草专卖条例》。

"修订"法规。[①] 因此,统计结果显示的数据尚不足以得出江西人大在统一审议制度实施前的均历时 2 明显偏高的结论。

综上,本研究的初步判断是:统一审议制度实施后,两地人大常委会法制委员会在常委会一审后对法规案的审议时间也呈现两方面的规律性表现:第一,除前文分析的大量修改法规一审后即交付表决和某些特殊个案的因素之外,法制委用于统一审议的时间经历了先"缩水"后"膨胀"的过程,其中本届用于制定法规样本的统一审议时间平均比未实行统一审议时增加了 41 天。第二,法制委用于修改法规样本的均历时 2 在统一审议实施后的两个阶段呈现渐次减少的趋势。

(三)统一审议实施前后的审议周期比较

每件法规的审议周期是其历时 1 和历时 2 的之和。由于前文所述种种原因,一审前后的两个历时都呈现一定振荡,由此也必然导致两者之和的审议周期具有类似表现。[②]

详言之,除上海的修改法规样本之外,[③]其他情况下的审议周期呈现相同的变化规律:第一,法规样本的审议周期在统一审议实施初期有所下降,其中制定法规样本均审议周期缩短幅度(40 天)远远大于修改法规(11.5 天)。第二,法规样本的均审议周期在本届期间明显回升,不仅比统一审议实施初期的第二阶段长 59 天,而且

---

① 修订虽不像制定法规一样是白手起家,但与修正相比,其修改幅度、工作任务都远远超出后者。因此审议时间理应较长。

② 需要说明的是,因 1998 年 8 月 18 日修正的《上海市罢免和补选各级人民代表大会代表程序的规定》、2001 年 10 月 24 日修正的《上海市人民代表大会常务委员会议事规则》和 2000 年 4 月 28 日修正的《江西省义务教育经费筹措和使用管理办法》的提交日因档案问题无法查实,故本节所有表中有关历时 1 和总历时的数据均未将该 3 件法规计算在内。而 2000 年 4 月 10 日第三次修正的《上海市道路交通管理条例》、2003 年 4 月 24 日修正的《上海市市容环境卫生管理条例》和 2004 年 10 月 19 日修正的《上海市制定地方性法规条例》都未进入统一审议阶段即在一审时付表决,因此有关历时 2 的数据也未将该 3 件法规计算在内。由此,总历时的平均值未必等于对应的历时 1 平均值和历时 2 平均值之和。

③ 上海后两个阶段修改法规的审议周期都较长。原因是:一方面,上海后两个阶段中都有比"修改"更为复杂的"修订"样本(《上海市房地产登记条例》和《上海市城市道路管理条例》),审议周期无疑相对偏长(分别为 100 天和 161 天);另一方面,第二阶段的《上海市特种行业和公共场所治安管理条例》耗时 149 天和第三阶段 5 件"打包"审议的法规耗时均为 151 天。

超统一审议实施前的第一阶段 19 天(见表 4 – 8 和图 4 – 10、图 4 – 11),其中制定和修改法规样本分别反超第一阶段 38 天和 20.5 天(见表 4 – 9、表 4 – 10)。

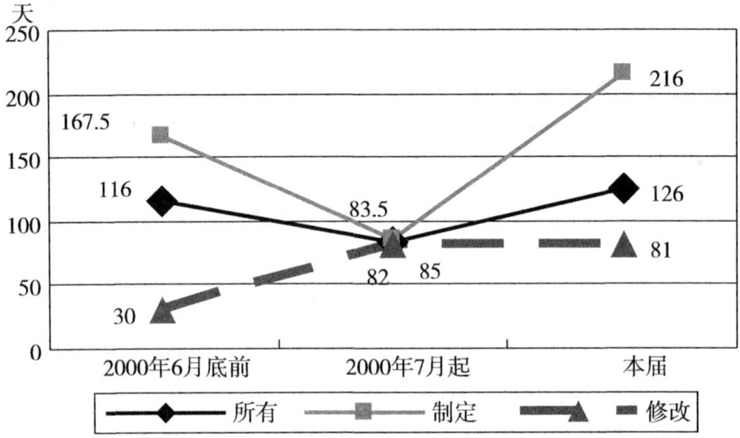

图 4 – 10　上海市地方性法规样本在统一审议前后的审议周期比较

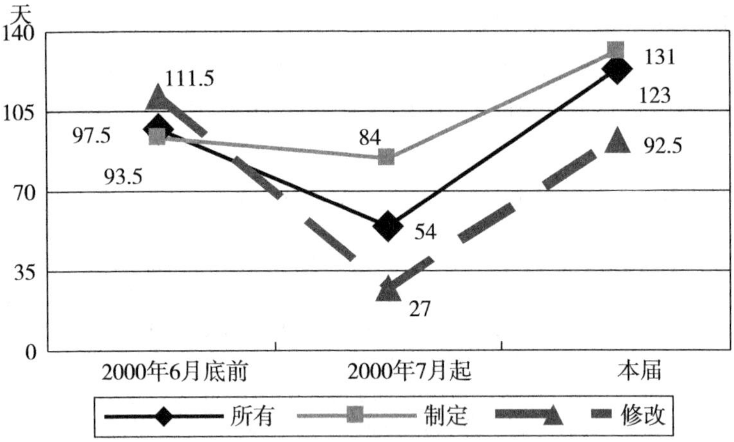

图 4 – 11　江西省地方性法规样本在统一审议前后的审议周期比较

表 4－3　地方性法规总样本在统一审议实施前后的审议周期比较

单位:天

样本分布地区	上一届														本届						
	2000 年 6 月止							2000 年 7 月起													
	最长总历时			最短总历时			平均总历时	最长总历时			最短总历时			平均总历时	最长总历时			最短总历时			平均总历时
	历时1	历时2	总历时	历时1	历时2	总历时		历时1	历时2	总历时	历时1	历时2	总历时		历时1	历时2	总历时	历时1	历时2	总历时	
上海	54	210	264	6	7	13	116	61	88	149	15/14	3/4	18	83.5	34	358	392	2	—	2	126
江西	8	191	199	20	4	24	97.5	42	67	109	1	3	4	54	133	66	199	38	4	42	123
总体	54	210	264	6	7	13	106	61	88	149	1	3	4	66	34	358	392	2	—	2	125

表 4－9　地方性法规制定样本在统一审议实施前后的审议周期比较

单位：天

样本分布地区	上一届														本届						
	2000 年 6 月止							2000 年 7 月起													
	最长总历时			最短总历时			平均总历时	最长总历时			最短总历时			平均总历时	最长总历时			最短总历时			平均总历时
	历时1	历时2	总历时	历时1	历时2	总历时		历时1	历时2	总历时	历时1	历时2	总历时		历时1	历时2	总历时	历时1	历时2	总历时	
上海	54	210	264	8	56	64	167.5	94	31	125	14	4	18	85	34	358	392	28	78	106	216
江西	60	60	120	3	60	63	93.5	42	67	109	4	67	71	84	133	66	199	4	59	63	131
总体	54	210	264	3	60	63	124.5	94	31	125	14	4	18	84.5	34	358	392	4	59	63	162.5

表 4－10　地方性法规修改样本在统一审议实施前后的审议周期比较

单位:天

样本分布地区	上一届														本届						
	2000 年 6 月止							2000 年 7 月起													
	最长总历时			最短总历时			平均总历时	最长总历时			最短总历时			平均总历时	最长总历时			最短总历时			平均总历时
	历时1	历时2	总历时	历时1	历时2	总历时		历时1	历时2	总历时	历时1	历时2	总历时		历时1	历时2	总历时	历时1	历时2	总历时	
上海	48	2	50	6	7	13	30	61	88	149	15	3	18	82	34	127	161	2	—	2	81
江西	8	191	199	20	4	24	111.5	42	4	46	1	3	4	27	116	2	118	38	4	42	92.5
总体	8	191	199	6	7	13	62.5	61	88	149	1	3	4	51	34	127	161	2	—	2	83

三、统一审议实施后法规案的审议周期省(市)际比较

自本届人大组成以来,辽宁、上海和江西三地在审议周期上的两个共性是:所有法规样本的审议周期均稳定在4个月左右;制定法规的审议周期均长于修改法规(见表4－8、表4－9和表4－10)。

然而,三地的审议周期也出现不同的变化特征。具体表现为:

1. 制定法规的审议时间不尽相同。其一,均总历时长短不一且距离明显。其中上海超过7个月,辽宁和江西则为4个多月。其二,均历时1和均历时2的比例不同。其中江西法制委用于历时2的时间少于辽宁和上海,上海其他专门委花费在历时1上的时间多于辽宁和江西。三地的均历时1和均历时2之比分别为辽宁1∶3.9;上海1∶2.9、江西1∶3.8(见表4－11)。

表4－11　本届三地地方性法规制定样本在统一审议实施后的审议周期比较

单位:天

样本分布地区	历时1			历时2			总历时		
	最长	最短	平均	最长	最短	平均	最长	最短	平均
辽宁	36	30	32	186	60	126	222	92	158
上海	90	14	55	358	64	161	392	106	216
江西	133	1	27.5	185	59	103.5	199	63	131
总体	133	1	36.5	358	60	125	392	63	161.5

2. 修改法规的审议时间亦相异。其一,均总历时不同但差距有限。其中江西超过3个月,辽宁和上海不足3个月。其二,均历时1和均历时2的分配明显不同。其中上海和江西人大其他专门委的耗时大大多于法制委,分别为5.9∶1和36∶1,辽宁其他专门委的用时则少于法制委,为1∶1.5(见表4－12)。

表 4 – 12　本届三地地方性法规修改样本在统一审议实施后的审议周期比较

单位:天

样本分布地区	历时 1			历时 2			总历时		
	最长	最短	平均	最长	最短	平均	最长	最短	平均
辽宁	32	30	31	67	4	47.5	98	34	78.5
上海	149	2	70.5	127	1	12	161	2	81
江西	116	38	90	4	2	2.5	118	42	92.5
总体	149	2	66	127	1	18	161	2	82

3. 所有法规的均历时 1 和均历时 2 悬殊。其中辽宁历时 1 和历时 2 比为 1∶3,江西缩小为 1∶2,上海逼近 1∶1(见表4 – 13)。

表 4 – 13　本届三地地方性法规总样本在统一审议实施后的审议周期比较

单位:天

样本分布地区	历时 1			历时 2			总历时		
	最长	最短	平均	最长	最短	平均	最长	最短	平均
辽宁	36	30	53	186	4	157.5	222	34	210.5
上海	149	2	65.5	358	1	67	392	2	126
江西	133	1	40	185	2	83	199	42	123
总体	149	1	49.5	358	1	78.5	392	2	125

4. 审议制定法规和修改法规样本的时间分配不同。辽宁法制委对两类法规的平均审议用时都长于其他专门委的用时,制定长 94 天,修改多 16 天半;其他两省则因法规的制定或修改的性质不同而不同,制定法规的均历时 2 明显长于其他专门委的均历时 1,修改法规时则正好相反(见表 4 – 11 和表 4 – 12)。

四、审议周期的初步研究结论

就上海、江西两地统一审议制度实施前后审议周期的变化现象而言,本书的初步结论是:

第一,经过近两届人大统一审议实践的发展,不仅法规案的审议周期在总体上有所延长(近20天),而且审议时间的分配向一审后的统一审议阶段倾斜(历时1缩短3.5～4.5天,历时2增加6天)。引发这种时间资源重心后移的因素或许是“叠加”的:或是其他专门委因认可法制委更能胜任“遏制不当利益”“维护法制统一”的重任而“善意”地将审议时间“挪给”法制委,但也或是其他专门委因自持审议权被“变相削弱”而懈怠法定职责的主动和积极履行;或是法制委因被寄予厚望或因肩负重任而自觉“抢占”更多的时间成本,但也或是法制委因其他专门委在一审前的审议质量下降而不得不延长时间加以弥补;或是因统一审议机制的确立使其他专门委将审议重点集中于立法的合理性和必要性而将用于正当性和合法性审议的时间转移给法制委,但也或是因统一审议机制的实施使原本合二为一的得当与否和合法与否的立法问题得以“剥离”,并进而显现出地方立法中的合法问题的确比合理问题更为突出和棘手。凡此种种,难以逐一厘清。然而,最为关键的是,从统一审议实施前的由一个其他专门委一并使用的、相对较短的审议周期发展为统一审议运行后的由两个专门委分别使用的、相对较长的历时1和历时2,这种总历时的适当延长至少为不同审议主体的充分交涉和博弈提供了必不可少的时间“通道”,而历时2的适当延长也为法制委更好实现统一审议制度预设的、更为棘手和艰巨的“维护”和“克服”法定功能提供了相对充裕的时间条件。当然,这一假设结论必须在本章后叙的专门评估法制委在统一审议中“究竟干了些什么”的“修改内容”节和“过滤机制”节中得以佐证后方能最终“确立”。

第二,上海和江西两地在统一审议实施前后反映出不同的审议周期变化,这种变化或许与两地履行统一审议职责的法制委的组织结构不尽相同相关。以统一审议实施前的上一届人大和本届法制委对所有法规样本的审议周期为例,不仅上海的均总历时增长幅度(10天)不及江西(25天半),而且上海的均历时2为负增长(减少7天)而江西为正增长(19天);上海的均历时1呈大幅增长(21天半)而江西的增幅较小(13天)(见表4－14)。

表 4 – 14　两地所有地方性法规样本在统一审议实施前后的审议周期比较

单位：天

审议时段	上海			江西		
	上一届(2000 年 6 月止)	本届	增加	上一届(2000 年 6 月止)	本届	增加
历时 1	44	65.5	21.5	27	40	13
历时 2	74	67	–7	64	83	19
总历时	116	126	10	97.5	123	25.5

本届上海人大在均总历时增加有限的前提下，其他专门委耗费的均历时 1 大幅增加而法制委花费的均历时 2 呈负增长的现象可能与本届上海人大法制委不同于江西的下列组织结构因素相关。其一，上海法制委的 2 位副主任委员为法学专家，江西则有 3 位副主任委员由原党政机关局级干部担任。其二，上海人大的所有其他专门委各有 1 名委员兼任法制委，而江西并非每个其他专门委均有成员兼任法制委。其三，上海法制委委员中无来自现职的党政机关局级干部和现职的人大常委会其他领导，江西则各有 2 人来自这两个方面。其四，上海法制委组成人员仅 10 人，但驻会成员和兼任成员分别为 3 人和 5 人，江西法制委的组成人员虽多达 16 人，但驻会成员和兼任成员也分别仅为 6 人和 4 人。上述因素的“集合”必然在相当程度上影响法制委的权威性、专业性、超然性和有效性，并进而制约其他专门委和法制委的各自审议效率以及两个专门委在审议过程中的充分交涉、有效沟通和尽可能的中立。

就三地在统一审议制度实施后审议周期的不同变化而言，本书初步结论是：

第一，相较上海、江西，辽宁的总法规样本不仅审议周期最长，而且法制委耗时最多，分别高出上海、江西两地 90.5 天和 74.5 天（见表 4 – 8）。在制定法规上，辽宁的样本与江西的在审议周期上稍有差异但明显少于上海：均历时 1 和均历时 2 分别少 23 天和 35 天（见表 4 – 9）。在修改法规上，辽宁的样本与上海、江西的审议周期相差不大但在历时 1 和历时 2 的分配上显然不同于两地:前者的均历时 1 小于均历时 2,后两者则相反,且反差较大(见表 4 - 10)。

第二,除前文分析的诸多因素之外,辽宁法制委的审议耗时明显偏长还可能与其组织结构以及法工委的结构组成相关。相较于上海、江西,辽宁法制委的组织构成与统一审议重担的承担存在不小"罅隙"。其一,成员数量偏少。辽宁法制委和法工委共有成员 19 人(9 人和 10 人),上海、江西两地分别达 23 人(10 人、13 人)和 31 人(16 人、15 人)。其二,"超然性"较弱而"内阻性"较强。辽宁法制委全部成员均由原、现职党政机关局级领导干部担任,其他两地的该类人员比例均在 30% 以下甚至为零。其三,"沟通力"偏弱。辽宁省法制委中既无其他专门委员会成员兼任,也无法工委领导兼任。其他两地则或多或少存在两类人员的交叉。或许正因为这些组织结构上的差异,导致三地人大法制委在统一审议中因时间精力、协调环节、专业程度以及中立属性等相异而产生不同的时间成本。

第三,辽宁法制委的审议耗时明显偏长也可能与其工作规则的出台较晚、审议规则相对"粗放"相关。虽然地方立法统一审议制度自 2000 年 7 月付诸实施,辽宁省人大法制委也于次年人大换届时产生。然而,《法制委员会工作规则》却迟于两年后的 2003 年 3 月 6 日制定实施。此外,法制委会议的会前通知制度、法制委审议法规案的方式等审议和表决规则的缺失以及列席并发表意见主体较窄等规则的缺陷也可能在一定程度上影响法规案的审议周期。

总之,组织结构和运行规则的恰当与否当然会影响立法的效率。然而,对立法效率的衡量,既要考虑制定进程中的各种投入,更要考虑实施过程中因法规适当减少施行阻力而获得的收益。因此,在相同或相似的组织结构和运行规则之下,立法时间的适当增多,尤其是统一审议时间的相对增多,一般是具有积极意义或者建设性影响的。

第三节　法规案修改报告的形式和内容分析

依据《立法法》和各省级地方立法条例的规定，法制委对列入常委会会议议程的法规案根据人大内部各方的审议意见和（或者）外部各方提出的意见进行统一审议后，应当分别向全体会议提交审议结果报告、修改情况汇报、草案修改稿和表决稿（以下统称各种报告）。因此，各种报告既是法制委对法规案进行统一审议后所作出的议事结论，更是提出修改建议和说明重要问题的表现载体。各种报告不仅直接记载了统一审议的意见来源、博弈情况以及法制委对各方意见的分析和采纳情况，而且间接映射出法制委统一审议与其他专门委审议、常委会审议之间的关系。

因此，本节依据本章第一节所确定的方法选择了辽宁、上海和江西三地 2005 年制定和修改的 20 件法规，从法制委进行统一审议后形成的报告名称、字数等“表象”入手，层层“解剖”其实质内容，逐一分析下列问题：法制委在统一审议中关注什么意见？这些意见来自哪方？是否采纳这些意见？为何予以采纳或者不予以采纳？提出什么修改建议？为何需要修改？这些统一审议的意见对常委会的审议和表决有何引导或者影响作用？对同一件法规所提交的各种报告在内容上有何承继关系？通过对这些问题的梳理和缕析，形成实践中的统一审议是否实现了其“应然”的法定功能以及是否兼有其他“实然”的事实功能的基本结论。

一、报告的名称、具体审议对象和字数分析

（一）报告的名称与审议对象

在全国人大常委会的立法程序中，列入常委会会议议程的法律案一般经三次常委会会议审议后交付表决。① 根据《立法法》第 29 条第 3 款和第 4 款、第 33 条以及第 41 条的规定，全国人大宪法和法律委员会在常委会审议法律的不同阶段进行统一审议的具体对

① 参见《立法法》第 29 条第 1 款。

象以及提交的报告各不相同:第一,对常委会会议初审的法律案和有关其他专门委提交的关于该法律案的"说明",根据常委会组成人员对该法律案及其"说明"的审议意见以及各方面的意见,向常委会会议第二次审议提交"草案二次审议稿"以及"法律草案修改情况和主要问题的汇报"。第二,对常委会第二次审议的"汇报"和"草案二次审议稿",根据常委会组成人员、有关专门委员会的审议意见和各方面的意见,向常委会会议第三次审议提交"草案三次审议稿"和"法律草案审议结果的报告"。第三,对常委会第三次审议的"报告"以及"草案三次审议稿",根据常委会组成人员、有关专门委员会的审议意见和各方面的意见,在同次会议上提交"草案建议表决稿"和"法律草案修改意见的报告"。[①]

列入省级人大常委会会议议程的法规案一般经两次常委会会议审议后交付表决。[②]《立法法》虽仅在第77条第2款对省级人大统一审议机构对法规案的审议结果和修改建议的载体简单表述为"审议结果的报告和草案修改稿",但如同本书第二章第三节所述,该条第1款关于"地方性法规案……的提出、审议和表决程序……参照本法第二章第二节、第三节、第五节的规定,由本级人民代表大会规定"的规定,可视为对该法第29条、第33条和第41条等规定在地方立法统一审议中予以准用。然而,各地在参照《立法法》上述规定的同时,却对统一审议各审次阶段提出的报告名称作出不同的规定,尽管各省级人大法制委在每个审次阶段中所审议的

---

① 《立法法》第20条和第24条对宪法和法律委员会在全国人大会议期间进行统一审议的具体对象和应当提交的各种报告也作了明确的规定。相比较而言,由于全国人大常委会制定法律的数量远多于全国人大,而宪法和法律委员会在全国人大常委会会议期间进行统一审议的具体对象和提交的报告也更为复杂,因此,为便于明晰说明省级人大法制委在法规主要制定者——省级人大常委会的立法程序中进行统一审议的具体对象和记录审议结果的载体,故正文中主要分析宪法和法律委员会在全国人大常委会会议期间的程序规定以及相关实践,以资对照。

② 如《上海市制定地方性法规条例》(根据2005年2月24日上海市第十二届人民代表大会常务委员会第十八次会议《关于修改〈上海市制定地方性法规条例〉的决定》第二次修正)第22条规定,"列入常务委员会会议议程的地方性法规案,一般应当经两次常务委员会会议审议后交付下次常务委员会会议表决";《江西省立法条例》(2001年2月23日江西省第九届人民代表大会第四次会议通过)第32条第1款规定,"列入常务委员会会议议程的法规案,一般应当经两次常务委员会会议审议后再交付表决"。

具体对象是一致的。

1. 江西和辽宁模式——先“修改情况(和主要问题)的汇报”后“审议结果报告”

《江西省立法条例》规定,“常务委员会会议第一次审议法规案,在全体会议上听取提案人的说明和有关专门委员会的审议意见报告”,“常务委员会会议第二次审议法规案,在全体会议上由法制委员会作关于法规草案修改情况的汇报,并提出法规草案修改稿”,“法规草案修改稿经常务委员会会议审议后,由法制委员会根据常务委员会组成人员的审议意见进行修改,提出审议结果报告和法规草案表决稿,再由主任会议决定提请常务委员会全体会议表决”。[①]据此,法制委进行统一审议的具体对象以及作出的报告包括两个部分。首先,根据常委会组成人员、其他专门委和各方面对法规案和对有关其他专门委的“法规案审查报告”所提出的意见进行审议并提交“修改情况汇报”以及“法规草案修改稿”。其次,根据常委会组成人员、其他专门委和各方面对“法规草案修改稿”所提出的意见进行审议并提交“审议结果报告”以及“法规草案表决稿”。如江西省第十届人大教科文卫委员会在2005年3月29日该省人大常委会第十四次会议上作“关于《江西省出版监督管理条例(草案)》的审查报告”,法制委在2005年5月24日的人大常委会第十五次会议上提交“关于《江西省出版监督管理条例(草案)》修改情况的汇报”,并在5月27日的同次常委会会议上提交“关于《江西省出版监督管理条例(草案修改稿)》审议结果的报告”。

《辽宁省制定和批准地方性法规程序规定》第23条第1款、第2款的规定类似江西,[②]因此,法制委在常委会会议二审时和法规案将付表决时也分别提交“修改情况和主要问题汇报”“法规草案修

① 《江西省立法条例》(2001年)第33条和第43条第1款。此外,该条例第43条第2款对无须经两次常委会会议审议的法规案如何进行统一审议的问题也作了明确的规定,即“经一次常务委员会会议审议即交付表决的法规案,适用前款规定”。

② 《辽宁省制定和批准地方性法规程序规定》(2001年2月24日辽宁省第九届人民代表大会第四次会议通过)第23条第1款、第2款规定,“常务委员会会议第二次审议地方性法规案,在全体会议上听取法制委员会关于地方性法规草案修改情况和主要问题的汇报”“常务委员会会议第三次审议地方性法规案,在全体会议上听取法制委员会关于法规草案审议结果的报告”。

改稿”“审议结果报告”“法规草案表决稿”。

2. 上海模式——先“审议结果报告”后“修改情况报告”

《上海市制定地方性法规条例》在法制委的报告名称上作了完全相反的规定。“地方性法规案经常务委员会会议第一次审议后，由法制委员会……进行统一审议，提出审议结果报告和法规草案修改稿”“地方性法规案拟经一次常务委员会会议审议后即交付该次会议表决的……法制委员会……进行统一审议，提出审议结果报告和法规草案表决稿”；“常务委员会会议表决地方性法规草案表决稿的一天前，应当将表决稿印发常务委员会组成人员，并在全体会议上听取法制委员会关于法规草案修改稿修改情况的报告”。[①] 据此规定，上海人大法制委在统一审议法规草案和其他专门委的审议意见报告后首先提交的是“审议结果报告”和“草案修改稿”；在审议“草案修改稿”后则提交“修改情况报告”和“草案表决稿”。[②] 如上海市第十二届人大法制委在2005年4月21日该市人大常委会第十九次会议上提交“关于《上海市企业名称登记管理条例(草案)》审议结果的报告”，在同年6月16日常委会第二十次会议上提交“关于《上海市企业名称登记管理规定(草案)》(修改稿)修改情况的报告”。

为表述简便起见，下文将各地法制委对法规草案和其他专门委的审议意见的审议并提交的报告简称为二审前报告或者前报告，将付之表决前提交的报告简称为二审后报告或者后报告。

(二)报告的字数

由于法制委的不同报告是针对不同的审议对象提出的，因此报告的字数规模能够从一个侧面反映统一审议的工作重心所处的阶段。从三个省级人大的20件法规样本情况分析，法制委统一审议的重心主要集中在常委会一审后到二审前的阶段，即集中于法规案本身和有关其他专门委对法规案的审议意见(见表4-15)。

---

① 《上海市制定地方性法规条例》第24条、第27条第2款和第36条。

② 如须进入常委会全体会议三审，则形成对修改稿审议结果的报告和修改二稿。

表 4-15　法制委在二审前后提交的报告的字数统计

单位:字

地区	法规名称	二审前提交报告		二审后提交报告	
		字数	各地平均	字数	各地平均
辽宁	《辽宁省行政执法条例》	4308	3026	1627	2054
	《辽宁省实施〈中华人民共和国农村土地承包法〉办法》	4084		3707	
	《辽宁省古生物化石保护条例》	2891		2008	
	《辽宁省预防和制止家庭暴力规定》	1762		1585	
	《辽宁省实施〈中华人民共和国国家通用语言文字法〉规定》	2419		665	
	《辽宁省旅游条例》	2689		2730	
上海	《上海市机动车道路交通事故赔偿责任若干规定》	2457	3437	1192	1423
	《上海市宗教事务条例》	3941		1621	
	《上海市企业名称登记管理条例》	3398		668	
	《上海市住房公积金管理若干规定》	3534		1095	
	《上海市道路运输管理条例》	4500		1542	
	《上海市环境保护条例》	4579		2067	
	《上海市商品交易市场管理条例》	2857		1813	
	《上海市区县及乡镇人民代表大会代表直接选举实施细则》	1531		—〔1〕	
	《上海市实施〈中华人民共和国国家通用语言文字法〉办法》	4138		1388	
江西	《江西省农作物种子管理条例》	2503	1879	1319	910
	《江西省出版监督管理条例》	1849		1108	
	《江西省测绘管理条例》	1339		543	
	《江西省企业负担监督管理条例》	2318		1104	
	《江西省职业技能考核鉴定管理条例》	1385		477	
三地总平均		2924		1487	

〔1〕由于上海市人大常委会会议审议《上海市区县及乡镇人民代表大会代表直接选举实施细则的决定(草案)》时各方面意见比较一致,因此在第二次常委会会议审议后即交付该次会议表决。由此,法制委无须提交二审后报告。

1. 从法规样本个案的篇幅上看，有 5 份二审前报告超 4000 字（上海和辽宁分别占 3 份和 2 份），最多为 4579 字，2 份在 1500 字以下（均为江西）；9 份二审后报告在 1500 字以上（辽宁和上海各占 5 份和 4 份），4 份少于 1000 字，最少仅 477 字。

2. 从法规样本总体上看，二审前报告平均近 3000 字，是二审后报告近 1500 字的两倍，但各地稍有不同。其中上海的两份报告字数差距最大，为 2.4∶1；辽宁的两份报告篇幅相对接近，为 1.4∶1；江西两种报告字数之比则介于上海和辽宁之间，为 2.1∶1。

3. 就法规样本个案的前后两份报告关系分析，50% 的辽宁法规的篇幅之比与总体情况有较大反差。其中 2 件法规的前后报告篇幅基本相当，1 件法规的后报告字数反超前报告。具体情况是：

《辽宁省实施〈中华人民共和国农村土地承包法〉办法》提交的二审前报告为 4084 字，二审后报告达 3707 字。后报告中的 1/4 的篇幅是就审议中的重点问题——对具有农村土地承包经营权的人员范围的界定从合法、必要和可行与否三方面进行论证。

《辽宁省预防和制止家庭暴力规定》提交的前后报告分别为 1762 字和 1585 字。其中二审后报告用了 1/3 的篇幅对审议中的重大分歧——处罚条款的设定问题进行了详尽的说明。①

《辽宁省旅游条例》提交的二审前报告为 2689 字，二审后报告达 2730 字。导致前后报告长度之比突破惯例的主要原因是，常委会组成人员在二审时对制定该规定的必要性仍多有争议，以致法制委不得不在后报告中用近 1/5 的篇幅对立法的必要性予以重点说明。②

综上，省级人大常委会立法中的利益交涉主要集中在二审之前。个别法案，尤其是涉及立法必要性和基本条文合理性的法案，不同主张的交涉扩展至表决。

二、听取和采纳的修改意见来源分析

《立法法》和各省级地方立法条例都规定“（统一审议机构）根据常务委员会组成人员、有关的专门委员会的审议意见和各方面提出的意见，对法律案进行统一审议”。这意味着，法制委的统一审议

---

① 辽宁人大法制委对此法规案的具体审议情况见本书第 116 页。

② 参见“辽宁省人大法制委员会关于《辽宁省旅游条例（草案）》审议结果的报告”，载《辽宁省人大常委会会刊》2005 年第 6 期（总第 157 期）。

绝非闭门造车,而是在各方提出审议意见或者意见基础上的审议。因此,除常委会组成人员、有关其他专门委的审议意见之外,究竟来自哪些“方面的意见”,以怎样的渠道为法制委所重视?又有来自哪些“方面的意见”最终被采纳?这些问题直接关乎法制委统一审议的对象和结果,也直接关乎记载统一审议结论的报告对常委会全体会议审议乃至表决法规案的影响力。

(一)听取修改意见的对象和方式

根据对20件法规样本作出的39份报告的逐一分析,三地人大法制委在统一审议过程中听取意见的方式以及听取意见的对象主要有:

听取意见的方式主要有基层调研、召开会议、公布草案、充分沟通、请示意见、听取建议6种。换言之,法制委通常在法规案一审后采取到有关部门或地区调研、召开会议(座谈会、听证会、论证会)、向社会公布草案征求意见等方式听取意见,也通过与提案人、有关专门委的充分沟通后综合各方意见。此外,针对个别问题,法制委还会以请示的形式征求全国人大常委会法工委或中央其他部委的意见,或者以工作交流的方式听取其他省级人大常委会的建议。[①]

听取意见的对象在常委会二审会议的前后有同也有异。除其他专门委只是二审前的意见听取对象之外,常委会组成人员、同级政府有关部门、基层部门或地区、社会团体、行政管理相对人、有关方面专家学者始终是法制委听取意见的主要对象(见表4-16和表4-17)。此外,辽宁和江西的报告中还有大量来自法制委的自身修改主张,常委会主任会议的意见也在江西的二审前报告中出现。[②]

(二)采纳修改意见的来源及比重

在其他专门委审议时已集中各方意见的基础上,法制委在统一审议中再次为各方利益主张提供集中交涉的平台,通过专业分析和

---

① 参见《上海市人民代表大会法制委员会关于〈上海市机动车道路交通事故赔偿责任若干规定(草案)〉审议结果的报告》、“辽宁省人大法制委员会关于《辽宁省实施〈中华人民共和国农村土地承包法〉办法(草案)》审议结果的报告”、《辽宁省人大法制委员会关于〈辽宁省预防和制止家庭暴力若干规定(草案)〉修改情况的汇报》。分别载《上海市人民代表大会常务委员公报》总第175期、《辽宁省人大常委会会刊》2005年第1期、第2期合刊(总第153期)和2005年第4期(总155期)。

② 如《江西省出版监督管理条例》、《江西省测绘管理条例》和《江西省职业技能考核鉴定管理条例》。

鉴别,过滤所有的修改意见并决策采纳与否。

在涉及19件法规样本的37份报告①中,三地人大法制委共采纳各方修改意见和自身提出修改主张共341项,②占报告反映的修改意见总数372项的91.7%。其中辽宁、上海和江西的采纳率分别为97.7%(129项)、83.4%(126项)和96.7%(87项)(见表4-16和表4-17)。

表4-16 三省市人大法制委在提交的二审报告中采纳的修改意见来源

单位:项

地区	法规名称	委员	专门委	部门[1]	下级[2]	法制委	各界[3]	其他[4]
辽宁	《辽宁省行政执法条例》	8(36.4%)	0	0	0	13(59.1%)	1(4.5%)	0
	《辽宁省实施〈农村土地承包法〉办法》	8(61.5%)	0	2(15.4%)	3(23.1%)	0	0	0
	《辽宁省古生物化石保护条例》	0	0	1(12.5%)	0	6(75.0%)	1(12.5%)	0
	《辽宁省预防和制止家庭暴力规定》	4(50.0%)	0	0	0	3(37.5%)	1(12.5%)	0
	《辽宁省实施〈通用语言文字法〉规定》	8(80.0%)	1(10.0%)	0	0	1(10.0%)	0	0
	《辽宁省旅游条例》	3(23.1%)	2(15.4%)	1(7.7%)	0	7(53.8%)	0	0
	平均	5.1(41.5%)	0.5(4.1%)	0.7(5.7%)	0.5(4.1%)	5.0(40.7%)	0.5(4.1%)	0

① 由于《上海市区县及乡镇人民代表大会代表直接选举实施细则(草案)》的审议结果报告中只有未被采纳的修改意见及其理由,故正文对三地人大法制委采纳的修改意见的分析仅涉及20件法规样本中的19件。另外,由于本章表4-15中表注〔1〕所述理由,围绕19件法规样本所提交审议的报告为37份。

② 在提交二审的报告中,若某一修改建议源自多个方面的意见,则在各方面均计入。因此,本书统计的数据大于报告中实际的修改建议数之和。

续表

地区	法规名称	委员	专门委	部门	下级	法制委	各界	其他
上海	《上海市机动车道路交通事故赔偿责任若干规定》	1（25.0%）	0	2（50.0%）	0	0	0	1（25.0%）
	《上海市宗教事务条例》	12（92.3%）	0	1（7.7%）	0	0	0	0
	《上海市企业名称登记管理条例》	4（57.1%）	0	3（42.9%）	0	0	0	0
	《上海市住房公积金管理若干规定》	9（75.0%）	1（8.3%）	0	1（8.3%）	0	1（8.3%）	0
	《上海市道路运输管理条例》	14（82.4%）	3（17.6%）	0	0	0	0	0
	《上海市环境保护条例》	10（55.6%）	2（11.1%）	0	0	0	6（33.3%）	0
	《上海市商品交易市场管理条例》	11（91.7%）	1（8.3%）	0	0	0	0	0
	《上海市实施〈中华人民共和国国家通用语言文字法〉办法》	12（85.7%）	2（14.3%）	0	0	0	0	0
	平均	9.1（74.2%）	1.1（9.3%）	0.7（6.2%）	0.1（1.0%）	0	0.9（7.5%）	0.1（0.8%）

续表

地区	法规名称	委员	专门委	部门	下级	法制委	各界	其他
江西	《江西省农作物种子管理条例》	4 (21.1%)	3 (15.8%)	0	4 (21.1%)	8 (42.1%)	0	0
	《江西省出版监督管理条例》	4 (28.6%)	2 (14.3%)	0	3 (21.4%)	4 (28.6%)	0	1 (7.1%)
	《江西省测绘管理条例》	1 (11.1%)	4 (44.4%)	3 (33.3%)	0	0	0	1 (11.1%)
	《江西省企业负担监督管理条例》	2 (16.7%)	1 (8.3%)	2 (16.7%)	0	7 (58.3%)	0	0
	《江西省职业技能考核鉴定管理条例》	0	2 (22.2%)	0	3 (33.3%)	3 (33.3%)	0	1 (11.1%)
	平均	2.2 (17.5%)	2.4 (19.0%)	1 (7.9%)	2 (15.9%)	4.4 (34.9%)	0	0.6 (4.8%)
总平均		6.1 (50.0%)	1.2 (9.8%)	0.8 (6.6%)	0.7 (5.7%)	2.7 (22.1%)	0.5 (4.1%)	0.2 (1.6%)

注:表格中括号外数字为采纳项,括号内数字为采纳项占比。

〔1〕指“同级人民政府各有关部门”。表4-17中的“部门”同义。

〔2〕指省级权力机关的下一级人大常委会,如地级市人大常委会和直辖市下的区县人大常委会。表4-17中的“下级”同义。

〔3〕包括省(市)人大代表、市民、专家学者、社团组织、相关行业代表等的意见。表4-17中的“各界”同义。

〔4〕包括全国人大常委会法工委或其他中央部门的答复和本级人大常委会主任会议的意见。

表 4-17　三省市人大法制委在二审后形成的报告中采纳的修改意见来源

单位:项

地区	法规名称	委员	部门	下级	法制委	各界
辽宁	《辽宁省行政执法条例》	9（100.0%）	0	0	0	0
	《辽宁省实施〈中华人民共和国农村土地承包法〉办法》	6（42.9%）	4（28.6%）	1（7.1%）	2（14.3%）	1（7.1%）
	《辽宁省古生物化石保护条例》	13（100.0%）	0	0	0	0
	《辽宁省预防和制止家庭暴力规定》[1]	0	0	0	5（100.0%）	0
	《辽宁省实施〈中华人民共和国国家通用语言文字法〉规定》	4（100.0%）	0	0	0	0
	《辽宁省旅游条例》	8（80.0%）	0	0	2（20.0%）	0
	平均	6.7（72.0%）	0.7（7.5%）	0.2（2.2%）	1.5（16.1%）	0.2（2.2%）
上海	《上海市机动车道路交通事故赔偿责任若干规定》	1（100.0%）	0	0	0	0
	《上海市宗教事务条例》	2（50.0%）	2（50.0%）	0	0	0
	《上海市企业名称登记管理条例》	1（100.0%）	0	0	0	0
	《上海市住房公积金管理若干规定》	2（100.0%）	0	0	0	0
	《上海市道路运输管理条例》	2（66.7%）	1（33.3%）	0	0	0
	《上海市环境保护条例》	6（85.7%）	1（14.3%）	0	0	0

续表

地区	法规名称	委员	部门	下级	法制委	各界
上海	《上海市商品交易市场管理条例》	6 (100.0%)	0	0	0	0
	《上海市实施〈中华人民共和国国家通用语言文字法〉办法》	5 (100.0%)	0	0	0	0
	平均	3.1 (86.2%)	0.5 (13.8%)	0	0	0
江西	《江西省农作物种子管理条例》	8 (88.9%)	0	0	1 (11.1%)	0
	《江西省出版监督管理条例》	7 (87.5%)	0	0	1 (12.5%)	0
	《江西省测绘管理条例》	2 (100.0%)	0	0	0	0
	《江西省企业负担监督管理条例》	4 (100.0%)	0	0	0	0
	《江西省职业技能考核鉴定管理条例》	1 (100.0%)	0	0	0	0
	平均	4.4 (91.7%)	0	0	0.4 (8.3%)	0
总平均		4.6 (80.7%)	0.4 (7.0%)	0.1 (1.8%)	0.5 (8.8%)	0.1 (1.8%)

注：表格中括号外数字为采纳项，括号内数字为采纳项占比。

〔1〕《辽宁省预防和制止家庭暴力规定》经历了三审，本表中的数据未包括提交三审的报告。

从以上数据不难看出：

第一，常委会组成人员的意见被采纳的概率明显高于其他方面。在二审前报告中，半数被采纳的意见来自常委会组成人员(50.0%)；在二审后报告中，采纳的意见来源更为单一，八成以上来自常委会组成人员(80.7%)，其中11件法规样本的修改建议全部来自常委会组成人员。当然，各地情况有所不同。在上海，二审前的统一审议活动较其他两省而言更多依赖常委会组成人员的审议意见，报告中的近3/4的修改建议来自常委。在江西，二审前报告被采纳的常委会组成人员的意见数仅占 17.5%，不仅位列其他专门委的意见之后，更远远少于法制委自身提出的修改建议(34.9%)。

第二，被采纳的其他专门委的修改意见在二审前报告达近一成(9.8%)，其中江西采纳的此类修改建议(19.0%)远比辽宁(4.1%)多。二审后报告则无来自其他专门委这一团体的意见。

第三，来自同级人民政府各有关部门的意见在二审前后的两份报告中都有反映，均占 6.6%～7.0%。其中上海的二审后报告中采纳的政府部门的意见竟多达 13.8%。

第四，报告所采纳的修改意见还包括少量的来自下一级人大常委会和社会各界的意见。除江西人大法制委在二审前报告中采纳的"下级"修改建议多达 15.9%之外，"各界"意见在前后两份报告中所占比重都很小，分别为 4.1%和 1.8%，被采纳的"其他"修改意见比重更小，仅分别占 1.6%和 0.0%。由此可见，在统一审议阶段，向除常委会组成人员之外的各方面征求意见的工作主要集中在常委会二审前展开。二审后形成的法制委报告中的修改意见源头明显"缩水"。在 19 件法规样本中，除 11 件修改建议全部来自常委会组成人员和 1 件全部来自法制委之外，来自社会各方面意见的仅 1 件。

第五，二审前的报告中还有个别修改意见源自全国人大常委会法工委的答复或本级人大常委会主任会议的决定。共 4 项，占修改意见总数的 1.6%。其中 1 项来自全国人大常委会法工委的答复出现在上海，另外 3 项主任会议决定出现在江西。①

第六，值得注意的是，法制委自身提出的修改主张在二审前后的两份报告中都占据第二座席。其中占前报告的"份额"约 1/4(22.1%)，在后报告中也有近一成的比例(8.8%)。法制委的修改主张在报告中以两种方式提出，或直接写明"根据法制委员会研究"而作修改，或不写明意见来源而作修改。重要的是，无论采取何种表达方式，都表明这是法制委在统一审议过程中主动发现问题所提出的修改建议。基于此，需要进一步分析的是：其一，为

① 分别为《上海市机动车道路交通事故赔偿责任若干规定》《江西省出版监督管理条例》《江西省测绘管理条例》《江西省职业技能考核鉴定管理条例》。

何辽宁人大法制委对6件法规样本中的5件都提出"原创"的修改意见，其中在二审前报告中的比重占40.7%，与占41.5%常委会组成人员的审议意见不相上下，而其他专门委的审议意见仅占4.1%，在二审后报告中的比重还占16.1%？这一现象与法规案的一审质量、法制委和其他专门委的交涉和协调关系等究竟具有什么关联性？其二，为何上海人大法制委在二审前后的两份报告中都未提出诸如辽宁和江西法制委的"原创"修改主张？究竟是严守"被动审议"的结果还是高度政治智慧的体现？

三、条文数的修改比例分析

统一审议作为审议过程中各方意见集中交涉的平台和专业过滤的管道，其形成并最终体现到法规文本中的修改情况基本反映了法规草案所经受的锤炼全貌，涵盖了被采纳修改建议的全部内容。因此，分析修改形成的条文数和法规文本的条文数之间的比例关系，也可从一个侧面反映统一审议对法规案进行了何种程度的"脱胎换骨"。

根据对19件法规样本的分析，法规案经统一审议后的修改幅度颇大，修改形成的条文数占据近四成(38.9%)。其中江西人大法制委的统一审议相对"温和"，修改比例达三成；而辽宁则"大刀阔斧"，幸存条文不足一半；上海接近总体水平，修改量逾1/3(见表4－18)。

表4－18　三地统一审议修改形成的条文数与法规文本条文数比较

地区	法规名称	修改/条	法规/条	修改率/%
辽宁	《辽宁省行政执法条例》	20	45	44.4
	《辽宁省实施〈中华人民共和国农村土地承包法〉办法》	13	25	52.0
	《辽宁省古生物化石保护条例》	20	27	74.1
	《辽宁省预防和制止家庭暴力规定》	5	13	38.5
	《辽宁省实施〈中华人民共和国国家通用语言文字法〉规定》	10	15	66.7
	《辽宁省旅游条例》	22	47	46.8
	平均	15	29	51.7

续表

地区	法规名称	修改/条	法规/条	修改率/%
上海	《上海市机动车道路交通事故赔偿责任若干规定》	6	10	60.0
	《上海市宗教事务条例》[1]	15	53	28.3
	《上海市企业名称登记管理条例》	7	18	38.9
	《上海市住房公积金管理若干规定》	7	23	30.4
	《上海市道路运输管理条例》	15	39	38.5
	《上海市环境保护条例》	17	60	28.3
	《上海市商品交易市场管理条例》	15	35	42.9
	《上海市实施〈中华人民共和国通用语言文字法〉办法》	13	22	59.1
	平均	12	33	36.4
江西	《江西省农作物种子管理条例》	21	49	42.9
	《江西省出版监督管理条例》	17	55	30.9
	《江西省测绘管理条例》	12	53	22.6
	《江西省企业负担监督管理条例》	13	34	38.2
	《江西省职业技能考核鉴定管理条例》	10	52	19.2
	平均	15	49	30.6
总平均		14	36	38.9

注：表中关于修改形成条文数的数据根据法制委的报告内容得出。需要说明的是，第一，对报告中关于"此外，对规定草案的一些文字作了修改，条序也作了相应调整"之类的笼统表述，无法考证，故未统计。第二，被删除的条文数也未计入修改形成的条文总数。因此，实际的修改比例应该高于表中的百分比。

〔1〕此为《上海市宗教事务条例》修正决定，表中法规条文数指的也是决定的条数，而非法规文本条数。

法规样本的个案修改情况也与上述格局吻合。其中修改比例最高的两件法规均来自辽宁，分别是《辽宁省古生物化石保护条例》（74.1%）和《辽宁省实施〈中华人民共和国国家通用语言文字法〉规定》（66.7%）；修改量最小的是江西法规，分别为《江西省职业技能考核鉴定管理条例》（19.2%）和《江西省测绘管理条例》（22.6%）。

四、修改建议的具体内容分析

修改建议是统一审议报告的主体,修改内容是统一审议报告的核心。其不仅反映了法制委在统一审议中对各方意见的判断和取舍以及蕴含的价值理念,更具体反映了法制委的所作所为是否吻合统一审议制度的功能期待。

(一)统一审议的层面及内容

分析定夺法规"终身"的各种报告,可以清晰发现法制委的统一审议主要是从宏观、中观和微观三个角度的四方面内容着手的。

1. 宏观层面及内容——维护法制统一

所谓宏观,是指对法规案的审议首先坚持维护国家法制统一的要求,辨别法规案是否符合上位法的规定和精神,是否保持与同位法之间的协调,并留意是否与其他现行政策相互衔接。

例如,针对委员就住房公积金增值收益的使用范围问题所提出的修改建议,上海市人大法制委与相关部门共同研究,并向国务院有关部门请示。鉴于国务院《住房公积金管理条例》已规定住房公积金增值收益的使用范围,上海不应扩大该使用范围,因此,在《关于〈上海市住房公积金管理若干规定(草案)〉(修改稿)修改情况的报告》中,"法制委员会建议删除草案修改稿第十一条第二款第四项的规定,同时,考虑到该条关于住房公积金增值收益使用范围的其他内容国务院条例已有明确规定,建议删除草案修改稿第十一条",[①]以保证法规草案不与行政法规相抵触。

又如,针对街道办事处在辖区环境保护中的职责问题,上海市人大法制委在《关于〈上海市环境保护条例(修订草案)〉(修改稿)修改情况的报告》中指出,"街道办事处是区政府的派出机关,其工作职责在《上海市街道办事处条例》中已有规定。为此,建议将该款修改为'街道办事处根据所在区、县人民政府的要求,开展本辖区内有关的环境保护工作'",[②]以保证法规草案与同位的、现行地方性

① 参见《上海市人大法制委员会关于〈上海市住房公积金管理若干规定(草案)〉(修改稿)修改情况的报告》,载《上海市人民代表大会常务委员会公报》总第179期。

② 参见《上海市人大法制委员会关于〈上海市环境保护条例(草案)〉(修改稿)修改情况的报告》,载《上海市人民代表大会常务委员会公报》总第180期。

法规相协调。

再如，根据江西省实际情况，法制委在《关于〈江西省企业负担监督管理条例（草案）〉修改情况的汇报》中提出，“为了使减免税费、降低贷款利率等对企业的优惠政策得到落实，草案修改稿第十四条补充规定：‘税收、金融等部门应当依照法律、法规以及国家有关政策规定，落实对企业减免税费、降低贷款利率等优惠政策，并加强监督检查’”，①以保证法规草案与现行政策相衔接。

2. 中观层面及内容——明确责权利、理顺制度——防止不当部门利益，提高可操作性

所谓中观，是指对法规案的审议主要从理顺制度和明确责权利两方面入手，防止部门利益的膨胀，保证内容的合理可行。

在理顺制度方面，三地的统一审议主要涉及行政主体和行政程序的明确以及其他内容的完善。如上海市人大法制委在《关于〈上海市环境保护条例（修订草案）〉审议结果的报告》中同时就行政主体的明确和行政程序的规范提出审议意见：为避免多头执法，建议将修订草案中“市环保局所属的环境监察机构按照本条例的授权，实施行政处罚和行政强制措施”的规定修改为“环保部门可以在法定权限范围内委托其所属的环境监察机构实施行政处罚和行政强制措施”，同时根据常委会委员和相对人的修改意见，明确了执法部门实施暂扣和封存措施的期限等程序性规定。②除明确行政主体和行政程序之外，三地人大法制委还基于政府行为的控制或行政管理的便利注重对其他内容的完善。前者如，江西人大法制委在《关于〈江西省企业负担监督管理条例（草案）〉修改情况的汇报》中建议，将检查通知书的内容具体明确为“检查的法律、法规依据；检查内容；检查时限；实施检查的人员及其负责人”。③后者如，上海市人大法制委考虑到“上海的物流运量相当部分来自外地货运”，因而在《关于〈上海市道路运输管理条例（修订草案）〉

① 参见《关于〈江西省企业负担监督管理条例（草案）〉修改情况的汇报》，载《江西省第十届人大常委会第十八期会刊》。

② 参见《上海市人大法制委员会关于〈上海市环境保护条例（草案）〉（修改稿）修改情况的报告》，载《上海市人民代表大会常务委员会公报》总第180期。

③ 参见《关于〈江西省企业负担监督管理条例（草案）〉修改情况的汇报》，载《江西省第十届人大常委会第十八次会议会刊》。

审议结果的报告》中建议，对“在本市设立”而“未在本市注册”的货运业务机构增加货运经营者的备案管理制度。①

在明确责权利方面，三地人大法制委的审议重点包括明确行政主体的职责权限、确定行政相对人的权利义务和完善各类主体的法律责任等。如江西省人大法制委在《关于〈江西省出版监督管理条例（草案修改稿）〉审议结果的报告》中提出，删除“全省的出版规划由省人民政府批准实施”的规定，并依照《出版管理条例》的规定赋予政府“指导、协调出版事业的发展”的职责。②

3. 微观层面及内容——保证法规严谨规范

所谓微观，是指对法规案的审议还要从立法技术的角度，明确定义、修饰表述、匡正结构，甚至斟酌文字标点，以保证立法严谨规范。

例如，针对商品交易市场的定义问题，上海市人大法制委在《关于〈上海市商品交易市场管理条例（草案）〉审议结果的报告》中指出，“商品交易市场与其他市场业态的区别主要在于商品交易市场存在市场经营管理者和场内经营者两个经营主体，市场经营管理者经营管理市场，场内经营者独立进行商品交易”，因此，建议将该条例草案中第2条第1款修改为“本条例所称的商品交易市场，是指由市场经营管理者经营管理、集中多个商品经营者在场内各自独立进行现货商品交易的固定场所”。③

又如，针对草案中有关听证执法机关及其行政执法人员依法作出影响当事人权利和义务的决定时应当告知当事人享有权利的规定，辽宁省人大法制委认为“本条表述不准确，陈述权、申辩权和依法要求举行听证的权利是行政执法机关作出决定前当事人所享有的权利”，因而在《关于〈辽宁省行政执法条例（草案）〉修改情况的汇报》中建议修改为“行政执法机关依法作出影响当事人权利和义务的决定前，应当告知当事人享有陈述权、申辩权和依法要求举行听证的权利；作出决定时，应当告知当事人享有依法申请行政复议

---

① 参见《上海市人大法制委员会关于〈上海市道路运输管理条例（修订草案）〉审议结果的报告》，载《上海市人民代表大会常务委员会公报》总第180期。

② 参见《关于〈江西省出版监督管理条例（草案修改稿）〉审议结果的报告》，载《江西省第十届人大常委会第十五次会议会刊》。

③ 参见《上海市人大法制委员会关于〈上海市商品交易市场管理条例（草案）〉审议结果的报告》，载《上海市人民代表大会常务委员会公报》总第180期。

或者提起行政诉讼的权利"。①

再如,在审议《上海市机动车道路交通事故赔偿责任若干规定(草案)》时,针对规定各种情况下赔偿责任分担的第5条、第6条,委员提出了同条表述、分条表述和将第5条第1款再单列一条的三种不同观点。对此,法制委和其他专门委等共同请示了全国人大常委会法工委,并根据其答复,在审议结果报告中提出将"强制保险责任限额内的赔偿责任、强制保险责任限额之外机动车有事故责任的赔偿责任、强制保险责任限额之外机动车无事故责任的赔偿责任三种情况,分为三条进行表述"的建议。②

(二)提交二审报告的修改建议内容分析

在19件省级法规样本中,三地人大法制委在提交二审的报告中采纳各方意见和自身提出的修改建议共227项,占报告反映的修改意见总数258项的88.0%。其中辽宁、上海和江西的采纳率分别为95.8%(69项)、78.8%(93项)和95.6%(65项)(见表4-19)。

表4-19 三地法规样本的二审前报告修改建议内容分析

单位:项

样本分布地区	各方提出的意见	法制委采纳的意见	其中			
			法制统一	理顺制度	明确责权利	立法技术
辽宁	72	69(95.8%)	15(21.7%)	30(43.5%)	11(15.9%)	13(18.8%)
上海	118	93(78.8%)	43(46.2%)	21(22.6%)	20(21.5%)	9(9.7%)
江西	68	65(95.6%)	23(35.4%)	24(36.9%)	12(18.5%)	6(9.2%)
总计	258	227(88.0%)	81(35.7%)	75(33.0%)	43(18.9%)	28(12.3%)

注:由于二审前报告存在一项修改建议包含两类或两类以上修改内容的情况,因此表中数字之和大于报告中实际建议项数之和。表格中括号外数字为修改建议数,括号内数字为修改建议数占比。

第一,从三个审议层面分析,过半(51.9%)修改建议(118项)

① 参见《辽宁省人大法制委员会关于〈辽宁省行政执法条例(草案)〉修改情况的汇报》,载《辽宁省人大常委会会刊》2005年第1期、第2期合刊(总第153期)。

② 参见《上海市人大法制委员会关于〈上海市机动车道路交通事故赔偿责任若干规定(草案)〉审议结果的报告》,载《上海市人民代表大会常务委员会公报》总第175期。

分布在中观层面，三地无一例外。其中辽宁、江西和上海在此层面的修改分别占59.4%、55.4%和44.1%。关乎“理顺制度”和“明确责权利”的修改在总体上分别约占2/3(75项)和1/3(43项)，但上海各占一半左右(见表4－19)。

在有关“理顺制度”的75项修改建议中，具体修改理由依次为“完善其他内容”(60.0%)、“明确行政主体”(17.3%)、“删除‘三不’内容”(16.0%)和“规范行政程序”(6.7%)(见表4－20)。这表明，三地统一审议的着力点在于具体制度内容的完善(包括完善其他内容和删除不可行、不合理、不适时内容两类)，占3/4；而对明确行政主管部门，尤其是对通过完善程序以实现规范行政主体行为的关注则偏弱。

表4－20　三地法规样本的二审前报告涉及理顺制度的具体修改建议分析

单位：项

样本分布地区	明确行政主体	规范行政程序	完善其他内容	删除“三不”内容	合计
辽宁	6(20.0%)	2(6.7%)	17(56.7%)	5(16.7%)	30(100.0%)
上海	3(14.3%)	1(4.8%)	13(61.9%)	4(19.0%)	21(100.0%)
江西	4(16.7%)	2(8.3%)	15(62.5%)	3(12.5%)	24(100.0%)
总计	13(17.3%)	5(6.7%)	45(60.0%)	12(16.0%)	75(100.0%)

注：表格中括号外数字为修改建议数，括号内数字为修改建议数占比。

在有关“明确责权利”的43项修改建议中，具体修改理由依次为“规范职责权限”(37.2%)、“明确各方法律责任”(34.9%)、“明确义务”(16.3%)和“明确权利”(11.6%)(见表4－21)。由此可见，框定行政主体的行为边界是三地统一审议中防止不当部门利益的主要内容，而明确行政主体的责任追究以及赋权相对人则从不同角度反映了统一审议对行政主体制约的重视。

表4-21 三地法规样本的二审前报告涉及明确责权利的具体修改建议分析

单位:项

样本分布地区	规范职责权限	明确各方法律责任	赋予权利	明确义务	合计
辽宁	1(9.1%)	4(36.4%)	4(36.4%)	2(18.2%)	11(100.0%)
上海	12(60.0%)	4(20.0%)	1(5.0%)	3(15.0%)	20(100.0%)
江西	3(25.0%)	7(58.3%)	0	2(16.7%)	12(100.0%)
总计	16(37.2%)	15(34.9%)	5(11.6%)	7(16.3%)	43(100.0%)

注:表格中括号外数字为修改建议数,括号内数字为修改建议数占比。

第二,从四项审议内容分析,对涉及维护法制统一的修改建议最多,占1/3(81项),但三地各有侧重。其中上海大人法制委将维护法制统一作为统一审议的重点(46.2%),辽宁则更侧重制度理顺(44.3%),江西在"统一"和"理顺"两方面无明显偏重(35.4%和36.9%)(见表4-19)。

在关乎"维护法制统一"的81项修改建议中,具体修改理由依次为"与上位法一致"(60.5%)、"避免重复"(28.4%)"与同位法协调"(6.2%)和"与政策衔接"(4.9%)(见表4-22)。这意味着,统一审议的实施的确发现了占总修改建议项数两成以上(49/227)的与上位法不尽一致的问题。

表4-22 三地法规样本的二审前报告涉及法制统一的具体修改建议分析

单位:项

样本分布地区	与上位法一致	与同位法协调	与政策衔接	避免重复	合计
辽宁	5(33.3%)	0	1(6.7%)	9(60.0%)	15(100.0%)
上海	31(72.1%)	2(4.7%)	2(4.7%)	8(18.6%)	43(100.0%)
江西	13(56.5%)	3(13.0%)	1(4.3%)	6(26.1%)	23(100.0%)
总计	49(60.5%)	5(6.2%)	4(4.9%)	23(28.4%)	81(100.0%)

注:表格中括号外数字为修改建议数,括号内数字为修改建议数占比。

第三,关于立法技术方面的修改建议,三地的二审前报告均涉及较少(12.3%),但辽宁人大法制委对技术部分的关注程度(18.8%)明显高于其他两地(逾9%)(见表4-19)。当然,法制委通常还进行数量不小的文字修改和条序调整,但一般都在报告尾部以概括方式予以阐述。如上海市人大法制委在“关于《上海市商品交易市场管理条例(草案)》审议结果的报告”的结尾处提到,“此外,对条例草案的一些文字作了修改,条序也作了相应调整”,因而无法具体统计这类修改数量,也无法借此更为准确地判断统一审议在立法技术方面所发挥的功能。

在有关“立法技术”的28项修改建议中,半数以上(53.6%)涉及法规结构的调整,修改表述和定义的分别占1/4和1/5(见表4-23)。

表4-23 三地法规样本的二审前报告涉及立法技术的具体修改建议分析

单位:项

样本分布地区	定义修改	表述修改	结构调整	合计
辽宁	3(23.1%)	5(38.5%)	5(38.5%)	13(100.0%)
上海	1(11.1%)	1(11.1%)	7(77.8%)	9(100.0%)
江西	2(33.3%)	1(16.7%)	3(50.0%)	6(100.0%)
总计	6(21.4%)	7(25.0%)	15(53.6%)	28(100.0%)

注:表格中括号外数字为修改建议数,括号内数字为修改建议数占比。

综上所述,通过对二审前报告修改建议的量化解析,本书认为,统一审议在该阶段的审议重点为:一是严格把握法规内容与上位法、同位法、政策规定之间的一致协调性;二是细化实体和程序两方面内容、明确责权利,以充分实现法律关系双方的平衡性。前者解决的是法规的合法性,后者侧重的是法规的合理性和可行性。换言之,此阶段的统一审议不仅兑现了维护法制统一的功能,而且发挥着防止不当部门利益的作用,还增强了法规的可行性、合理和可操作性。

(三)二审后报告的修改建议内容分析

与二审前报告相比,法制委在二审后报告中提出的修改建议在总体上具有两个特征。第一,修改建议总量减少(112 项),仅占前报告修改项(227)的近半。第二,修改内容重心转移,更多地从“法制统一”转向“立法技术”(见表 4－24)。

表 4－24　三地法规样本的二审后报告修改建议内容分析

单位:项

样本分布地区	法制统一	理顺制度	明确责权利	立法技术	合计
辽宁	10(17.9%)	20(35.7%)	10(17.9%)	16(28.6%)	56(100.0%)
上海	8(25.0%)	10(31.3%)	9(28.1%)	5(15.6%)	32(100.0%)
江西	3(12.5%)	7(29.2%)	7(29.2%)	7(29.2%)	24(100.0%)
总计	21(18.8%)	37(33.0%)	26(23.2%)	28(25.0%)	112(100.0%)

注:表格中括号外数字为修改建议数,括号内数字为修改建议数占比。

第一,从三个审议层面分析,依然有过半(56.2%)修改建议(63 项)分布在中观层面。尽管三地无一例外,但在此层面的修改率从高到低正好与前报告相反,其中上海最高,占 59.4%,江西和辽宁依次位后,分别占 58.4% 和 53.6%。关乎“理顺制度”和“明确责权利”的修改在总体上约为六四开(37 项、26 项),但江西各半(7 项、7 项),辽宁为 2:1(20 项、10 项)(见表 4－24)。

在中观层面有关“理顺制度”的 37 项修改建议中,修改理由最多的仍为“完善其他内容”(43.2%),“明确行政主体”(24.3%)、“删除‘三不’内容”(21.6%)居后,“规范行政程序”的比例有所上升但仍居末位(10.8%)(见表 4－25)。在有关“明确责权利”的 26 项修改建议中,修改理由为“明确主管部门的职责权限”(34.6%)和“明确行政法律关系双方的法律责任”(23.1%)的比例均有所下降,尤以后者为巨;“明确行政相对人权利”(11.6%)和“明确行政相对人义务”(23.1%)的比例均有 7～8 个百分点的上升,但前者仍居末位,两者总量仅过 1/3(见表4－26)。这意味着,三地人大法制委在常委会会议二审后依然将完善制度内容和规范行政主体行为作为统一审议的重点以实现“限权”的功能,对完善行政程序和赋予相对人权利的统一审议有所强化但仍显不够(共 9 项/14.3%)。

表 4－25　三地法规样本的二审后报告涉及理顺制度的具体修改建议分析

单位：项

样本分布地区	明确行政主体	规范行政程序	完善其他内容	删除“三不”内容	合计
辽宁	4(20.0%)	4(20.0%)	7(35.0%)	5(25.0%)	20(100.0%)
上海	4(40.0%)	0	3(30.0%)	3(30.0%)	10(100.0%)
江西	1(14.3%)	0	6(85.7%)	0	7(100.0%)
总计	9(24.3%)	4(10.8%)	16(43.2%)	8(21.6%)	37(100.0%)

注：表格中括号外数字为修改建议数，括号内数字为修改建议数占比。

表 4－26　三地法规样本的二审后报告涉及明确责权利的具体修改建议分析

单位：项

样本分布地区	规范职责权限	明确各方法律责任	赋予权利	明确义务	合计
辽宁	4(40.0%)	2(20.0%)	1(10.0%)	3(30.0%)	10(100.0%)
上海	4(44.4%)	2(22.2%)	1(11.1%)	2(22.2%)	9(100.0%)
江西	1(14.3%)	2(28.6%)	3(42.9%)	1(14.3%)	7(100.0%)
总计	9(34.6%)	6(23.1%)	5(19.2%)	6(23.1%)	26(100.0%)

注：表格中括号外数字为修改建议数，括号内数字为修改建议数占比。

第二，从四项审议内容分析，由于合法性等宏观层面的问题主要在之前的统一审议中得以解决，因此本阶段涉及维护法制统一的修改建议最少，仅占近两成(21 项)，但上海涉及“维护法制统一”的修改建议略多于“立法技术”(见表 4－24)。

在关乎“维护法制统一”的 21 项修改建议中，在保证与上位法不冲突的前提下(33.3%)，大量不必要的照搬照抄的条文在本阶段审议中得以删除(42.9%)(见表 4－27)。这表明，统一审议在此阶段中的维护法制统一的功能，尤其是不与上位法相抵触的功能已大大弱化(7 项/112 项，占 6.3%)。

表 4－27　三地法规样本的二审后报告涉及法制统一的具体修改建议分析

单位：项

样本分布地区	与上位法一致	与同位法协调	与政策衔接	避免重复	合计
辽宁	3(30.0%)	1(10.0%)	1(10.0%)	5(50.0%)	10(100.0%)
上海	3(37.5%)	1(12.5%)	1(12.5%)	3(37.5%)	8(100.0%)
江西	1(33.3%)	0	1(33.3%)	1(33.3%)	3(100.0%)
总计	7(33.3%)	2(9.5%)	3(14.3%)	9(42.9%)	21(100.0%)

注：表格中括号外数字为修改建议数，括号内数字为修改建议数占比。

第三，立法技术方面的修改建议在三地二审后报告中明显增加，达25.0%，但上海相对有限（15.6%）（见表4－24）。在修改的技术内容上，在继续梳理结构的同时（25.0%），具体表述的完善也得到更多重视（67.9%）（见表4－28）。

表 4－28　三地法规样本的二审后报告涉及立法技术的具体修改建议分析

单位：项

样本分布地区	定义	表述	结构	合计
辽宁	1(6.25%)	12(75.0%)	3(18.75%)	16(100.0%)
上海	0	4(80.0%)	1(20.0%)	5(100.0%)
江西	1(14.3%)	3(42.9%)	3(42.9%)	7(100.0%)
总计	2(7.1%)	19(67.9%)	7(25.0%)	28(100.0%)

注：表格中括号外数字为修改建议数，括号内数字为修改建议数占比。

综上所述，经过对二审后报告修改建议的量化分析，本书的初步结论是，随着法规草案的逐步完善，此阶段的统一审议的特点是：一是审议的着力点逐渐转移到具体细节，追求立法成果的神形俱美；二是维护法制统一的功能明显萎缩，但防止不当部门利益的作用依然显著。此外，制度内容的修改完善乃是法制委统一审议中一如既往的重点。

（四）典型法规样本修改建议内容的个案分析

在以量化方式展现三地人大法制委在统一审议中的全景式作为之后，典型个案的剖析更能生动还原法制委在实现统一审议功能上的所作所为。

1.《辽宁省古生物化石资源保护条例（草案）》——修改条文量最大（74.1%），且法制委自身在二审前报告中提出修改意见最多（75.0%）的法规案

除立法技术方面的修改之外，辽宁省人大法制委在修改情况报告和审议结果报告中采纳的各方修改建议主要集中在理顺制度（43.5%）和法制统一（21.7%）两个方面。在理顺制度方面，修改建议涉及化石的保护范围和级别、采掘主体的申请制度、经营资格的审批制度、“在生产建设等活动中遇有重要发现”时各级国土资源行政管理部门的处理期限以及公安、工商、海关等部门没收化石后的处理方式等；在法制统一方面，为了与《中华人民共和国自然保护区条例》保持一致，删除了“省人民政府应当对省级化石保护区的管理，给予适当资金补助”的规定等。

此外，法制委在两份报告中提出了6项修改“己见”。其中4项涉及制度内容的修改，如在化石经营资格的审批问题上，“为了有效制止和打击倒卖盗挖化石的行为，加强对经营非重点化石的管理，规范化石经营资格，控制其合理数量，根据《文物保护法》对设立文物商店需经文物行政管理部门批准的立法精神，草案应进一步规定对经营非重点保护化石的，需经省国土资源行政管理部门批准，并在指定的场所销售”。另2项修改建议分别涉及法制统一和法律责任的完善。前者主要是删除违反《行政许可法》的规定。如将“（科研机构、高等院校对采掘获得的化石）确有需要的，经省国土资源行政管理部门批准，可以由有关科研机构或者高等院校保存”修改为“确有需要的，可以由有关科研机构或者高等院校保存”；将“与国外组织、个人利用化石资源进行科学研究的，应当签订项目合作研究协议，报省国土资源行政管理部门批准”修改为“与国外组织、个人利用化石进行科学研究的，应当签订项目合作研究协议，合作研究中采集的化石归中方依法保存”。后者修改了“1万元以上10万元以下”的“一揽子”罚款，取而代之以分情节

的罚款，即“可并处以1000元以上3万元以下罚款；造成严重后果的，可并处以3万元以上10万元以下罚款”，以更好地体现“过罚相当”理念。①

2.《辽宁省预防和制止家庭暴力规定（草案）》——常委会会议三次审议才付表决且弃权较多的法规案

辽宁省法制委向常委会会议提出的三份报告中涉及理顺制度、立法技术、法制统一和平衡责权利的修改建议依次为37.5%、31.25%、18.75%和12.5%。

其中二审前报告侧重法制统一的维护，主要修改了与诉讼制度有冲突和缺乏上位法依据的内容。三审前报告主要涉及职责权限的明确和其他内容的完善，如明确和“刚化”了政府和其他社会主体在预防和制止家庭暴力中的职责；又如因强化操作性而建议删除“市、县人民政府支持有关部门和社会团体设立家庭暴力防治辅导组织，对有心理障碍的家庭暴力加害人提供心理辅导”的规定。三审后报告则侧重立法技术方面的修改。②

3.《辽宁省实施〈中华人民共和国国家通用语言文字法〉规定（草案）》——虽为实施性立法但草案条文修改比例颇大的法规案样本

该法规草案的2/3条文在统一审议中被修改。辽宁省人大法制委重点采纳了各方有关理顺制度的审议意见和意见，修改量（53.3%）超过立法技术（26.7%）和法制统一（20%）两方面的总量。

法制统一方面的修改建议包括：一在执法经费问题上删除与同位法相重复的内容；二在执法人员规定上删除编制等超出地方立法权限的内容；三在汉字书写等级标准方面的规定与教育部规定相衔

---

① 参见《辽宁省人大法制委员会关于〈辽宁省古生物化石资源保护条例（草案）〉修改情况的汇报》和《辽宁省人大法制委员会关于〈辽宁省古生物化石保护条例（草案）〉审议结果的报告》，载《辽宁省人大常委会会刊》2005年第4期（总第155期）。

② 参见《辽宁省人大法制委员会关于〈辽宁省预防和制止家庭暴力若干规定（草案）〉修改情况的汇报》、《辽宁省人大法制委员会关于〈辽宁省预防和制止家庭暴力规定（草案）〉审议结果的报告》和《辽宁省人大法制委员会关于〈辽宁省预防和制止家庭暴力规定（草案三次审议稿）〉修改意见的说明》，载《辽宁省人大常委会会刊》2005年第4期（总第155期）。

接。制度理顺方面既包括“将语言文字工作主管部门明确为‘县级以上人民政府教育行政部门’”,规定“工商、民政、人事、建设、交通、信息、文化、卫生、广播电视、新闻出版、旅游等有关部门,根据各自职责,管理和监督国家通用语言文字的使用,并应当明确负责此项工作的人员”,也涉及对企业名称、产品包装、广告、标语、地名标志等用字规范的明确。法规结构的调整和文字表述的准确则是立法技术方面修改建议的重点。①

4.《上海市机动车道路交通事故赔偿责任若干规定(草案)》——政府部门修改意见采纳率在二审前报告中居首,并专门请示全国人大常委会法工委的法规案样本

对该法规案的修改建议共有 4 项。其中由政府部门提出的 2 项建议分别涉及责权利的明确和立法技术。前者明确,“非机动车驾驶人、行人与处于静止状态的机动车发生交通事故,机动车一方无交通事故责任的,不承担赔偿责任”;后者将“机动车第三者责任险”修改为“机动车第三者责任强制保险”以减少歧义。采纳的委员意见是将“减轻机动车 95% 的赔偿责任”“减轻机动车 90% 的赔偿责任”分别明确为“机动车一方按 5% 的赔偿责任给予赔偿,但赔偿金额最高不超过 1 万元”和“机动车一方按 10% 的赔偿责任给予赔偿,但赔偿金额最高不超过 5 万元”,以强化赔偿责任的合理性。

此外,针对委员等对不同情况下赔偿责任条款的安排出现的三种不同意见,法制委在征求了全国人大常委会法工委意见后建议将“强制保险责任限额内的赔偿责任、强制保险责任限额之外机动车有事故责任的赔偿责任、强制保险责任限额之外机动车无事故责任的赔偿责任三种情况,分为三条进行表述”。②

---

① 参见《辽宁省人大法制委员会关于〈辽宁省实施《中华人民共和国国家通用语言文字法》规定(草案)〉修改情况的汇报》和《辽宁省人大法制委员会关于〈辽宁省实施《中华人民共和国国家通用语言文字法》规定(草案)〉审议结果的报告》,载《辽宁省人大常委会会刊》2005 年第 4 期(总第 155 期)。

② 参见《上海市人民代表大会法制委员会关于〈上海市机动车道路交通事故赔偿责任若干规定(草案)〉审议结果的报告》和《上海市人民代表大会法制委员会关于〈上海市机动车道路交通事故赔偿责任若干规定(草案)〉(修改稿)修改情况的报告》,载《上海市人民代表大会常务委员会公报》总第 175 期。

5.《修改〈上海市宗教事务条例〉的决定(草案)》——政府部门意见被二审后报告采纳居首,且唯一一部予以修正的法规案样本

法制委关于此修正法规案的两份统一审议报告“分工明确”:二审前报告围绕法制统一和立法技术两个方面,二审后报告涉及除立法技术之外的三个方面。

由于审议期间国务院颁布了《宗教事务条例》,因此对该法规修正草案的修改内容主要集中于法制统一方面(78.9%)。具体修改建议包括:一是根据《行政许可法》和国务院条例的规定梳理审批制度,删除“关于成立宗教团体的条件和行政许可期限”“在宗教场所内拍摄电影、电视片,设立商业、服务性网点需经行政许可”等内容,“对修建大型露天宗教造像和开办宗教院校的行为”增加“按照国家有关规定办理审批手续”的规定;二是为在满足吸引宗教人才需求的同时与现行的户籍制度改革相协调,建议将“关于在本市稳定从事宗教教职三年以上的宗教院校的外地毕业生入户籍的特殊规定”的适用对象限定为“从事宗教主要教职的外地毕业生”等。有关立法技术的两项建议均涉及条款结构,如分款表述“宗教活动场所应当建立的制度”。另外,二审后报告还建议增加区分市和区、县宗教事务部门职责的规定,即“宗教活动场所内改建或者新建建筑物,根据不同规模,应当事先征得区、县或者市宗教事务部门同意”,删除缺乏可操作性的网站管理方面的内容。①

6.《江西省测绘管理条例(草案)》——采用修订形式、其他专门委提出修改建议最多、个别意见源自主任会议的法规案样本

与前述法规案不同,该案被法制委在统一审议中采纳的其他专门委的审议意见最多(达44.4%)。

两份报告的修改内容各有侧重。二审前报告内容涉及法制统一、理顺制度和平衡责权利三方面,分别占该报告中修改建议总数的30.8%、61.5%和7.7%;二审后报告仅提出两条建议,均关乎立法技术,一则规范表述;二则捋顺逻辑。

---

① 参见《上海市人民代表大会法制委员会关于修改〈上海市宗教事务条例〉的决定(草案)审议结果的报告》和《上海市人民代表大会法制委员会关于修改〈上海市宗教事务条例〉的决定草案(修改稿)修改情况的报告》,载《上海市人民代表大会常务委员会公报》总第176期。

在法制统一方面，主任会议的意见是删除原则性奖励条款以减少照搬上位法的规定；还删除了“由省人民政府对行政区域界线的测绘作出规定”这一违反《测绘法》和“有关工商管理登记”等与其他领域法规有交叉的内容。在理顺制度方面，厘清了测绘行政主管部门和土地行政主管部门之间的职责关系，“将县级以上测绘行政主管部门组织管理地籍测绘的内容单列”；“对有关测绘资质的等级和申请办理时间的”作了补充和修改；“对测绘项目备案的内容”作了具体规定。在政府职责方面，“对测绘行政主管部门不依法行政的行为”作了补充规定。①

其他专门委的审议意见主要涉及上述删除有关工商管理登记的规定、补充和修改有关测绘资质的等级和申请办理时间的规定、补充有关测绘行政主管部门不依法行政的行为的规定以及增加“测绘仪器设备应当按照国家有关规定经计量检定或者校准合格后，方可投入使用”的规定（见表4－29、表4－30）。

表4－29　六件典型法规样本统一审议报告中的修改建议内容分析

单位：项

修改建议	辽生物化石	辽家庭暴力	辽语言文字	沪交通事故赔偿	沪宗教事务	赣测绘	总计
法制统一	5（21.7%）	3（18.75%）	3（20.0%）	0	15（78.9%）	4（26.7%）	30（32.6%）
理顺制度	10（43.5%）	6（37.5%）	8（53.3%）	0	1（5.3%）	8（53.3%）	33（35.9%）
明确权责利	1（4.3%）	2（12.5%）	0	1（25.0%）	1（5.3%）	1（6.7%）	6（6.5%）
立法技术	7（30.4%）	5（31.25%）	4（26.7%）	3（75.0%）	2（10.5%）	2（13.3%）	23（25.0%）
小计	23（100.0%）	16（100.0%）	15（100.0%）	4（100.0%）	19（100.0%）	15（100.0%）	92（100.0%）

① 参见江西省人大法制委员会《关于〈江西省测绘管理条例（修订草案）〉修改情况的汇报》和《关于〈江西省测绘管理条例（修订草案）〉审议结果的报告》，载《江西省第十届人大常委会第十五次会议会刊》。

续表

修改建议		辽生物化石	辽家庭暴力	辽语言文字	沪交通事故赔偿	沪宗教事务	赣测绘	总计
法制统一	与上位法一致	2（40.0%）	3（100.0%）	0	0	9（60.0%）	2（50.0%）	16（53.3%）
	与同位法协调	0	0	0	0	2（13.3%）	0	2（6.7%）
	与政策衔接	0	0	1（33.3%）	0	1（6.7%）	0	2（6.7%）
	避免重复	3（60.0%）	0	2（66.7%）	0	3（20.0%）	2（50.0%）	10（33.3%）
小计		5（100.0%）	3（100.0%）	3（100.0%）	0	15（100.0%）	4（100.0%）	30（100.0%）
理顺制度	明确行政主体	1（10.0%）	2（33.3%）	3（37.5%）	0	0	3（37.5%）	9（27.3%）
	规范行政程序	1（10.0%）	0	0	0	0	2（25.0%）	3（9.1%）
	完善内容	7（70.0%）	1（16.7%）	5（62.5%）	0	0	3（37.5%）	16（48.5%）
	删除“三不”内容	1（10.0%）	3（50.0%）	0	0	1（100.0%）	0	5（15.2%）
小计		10（100.0%）	6（100.0%）	8（100.0%）	0	1（100.0%）	8（100.0%）	33（100.0%）
明确权责利	规范职责权限	0	2（100.0%）	0	0	1（100.0%）	1（100.0%）	4（66.7%）
	明确法律责任	1（100.0%）	0	0	1（100.0%）	0	0	2（33.3%）
	赋予权利	0	0	0	0	0	0	0
	明确义务	0	0	0	0	0	0	0

续表

修改建议		辽生物化石	辽家庭暴力	辽语言文字	沪交通事故赔偿	沪宗教事务	赣测绘	总计
小计		1 (100.0%)	2 (100.0%)	0	1 (100.0%)	1 (100.0%)	1 (100.0%)	6 (100.0%)
立法技术	定义修改	0	1 (20.0%)	0	0	0	0	1 (4.3%)
	表述修改	7 (100.0%)	3 (60.0%)	2 (50.0%)	2 (66.7%)	0	1 (50.0%)	15 (65.2%)
	结构调整	0	1 (20.0%)	2 (50.0%)	1 (33.3%)	2 (100.0%)	1 (50.0%)	7 (30.4%)
小计		7 (100.0%)	5 (100.0%)	4 (100.0%)	3 (100.0%)	2 (100.0%)	2 (100.0%)	23 (100.0%)

注：表中的法规案名称为简称，逐一代表《辽宁省古生物化石保护条例》《辽宁省预防和制止家庭暴力规定》《辽宁省实施国家通用语言文字法规定》《上海市机动车道路交通事故赔偿责任若干规定》《上海市宗教事务条例》和《江西省测绘管理条例》。表格中括号外数字为修改建议数，括号内数字为修改建议数占比。

表 4－30　六件典型法规样本统一审议修改形成的条文数与法规文本条文数比较

法规名称	修改/条	法规/条	修改率/%
《辽宁省古生物化石保护条例》	20	27	74.1
《辽宁省预防和制止家庭暴力规定》	5	13	38.5
《辽宁省实施〈中华人民共和国国家通用语言文字法〉规定》	10	15	66.7
《上海市机动车道路交通事故赔偿责任若干规定》	6	10	60.0
《上海市宗教事务条例》	15	53	28.3
《江西省测绘管理条例》	12	53	22.6
总计（平均）	68（11）	171（29）	39.7（37.9）

五、不予采纳并加以说明的重要修改意见的分析

根据《立法法》第 33 条关于“（法律委员会）对重要的不同意见应当在汇报或者审议结果报告中予以说明”的规定，各省级地

方立法条例也作出类似规定,即法制委在提出修改情况报告或者审议结果报告的同时,须对未采纳的重要修改意见加以说明。如《上海市制定地方性法规条例》第24条规定,"对重要的不同意见,法制委员会应当在审议结果报告中予以说明"。[①] 研究这些意见不仅可以进一步解读统一审议组织与其他方面对同一问题的不同思考角度和决策理由,而且能够从反面角度判断法制委的统一审议能否实现该机制的法定功能以及发挥的实际作用。

(一)未被采纳的重要修改意见的数量以及比例

根据三地人大法制委对20件法规样本提交的39份修改情况汇报和审议结果报告的分析,法制委不予采纳并加以说明的重要修改意见共31项,分别占所有提出意见数量和内容项数的8.3%和13.7%。其中辽宁、上海和江西法制委在报告中予以说明的未被采纳的意见3项(2.3%、4.1%)、25项(16.6%、21.2%)和3项(3.3%、4.4%)。

就法规样本个案而言,"上海市人民代表大会法制委员会关于《上海市区县及乡镇人民代表大会代表直接选举实施细则(草案)》的审议结果报告"是39份报告中唯一的未采纳任何修改意见的报告。

(二)对重要修改意见不予采纳的主要理由

未被法制委采纳的修改意见同样涉及上述三个层面的四方面内容。法制委的回应通常从合法、可行、必要、适时、平衡等角度出发。具体是:

第一,制定事项超越立法权限而不予采纳。如针对有关部门提出的在《上海市宗教事务条例(草案)》中增加规定"外地教职人员到本市主持宗教活动或者任职的,应报当地宗教事务部门备案"的建议,上海人大法制委从合法和可行两方面考虑,并以"增加对外地宗教事务部门相关职责的规定,超越了地方立法权限,而且缺乏可操作性"为由而未作修改。[②]

---

① 《辽宁省制定和批准地方性法规程序规定》第26条、《江西省立法条例》第35条第2款也作了这样的规定。

② 参见《上海市人民代表大会法制委员会关于〈上海市人民代表大会常务委员会关于修改《上海市宗教事务条例》的决定(草案)〉(修改稿)修改情况的报告》,载《上海市人民代表大会常务委员会公报》总第176期。

第二，规范内容超越法律调整边界而不予采纳。如江西省人大常委会部分委员建议在《江西省出版监督管理条例（草案修改稿）》中“补充有关出版物价格监管的内容，以解决出版物价格虚高的问题”。法制委的回应是：“考虑到目前除对教科书和党报、党刊的价格需要价格部门核定外，其他出版物的价格都随行就市，按照市场经济的规律进行调控。为此，《草案表决稿》未补充价格监管的内容。”①

第三，立法条件不尽成熟而不予采纳。如审议《关于修改〈上海市乡镇及区县人民代表大会代表直接选举实施细则〉的决定（草案）》时，有委员建议对预选的内容作出补充，以增强可操作性。法制委研究后肯定该建议的合理性，但认为“本市区县及乡镇人大代表直接选举中的预选工作尚处于探索阶段，目前对预选作出细化规定的条件尚不成熟”。因此，建议市人大常委会人事代表工作委员会制定工作规范，经过实践，待条件成熟时再将相关内容补充进法规。②

第四，侧重考虑相关当事人或者相关管理部门意见而不予采纳。例如，《江西省农作物种子管理条例（草案修改稿）》第3条第2款规定“省人民政府应当设立专项资金，市、县人民政府根据需要可以设立专项资金”，审议中有委员提出县级人民政府没有设立专项资金的必要，但法制委以“现行的表述是在征求省财政厅、政府法制办以及基层的意见后形成的”为由，未对该款规定进行修改。③

第五，合法性、可行性和必要性均不充分而不予采纳。如本届辽宁省人大常委会二次审议《辽宁省实施〈中华人民共和国农村土地承包法〉办法（草案）》时，有委员提出二次审议稿中“对具有农村土地承包经营权的人员列举不够全面，有的还不够准确，没能将农村集体经济组织成员与新增人口区别开”。对此，法制委在综合座谈会和社会各界反馈意见的基础上，请示了全国人大常委会法工委，并结合该省农村的实际情况，以“界定的法律依据不足”“界定

---

① 参见《关于〈江西省出版监督管理条例（草案修改稿）〉审议结果的报告》，载《江西省第十届人大常委会第十五次会议会刊》。

② 参见《上海市人民代表大会法制委员会关于修改〈上海市区县及乡镇人民代表大会代表直接选举实施细则〉的决定（草案）审议结果的报告》，载《上海市人民代表大会常务委员会公报》总第182期。

③ 参见《关于〈江西省农作物种子管理条例（草案修改稿）〉审议结果的报告》，载《江西省人民代表大会常务委员会会刊》总第182号。

的内容十分复杂”“界定的实际意义不大”为由而未采纳委员的修改建议。同时通过界定“农村集体组织成员的新增人口”方法，明确法规实施后新增人员的范围及其享有的权利。①

六、法规案修改报告之形式和内容的初步研究结论

综上所述，本研究认为，地方统一审议的实践已经赋予该项制度的“统一”二字更为丰富的含义——其不仅要求所有法规案都应经过一个主体的统一检验，更意味着该主体在审议过程中必须综合考虑法、理、时、情（实践需要）等各种因素、统筹方方面面的利益主张。超越一己利益，以法律的名义、权限的尺度、成熟的标准、平衡利益的目标以及节制立法的理念所作的取舍，才能更好地实现统一审议的法定功能和延伸功能。

或许正因为省级人大在短短的六七年展开了相当丰富且富有成效的统一审议实践，因此，2006 年问卷调查数据②显示，包括辽宁和北京、内蒙古自治区、黑龙江、安徽、广西壮族自治区、甘肃、青海等在内的 30.8% 的省级人大认为法制委统一审议后提出的报告对常委会第二次审议法规案“具有一定的引导作用”，更有包括江西和天津、河北、吉林、浙江、江苏、福建、山东、湖北、河南、湖南、广东、重庆、四川、贵州、云南、陕西、宁夏回族自治区等 69.2% 的省级人大认为“发挥了较好的引导作用”。

第四节　表决结果比较分析

依据《立法法》关于全国人大宪法和法律委员会根据各方意见对法律案进行统一审议，提出法律草案表决稿由常委会全体会议进行表决的规定，各省级地方立法条例也作了类似规定。由此，省级地方人大常委会全体会议对法制委提出的法规草案表决

① 参见《辽宁省人大法制委员会关于〈辽宁省实施《中华人民共和国农村土地承包法》办法（草案）〉审议结果的报告》，载《辽宁省人大常委会会刊》2005 年第 1 期、第 2 期合刊（总第 153 期）。

② 上海未答此题。

稿的表决,在某种程度上是对法制委履行统一审议职责结果的正式“考评”或者检验。换言之,通过分析比较统一审议制度实施前后的表决结果,可以从一个侧面直观评判统一审议的实效。

一、统一审议实施前后法规案的表决结果历史比较

(一)上海的表决结果分析

第一,上海地方性法规草案的赞成率在第二阶段微幅下降但存有假象。上海市第十一届、第十二届人大常委会三个阶段有表决结果可查的法规数分别为 24 件、41 件、59 件,总赞成率依次为 97.5%、96.7%和 98.5%(见表 4-31)。需要说明的是,上海的表决结果中除有赞成、反对和弃权票之外,还有一定比例的未按表决器的现象。这一现象在三个阶段中呈先升后降趋势,分别占出席全体会议人数的 0.3%、1.5%和 0.8%。未按表决器现象的产生有技术、操作等客观方面的原因,也不排除有立法者消极行使表决权等主观方面的原因。在无法查明未按表决器究竟源于客观抑或主观原因的情况下,若假设此现象均与常委会组成人员的真实意志无关,那么,上海市在三个阶段的表决赞成率虽渐次提高为 97.8%、98.1%和 99.3%,但这种微幅变化几乎可以忽略不计。

表 4-31 上海市地方性法规在统一审议实施前后的表决结果比较

单位:人

表决届别及时段	到会人数[1]	赞成人数	反对人数	弃权人数	未按表决器
十一届人大(2000 年 6 月止)	1271(100.00%)	1239(97.48%)	0	28(2.20%)	4(0.31%)
十一届人大(2000 年 7 月起)	2190(100.00%)	2118(96.71%)	1(0.05%)	39(1.78%)	32(1.46%)
十二届人大(2007 年 2 月前)	3511(100.00%)	3459(98.52%)	2(0.06%)	22(0.63%)	28(0.80%)
总计	6972(100.00%)	6816(97.76%)	3(0.04%)	89(1.28%)	64(0.92%)

注:表格内括号外数字为人数,括号内数字为人数占比。

〔1〕在现代各国,用于计算表决结果的范围规则主要有“应到基数制”和“实到基数制”两类。前者又称为全体组成人员基数制,其以立法机关全体组成人员作为计票基数,无论这些人员是否出席会议或参加表决。后者又可细分为出席会议比例制和出席表决比例制。出席会议比例制以全体出席会议人员为计票基准,而不问其是否参加表决。出

席表决比例制仅以出席并投有效票者为计票基数，出席但未投票，或投弃权票和废票的都不计入基数。在我国，根据《宪法》《立法法》《地方组织法》以及有关人大、人大常委会议事规则的规定，除修宪的表决之外，其他法案的表决一律采用应到基数制，即以全体代表或常委会全体组成人员为计票范围。然而，本书未采用法定的“应到基数制”而以“实到基数制（出席会议比例制）”分析三地的表决结果，主要基于更为客观地“还原”表决的真实结果。因为“应到基数制”实际上将所有未出席或出席而未参加表决的都等同于非赞成票，因此，“隐性投票”和“缺席效应”下的表决结果不尽真实便不可避免。参见徐向华：《论我国立法多数决制度的完善》，载《上海人大月刊》2002 年第 1 期；沈启帆、徐向华：《论立法多数决制——一个公共选择理论的视角》，载《法学》2005 年第 12 期。

第二，出现反对票的概率在统一审议实施后始得出现但未见上升，弃权比例在三个阶段中渐次下降。从反对和弃权票的分布情况来看，表决结果不完全为赞成票的法规比例先稳后降，在三个阶段中分别为 1/2、近 1/2 和 1/5 以下。在后两个阶段的表决中各有 1 件法规同时有反对票和弃权票，但出现反对票的法规比例和概率都无明显变化（见表 4－32）。

表 4－32　上海市地方性法规在统一审议实施前后的反对和弃权情况比较

单位：件

表决届别及时段	法规数	有反对票的法规	有弃权票的法规	同时有前两项的法规
十一届人大（2000 年 6 月止）	24	0	12（50.0）	0
十一届人大（2000 年 7 月起）	41	1（2.44%）	19（46.34%）	1（2.44%）
十二届人大（2007 年 2 月前）	59	1（1.69%）	11（18.64%）	1（1.69%）
总计	124	2（1.61%）	42（33.87%）	2（1.61%）

注：表格中括号外数字为法规数，括号内数字为法规数占比。

综上所述，实行统一审议后的上海市法规的非赞成比例和分布概率变化不大，仅弃权概率呈现明显的下降趋势。表决者弃权的原因复杂多样，但对表决案了解不充分，自认“无发言权”或者参与意识淡泊，无可无不可则是常见的两种状况。因此，立法表决弃权概率的明显下降或许从一定程度上表明，统一审议机制中的交涉元素提供了更为广阔的对话空间，调动了表决者的参与积极性，并深化了表决者对表决案的认知。

(二)江西的表决结果分析

第一,江西法规草案的赞成率在三个阶段中渐次下降。江西省第九届人大常委会在《立法法》实施前、后和第十届人大常委会截至2007年1月31日分别制定或修改法规28件、50件和45件,其中表决结果资料得以保存的分别有8件、45件和35件,占制定和修改法规总数的71.5%。在这些可分析的样本中,每个阶段的总赞成率依次为98.49%、95.39%和94.83%(见表4-33)。

表4-33　江西省地方性法规在统一审议实施前后的表决结果比较

单位:人

表决届别及时段	到会人数	赞成人数	反对人数	弃权人数	未表决人数
九届人大(2000年6月止)	397(100.0%)	391(98.49%)	1(0.25%)	5(1.26%)	0
九届人大(2000年7月起)	2319(100.0%)	2212(95.39%)	19(0.82%)	88(3.79%)	0
十届人大(2007年2月前)	1991(100.0%)	1888(94.83%)	13(0.65%)	90(4.52%)	0
总计	4707(100.0%)	4491(95.41%)	33(0.70%)	183(3.89%)	0

注:表格中括号外数字为人数,括号内数字为人数占比。

第二,弃权和反对的比例在统一审议实施后分别明显提高,且分布概率也大于统一审议实施前,其中尤以统一审议之初最为突出。在统一审议实施前,有反对和弃权票的法规占同期法规的一半,未见反对和弃权重叠;在统一审议实施之初,近85%的法规有弃权票,近三成的法规同时有弃权和反对票;在本届人大期间,上述现象虽依然存在但程度有所减轻,其中有弃权的法规下降了近5个百分点,同时有弃权和反对的法规减少了6个百分点。(见表4-34)

表 4－34　江西省地方性法规在统一审议实施前后的反对和弃权情况比较

单位：件

表决届别及时段	法规数	有反对票的法规	有弃权票的法规	同时有前两项的法规
九届人大（2000 年 6 月止）	8	1（12.50%）	3（37.50%）	0
九届人大（2000 年 7 月起）	45	13（28.89%）	38（84.44%）	13（28.89%）
十届人大（2007 年 2 月前）	35	8（22.86%）	28（80.00%）	8（22.86%）
总计	88	22（25.00%）	69（78.41%）	22（25.00%）

注：表格中括号外数字为法规数，括号内数字为法规数占比。

综上所述，实行统一审议后的江西省法规的非赞成比例和分布概率均有较大幅度的上升，但本届起都有所回落。

二、统一审议实施后本届法规案的表决结果省（市）际比较

辽宁省本届人大常委会共制定或修改法规 29 件，其中有表决结果记录的 26 件。统计结果显示：第一，本届法规的赞成率为 86.57%；第二，反对和弃权的比例合计超过 1/10；第三，弃权票的出现频率为 100.0%，即所有法规都遭致弃权，有反对票的法规也超过了六成五（见表 4－35）。

表 4－35　三地本届地方性法规在统一审议后的表决结果分析

单位：人

表决地区	到会人数	赞成人数	反对人数	弃权人数	未表决人数
辽宁	1474（100.00%）	1276（86.57%）	30（2.04%）	129（8.75%）	39（2.65%）
上海	3511（100.00%）	3459（98.52%）	2（0.06%）	22（0.63%）	28（0.80%）
江西	1991（100.00%）	1888（94.83%）	13（0.65%）	90（4.52%）	0
总计	6976（100.00%）	6623（94.94%）	45（0.65%）	467（6.69%）	67（0.96%）

注：表格中括号外数字为人数，括号内数字为人数占比。

虽然因本章第93页注释①说明的原因而无法通过辽宁省自身的纵向比较来判断统一审议制度对此结果有何影响，然而，通过与其他两地同一阶段表决结果的横向对比，三地的表决结果具有较明显的“个性”。主要表现为：

（一）三地表决中的赞成率差异较大

其中上海最高，达98.5%，辽宁的赞成率比江西还少8个百分点（见表4－35）。

（二）三地表决中的反对、弃权和未按表决器的构成比不同

其中辽宁为1∶4.3∶1.3；上海为1∶11∶14；江西为1∶6.9∶0。具体为：其一，持明确反对意见的比例从高到低依次为辽宁、江西和上海，其中辽宁是上海的34倍；其二，投票弃权的比例从多到少也依次为辽宁、江西和上海，其中辽宁比上海多14倍，是江西的2倍多。尤其在对立法必要性存有异议[①]的《辽宁省预防和制止家庭暴力规定（草案）》的表决中，出现了12票弃权，占该次表决委员总数（56人）的21.43%；其三，上海和辽宁分别有近1个和3个百分点为未按表决器，江西则无此种现象（见表4－35）。

（三）三地表决中反对和弃权票的分布概率大小悬殊

其中上海出现反对或弃权票的概率最低（18.64%），江西的概率大致八成，辽宁则是全部（见表4－36）。

表4－36　三地本届地方性法规在统一审议后的反对和弃权情况分析

单位：件

表决地区	法规总数	有反对票的法规	有弃权票的法规	同时有前两项的法规
辽宁	26	17（65.38%）	26（100.00%）	17（65.38%）
上海	59	1（1.69%）	11（18.64%）	1（1.69%）
江西	35	8（22.86%）	28（80.00%）	8（22.86%）
总计	120	26（21.67%）	63（52.50%）	26（21.67%）

注：表格中括号外数字为法规数，括号内数字为法规数占比。

① 参见《辽宁省人大法制委关于〈辽宁省预防和制止家庭暴力若干规定（草案）〉修改情况的汇报》和《辽宁省人大法制委关于〈辽宁省预防和制止家庭暴力规定（草案）〉审议结果的报告》中的相关内容。

三、表决结果的初步研究结论

(一)统一审议对达成“共识”并无明显的正面影响但对加强“合议”却有相当的积极作用

虽然因《立法法》实施前两地的法规样本较少而可能导致统计结果存在一定误差,但上海在实施统一审议后首度出现反对票和江西在表决中的不同意见呈走高的趋势至少都可以证明统一审议机制具有增加“阻力”和“细腻”审议的程序功能。这意味着,统一审议的存在并非为了减少阻力、增加“盲目”,使审议一帆风顺,让表决毫无障碍。相反,统一审议的构建实质上就是要在立法过程中的委员会阶段通过增加辩论、博弈乃至“对抗”的另一主体或者对手,变“一家之言”为“共同议决”,变“一团和气”为“各执己见”,变“一味赞成”为“清醒选择”。因此,与原先由单一专门委进行的“线性审议”相比,法制委的统一审议并未使常委会组成人员形成更高程度的“共识”乃至“完全一致”在很大程度上是值得肯定的,除非法制委的审议本身存在瑕疵乃至不当。相反,表决中不同见解、主张的凸显和分歧的暴露却从另一方面表明,对法规案“共识”目的的简单追求正在受“合议”程序之必要强调的挑战。本章第二节对统一审议实施后法规审议耗时增加的描述、第三节对法规案经统一审议后修改内容和程度的分析以及第五节对统一审议过滤机制及其个案的分析或许都从不同角度为本结论提供了有力佐证。

(二)不宜对表决赞成率的走低作完全负面的评价

就法规个案表决的“实然”层面而言,赞成率在统一审议实施后的降低主要受制于两个截然不同的原因:一方面是原本“盲目”的高度赞同转变为“理智”的不尽一致,即隐藏的不当利益等问题在统一审议的“曝光”下得以显现,并经全体会议的表决予以理性校正;另一方面是原本“理性”的一致转化为“抵抗”的不一致,即正当的利益主张在统一审议的“偏见”或者“漠视”下难以体现或者兼顾,由此引发部分成员的“情绪化”表决。就立法程序的价值和目标之“应然”层面而言,强化利益表达、促进利益交涉、实现过滤机能的常态结果恰恰是理性的多数赞同而非“虚拟”的完全一致。因此,“调和”各方意见前提下的“虚高”赞成率是值得警惕的,而充分合议基础上的非“跟风”赞成率才是真实的,也才是值得充分肯定的。正因如此,本届上海人大在统一审议实施后审议时间的延长、修改内容的增多,但表决结果首次出现反对票和弃权比例窜升等“貌似”矛盾的现象才得以彼此印证性的合理诠释。同样,江西法规赞成率的下降幅度较大与其审议周期相对短暂、修改内容相对有限也是逻辑照应的。

(三)三地表决结果的不同变化或许与其不同的组织结构和工作规则相关

如前文所述,在本届三地人大常委会制定或修改法规的表决结果中,辽宁的“低”赞成率相当突出,上海的赞成率高出江西 4 个百分点,但反对和弃权的比例和概率均远低于后者(1∶13.5;1∶4.3)的情况亦非常明晰。对此现象,如本章第二节所述,三地明显区别的统一审议组织的结构,各具特性的制度规范,其不仅可能对审议的耗时产生影响,也极可能使对过程的影响最终直接反映在交涉和博弈的结果之中。当然,需要强调的是,表决结果虽然是对法规案命运的最终判决,但法规案的“生死”并不是统一审议“到位”与否的唯一衡量标准。表决结果中所折射出的不同声音的表达、各种利益的抗衡才是统一审议制度乃至立法程序所本应具备的价值理念和实然功能。因此,表决结果中不同意见的出现乃至增加或许正是程序价值回归、功能彰显的“表征”,而这正是应当值得肯定的有益现象。

第五节　过滤机制及其个案分析

“过滤”,顾名思义,即滤去杂质,留下相对纯净、优质的“产品”。立法程序也应如同“滤器”,通过层层滤网拦截法规案中掺杂的不恰当制度的设计和不正当利益的保护,甚至使杂质过多的法规案整体搁浅,最终产出“精品”。就统一审议而言,除法制委在各类报告中提出修改建议等“小修小补”之外,各地实践中的过滤还包括延迟提请二审、请提案人补充完善、提出修正案、搁置乃至终止审议等程序的启动。

之所以必须赋予立法程序以过滤功能，完全基于立法理性化的客观需求。其一，立法者的“非完美”以及立法“冲动”在所难免却必须纠偏或克制，否则“伪劣产品”充斥市场，必然是对法律产品“消费者”的侵权。其二，现代社会中投机行为已难以长期立足，简单的经验和尝试已无法成为决策的依据，系统化和精确化要求立法决策也必须向精细和可算度发展。[①] 实现上述两点，需要冷却乃至淘汰机制的辅佐。通过过滤，使立法过程中不同参与主体间的相互交涉成为必须；使立法结果不再“唯一”；使立法质量得以保障。总之，立法应当是深思熟虑的过程和结果，包括统一审议在内的我国立法程序应当也必须成为这种深思熟虑的制度性安排。

一、法制委在过滤法规案上的制度空间

（一）实定法上的法规案的过滤机制

《立法法》在全国人大常委会立法程序中规定了过滤具有明显“瑕疵”但已被列入常委会会议议程或者已被审议的法律案的各种方式，包括修改完善后再提出、“撤回法律案”、“暂不付表决”、“搁置审议”和“终止审议”等。[②] 据此，各地也在地方立法条例中作了类似规定。如《上海市制定地方性法规条例》规定了6种过滤问题法规的方式。[③] 包括：(1)修改后再提出，即主任会议认为市政府或市人大各专门委提出的“法规案有重大问题需要进一步研究，可以建议提案人修改完善后再向常务委员会提出”。[④] (2)搁置审议，即“常务委员会会议第一次审议法规案时，专门委员会或者常务委员会组成人员五人以上认为制定该法规的必要性、可行性等方面存在重大问题的，可以提出搁置审议的动议，由主任会议提请常务委员

① 孙潮、徐向华：《论我国立法程序的完善》，载《中国法学》2003年第5期。

② 参见《立法法》第26条第2款、第40条、第41条、第42条。

③ 参见《上海市制定地方性法规条例》第17条第2款、第28条第1款、第29条第1款、第33条、第34条和第37条第1款。这些过滤机制在该条例于2001年2月12日制定之初便已确立，并在2004年10月19日和2005年2月24日的两次修正中均未变更。

④ 也有地方规定，列入常委会会议议程的法规案，常委会会议认为需要作较大修改的，由提案人修改后再行提出。参见《汕头市立法条例》（汕头市第十届人民代表大会第四次会议于2001年3月4日通过，2001年3月29日广东省人大常委会第二十五次会议批准，2001年4月15日起施行）第33条第1款。

会全体会议审议后表决”。(3)暂不付表决,即“地方性法规案经两次常务委员会会议审议后,仍有重大问题需要进一步研究的,由主任会议决定,可以暂不付表决,交法制委员会在会后进一步审议”。(4)撤回法规案,即法规案“在交付表决前,提案人要求撤回的,应当说明理由,经主任会议同意,并向常务委员会报告,对该法规案的审议即行终止”。① (5)终止审议,即“搁置审议满两年的,或者因暂不付表决经过两年没有再次列入常务委员会会议议程审议的,由主任会议向常务委员会报告,该法规案终止审议”。(6)提出修正案,即“常务委员会组成人员五人以上联名,可以在表决地方性法规草案表决稿的全体会议召开的四小时前,书面提出对表决稿的修正案,由主任会议决定是否提请常务委员会会议审议。”此外,也有地方将“退回法规案”作为一种法定过滤机制,即“常务委员会会议认为地方性法规案制定条件不成熟的,可将该法规案退回提案人”。②

(二)法制委在法定过滤机制中的作为空间

上述各项意在过滤“问题”法规案的规定表明,法规案自提出后乃至在进入常委会会议议程后,至少在制度层面并不允许其只要程式化的走过场或者在细枝末节上作小修小补后便能“顺利产出”;相反,其间必须经过“九死一生”的道道程序“屏障”,环环筛选、层层过滤之后才能得以“幸运诞生”。

由此,承担着统一审议职责的法制委在设置“关卡”、筛选“优生”方面理应义不容辞。在上述各项过滤机制中,除“修改后再提出”因控制的是法规案的“入口”,发生在正式审议之前而不具有法制委作为的任何余地之外,其他各项机制均有法制委发挥作用的不小空间。作为专门委员会之一,法制委可以直接提出“搁置审议”的动议;作为专司统一审议职责的委员会,可以借助统一审议中的协商沟通,为政府等提案人主动撤回法规案;作为在立法程序中具有“优势”地位的委员会,法制委更可通过在提请常委会

---

① 也有地方规定,除提案人在交付表决前要求撤回已列入会议议程的法规案的之外,常委会主任会议也可以建议提案人撤回有重大问题需要进一步研究的法规案。参见《汕头市立法条例》第29条。

② 《汕头市立法条例》第33条第2款。

二审或三审的各种报告中详述各种“不利”法规案的主张，或者“游说”常委会组成人员提出“搁置审议”的动议和提出修正案，或者“策划”主任会议作出“暂不付表决”的决定，或者“刻意拖延”搁置审议、暂不付表决的法规案进入终止审议的程序。

总之，现行过滤机制的各项规定以及《立法法》赋予法制委的独特地位，足以保证省级人大法制委在统一审议中拥有足够的制度空间去筛选并进而启动淘汰“次品”乃至“不合格”法规案的机制，从而使防止并铲除不当部门利益，维护并捍卫国家法制统一的功能得以强化。

二、过滤机制的实际运作和法制委的有益尝试

总体而言，在我国省级地方立法的“实然”层面，法规案过滤机制的运行相当有限。除了在常委会会议初审前的“入口关”进行过滤、①在无须启动统一审议机制但已进入审议阶段中进行过滤②以及在常

---

① 例如，上海市人大财经委在2006年一年中先后实践了对立法宗旨予以修改后提交审议、建议修改完善后再提请审议和暂缓提请审议三种“过滤筛”。具体是：其一，在是否将《上海市集体合同若干规定（草案）》提交市人大常委会审议的问题上，财经委经过调查研究，建议将立法宗旨由要求签订集体合同转变为要求建立集体协商机制，以既与世界各国普遍采用的集体协商制度接轨，又避免了法规案与上位法的相关规定不协调，使职工和企业进行集体协商具有法律的保障，挽回了一件意在维护广大职工合法权益的法规。其二，在审议《上海市保护电力设施和维护用电秩序规定（草案）》时，就草案中规定的授予市电力公司行政处罚权的问题，财经委依据政企分开的改革要求、公平公正的市场经济原则和《电力法》的相关规定进行审议，及时提出了由政府部门修改完善法规草案后再提请常委会审议的建议。其三，2006年10月，上海市政府向市人大常委会提交关于提请审议《上海市生产性废旧金属收购许可管理规定》的议案，财经委严格把住法规案进入会议议程的入口，认为草案的规定恢复已被国务院取消的生产性废旧金属收购许可制度，违反行政许可法的规定，并在广泛听取意见的基础上提出了暂缓提请常委会审议的建议，从而在立法程序的入口处保证了法规案的质量，维护了法制的统一。参见姜国栋：《法规草案推迟审议的背后》，载《上海人大》2007年第2期。

② 根据《立法法》及各地关于制定地方性法规条例的规定，除在一般情况下的常委会会议一审后法规案交法制委进行统一审议之外，内容较简单、争议不大的草案也可经一次审议后直接交付表决。在此立法过程中，及时阻断“问题”法规案的审议进程完全有赖于常委会组成人员的积极履职。2002年1月，上海市十一届人大常委会第三十六次会议审议《上海市漕河泾新兴技术开发区暂行条例修正案（草案）》时，孙潮委员基于立法必要性的考虑，认为先前制定的该条例在内容上已被现行的国家法律法规所涵盖，因而没有继续修正乃至存在的必要，并提出了“应把这个法规废除”的动议，并在当天会议后提交了有19名委员联名的书面议案。经主任会议决定，该法规案被暂缓交付表决。参见周文菁：《遭委员异议　上海人大一项法规修正案搁置》，载《解放日报》2002年2月1日，第1版。

委会全体会议表决前进行过滤[①]三类情况之外，发生在统一审议阶段中的过滤更为“少见”。本研究了解的此类过滤个案及其方式主要有：

（一）搁置审议——《四川省触电事故处理条例（草案）》

2003年11月24日起，《四川省触电事故处理条例（草案）》在经省十届人大常委会第六次、第八次、第十一次会议（2004年9月21日）三次审议后，由于与电力部门在触电事故责任划分和赔偿问题上一直未达成一致，致使草案搁置审议近两年。2006年9月25日，常委会第二十三次会议第四次审议该法规案。省人大法制委提交的《四川省触电事故处理条例（草案）》修改说明称，依照相关法律和最高人民法院司法解释，经沟通协商各方基本达成共识。关于条例草案中对最为实质性的关于触电事故抢救医疗费用的垫付问题，法制委认为，触电事故抢救医疗费用理应由有关当事人按承担的责任大小来分担，建议保留原规定；关于高压触电事故当事人均无责任的损害赔偿，法制委认为，电力设施产权人应对高压触电事故承担无过错责任，并建议增加“高压触电事故当事人无责任的，由电力设施产权人承担人身损害赔偿，赔偿额最高不超过损害额的百分之五十”的规定。[②] 或许因各方对草案修改稿的上述规定仍存在重大分歧，因此，尽管法制委建议在当次常委会会议通过该案，但截至本书[③]交稿之日，该法规案仍未被交付表决，因而最终“命运”仍是悬念。

---

① 如2002年10月27日，上海市第十一届人大常委会第四十四次会议表决《上海市出版物发行管理条例（草案）》前，贾树枚领衔的6名委员在全国范围内率先实践了提出修正案的制度，针对草案第5条第1款、第2款关于“制定出版物发行的发展规划，经市人民政府批准后向社会公布”等规定，提出了修改为“制定出版物发行的发展规划，经市人民政府批准后实施”等的修正案。经主任会议讨论，认为修正案合法有效，列入会议议程予以审议，并先于原案表决。最终修正案因未获半数以上赞成而未通过。参见陆西泠：《一次提高审议水平和审议质量的实践——部分上海市人大常委会委员首次提出法规表决稿修改正案》，载《民主与法制时报》2002年12月24日，第10版。

② 参见《四川省第十届人民代表大会常务委员会举行第二十三次会议》，载《四川省人大常委会公报》2006年第5期；宋玲：《触电事故当事人无责任　由产权人赔偿》，载《四川工人日报》2006年9月26日，第3版。

③ 指2007年6月15日。

（二）延迟提请二审——《上海市法律援助若干规定（草案）》

2005年10月26日，上海市人大内务司法委将《上海市法律援助若干规定（草案）》提交十二届市人大常委会第二十三会议一审。时隔6个月，即2006年4月25日，法制委方才向常委会第二十七次会议提交"审议结果报告"并提请审议"草案修改稿"。与常态相比，为时半年的法制委审议无疑耗时较多。导致延迟提请二审的主要原因是"各方对确定受援对象至为重要的公民经济困难标准问题比较关注，所提出的意见和建议也不尽一致"。[①] 其中有的委员提出，受援对象经济困难标准的确定应当与本市的经济社会发展相适应，适度扩大受援范围；有的委员指出，规定草案第6条关于受援对象确定经济困难标准的表述过于原则，缺乏可操作性。对此，法制委于2006年2月24日专门召开立法论证会，邀请有关的政府部门、社会团体、专家学者、人大代表和受援助对象等就经济困难标准的确定问题进行论证。之后，法制委才召开会议，在对该草案进行反复审议的基础上提出"审议结果报告"和"草案修改稿"。在"审议结果报告"中，法制委提出的修改建议是：

> 经研究，法制委员会认为，虽然国务院《法律援助条例》中明确，法律援助受援对象生活困难标准由政府规定，本规定不宜就公民经济困难标准问题作具体规定。但是，为了明确法律援助工作的一些基本原则和发展方向，建议增加"本市根据经济社会发展状况和法律援助事业的需要，逐步扩大受援范围，保障困难群众的基本权益"；"法律援助对象经济困难的标准，应当高于本市最低生活保障标准的数额。具体标准，由市人民政府另行规定"；"法律援助对象经济困难的标准，应当向社会公开"等内容，作为本条的第一款、第二款和第三款。（草案修改稿第六条）。

最终，《上海市法律援助若干规定》于2006年4月26日在上海

① 参见《上海市人大常委会法制委员会关于〈上海市法律援助若干规定（草案）〉审议结果的报告》，载《上海市人民代表大会常务委员会公报》总第184期。

市第十二届人大常委会第二十七次会议表决通过。

（三）请提案人补充完善后再行审议——《上海市促进就业若干规定（草案）》

2005 年 1 月 5 日，上海市第十二届人大常委会第十七次会议对《上海市促进就业若干规定（草案）》进行初审。会上，负责初审的市人大财经委员会认为，虽然“《若干规定（草案）》已基本成熟，可以提交常委会审议”，但“为使法规更具可操作性，建议对《若干规定（草案）》中的以下内容[①]作进一步的明确、修改和补充”，委员们也认为草案的原则性规定较多，需进一步完善，增强其可操作性和实效性。同年 4 月 12 日，主任会议讨论决定，“市人大常委会办公厅致函市政府办公厅，请市政府根据市人大常委会和财经委员会的审议意见，对《上海市促进就业若干规定（草案）》进行补充完善”。[②] 9 月 7 日，在常委会会议一审结束的 8 个月后，市政府办公厅报送了《上海市促进就业若干规定（完善补充草案）》。11 月 8 日，法制委召开会议，对完善补充草案中的意见和其他各方面的意见进行统一审议，并于 11 月 24 日市人大常委会第二十四次会议提交“审议结果报告”和“草案修改稿”。该法规案最终于 2005 年 12 月 29 日市人大常委会第二十五次会议上表决通过。

（四）商请提案人撤回法规案——《上海市滩涂管理条例修正案（草案）》

2006 年 6 月 21 日，上海市第十二届人大常委会第二十八次会议对《上海市滩涂管理条例修正案（草案）》进行第一次审议。常委会组成人员对草案中规定由市政府授权的专门机构统一实施滩涂促淤、圈围造地的合法性以及滩涂开发采取独家垄断经营的合理性等问题提出不同意见。会后，法制委在综合委员审议意见和其他各方面意见的基础上，不仅从合法性、合理性、协调性等角度出发对草

---

① 此处的“内容”是指《上海市促进就业若干规定（草案）》中关于政府投入、联席会议、职业培训、失业保险基金监管、企业裁减人员、城乡一体化就业和法律责任等 10 个方面的规定。

② 参见《上海市人大常委会法制委员会关于〈上海市促进就业若干规定（草案）〉审议结果的报告》，载《上海市人民代表大会常务委员会公报》总第 182 期。

案内容进行审议，而且就立法时机结合全国人大常委会已对《中华人民共和国反垄断法（草案）》进行初审和有关部门正在酝酿出台土地储备管理办法等国家层面的立法动向作了分析，并向常委会党组汇报了三种处理建议。最终党组会议决定商请市政府撤回议案，待立法时机成熟并对修改方案作进一步完善后重新提出议案。[①]

（五）搁置审议至终止审议——《广东省物业管理条例（修订草案）》

2002 年 10 月 9 日，广东省人大城建环资委提请九届常委会第三十七次会议审议《广东省物业管理条例（修订草案）》。由于国务院的《物业管理条例（草案）》几乎同时登报征求修改意见，出于维护法制统一、节约立法成本的原因，经法制委建议后该法规案被暂缓审议。2003 年 9 月 1 日《物业管理条例》施行后，广东省人大法制委与省政府法制办协商决定待国务院条例实施一段时间后，再根据实际需要研究有关修订问题。2004 年 11 月 22 日，主任会议基于搁置审议满两年的法规案终止审议的规定，向省十届人大常委会第十四次会议建议终止审议该草案，同时决定将其列入下一年的立法计划。[②]

（六）提出修正案——《上海市住房公积金管理若干规定（草案修改稿）》

2004 年 11 月 22 日，上海市第十二届人大常委会第十六次会议开始审议《上海市住房公积金管理若干规定（草案）》。负责初审的市人大城市建设环境保护委员会在"审议意见报告"中提出，"《上海市住房公积金管理若干规定（草案）》第十二条第二款第五项规定，住房公积金增值收益可用于'经市人民政府批准用于改善职工住房条件的其他事项'，这一规定过于原则，政府的自由裁量权过

---

① 汕头市人大常委会也运行了"有争议法案再提请制度"的过滤机制。如城市拆迁补偿和安置，由于涉及广大人民群众的切身利益，关系社会稳定，因此各方面比较敏感，反应比较强烈；又如摩托车管理条例草案，涉及摩托车停止入户、转籍、拍卖，争议较大。因此，市人大常委会根据《汕头市立法条例》有关有争议法案再提请的规定，经主任会议讨论决定，将草案退回政府，要求其重新研究、协调、修改后再提请人大常委会审议。参见吴小云：《制度创新是立法的源头活水——广东省汕头市人大常委会提高立法质量的实践与探索》，载《中国人大》2005 年第 16 期。

② 参见魏黎明、任宣：《省人大终止审议〈物管条例〉》，载搜狐网，http://news.sohu.com/20041125/n223171131.shtml。

大,又缺乏制约机制,建议增加使用的条件”。2005年4月21日,上海市第十二届人大常委会第十七次会议第二次审议《上海市住房公积金管理若干规定(草案修改稿)》。法制委向会议提交“审议结果报告”,既赞同城市建设环境保护委员会的上述审议意见,也认可委员提出的“将增值收益的部分资金适当用于职工危旧房改造的补偿资金”修改意见。其建议:

> 经研究,法制委员会认为,鉴于本市目前住房公积金的增值收益数额相对较大,适当扩大其用途,是可行的。当前,本市危旧房改造的任务还比较重,拿出一部分住房公积金增值收益补充改造资金的不足,有利于改善中低收入及住房困难家庭的住房问题。为此,建议将该项修改为“经市人民政府批准的危旧房改造补充资金”。(草案修改稿第十一条第二款第四项)

6月16日,俞德雄等5位常委会组成人员联名就住房公积金增值收益用于危旧房改造的规定提出修正案。主任会议讨论决定,《上海市住房公积金管理若干规定(草案表决稿)》及其修正案均暂不交付表决,由法制委对该问题作进一步研究。之后,法制委会同市人大城建环保委员会、市政府法制办、市公积金管理中心进行研究,并请市政府法制办向国务院有关部门作了请示。国务院法制办听取了建设部、财政部和中国人民银行的意见,明确提出上海不宜扩大国务院《住房公积金管理条例》规定的住房公积金增值收益使用范围。9月8日,法制委就该问题召开专题会议予以研究,并于9月23日向常委会第二十二次会议提交“修改情况的报告”,建议删除草案修改稿中对国务院《住房公积金管理条例》规定的住房公积金增值收益使用范围作出扩大规定的条款。此建议及其草案表决稿最终在该次常委会会议上表决通过。[①]

---

①　参见《上海市人民代表大会法制委员会关于〈上海市住房公积金管理若干规定(草案)〉(修改稿)修改情况的报告》,载《上海市人民代表大会常务委员会公报》总第179期。

三、对法定过滤机制以及法制委作为的初步评价

结合我国有关地方立法过滤机制的规定以及有限的省级法规案的过滤实践，本研究对法制委在过滤机制中的作为作出如下初步判断：

（一）法定过滤机制似乎“形同虚设”，实践过滤方式多属“原创发明”

上述过滤个案表明：

第一，运行中的过滤时常“师出无名”。在前文介绍的6个个案中，除第一、第四和第五这三个个案运行的是“名副其实”的“搁置审议”、“终止审议”和“提出修正案”法定过滤机制之外，其他三起个案启用的都非明文规定的制度。或是游离制度之外，如“请提案人补充完善后再行审议”；或是“改良”正式制度，如将“主任会议决定暂不付表决”改动为“法制委延迟提请二审”，将“主任会议同意提案人撤回的要求并报告常委会”改变为“由人大常委会办公厅商请提案人撤回”。

第二，法定过滤的执行有时“半道脱轨”。其意味着有些过滤机制正式启动后却不进入后续的正常程序。如上海市第十二届人大常委会主任会议对于俞德雄等5位常委会组成人员联名就住房公积金增值收益用于危旧房改造的规定提出修正案决定不提请常委会会议审议，但未严格按照《上海市制定地方性法规条例》第37条的规定，“向常务委员会会议报告并向提出修正案的常务委员会组成人员说明”，[①]尽管这些常委会组成人员所提出的修正意见最终在获得通过的法规中得以充分吸纳。

当然，尽管法定过滤机制尚未正式启动或启动后“走样”，但上述各例却都经受了不同程度的过滤，或多或少地实现了过滤的目的。

---

① 在原定表决的常委会全体会议开始前，由会议主持人代表主任会议向常委会作了简单的口头报告，即本次会议减少一个议程，请法制委就该法规中修正案提出的问题进行研究后，提请以后的常委会会议表决。在此后的常委会会议中，未再就该修正案所提出的问题进行过单独表决。

(二)统一审议阶段的过滤相当有限,法制委的作用趋于隐性化

上述过滤个案说明:

一方面,现今我国省级地方立法中的过滤并不突出,统一审议阶段的过滤更加有限。此现象在很大程度上与我国立法程序价值尚未完全回归、认识存有不小偏差相关。立法者们更视立法程序为法规草案到法规正式文本的传送带,更期盼法规案的顺利诞生。因此,应当努力纠正负面看待法规案被终止审议或表决未被通过等情形的偏见,让立法程序真正发挥其过滤和冷却的作用,把好关、守好门。

另一方面,统一审议组织力戒"缺陷"法规案蒙混过关的角色似乎尚未真正到位。尽管法制委对所有进入统一审议程序后具有重大问题或者重大意见分歧的法规案,能够在充分听取各方意见的基础上仔细筛选,慎重提出修改建议,但这些作用主要体现为被动地、后发地在他人提出解决问题方案框架内予以选择。事实上,在过滤"缺陷"法规案的问题上,法制委完全可以有更为主动和积极的作为。诚如前文所述,作为专门委员会之一,法制委有权在常委会会议一审时提出搁置动议,以此取代诸如延时交付二审的非规范的做法;对确有重大问题仍未解决而被搁置审议或者暂不交付表决近两年的法规案,也完全可以主动说明理由甚至拒绝"被迫"提交报告,"迫使"法规案的审议得以终止。

然而,必须指出的是,"显性化"的主动过滤不仅过于"激烈",而且未必达致目的。由此,退而求其次则是最佳的选择。正因如此,在上述过滤实例中尽管没有法制委正式启动机制的影子,但有法制委作用力的痕迹。

此现象在很大程度上提示我们:法定权利的实现,除了法律授权充分之外,建立法律权利实现的保障机制极为重要。法制委成员如同其他专门委员成员,也生活在一个狭小的"熟人"圈子里,其选择往往难以平衡,柔性的突破才有可能最终实现过滤乃至淘汰的目的。

(三)过滤结果两极走向,立法质量得以提升

上述典型过滤个案显示:

过滤机制运行的结果走向两个极致:或者被彻底淘汰,"胎死腹

中”,如《广东省物业管理条例(修订草案)》《上海市滩涂管理条例修正案(草案)》;或者被修改完善,“得以新生”,如《上海市法律援助若干规定》、《上海市促进就业若干规定》和《上海市住房公积金管理若干规定》。然而,无论如何,过滤机制的运行结果便是立法质量的提升——既淘汰了有缺陷的、不应出生的法规案,又“不失时机”地“催生”了有瑕疵但可优化的法规案。

第六节　小　　结

通过比较实施统一审议制度前后法规案的审议周期、评估统一审议对表决结果的影响、分析统一审议后提出修改建议的形式和内容以及归纳统一审议制度下过滤机制的运作情况,本章对地方立法统一审议制度实效作如下初步评价。

一、法定功能和事实功能——实现了什么

(一)法定功能的实现及其表现

从本章前四节收集并分析的数据资料和典型个案来看,至少在作为研究对象的辽宁、上海和江西的法规样本范围之内,已实施的统一审议在实现其预设的两项法定功能——不当利益的遏制和法制统一的维护——方面取得了一定功效。

第一,从修改数量指标上看,强度颇大。表现为:

修改建议量。三地人大法制委对 19 件法规草案共向常委会全体会议提出修改建议 341 项,平均对每件草案提出约 18 项的修改建议。

条文调整率。在三地人大法制委提出的所有修改建议中,最终被常委会全体会议审议后采纳并形成的条文数共 258 条,修改条文数占 19 部法规总条文数 675 条的近四成(38.9%)。

第二,从修改内容指标上看,力度颇强。表现为:

关乎维护法制统一的修改比率及其主要“指向”。三地人大法制委提出的有关法制统一的修改建议 102 项,占据修改建议总数的近三成(29.9%),此意味着“平摊”给每部法规草案的法制统一方

面的修改建议为5.4项。这些修改建议主要涉及法规草案的规定是否与上位法相一致、是否与同位法相协调、是否与国家政策规定相衔接以及是否不与上位法或同位法相重复四个方面，其中关乎“与上位法保持一致”的修改建议高达54.9%。

关于遏制不当利益的修改比率及其主要“指向”。三地人大法制委提出的与遏制不当利益直接或者间接相关的修改建议107项，同样占据修改建议总数的近1/3(31.4%)，此表明每部法规草案因承载或可能承载不当利益而被“手术”的达五六项。这些修改建议集中体现为控制行政主体行为和平衡权责利两大方面。通过明确行政主体、框定职责权限、规范行政程序、设定法律责任、删除不合理等内容以及赋予行政相对人“抗衡”权利，实现了平衡行政主体和行政相对人之间的能级对比、弱化行政主体抢占不当利益的能力、控制行政权力和部门利益不当扩张的目标。

本章第三节对三地六部典型法规草案的分析也清晰地证实了上述结论：经统一审议所提出的修改建议共涉及68个条文，占六部法规条文总数171条的近四成(39.7%)。其中近六成(57.6%)的修改建议与法定功能的兑现相关，其中因维护法制统一和克服不当利益所作的修改率分别达32.6%和25.0%。

当然，统一审议的两项法定功能在三地人大常委会全体会议“二审”前后的强度不同，即维护法制统一的功能更集中发挥于常委会的“二审”之前，克服不当利益的功能在“二审”后更成为法制委的艰巨重任。其中法制委建议常委会全体会议二审时审议修改的有关法制统一方面的内容达35.7%，远比二审后的18.8%多约17个百分点；遏制不当利益方面的修改建议在二审后占据修改建议总数的36.6%，比“二审”前的29.1%多了7.5个百分点。

此外，对法规草案内容进行上述修改和调整固然是统一审议制度法定功能实现的直接体现和证明，然而，法制委通过统一审议过滤并淘汰各种不当修改意见，无疑也在“迂回”地实现该制度的预设功能。由此，统一审议制度对两项法定功能的实现还表现为：

未予以采纳的修改意见率及其不予修改的理由。三地人大法制委未采纳的修改建议共31项，未采纳率近1/10(8.3%)。被法制委予以“否决”的主要是超越省级地方立法权限的、内容与上位法相抵触的、立法条件不尽成熟出台后将引发法律争议的,以及行政权的行使可能致使相对人合法权益受损的修改意见和建议。

总之,在统一审议中,法制委通过在消除不当利益和实现法制统一两个方面双管齐下,对法规草案内容作了相当程度的实质性改变,进而实现了法定目标。

(二)事实功能的呈现及其表现

除实现法定功能之外,统一审议制度的实施所体现的交涉性是实际存在的事实功能,是立法者的最大“意外收获”。

如前文所述,交涉是两个以上的主体,在并不拥有绝对优势的状态下,相互之间为了换取利益的更大化,公开说明、互相辩论、讨价还价,进而在权衡利弊的基础上让步妥协,达成共识的过程。统一审议的实施所产生的交涉这一客观后果主要表现在以下五个方面:

第一,交涉的宽度指标:听取并采纳的利益诉求面较宽。法制委的统一审议在程序链上为不同的利益诉求再次打开汇集和冲撞之门。除常委会组成人员的审议意见之外,二审前后的统一审议报告中分别有一半和近两成的修改意见来自人大其他专门委和社会各界各方,包括同级政府有关部门、基层部门或地区、社会团体、人大代表、相关行业代表、行政管理相对人、有关方面专家学者,还包括就特定问题征求全国人大常委会法工委和其他中央部门的意见。同时,法制委的法律专业方面的“独特”修改主张也通过统一审议渠道得以提出并获高度重视。

第二,交涉的时间指标:审议周期的延长。不仅上海、江西两地法规的审议周期平均延长10余天,而且审议时间的分配向一审后的统一审议阶段倾斜。其中由相关其他专门委承担审议职责的“第一时段”缩短4天左右,由法制委进行统一审议的“第二时段”增加了6天。引发这种时间资源重心后移的因素无疑是“叠加”的,但本章第三节和第五节有关“修改内容”和“过滤机制”的分析至少可以佐证:审议周期和“第二时段”的适当延长至少为不同审议主体的充分交涉提供了必要的时间“隧道”。

第三,交涉的透明指标:对未被采纳的重要不同意见的说明和反馈的公开。对未被采纳的、占据修改内容总项数13.7%的意见,三地人大法制委逐一在审议结果报告和修改情况汇报中予以说明；其中对来自其他专门委的重要审议意见未予以采纳的，也予以反馈。[①] 由此，将不同意见和建议的取舍说明和反馈，将不同利益诉求的整合或者争议的解决都放在公开的场域中进行。

第四，交涉的深度指标：表决中弃权率的走低和反对票的出现。以表决结果档案保存最全的上海为例，[②]弃权概率的明显下降（弃权比率从统一实施前的2.2%下降到实施后的0.63%；“获得”弃权票的法规从统一审议实施前的50.0%渐次下降到本届18.64%）在一定程度上表明统一审议机制中的交涉元素提供了更为广阔的对话空间，调动了表决者的参与积极性，深化了表决者对表决案的认知；“获得”反对票的法规开始出现且投票反对的人数增加也从一个侧面表明统一审议的交涉性正在使原本“盲目”的高度赞同向“理智”的不尽一致转变。

第五，交涉的强度指标：审议中多种过滤机制的启用。审议中的充分交涉不仅拓宽了吸纳、识别、选择和整合各种利益诉求的渠道，而且必然导致过滤和淘汰不当乃至不法的整部法规草案机制的正式启动。本章第五节分析的省级地方立法实践中延迟提请二审、由提案人补充完善提案、提出修正案、搁置乃至终止审议等“根除手术”程序的启动，不仅客观描述了进入审议程序后的法规案整体搁浅乃至中途夭折的可能性在增强，“通过”不再是立法程序尽头的唯一结果，更关键的是，有力地证明了人大常委会的过滤和淘汰正是统一审议机制所形成并强化的交涉的直接反映和必然结果。

二、显性功能和隐性功能——以什么方式实现

上述分析可见，至少在作为研究对象的辽宁、上海和江西的法

---

① 尽管在19部法规调查样本中仅见书面反馈1例（参见《关于〈江西省出版监督管理条例（草案）〉修改情况的汇报》，载《江西省第十届人大常委会第十五次会议会刊》），但地方立法实践中这一现象并非鲜见。

② 在所有127部法规中，有表决结果档案资料的共124部，占97.64%。无表决结果档案资料的3部法规以及原因是：2003年8月8日上海市第十二届人大常委会第六次会议上制定的《上海市防汛条例》和同次会议上修订的《上海市信访条例》因档案资料外借而未查实表决结果；2006年4月26日上海市第十二届人大常委会第二十七次会议上制定的《上海市法律援助若干规定》因档案资料中无相关记录而未查实表决结果。

规样本范围内,我国地方立法统一审议制度所预期的不当利益遏制和法制统一维护两项法定功能在不同程度上得以实现。不仅如此,地方立法统一审议制度在实际运行中还显现出事实上存在的不同主体之间的交涉功能。

在这些功能中,由于不当利益遏制和法制统一维护功能是在立法时即被预设的,并最终以“审议结果报告”、“修改意见说明”、“法规草案修改稿”和“法规草案表决稿”等载明统一审议议事结论的各种正式书面文件外在地、直接地表现出来,因此,依照默顿(Robert K. Merton)的功能理论,地方立法统一审议的实际结果实现了该制度的预期功能,达致了“主观目的与客观后果一致”,“有助于系统调适、为系统参与方期望和认可的客观后果”,[①]因而法定功能当属外在的、显性化功能。

相比较而言,不同利益和不同审议主体之间相互交涉功能的发生过程并不显现于外。本章第二节至第五节的分析表明,只有或者基本通过仔细观察、“刻意”搜寻、间接统计和注重分析下列要素才能关注甚至只是发现到统一审议所引发的交涉及其交涉结果:分析法制委在统一审议过程中听取和采纳各种诉求的利益对象及其范围、分析审议法规的用时以及在各个审议阶段的分布、分析属于内部文书的“法制委会议记录(或者纪要)”“主任会议记录(或者纪要)”中对重要不同意见的处理意见、分析法制委对未予采纳的其他专门委的重要审议意见的各种反馈方式及其内容、分析同样不“全貌”公布的法规草案的具体表决结果、分析不在统一审议报告中直接表述的各种淘汰机制的启动以及结果,等等。因此,尽管本书列举的数据材料已经表明以及后文将继续论证这一事实功能在地方立法审议过程乃至整个地方立法活动中具有重要作用,然而,这种事实功能无疑主要是以非外在化的、隐性化的方式得以实现并彰显的。

---

① 参见[美]罗伯特·K.默顿著:《社会理论和社会结构》,唐少杰、齐心译,译林出版社2006年版,第153页、第167~172页。本书中的“显性化功能”和“隐性化功能”是根据默顿结构功能理论中的“显功能”和“潜功能”两大概念所引申使用的。

三、工具功能和自身功能——是什么性质的功能

除实现方式相异之外，以法律程序理论的框架分析，地方立法统一审议制度所实现的法定和事实功能在性质上也不同。

作为一种程序制度，统一审议无疑是一种手段，是一种工具，有其服务于某种外在目标的技术性意义。摒除立法中的不当乃至不法，即通过遏制不当利益、维护法制统一来提高地方立法的质量当然是统一审议制度设置的终极意义。因而，统一审议法定功能的兑现实际上凸显了该项程序制度的工具性质或外在属性，换言之，统一审议的法定功能是其工具或外在功能的集中体现。

然而，立法程序并不是纯粹的制度形态，不是机械的时间流程，而是一定价值的载体和外化物，有其本身的功能属性。在非工具主义功能范畴中，立法程序的自身功能不再关注立法内容和决策的结果；而仅仅着眼于是谁又按照什么手续作出决定。其中程序性正义就是立法程序本身的核心价值和首要功能。① 作为程序制度的统一审议也绝不例外，其本身必然具有一定的价值内涵和追求，其良性运作必然有赖于内在功能的有力支撑。以统一审议中平等表达、公开诉求、合理对抗、理性妥协、压缩恣意、摈弃独断、尊重多数和捍卫少数等表现出来的交涉功能，②归根结底就是立法程序所具有的、凝聚程序性正义价值的自身或内在功能在统一审议制度上的集中体现。

四、事实功能的作用结果——带来了什么变化

“关注潜功能的结果要比关注显功能的结果体现着更大的知识

---

① 参见刘武俊：《立法程序的法理分析》，载《渝州大学学报(社会科学版)》2002 年第 1 期。

② 在法学界，程序的交涉性是对“公共领域”这一概念进行程序主义理解所得出的。“公共领域”是德国思想家哈贝马斯提出的概念体系。以程序主义的视角，公共领域被理解为一个相互妥协、彼此交涉的领域，由此成为一个没有公共性的技术领域、一个纯粹的程序性领域。国家转型以及政府运作体制的转型，被理解为各种社会力量在这个程序性领域中相互交涉和妥协的过程。因此，通过程序的交涉理性来完成国家治理的转型，以避免通过“革命”的转型带来流血牺牲、社会混乱，此恰是程序法治的功效所在，并由此成为推崇程序法治的学者们的口中圭臬。

增长。”[①]同样,由于统一审议程序制度的运行过程中存在不同于法定功能的事实上的交涉功能,因此,进一步分析这种事实功能的结果,关注其对立法程序乃至整个立法制度所带来的变化,无疑更具普遍性。

统一审议中日渐强化的交涉功能对立法活动的改变至少表现在以下诸方面:[②]第一,“交锋式”的诉求之门再次打开;第二,必要的“阻尼系数”由小变大;第三,决策取舍的模式走向公开;第四,表决结果的非“唯一”性趋向可能。

总之,统一审议的交涉这一事实功能扩大了立法参与、冷却了立法热情、排除了立法恣意,最终使立法走向审慎、走向节制。由此,统一审议的事实功能与其法定功能之间明晰且稳固的“手段和目的”的逻辑关联便不证自明——程序上广泛而有效的交涉必将有助于以法制统一和排除不当利益为表征的立法质量的实质提升;因而,相对于法定功能而言,交涉的事实功能无疑就是一种“正”功能,一种“有助于一定系统之调适的后果”。[③]

---

① [美]罗伯特·K.默顿著:《社会理论和社会结构》,唐少杰、齐心译,译林出版社2006年版,第178~179页。

② 关于统一审议所呈现的交涉性事实功能对我国立法活动所产生的一系列变化将在本书第七章“结论”第一节的“三”“四”中进一步展开,第312~314页。

③ 参见[美]罗伯特·K.默顿著:《社会理论和社会结构》,唐少杰、齐心译,译林出版社2006年版,第152页。

第五章　组织结构　统一审议组织的组织解构

第一节　统一审议组织的设置概况

为贯彻实施《立法法》关于地方立法实行统一审议的规定，各省级人大的统一审议组织[①]自2000年3月《立法法》颁布至2001年年初人民代表大会召开这段时期内相继成立。当时的统一审议组织大致分为“长期型”和“过渡型”两种类型。

“长期型”是一种相对少见的组织模式。凡原已设立省级人大法制委的地方，由省级人大常委会通过特别授权等方式直接赋予该委员会自始承担统一审议的职责。如湖北省第九届人大常委会第十九次会议于2000年7月28日通过《湖北省人民代表大会常务委员会关于由省人民代表大会法制委员会承担地方性法规草案统一审议工作的决定》。该决定简明扼要地确定了授权主体，也未将该项授权的时间效力限于某个时段之内。换言之，该省人大法制委的统一审议职权至少可以行使至2003年1月省人大的换届选举。该决定指出：

---

① 尽管《立法法》(2000年)第68条将负责统一审议的主体称为“机构”，但本书按照组织社会学的学术惯例，以“组织”的概念工具代之以“机构”的提法。

> 《中华人民共和国立法法》已于2000年7月1日起施行。根据立法法和地方组织法的有关规定，省人民代表大会常务委员会决定：由省人民代表大会法制委员会承担地方性法规草案统一审议的工作。

值得注意的是，山东省人大法制委在2000年2月19日该省第九届人大第三次会议上得以增设，[①]即其早于同年3月15日《立法法》公布前设立。更值得指出的是，与湖北省的专门授权不同，山东省人大常委会直接在《立法法》付诸施行前便启动统一审议机制——省第九届人大常委会第十五次会议在2000年6月26日听取并审议了法制委提交的《关于〈山东省森林资源管理条例（修订草案）〉审议结果的报告》，又在2000年6月30日再次听取并审议了法制委提交的《关于〈山东省森林资源管理条例（修订草案修改稿）〉修改情况的说明》。[②] 山东省人大常委会的“捷足先登”成为全国范围内地方立法统一审议的首次“亮相”。

“过渡型”则是较为多见的另一类组织模式。凡原未设立人大法制委的省级行政区，在2001年年初举行的省人大会议选举产生法制委之前，由省人大常委会授权一个组织先行负责法规案的统一审议。绝大多数省级行政区采用了此种过渡模式。被授权的组织主要有三类：

第一，省级人大常委会法制委（包括参加法制委工作的常委会委员）。如河北省第九届人大常委会第十六次会议于2000年7月30日通过《河北省第九届人民代表大会常务委员会关于授权法制

---

① 参见《山东省第九届人民代表大会第三次会议关于增设山东省人民代表大会法制委员会的决定》（2000年2月19日山东省第九届人民代表大会第三次会议第三次全体会议通过），载《山东省第九届人民代表大会第三次会议公报》。该决定指出，“依照《中华人民共和国地方各级人民代表大会和地方各级人民政府组织法》的有关规定，根据工作需要，山东省第九届人民代表大会第三次会议决定增设山东省第九届人民代表大会法制委员会”。

② 参见《关于〈山东省森林资源管理条例（修订草案）〉审议结果的报告》和《关于〈山东省森林资源管理条例（修订草案修改稿）〉修改情况的说明》，载《山东省第九届人大常委会第十五次会议公报》。

委员会承担对地方性法规草案统一审议工作的决定》。决定不仅明确该项授权的时间效力至“明年举行代表大会会议之前”，即2001年1月，而且周详地表明授权依据、授权主体和授权内容，包括授权期间统一审议主体的权限和程序。该决定的具体内容是：

为贯彻落实《中华人民共和国立法法》关于“地方性法规草案由负责统一审议的机构提出审议结果的报告和草案修改稿”的规定，按照全国人大常委会办公厅《关于贯彻实施〈中华人民共和国立法法〉第六十八条有关规定的意见》关于凡没有设立统一审议机构的地方，“从今年7月1日至明年举行代表大会会议之前，上述地方可以由人大常委会决定，授权一个机构在此期间承担统一审议的工作”的要求，河北省第九届人民代表大会常务委员会第十六次会议决定：

一、授权河北省人民代表大会常务委员会法制委员会和参与法制委员会工作的常委会委员，从即日起至明年河北省第九届人民代表大会第四次会议选举产生统一审议机构之前，承担对地方性法规草案统一审议的工作。统一审议时，由省人大常委会分管副主任负责召集并主持。

二、授权期间的统一审议程序：一审前由有关委员会负责，法制委员会参与；一审后直至法规通过、公布，由法制委员会负责，有关委员会参与。一审前，有关委员会对提前常委会审议的法规案是否列入常委会会议议程向主任会议提出意见；对列入常委会会议议程的法规案提出审查修改意见，印发常委会会议。一审后，由法制委员会进行调研、论证、统一审议，并在二审时提出审议结果的报告和草案修改稿。有关委员会在一审后仍可对法规案提出修改意见。对于一次性通过的法规案，由有关委员会协助法制委员会按程序办理，审议结果的报告和法规草案表决稿由法制委员会提出并向常委会会议报告。对三个较大

> 市的报批法规和六个自治县自治条例、单行条例的审查工作，按原定分工不变。

当然，有些省级行政区的授权决定未直接规定省级人大常委会法制委这一授权主体行使统一审议的权限和程序，而是明确由另一主体予以具体规定。如江苏省第九届人大常委会第十八次会议于2000年8月26日通过的《江苏省人民代表大会常务委员会关于授权法制委员会承担地方性法规草案统一审议工作的决定》规定：

> 根据《中华人民共和国立法法》，结合我省实际，江苏省第九届人民代表大会常务委员会第十八次会议决定，在江苏省人民代表大会设立省人民代表大会法制委员会之前，授权省人民代表大会常务委员会法制委员会承担地方性法规草案统一审议的工作。授权期间统一审议的程序和办法，由省人民代表大会常务委员会主任会议决定。

授权人大常委会法制委为过渡统一审议组织的还有新疆维吾尔自治区等地方。

第二，省级人大常委会法工委（法制或法规工作委员会）。云南、内蒙古自治区、吉林和湖南等都授权法工委作为承担统一审议的“临时”主体。不同的是，有些授权决定未涉及统一审议的权限和程序，如云南省第九届人大常委会第十六次会议于2000年5月26日通过的《云南省人民代表大会常务委员会关于授权法制工作委员会负责统一审议地方性法规草案的决定》；[①]有些授权决定明确统一审议的程序和办法由常委会主任会议决定，如内蒙古自治区第九届人大常委会第十六次会议于2000年6月1日通过《内蒙古自治区人民代表大会常务委员会关于授权法制工作委员

---

① 决定全文如下：“授权省人大常委会法制工作委员会从2000年7月至2001年省第九届人民代表大会第四次会议举行前，负责对提请省人大常委会会议审议的地方性法规草案进行统一审议，提出审议结果的报告和草案修改稿。”

会承担地方性法规草案统一审议工作的决定》；[①]有些授权决定强调，除审议结果报告和草案修改稿由法工委提出之外，制定法规的其他程序依旧按照原有规定实施。如湖南省第九届人大常委会第十七次会议于2000年7月29日通过的《湖南省人民代表大会常务委员会关于授权法规工作委员会对地方性法规草案进行统一审议的决定》。[②]

第三，省级人大常委会主任会议。如2000年5月27日贵州省第九届人大常委会第十六次会议通过的《贵州省人民代表大会常务委员会关于贯彻实施〈中华人民共和国立法法〉有关规定的决议》规定：

> 第九届全国人民代表大会第三次会议通过的《中华人民共和国立法法》将于2000年7月1日起施行，立法法第六十八条规定："地方性法规草案由负责统一审议

---

① 决定全文为："根据全国人大常委会办公厅印发的《关于贯彻实施〈中华人民共和国立法法〉第六十八条有关规定的意见》，内蒙古自治区第九届人民代表大会常务委员会第十六次会议决定，从2000年7月1日至2001年内蒙古自治区人民代表大会选举产生自治区人民代表大会法制委员会之前，授权自治区人民代表大会常务委员会法制工作委员会承担地方性法规草案统一审议的工作。此期间统一审议的程序和办法，由自治区人民代表大会常务委员会主任会议决定。"吉林省第九届人大常委会第十八次会议于2000年7月27日通过的《关于授权法制工作委员会承担地方性法规草案统一审议工作的决定》的内容亦如此。即"根据立法法第六十八条第二款的规定和全国人大常委会办公厅〔2000〕56号文件精神，吉林省第九届人民代表大会常务委员会第十八次会议决定，授权法制工作委员会从授权之日起至2001年吉林省第九届人民代表大会第四次会议选举产生吉林省人民代表大会法制委员会之前，承担地方性法规草案统一审议的工作。此期间统一审议的程序和办法，由吉林省人民代表大会常务委员会主任会议决定"。

② 决定全文如下："湖南省第九届人民代表大会常务委员会第十七次会议审议了湖南省人民代表大会常务委员会主任会议提出的《关于提请审议授权法规工作委员会对地方性法规草案进行统一审议的议案》，根据《中华人民共和国立法法》第六十八条第二款关于'地方性法规草案由负责统一审议的机构提出审议结果的报告和草案修改稿'的规定，决定在产生地方性法规草案统一审议的机构以前，授权湖南省人民代表大会常务委员会法规工作委员会对地方性法规草案进行统一审议，提出审议结果的报告和草案修改稿。根据我省实际，有关专门委员会对列入初审的地方性法规案作审议意见的报告。其他具体程序仍按照《湖南省人民代表大会常务委员会制定地方性法规程序的规定》执行。"

的机构提出审议结果的报告和草案修改稿。”为贯彻实施这一规定，贵州省第九届人民代表大会常务委员会第十六次会议决定：在省人民代表大会尚未设立法规草案统一审议机构以前，由常务委员会主任会议负责统一审议地方性法规草案。

除上述三种主要的受权主体之外，也有个别省级行政区授权人大常委会的两个工作机构共同负责法规案的统一审议。如海南省第二届人大常委会第十五次会议在2000年7月27日通过决定，“授权法制工作委员会、法规室从今年7月1日起至明年举行海南省第二届人民代表大会第四次会议之前承担统一审议地方性法规草案的工作”。①

2003年年初，随着新一届省级人民代表大会在各地纷纷组成，统一审议组织也从多元模式发展到唯一、排他的阶段。

一、统一审议组织的名称

在我国，本届（2003年1月至2008年1月）31个省级人大设立的专门委员会数量不等，名称也不尽相同。然而，统一审议组织却无一例外地称为“法制委员会”（见表5－1）。这是因为，虽然《立法法》（2000年）第68条并未对统一审议组织的命名作出规定，但全国人大常委会办公厅在2000年5月22日《立法法》的施行之前，以《关于贯彻实施〈中华人民共和国立法法〉第六十八条有关规定的意见》的方式统一规定了统一审议组织的名称，即“负责统一审议地方性法规草案的机构，应当称为法制委员会”。②

① 参见《海南省人民代表大会常务委员会关于授权法制工作委员会、法规室负责统一审议地方性法规草案的决定》。

② 《地方组织法》（2004年修正）第30条规范了地方各级人大其他专门委名称，如“财政经济委员会、教育科学文化卫生委员会”，但对法制委的命名却以选择的方法加以表述，即“法制（政法）委员会”。但是，经过2015年修正后，该条将法制委统一命名为“法制委员会”。

表 5-1　各省级人民代表大会专门委员会数量及其名称

省级行政区	专门委员会数量／个	专门委员会名称																											
		法制委	内务(及)司法委	财政经济委	教科文卫委	农业与农村委	农村和环境委	农林委	农村委	农业委	农村经济委	环境委	环境与资源保护委	环境资源城乡建设委	城乡(市)建设环境保护委	城乡建设环境资源保护委	农牧环保委	民族宗教侨务外事委	华侨民族宗教事务委	民族宗教侨务委	民族侨务外事委	民族华侨外事委	华侨民族委	外事侨务委	民族宗教委	侨台委	外事华侨委	民族委	选举任免联络委
北京	4	*	*	*	*																								
天津	2	*		*																									
河北	2	*		*																									
山西	不详																												
内蒙古自治区	1	*																											
辽宁	7	*	*	*	*	*							*								*								
吉林	7	*	*	*	*	*								*							*								
黑龙江	8	*	*	*	*			*							*						*		*						
上海	6	*	*	*	*										*				*										

续表

省级行政区	专门委员会数量／个	专门委员会名称																										
		法制委	内务(及)司法委	财政经济委	教科文卫委	农业与农村委	农村利环境委	农林委	农村委	农业委	农村经济委	环境委	环境与资源保护委	环境资源城乡建设委	城乡(市)建设环境保护委	城乡建设环境资源保护委	农牧环保委	民族宗教侨务外事委	华侨民族宗教事务委	民族宗教侨务委	民族侨务外事委	民族华侨外事委	华侨民族委	外事侨务委	民族宗教委	侨台委	外事华侨委	民族委	选举任免联络委
江苏	3	*	*	*																									
浙江	6	*	*	*	*		*																*						
安徽	3	*	*	*																									
福建	7	*	*	*	*						*	*														*			
江西	6	*	*	*	*	*							*																
山东	7	*	*	*	*	*										*					*								
河南	1	*																											
湖北	7	*	*	*	*				*				*					*											
湖南	7	**	*	*	*	*							*									*							
广东	7	*	*	*	*	*							*						*										

续表

省级行政区	专门委员会数量/个	专门委员会名称																											
		法制委	内务(及)司法委	财政经济委	教科文卫委	农业与农村委	农村和环境委	农林委	农村委	农业委	农村经济委	环境委	环境与资源保护委	环境资源城乡建设委	城乡(市)建设环境保护委	城乡建设环境资源保护委	农牧环保委	民族宗教侨务外事委	华侨民族宗教事务委	民族宗教侨务委	民族侨务外事委	民族华侨外事委	华侨民族委	外事侨务委	民族宗教委	侨台委	外事华侨委	民族委	选举任免联络委
广西壮族自治区	8	*	*	*	*	*							*														*	*	
海南	1	*																											
重庆	7	*	*	*	*	*									*			*											
四川	8	*	*	*	*					*						*								*	*				
贵州	8	*	*	*	*	*							*							*									*
云南	4	*	*	*																								*	
西藏自治区	不详	*																											
陕西	4	*	*	*	*																								
甘肃	1	*																											

续表

省级行政区	专门委员会数量/个	专门委员会名称																											
		法制委	内务(及)司法委	财政经济委	教科文卫委	农业与农村委	农村和环境委	农林委	农村委	农业委	农村经济委	环境委	环境与资源保护委	环境资源城乡建设委	城乡(市)建设环境保护委	城乡建设环境资源保护委	农牧环保委	民族宗教侨务外事委	华侨民族宗教事务委	民族宗教侨务委	民族侨务外事委	民族华侨外事委	华侨民族委	外事侨务委	民族宗教委	侨台委	外事华侨委	民族委	选举任免联络委
青海	6	**	*	*	*												*				*								
宁夏回族自治区	1	*																											
新疆维吾尔自治区	1	*																											
合计	140	29	21	23	18	9	1	1	1	1	1	1	7	1	3	2	1	2	2	1	5	1	2	1	1	1	1	2	1

注:1. * 全称为法制委(法规工作委员会);* * 与法工委合署办公。

2. 此表涉及的各省级人大专门委员会的数量以及名称等信息,均来自各省级人大官方网站,2007 年 4 月 4 日访问。(湖北省还有代表资格审查委员会)

二、统一审议组织的组成及其人数

在我国，现行组织法未统一规定地方各级人大专门委员会的组成人数，但明确规定了包括法制委在内的各人大专门委员会的组成。

（一）省级人大法制委的组成

根据《地方组织法》第30条第2款的规定，作为人大专门委员会之一，法制委由主任委员、副主任委员和委员组成。

（二）各省级人大法制委的组成人数

在组织行为学上，人大法制委是典型的审议型委员会。[①] 由于审议型委员会的决策是一种集体决策，其特定的工作方式是在充分而有效表达各种意见的基础上决策出一致的行动或者目标以及相关的基本策略。因此，除了必须严格遵守共同的议事规则之外，委员会人数或者说委员会组织规模的合理确定便至关重要。

合理确定法制委的组成人数或者组织规模，首先需要仔细解析各省级人大法制委的组成人数现状，进而通过下列三组数据的对比分析，概括和梳理出该委员会组织规模合理与否的判断要素或者依据。

据统计，29个省级[②]人大法制委现有成员287人，[③]平均每省9.9人。各省级人大法制委的实际组成人数差异较大，最少仅6人（江苏和广西壮族自治区），最多达16人（江西），40.1%的省级行政区（12

---

① 组织行为学将委员会分为审议型和行动型两种。议会委员会是典型的审议型委员会；现代公司中的委员会，如董事会薪酬委员会是典型的行动型委员会。前者理想人数为20人左右，后者为7人左右。参见孔瑜：《论省级人大法制委员会的统一审议制度》，华东政法学院2002届法学硕士学位论文，第50页。

② 山西和西藏自治区两地情况不详。

③ 除海南和新疆维吾尔自治区两地法制委人数出自该省人大网站之外，其他省级行政区的数据来自2006年课题组。需要说明的是，该课题组的有些数据与省级人大官方网站公布的资料有些出入。如江苏、浙江、江西、广东、四川、贵州和青海6省人大网站公布的人大法制委成员数分别为7人、7人、17人、10人、7人、9人和9人，但课题组掌握的分别是6人、8人、16人、9人、8人、7人和11人。考虑到网站内容的更新速度，也基于课题组的数据采集于2006年3月，且提供人是各省级人大法制委成员，因此，本书采信课题组的数据，除非课题组无相关数据。

个)人大法制委的组成人数为9～11人。其中,4个直辖市的人大法制委分别为15人(北京和天津)和10人(上海和重庆);4个自治区的人大法制委分别有11人(内蒙古自治区)、9(新疆维吾尔自治区)、7人(宁夏回族自治区)和6人(广西壮族自治区);21个省人大法制委的组成人员则6人至16人不等(见表5－2)。

表5－2　本届29个省级人大法制委的组成人数

人员数/人	省级行政区数及省级行政区		百分比/%	人员数/人	省级行政区数及省级行政区		占比/%
	数/个	省级行政区名称			数/个	省级行政区名称	
16	1	江西	3.4	10	4	上海、重庆、黑龙江、海南	13.8
15	2	北京、天津	6.8	9	5	辽宁、陕西、湖南、广东、新疆维吾尔自治区	17.2
14	0		—	8	4	福建、山东、浙江、四川	13.8
13	3	湖北、吉林、河北	10.3	7	4	河南、云南、宁夏回族自治区、贵州	13.8
12	1	安徽	3.4	6	2	江苏、广西壮族自治区	6.8
11	3	内蒙古自治区、青海、甘肃	10.3				

第一,重视审议效率和审议规模(民主)相平衡的要素——本届与上一届省级人大法制委组成人数的比较。

数据显示,15个本届省级人大法制委①的组成人数在整体上多于上一届,增加幅度为20.3%。其中江西和安徽两省增幅最大,分别高达300.0%和140.0%。也有个别省级行政区法制委的成员数

① 本段落中有关上一届15个省级行政区法制委的组成人员数来自孔瑜的硕士学位论文(孔瑜:《论省级人大法制委员会的统一审议制度》,华东政法学院2002届法学硕士学位论文);有关两届的人大代表数均来自各省级人大的官方网站(2007年4月6日访问)。由于孔瑜论文的数据仅限于15个省级行政区,因而本书可资比较的对象也不得不受此限制。

呈下降状态，其中福建下降了27.3%（见表5－3）。

表5－3　15个省级人大两届法制委组成人员数比较

省级行政区	上一届		本届		两届法制委人数比较	
	人大代表数/人	法制委人数/人	人大代表数/人	法制委人数/人	增减/人	增减比例
天津	707	13(1.84%)	708	15(2.12%)	+2	+15.4%
山西	551	9(1.63%)	549	不详	?	?
内蒙古自治区	不详	9	不详	11	+2	+22.2%
吉林	不详	7	518	13(2.51%)	+6	+85.7%
黑龙江	571	8(1.40%)	572	10(1.75%)	+2	+25.0%
上海	856	8(0.93%)	869	10(1.15%)	+2	+25.0%
江苏	806	7(0.87%)	800	6(0.75%)	－1	－14.3%
安徽	745	5(0.67%)	732	12(1.64%)	+7	+140.0%
福建	554	11(1.99%)	546	8(1.47%)	－3	－27.3%
江西	613	4(0.65%)	614	16(2.61%)	+12	+300.0%
河南	不详	9	939	7(0.74%)	+2	+22.2%
湖南	762	5(0.66%)	772	9(1.17%)	+4	+80.0%
广东	763	6(0.79%)	780	9(1.15%)	+3	+50.0%
广西壮族自治区	423	6(1.42%)	680	6(0.88%)	0	0
重庆	856	11(1.29%)	853	10(1.17%)	－1	－9.1%
合计	8207	93(1.13%)〔1〕	9932	131(1.32%)〔2〕	24	+20.3%

注：表格中带括号部分，括号外数字为人数，括号内数字为人数占比。

〔1〕15个省级人大上一届法制委总人数应为118人。由于内蒙古自治区、吉林和河南三地上一届人大代表数不明，无法统计法制委人数占人大代表数的百分比，因此“合计”项中的法制委人数不包括上述三地。

〔2〕除山西之外，14个省级人大本届法制委总人数应为142人。由于本届内蒙古自治区人大代表数不明，无法统计法制委人数占人大代表数的百分比，因此“合计”项中的法制委人数不包括内蒙古自治区。

就承担统一审议的法制委而言，其组成人员太多抑或过少，都无法获得因审议结构调整所应产生的审议质量提升的效应，甚至会产生反功能。前者易人浮于事,后者则力不从心。更关键的是,人员冗多可能导致不必要的彼此牵制而使审议效率低下;人员过少也可能无法形成必要的交涉而令审议匆匆过场。这是因为,对法规案这一公共产品"毛坯"的统一审议,尽管其议决结果并非就是公之于众的法规本身,但毕竟是一项过程中的公共政策决策,必然需要支付或多或少的决策成本和外部成本。在一般情况下,统一审议的质量明显受到审议群体规模的影响——经统一审议程序形成并提交省级人大常委会全体会议的审议结论的质量"与决策成本之间呈增函数关系而与外在成本呈减函数关系"。[①] 这意味着:其一,主要用于法制委内部表达、交涉各方意见的决策成本通常与参与统一审议的人数成正比,换言之,随着参与统一审议人数的减少,决策成本就越来越少,因为每减少一个审议者,就会减少一个人利用参与决策权来表达并形成对自己及其所代表的团体有利的决策;其二,用于支付进行统一审议的决策者可能对不参与统一审议的"局外人"所强加的外在成本与参与统一审议的人数成反比,换言之,随着参与统一审议人数的增加,外部成本就越来越少,因为每增加一个决策者,就多增加一个人利用参与决策权来制止对自己及其所代表的团体不利的决策。借此,从理论上看,决策的总成本或者两项成本之和最小的状态当属最佳的理想状态,即当两项成本达到一个均衡点时,参与决策者所要付出的决策成本与不参与决策的人可能被强加的外部成本是相等的。这个均衡点就是集体决策在确保议决效率下的最大的民主议决范围的度。就统一审议而言,这个"度"就是选择参与统一审议的法制委组成人员数量的基本依据之一。

当然,一方面,统一审议的决策成本和外在成本难以精确计算;另一方面,两项成本的均衡点又因审议对象属性的不同而难以归一。在通常情况下,需要紧急处理的法规案更倾向于较少主体进行的统一审议,社会宁愿忍受较多的外部成本以减少更多的决策成本;对广大民众有较大影响的法规案更主张较多的主体实施统一审议,人们愿意增加决策成本以减少可能成为"风险"的外部成本;再

① 沈启帆、徐向华:《论立法多数决制——一个公共选择理论的视角》,载《法学》2005年第12期。

一方面,更为关键的是,既然决策成本将随着审议群体的扩大而增加,而且既然因集体决策所奉行的"多数决定"似乎难以期望外部成本的必然降低,那么,在法制委的统一审议规则给定的前提下,预期会因集体决策活动而产生的总成本必然呈现在大群体中比在小组织规模中高的趋势。[①]

因此,依据审议效率和审议规模(民主)的平衡要素,在统一审议规则、统一审议工作量以及省人大代表数和法制委的成员构成等各种情况基本不变的情况下,未来省级人大法制委组成人数的规模应相对控制而非趋向扩大。

第二,坚持审议任务和审议质量相匹配的要素——本届省级人大法制委的组成人数与同届其他专门委均组成人数的比较。

14 个省级人大[②]的资料显示,尽管 1. 15 : 1 的法制委和其他专门委的人均数之差异在总体上可忽略不计,但两者之比依然呈现四类情况:其一,人数比持平,如江苏;其二,其他专门委的人均数略多于法制委 0. 02 ~0. 29,如湖南、广东、四川和贵州四省;其三,仅湖北人大法制委的人数一倍于其他专门委的人均数(2. 06 : 1);其四,另外八省人大法制委的人数比其他专门委的人均数稍多 0. 07 ~0. 67,其中两者之比最大的是江西(1. 67 : 1),最小的为北京和山东(均为 1. 07 : 1)(见表 5 -4)。数据说明,假设其他专门委的人员规模与其承担的职责基本匹配,那么,在各专门委员会专兼职委员比例相当[③]的前提下,"等量"的委员配置对同样承担监督等各项职责但又专司统一审议的法制委而言,可能会"力不从心",进而影响统一审议的质量。当然,若法制委与其他专门委的人数相当但专职委员较多,

---

① 参见[美]詹姆斯 · M. 布坎南、戈登 · 塔洛克:《同意的计算:立宪民主德逻辑基础》,陈光金译,中国社会科学出版社 2000 年版,第 237 页。

② 本段落中有关 14 个省级行政区本届人大其他专门委的组成人数均采自这些省的人大官方网站。由于其他 17 个省级行政区的人大网站未公布上述数据,因而本书的分析对象仅限于 14 个省级行政区。

③ 各省级人大法制委和其他专门委的专、兼职委员的构成比有所不同。据 2007 年 5 月了解,上海人大法制委中的专职委员多于其他专门委:9 名法制委委员中的专、兼职比为 2 : 1(6 : 3),其他 5 个专门委员会共有委员 46 名,专、兼职之比为 1. 42 : 1(27 : 19);江西人大法制委中的专职委员少于其他专门委:16 名法制委委员中的专、兼职比为 1 : 3(4 : 12),其他 5 个专门委共有委员 44 人,专、兼职之比为 2. 38 : 1(31 : 13)。

组织规模与组织任务、组织功能间的关系就可能比较协调。

表5－4　14个本届省级人大法制委和其他专门委组成人员数比较

单位：人

省级行政区	法制委成员数	其他专门委			法制委成员数：其他专门委人均数
		委员会数	委员会成员数	均人数	
北京	15	3	42	14	1.07：1
上海	10	5	48	9.2	1.09：1
江苏	6	2	12	6	1：1
浙江	8	5	34	6.8	1.18：1
安徽	12	2	22	11	1.09：1
江西	16	5	48	9.6	1.67：1
山东	8	6	45	7.5	1.07：1
湖北	13	6	38	6.3	2.06：1
湖南	9	6	59	9.8	1：1.09
广东	10	6	61	10.2	1：1.02
广西壮族自治区	6	7	38	5.4	1.1：1
四川	8	7	62	8.9	1：1.11
贵州	7	7	63	9.0	1：1.29
青海	11	5	50	10.0	1.10：1
合计	139 （9.9/省）	72	622	8.6	1.15：1

第三，考虑审议组织和人大规模以及“辅佐”机构的相协调要素——本届省级人大法制委与全国人大法律委员会组成人数的比较。

资料显示，在全国人大，法律委员会组成人数占所有专门委员会总人数的1/10；在14个省级人大，除贵州之外，其他13个省级人大法制委的组成人数占各专门委员会组成人员总数的比重分别超过全国人大1个至26个百分点，尤其是安徽、江苏、北京和江西等四地人大更是将1/4乃至1/3之多的委员向法制委倾斜。这些数据表明，尽管全国人大法律委员会统一审议的法律案数量比省级人大法制委统一审议的法规案相对为多(如本届全国人大及其常委会至2007年3月已审议通过法律、法律解释和有关法律问题决定68件,①而本届北京人大及其常委会至2007年1月共审议通过法规52件,②本届江西人大及其常委会也已审议通过法规56件、批准南昌市地方性法规42件③),然而,就省级人大常委会整体而言,或许因地方立法中的统一审议制度"嵌入"较晚而尚未形成与该制度相融洽的审议文化和审议习惯;就法制委本身而言,或许因统一审议历史较短而尚未积累丰富的经验以及尚未建立起更为有效的协调沟通机制,加之不具备如同全国人大常委会的规模大和专业实力强的法工委的鼎立"辅佐",因此,法制委人员规模的优势并未直观、充分地体现在经统一审议的法规案数量上(见表5-5)。

表5-5　14个本届省级人大法制委和全国人大法律委员会组成人员数比较

地区		法制委成员数/人	各专门委员会成员总数/人	法制委成员数占各专门委员会成员总数的占比
全国		25	246	10.16%
各省、自治区、直辖市	北京	15	57	26.32%
	上海	10	58	17.24%
	江苏	6	18	33.33%
	浙江	8	42	19.05%
	安徽	12	34	35.94%
	江西	16	64	25.00%

① 其中2003年制定11件、2004年制定25件、2005年制定18件、2006年制定14件。参见全国人大常委会在第十届第二次、第三次、第四次和第五次代表大会上所作的报告。

② 包括制定法规27件、修订15件、废止10件。其中2003年制定7件、修订4件、废止2件;2004年制定6件、修订3件,废止6件;2005年制定8件、修改3件、废止1件;2006年制定6件、修订5件、废止1件。参见北京市人大常委会在市第十二届第二次、第三次、第四次和第五次代表大会上所作的报告。

③ 其中2003年制定和修订12件、废止1件、批准17件;2004年制定和修订19件、废止5件、批准4件;2005年制定和修改6件、废止1件、批准17件;2006年制定和修订9件、废止3件、批准4件。参见江西省人大常委会在省第十届第二次、第三次、第四次和第五次代表大会上所作的报告。

续表

地区		法制委成员数/人	各专门委员会成员总数/人	法制委成员数占各专门委员会成员总数的占比
各省、自治区、直辖市	山东	8	53	15.09%
	湖北	13	38	34.21%
	湖南	9	68	13.24%
	广东	10	71	14.08%
	广西壮族自治区	6	44	13.64%
	四川	8	70	11.43%
	贵州	7	70	10.00%
	青海	11	61	18.03%
	合计	139	748	18.58%

三、统一审议组织的工作机构①

根据2006年问卷调查以及各省级人大官方网站所公布的信息,绝大多数省级人大法制委都未专设工作机构,而是与同级人大常委会领导下的、专门为常委会立法工作提供专业服务的法工委共用一套工作班子。

这些工作机构的规模大小相异,省均工作人员11.4人。

四、统一审议组织的组织规模之初步研究结论

通过上述分析和梳理,本书的初步结论是:

第一,省级人大法制委统一审议组织功能的有效实现在相当程度上掣肘于组织规模的科学框定。

第二,应当重视包括法制委在内的各专门委员会成员数的制度化。客观而言,对专门委员会成员的数量不作规定并非我国的"专利"。诸如美国、法国等一些多党制的国家目前仍灵活地确定议会

---

① 有关省级人大法制委工作班子的名称、类型、规模、构成及作用在本章第三节具体展开,第219~228页。

常设委员会的人数。然而，更有不少国家通过立法分别明确不同委员会的人数，甚至统一规定各委员会的人数。前者如芬兰规定，议会宪法委员会、法制委员会和外事委员会至少各由 17 名委员组成，财政委员会和银行委员会至少分别由 21 名和 11 名委员组成。后者如瑞典议会设立的 16 个委员会一律由 15 名委员组成。从组织规模是否能够促使组织功能实现的视角分析，立法机关委员会的组成人数是否制度化的确各有长短。不作规定更易保证委员会人数规模依照各种实际情况灵活调整，但其必须吻合调整总是合理、恰当的理论假设。统一规定各委员会人数显然“可从人员数量方面体现各委员会的地位平等。使立法机关各委员会在组织结构上具有相同的结构与特性”，然而，忽视乃至无视各委员会的职责分工，必然导致人力资源配置不当，并进而妨碍各委员会职责的完全履行。反过来，根据各委员会管辖范围的差异、工作任务的轻重区别规定各自的组成人数，当然有助于上述现象的避免，但也容易招致背离“委员会宪法地位平等”的诟病[①]。需要指出的是，前文围绕着我国省级人大法制委的组织规模所展开的一系列分析，不仅证明我国目前既无各专门委员会人数的法律规定，也无相应的组织惯例可循，更关键的是，不作规定并非主要出于“根据职责和任务需求灵活调整人员规模”的策略，这从表 5 – 4 反映的大多数省级人大各专门委员会组成人员数量差异极小、表 5 – 3 反映的一些省级行政区两届人大法制委的组成人员数量变化悬殊[②]中得以佐证。换言之，我国包括法制委在内的各专门委员会组成人数的确定与该委员会的管辖范围和工作职责之间尚未建立起必然的、直接的、合理的和双向的关联性。据此，本书建议应当将省级人大专门委员会人员数的制度化作为完善人大组织制度的重要环节，为更好地发挥省级人大及其常委会的立法等各项功能提供制度化的组织保障。

第三，应当将提供判断不同专门委员会组成人员数的主要要素

---

① 参见周伟：《各国立法机关委员会制度比较研究》，山东人民出版社 2005 年版，第 216 ~ 218 页。

② 在全国人大，第六届、第七届、第八届、第九届和第十届人大法律委员会的人数分别是 13 人、21 人、18 人、29 人和 25 人。此说明历届全国人大法律委员会的人数不相对稳定的现象更为明显。

或标准作为我国地方人大专门委员会人数制度化的近期目标。就包括法制委在内的各专门委员会成员数的制度化而言,在主要根据各专门委员会“工作量”大小的基础上,可以选择两条路径。一条是直接规定各委员会组成人员的数量幅度,诸如甲委员会为 A 至 B 人,乙委员会为 C 至 D 人。另一条是间接规定赖以确定各专门委员会人数规模的主要要素或标准。诸如代表大会的代表总数、专门委员会在人大中的实际作用、专门委员会的主要法定职责、专门委员会的专兼职成员比例,等等。根据我国人大制度建设的现状以及相对短暂和有限的省级人大统一审议运作经验,间接规定专门委员会人数规模的确定要素或者标准是一条更为适当,也更为可行的途径。

第四,应当在总结地方立法统一审议经验教训的基础上以结合间接和直接规定的方式明确省级人大法制委的组成人员数。尽管我国省级人大进行统一审议的时间不长,但实施统一审议的法规数量已相当可观。① 为保证法制委更好地承担“面广量大难度高”的统一审议职责,有效兑现该制度所期待的法定功能,建议在充分、系统考虑近年来各省级人大以及其他专门委的规模、各省法制委的成员构成、各省统一审议组织工作机构的设置及其模式、②各省立法任务(数量)以及用于统一审议的会议时间等各种因素的基础上,按照“民主、有效、高质和协调”的原则确定或者调整法制委专职委员编制为五六人,以基本保证每位专职委员每年分工负责 3 件左右法规案的统一审议。

第二节　统一审议组织成员的产生与构成

尽管各省自 2001 年年初起无一例外地成立了专司统一审议职责的法制委,并在 2003 年年初人大换届时根据实际情况对该组织的人员结构进行了调整,然而,据 2006 年问卷调查结果显示,“圈内

---

① 如上海、江西和辽宁自 2000 年 7 月 1 日《立法法》实施以来至 2007 年 1 月本届人大会议召开之前,已通过颁布的、经统一审议程序的法规分别为 103 件、95 件和 71 件。

② 有关法制委的成员构成、各省统一审议组织工作班子的设置及其模式分别在本章第二节和第三节予以讨论,第 193 ~ 219 页、第 219 ~ 228 页。

人”的自我评价并不非常乐观。[①] 其中认为本省统一审议组织成员结构“比较合理”的占64.0%，但评价“欠合理”的也占36.0%。认为欠合理的主要有内蒙古、吉林、黑龙江、浙江、安徽、广西壮族自治区和青海等9个省级行政区，本书重点分析的辽宁和江西也在其中。这些省级行政区列举的法制委人员构成欠合理的主要表现有：来源构成不合理，原党政机关局级领导干部几乎成为“清一色”成员；专业构成不合理，法律专门人才“稀缺”；专兼职构成不合理，兼职委员较多难以保证参加统一审议；年龄构成不合理，年龄偏大者居多。

由此，了解我国地方人大专门委成员的产生方式，逐一解剖法制委这一审议组织内部背景多元的成员构成——包括来源、专业、性质和年龄等，无疑有助于我国省级人大法制委组织结构的完善。

一、法制委员会组成人员的产生方式

作为人类政治文明发展的折射，现代各国立法机关委员会的产生方式不仅是该国民主发展进程的真实写照，也是其民主发展水平的重要坐标。

在近现代两党制或多党制国家中，各政党对立法的影响乃至控制首先通过强化对立法机关组成人员的人事控制得以实现。因此，政党通常高度重视立法机关委员会成员的产生，以此夯实政党间政治较量的组织基础。由此，委员会成员的名额分配首先基于议员或者代表所属党派的比例这一重要原则予以确定。在此基础上，各国立法机关委员会成员的产生通常采用四种方式。除由立法机关在其成员中选举产生、[②]指定产生[③]和任命组成[④]之外，分配产生，即按

① 第一，由于2006年课题组选择的被调查对象仅仅限于各省法制委的成员，因此，该调查结果充其量只是一种自我评价。第二，在31个省级行政区中，除山西、海南、西藏自治区和新疆维吾尔自治区4个省级行政区未答复调查问卷之外，其他27个省级行政区参加了此项调查。由于上海和云南未作答此题，因此，本题的有效问卷为25份。

② 如缅甸宪法第52条规定，“人民议会应从人民议会代表中选举组成人民议会的各种事务委员会”。

③ 如冰岛宪法第39条规定，“议会两院之任何一院均得指定各自的议员组成委员会”。

④ 如孟加拉国宪法第76条第3款规定，“议会任命自己的议员组成下列常设委员会：……”

照党派比例由立法机关全体会议或由各党派在立法机关成员中确定也是一种主要的产生方式。①

在我国,包括省级在内的地方各级人大专门委员会成员的产生早已法定化。通过会议选举的方式得以产生。其中各专门委员会的主任委员、副主任委员和委员的人选,主要"由主席团在代表中提名,大会通过";此外,在大会闭会期间,"常务委员会可以任免专门委员会的个别副主任委员和部分委员,由主任会议提名,常务委员会会议通过"。②

二、法制委员会组成人员的构成

(一)来源构成

1. 省人大常委会副主任兼任人大法制委主任委员的情况

27 份 2006 年问卷调查资料和 4 份官方网站资料(山西、海南、新疆维吾尔自治区和西藏自治区)显示,近 1/4(22.6%)省级行政区(7 个)的人大法制委主任委员由该省人大常委会副主任兼任。7 个省级行政区中除北京之外,主要集中在内蒙古自治区和新疆维吾尔自治区、山东以及我国南方的江西、安徽和海南等省。本书第四章抽样分析的 3 个省级行政区中仅江西属此类型。

2. 省人大常委会法工委负责人兼任该省人大法制委成员的情况

2006 年问卷调查显示:近八成五省级人大常委会法工委负责人在该省人大法制委兼任,即在 25 个设有法工委③的省级人大中,有 21 个省的法工委主任和副主任兼任法制委成员。其中法工委主任兼任法制委主任委员或者副主任委员的省级行政区分别为 4 个和 14 个,两者合占 72.0%;法工委副主任兼任法制委副主任委员的

① 如日本国会法第 46 条规定,"常任委员和特别委员按照各党派所属议员数的比例分配给各党派选任"。

② 作为一种基本的政治制度,我国全国人大专门委员会成员也根据《中华人民共和国全国人民代表大会组织法》第 34 条的规定经由提名后选举产生。

③ 在参加 2006 年问卷调查的 27 个省级行政区中,除广东和云南两省未设人大常委会的法制工作机构之外,绝大多数设置此工作机构的都命名为"法制工作委员会(以下简称法工委)",也有称法制办公室(如北京、河南)、法规工作室(如湖北)和法规工作委员会(如湖南)的。

省级行政区为6个，占24.0%。此外，两个现象值得关注：一则，有浙江、江苏、湖南和青海4个省级行政区的法工委正、副主任分别兼任法制委的正、副主任委员；二则，也有辽宁、河南、四川和甘肃4个省的法制委成员中无法工委领导兼任。本书第四章分析的上海、江西和辽宁3地隶属两种类型：法工委主任兼任法制委副主任委员和法制委成员中无法工委领导任职（见表5－6）。

表5－6　省级人大常委会法工委负责人兼任人大法制委成员的情况

兼任情况	省级行政区数/个	占设法工委省级行政区数的占比	省级行政区名称
法工委主任兼任法制委主任委员	4	16.0%	天津、湖南、浙江、青海
法工委主任兼任法制委副主任委员	14	56.0%	上海、北京、重庆、江西、福建、湖北、江苏、安徽、河北、内蒙古自治区、黑龙江、广西壮族自治区、宁夏回族自治区、贵州
法工委主任兼任法制委委员	2	8.0%	山东、吉林
法工委副主任兼任法制委副主任委员	6	24.0%	北京、陕西、湖南、浙江、江苏、青海
法工委副主任兼任法制委委员	2	8.0%	北京、安徽
法制委成员中无法工委领导任职	4	16.0%	辽宁、河南、甘肃、四川

3.原党政机关局级领导干部任职法制委成员的情况

2006年问卷调查显示：

第一，多达九成三的省级人大法制委有原党政机关局级领导干部任职，即27个省级人大中仅安徽和青海两省法制委成员中无此类干部。

第二，35.6%的省级人大法制委成员是原党政机关的局级领导干部。其中1/3的省级人大法制委成员中原党政机关局级领导干部占半数以上，福建和内蒙古自治区人大法制委成员中的此类领导干部比例高达87.5%和90.9%（见图5－1）。本书第四章分析的辽宁、上海和江西人大法制委中原党政机关局级领导干部的比例分别占 55.6%、25.0%和 20.0%。

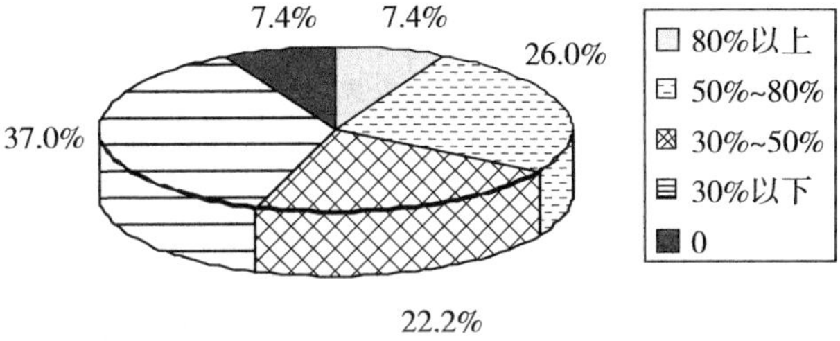

图 5－1　原党政机关局级领导干部任职省级人大法制委成员的情况

注：原党政机关局级领导干部占法制委成员数 80% 以上的是福建、内蒙古自治区 2 个地区，50% ~80% 的是天津、辽宁、湖北、山东、四川、河北和宁夏回族自治区 7 个地区，30% ~50% 的是湖南、浙江、河南、广东、云南和黑龙江 6 个省级行政区，30% 以下的是上海、北京、重庆、江西、陕西、江苏、吉林、广西壮族自治区、贵州、甘肃 10 个省级行政区，0 的是安徽、青海两个省级行政区。

第三，这些局级领导干部中的近两成担任法制委主任委员、半数以上担任法制委副主任委员，近 1/3 为兼职委员，专职委员中无此类领导干部（见表 5－7）。

表 5－7　原党政机关局级领导干部任职省级人大法制委成员的情况

省级行政区	法制委成员数/人	原党政机关局级领导干部人数/人					占比
		主任委员	副主任委员	专职委员	兼职委员	小计	
北京	15				2(100.0%)	2(100.0%)	13.3%
天津	15		1(100.0%)			1(100.0%)	6.7%
河北	13	1(12.5%)	2(25.0%)		5(62.5%)	8(100.0%)	61.5%
内蒙古自治区	11		1(10.0%)		9(90.0%)	10(100.0%)	90.9%
辽宁	9	1(20.0%)	4(80.0%)			5(100.0%)	55.6%
吉林	13	1(50.0%)	1(50.0%)			2(100.0%)	15.4%
黑龙江	10	1(25.0%)	3(75.0%)			4(100.0%)	40.0%
上海	10	1(50.0%)			1(50.0%)	2(100.0%)	20.0%
江苏	6	1(100.0%)				1(100.0%)	16.7%

续表

省级行政区	法制委成员数/人	原党政机关局级领导干部人数/人					占比
		主任委员	副主任委员	专职委员	兼职委员	小计	
浙江	8		3(100.0%)			3(100.0%)	37.5%
安徽	12					—	—
福建	8	1(14.3%)			6(85.7%)	7(100.0%)	87.5%
江西	16		4(100.0%)			4(100.0%)	25.0%
山东	8		4(100.0%)			4(100.0%)	50.0%
河南	7	1(33.3%)	2(66.7%)			3(100.0%)	42.9%
湖北	13	1(16.7%)	5(83.3%)			6(100.0%)	46.2%
湖南	9		2(66.7%)		1(33.3%)	3(100.0%)	33.3%
广东	9	1(25.0%)	3(75.0%)			4(100.0%)	44.4%
广西壮族自治区	6	1(50.0%)	1(50.0%)			2(100.0%)	33.3%
重庆	10		2(100.0%)			2(100.0%)	20.0%
四川	8	1(20.0%)	4(80.0%)			5(100.0%)	62.5%
贵州	7	1(33.3%)	2(66.7%)			3(100.0%)	42.9%
云南	7	1(33.3%)	2(66.7%)			3(100.0%)	42.9%
陕西	9	1(50.0%)	1(50.0%)			2(100.0%)	22.2%
甘肃	11	1(25.0%)	3(75.0%)			4(100.0%)	36.4%
青海						—	—
宁夏回族自治区	7	1(20.0%)			4(80.0%)	5(100.0%)	71.4%
合计	268	17(17.9%)	50(52.6%)	0	28(29.5%)	95(100.0%)	35.4%

注:表格中带括号部分,括号外数字为人数,括号内数字为人数占比。

第四,在任职法制委的原党政机关局级领导干部中,曾任职机关类别主要集中在人大系统、政府法制办、司法机关和其他非法律事务的党政机关(见图5-2、图5-3)。

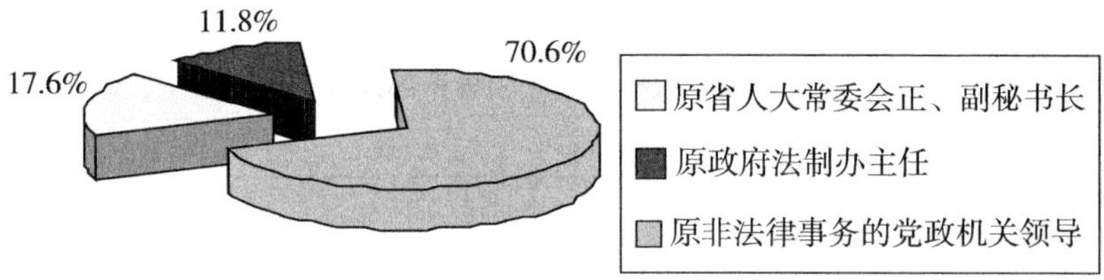

图5－2　任职省级人大法制委主任委员的原党政机关局级干部的原工作部门分布

注:原省人大常委会正、副秘书长为3人,原政府法制办主任为2人,原非法律事务的党政机关领导为12人。

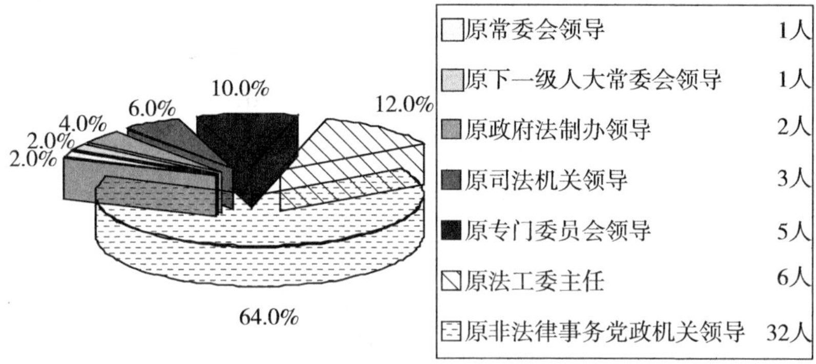

图5－3　任职省级人大法制委副主任委员原党政机关局级干部的原工作部门分布

4. 现职党政机关局级领导干部兼职法制委成员的情况

2006年问卷调查显示:

第一,在27个省级行政区中,近75%省人大法制委中有现职党政机关局级领导干部兼职,无此任职的仅上海、福建、四川、广东、安徽、内蒙古自治区、宁夏回族自治区7个地区。

第二,21.3%的省级人大法制委成员由现职党政机关局级干部兼职。其中40%以上的法制委成员由现职党政机关局级领导干部兼职的有7个省,最高的是吉林(53.8%),5个省的法制委中现职局级领导干部比例均低于20%,另有7个省级行政区的法制委成员中无此类领导干部(见表5－8)。本书第四章分析的辽宁、江西和上海人大法制委中现职党政机关局级领导干部的比例分别占

44.4%、12.5%和0。

表5－8　现职党政机关局级领导干部兼职省级人大法制委成员的情况

省级行政区名称	省级行政区数/个	占法制委成员数比例	占比/%
吉林	1	50%以上	3.7
天津、辽宁、黑龙江、贵州、云南、陕西	6	41%～50%	22.2
江苏、湖北	2	31%～40%	7.4
北京、浙江、湖南、重庆、甘肃、青海	6	21%～30%	22.2
江西、山东、河南、广西壮族自治区	4	11%～20%	14.8
河北	1	10%及以下	3.7
内蒙古自治区、上海、安徽、福建、四川、广东、宁夏回族自治区	7	无	25.9
合计	27		100.0

第三，这些局级领导干部兼职法制委副主任委员的4人，占7%；任兼职委员的53人，占93.0%，此外，无人兼任主任委员（见表5－9）。

表5－9　现职党政机关局级领导干部兼职省级人大法制委成员的情况

单位：人

省级行政区	法制委成员数/人	现职党政机关局级领导干部人数					占比
		主任委员	副主任委员	专职委员	兼职委员	小计	
北京	15				3(100.0%)	3(100.0%)	20.0%
天津	15		1(16.7%)		5(83.3%)	6(100.0%)	40.0%
河北	13				1(100.0%)	1(100.0%)	7.7%
内蒙古自治区	11					—	—
辽宁	9				4(100.0%)	4(100.0%)	44.4%

续表

省级行政区	法制委成员数/人	现职党政机关局级领导干部人数					占比
		主任委员	副主任委员	专职委员	兼职委员	小计	
吉林	13				7(100.0%)	7(100.0%)	53.8%
黑龙江	10		1(25.0%)		3(75.0%)	4(100.0%)	40.0%
上海	10					—	—
江苏	6				2(100.0%)	2(100.0%)	33.3%
浙江	8		1(50.0%)		1(50.0%)	2(100.0%)	25.0%
安徽	12					—	—
福建	8					—	—
江西	16				2(100.0%)	2(100.0%)	12.5%
山东	8				1(100.0%)	1(100.0%)	12.5%
河南	7				1(100.0%)	1(100.0%)	14.3%
湖北	13				5(100.0%)	5(100.0%)	38.5%
湖南	9				2(100.0%)	2(100.0%)	22.2%
广东	9					—	—
广西壮族自治区	6				1(100.0%)	1(100.0%)	16.7%
重庆	10				2(100.0%)	2(100.0%)	20.0%
四川	8					—	—
贵州	7		1(33.3%)		2(66.7%)	3(100.0%)	42.9%
云南	7				3(100.0%)	3(100.0%)	42.9%
陕西	9				4(100.0%)	4(100.0%)	44.4%
甘肃	11				2(100.0%)	2(100.0%)	18.2%
青海	11				2(100.0%)	2(100.0%)	18.2%
宁夏回族自治区	7					—	—
合计	268	0	4(7.0%)	0	53(93.0%)	57(100.0%)	21.3%

注:表格中带括号部分,括号外数字为人数,括号内数字为人数占比,最后一列除外。

5.其他专门委成员兼任法制委成员的情况

2006年问卷调查显示:

第一，仅 11 个省级行政区的人大法制委中有其他专门委成员兼任，占被调查 27 个省级行政区的四成；兼任的其他专门委员会委员共 36 人，仅占 196 名法制委委员（不包括主任委员和副主任委员）的 18.3%（见表 5－10）。

第二，在其他专门委成员兼任法制委成员的省级行政区中，仅安徽（58.3%）和上海（50.0%）两省级行政区达到或超过半数，江西、甘肃、江苏、云南和宁夏回族自治区 5 省级行政区兼任委员不足三成。

第三，安徽、上海、天津、江西 4 个省级人大的其他各专门委员会都有成员兼任法制委委员。

第四，宁夏回族自治区人大有一位其他专门委主任委员兼任法制委副主任委员。

表 5－10　省级人大其他专门委成员在法制委的兼任情况

省级行政区	法制委人数/人	其他专兼人数/人	占比/%	省级行政区	法制委人数/人	其他专兼人数/人	占比/%
北京	15	0	0.0	河南	7	3	42.9
天津	15	5	33.3	湖北	13	0	0.0
河北	13	0	0.0	湖南	9	0	0.0
内蒙古自治区	11	0	0.0	广东	9	0	0.0
辽宁	9	0	0.0	广西壮族自治区	6	0	0.0
吉林	13	0	0.0	重庆	10	3	30.0
黑龙江	10	0	0.0	四川	8	0	0.0
上海	10	5	50.0	贵州	7	0	0.0
江苏	6	1	16.6	云南	7	1	14.3
浙江	8	0	0.0	陕西	9	0	0.0
安徽	12	7	58.3	甘肃	11	2	18.2
福建	8	0	0.0	青海	11	5	45.5
江西	16	4	25.0	宁夏回族自治区	7	1	14.3
山东	8	0	0.0	合计	268	37	13.8

6. 下一级人大常委会领导在法制委的兼职情况

2006 年问卷调查显示：八成五的省级人大法制委中没有下一

级人大常委会领导兼职。在有下一级人大常委会领导兼职法制委成员的4个省级行政区中,除吉林省外,其他3个分别是京津沪三个直辖市。兼职的均为法制委委员(见表5－11)。

表5－11　下一级人大常委会领导在省级人大法制委的兼职情况

省级行政区名称 [占法制委成员数的比例]	省级行政区数/个	下一级人大常委会领导在法制委任职人数	占比/%
重庆、江西、福建、辽宁、湖北、山东、浙江、河南、江苏、四川、广东、安徽、河北、云南、内蒙古自治区、黑龙江、青海、广西壮族自治区、宁夏回族自治区、贵州、甘肃、湖南、陕西	23	无	85.2
上海(10.0%)北京(6.7%)天津(6.7%)	3	1人	11.1
吉林(15.4%)	1	2人	3.7

根据上述对省级人大法制委成员来源构成的六组数据分析,本书概括三点初步印象和结论如下:

第一,我国各省级人大法制委成员的来源构成同中有异,基本包括四大类型。如前所述,我国省级人大法制委成员主要来自六个方面:常委会副主任和法工委主要负责人、原党政机关局级领导干部、现职党政机关局级领导干部、其他专门委成员、下一级人大常委会领导以及法律专业人员①等。这些人员各自所占比重决定了法制委成员的来源结构类型。以占据或者超过成员数50%的主体来源为划分标准,27个省级人大法制委分为三大类型:以原党政机关局级领导干部为主的类型,如内蒙古自治区、福建、宁夏回族自治区、四川、河北、辽宁和山东7个省级行政区;以现职党政机关局级领导干部为主的类型,如吉林;以其他专门委成员兼任为主的类型,如安徽和上海。此外,若以法制委主任委员的担任者作为分类的基本要素的话,由省级人大常委会副主任或法工委主任担任法制委主任的类型值得重视,北京、天津、江西、湖南、山东、浙江和青海等9个省

① 有关法制委中的法律专业人员分析见本节第“二”部分的“(二)专业构成”,第205～206页。

级行政区属于此种类型。本书第四章着重分析统一审议效果的辽宁、上海和江西分属第一、第三和第四种类型。

第二，各省级人大相当重视法制委成员来源结构的广泛性，但前两种类型的法制委成员来源结构现状与统一审议法定功能的实现至少存在理论上的“罅隙”。尽管我国地方立法统一审议制度构建不久，相关的组织架构迄今处于非规范化和非制度化的状态，然而，法制委成员的来源构成现状表明，各省级人大已充分意识到承担统一审议重担的组织的配置必须具有来源广泛、沟通有效和经验丰富等成员属性。因此，大量安排原、现职党政机关局级领导干部任职或兼职法制委成员乃至负责人的举措，的确使统一审议具有专业判断和有效沟通两大优势。一方面，其有利于充分发挥精通于某领域领导工作的干部在审议法规案中不可替代的专业作用，他们往往能针对草案中的主要分歧和难点问题，提出“可行与否”“合理与否”的专业审议意见；另一方面，领导干部们更可凭借其丰富的经验以及高超的政治智慧和技巧去交涉、协调公共决策中的关系，进而保证经统一审议的法规案在尽可能充分吸纳包括其他专门委在内的各方意见的基础上提高立法的质量。然而，党政“官员”类型的组织结构毕竟与统一审议制度预期的不当利益遏制和法制统一维护两大法定功能之间存在不尽匹配，至少在理论上有不尽契合的因素。一则，由于局级领导干部们曾经长时期地或目前仍致力于某个领域的管理工作，角色的巨大惯性往往导致其立足点和价值判断的相对“偏好”，带有较强的部门和行政倾向，有时难以克服法规案中的不当部门利益；二则，也由于“官员”委员的“专业化”使然，他们往往只熟谙某个部门法而生疏于其他部门法。因此，法规草案的规定是否与上位法相抵触或者是否与同位法相矛盾等“合法与否”的问题可能在统一审议后因组成人员的特性仍难得以明断。为了使审议组织的构成促进审议功能的实现，建议省级人大在法制委的成员配置上适当降低原职和现职党政机关局级干部的比重。

第三，一定数量兼职或兼任委员的存在当属必要，但来自不同方面的兼职或兼任委员对统一审议实施中的审议力量、交涉程度和协调效果具有不同影响。①

---

① 具体分析见本节第“二”部分的“(三)性质构成”，第206～212页。

（二）专业构成

省级人大法制委是因运行统一审议制度而专设的审议组织。这种"因岗设委"的特性，使法制委中法律专业人员的任职在审议组织结构分析中尤显重要。

2006年问卷调查显示：第一，法律专业人员①在省级人大法制委中的覆盖面相对较宽，即2/3省级行政区（18个）的人大法制委已有法律专业人员任职。其中四川、广东、广西壮族自治区、北京、河北和重庆6省市法制委中法律专业人士已达1/5～1/3。第二，省级人大法制委中法律专业人员的数量非常有限，总数31名的法律专业人士使每省平均仅1.15名法制委委员由法律专业人员担任（见表5-12）。本书第四章所分析的上海和江西人大法制委分别有法律专业人员1名和2名，辽宁人大法制委成员中则无法律专业人士。

表5-12　省级人大法制委组成人员中法律专业人员的构成

省级行政区	法制委人数/人	法律专业人数/人	占比/%	省级行政区	法制委人数/人	法律专业人数/人	占比/%
北京	15	4	26.7	河南	7	0	0
天津	15	1	6.6	湖北	13	1	7.7
河北	13	3	23.1	湖南	9	1	11.1
内蒙古自治区	11	0	0	广东	9	3	33.3
辽宁	9	0	0	广西壮族自治区	6	2	33.3
吉林	13	1	7.7	重庆	10	2	20.0
黑龙江	10	1	10.0	四川	8	3	37.5
上海	10	1	10.0	贵州	7	0	0
江苏	6	0	0	云南	7	0	0
浙江	8	1	12.5	陕西	9	2	22.2
安徽	12	1	8.3	甘肃	11	1	9.1
福建	8	0	0	青海	11	0	0
江西	16	2	12.5	宁夏回族自治区	7	0	0
山东	8	1	12.5	合计	268	31	11.6

① 本书所指法律专业人员主要指法律院校、高校法律专业、法学团体的学者和专业人员。

毋庸置疑,本届省级人大法制委成员中的法律专业人才“稀缺”。这种现状——“法制委员会”的形式是全新的,但组成人员却与其他专门委无明显的专业区别——必然在相当程度上影响统一审议在维护法制统一方面的法定功能的实现。客观而言,少量乃至没有法律专业人员构成的法制委,并不会因其具备组织形式上的“先天”优势而自然获得在承担遏制部门利益,尤其在维护法制统一“角色”上的尊重和认可。相反,缺乏不同的经验和视角只会令其他专门委难以与法制委形成良性交涉。因此,一定比例的法律专业人士的加入以及参与会使法制委在统一审议上超越组织形式上的优势,并以专业知识、法律思维以及更趋中立化的判断形成法律专业审议上的真正权威,从而更好地保证“因委履职”。[①] 正因为如此,上一届和本届全国人大负责统一审议的法律委员会除主任委员、数名副主任委员都长期从事立法工作之外,还配置了五六名法律专业人士,占法律委员会成员的1/4左右。[②] 由此,本书建议:第一,法制委成员中法律人士为零的省级人大应尽快补充法律专业人士;第二,省级人大法制委中法律专业人员的比重至少应从目前的一成(11.6%)提高到两成五(25.0%),其中各省级人大法制委至少应有一名副主任委员由法学专业人士任职。[③]

(三)性质构成

法制委驻会委员多寡和兼任委员多少不仅决定了其在整体上能够投入的履职时间和精力,而且影响着其与其他专门委的可能协

---

① 在2006年问卷调查中,不少省级行政区将法律专业人士的缺乏作为人大法制委组织结构不尽合理的主要现象之一。如广西壮族自治区提出,专业构成不合理,要速配一些学法律、懂法律或知识较全面的担任法制委领导或委员;浙江指出,法制委成员缺乏法律知识。黑龙江、江西等省份也有类似评价。

② 本届全国人大法律委员会主任委员是曾经任职国务院法制办主任的杨景宇,胡康生、乔晓阳两委副主任委员以及张春生委员都具有长期从事立法工作的经历。另外,王利明、李连宁、李国光、沈春耀、信春鹰和徐显明6名委员都是法学界的著名学者;九届全国人大法律委员会共18名委员,其中除副主任顾昂然、乔晓阳具有丰富的立法工作经验之外,委员中有王家福、刘政、杨紫烜、郑成思和谢安山5人为法学专业人员。两届法律委员会中的法律专业人员分别占比24.0%和27.8%。

③ 关于法制委至少有一名副主任委员由法学专业人士任职的分析见本节第“三”部分“法制委主任委员和副主任委员的配置”,第213~218页。

调程度,并进而制约统一审议的效率和质量。因此,驻会委员和兼任委员的构成也是研究统一审议组织的两项性质构成要素。

1. 法制委成员的驻会情况

2006 年问卷调查显示:1/3 省级人大法制委的驻会委员达到或者超过一半,但也有 1/4 的省级人大法制委驻会委员不足全体成员的 25%。驻会委员数最多的是湖北(7 人),其次是江西和黑龙江(6 人),最少的是河北、吉林、安徽、福建、陕西和青海 6 省(2 人);驻会委员比例最高的是山东和四川(62.5%),最低的是河北和吉林(15.4%)(见表 5－13)。本书第四章着重分析的上海、江西和辽宁人大法制委驻会委员的比例在 30.0% ~55.6%。

表 5－13　省级人大法制委组成人员的驻会构成

省级行政区	法制委人数/人	驻会人数/人	占比/%	省级行政区	法制委人数/人	驻会人数/人	占比/%
北京	15	4	26.7	河南	7	3	42.9
天津	15	3	20.0	湖北	13	7	53.8
河北	13	2	15.4	湖南	9	5	55.6
内蒙古自治区	11	3	27.2	广东	9	4	44.4
辽宁	9	5	55.6	广西壮族自治区	6	3	50.0
吉林	13	2	15.4	重庆	10	4	40.0
黑龙江	10	6	60.0	四川	8	5	62.5
上海	10	3	30.0	贵州	7	3	42.9
江苏	6	3	50.0	云南	7	3	42.9
浙江	8	4	50.0	陕西	9	2	22.2
安徽	12	2	16.7	甘肃	11	4	36.4
福建	8	2	25.0	青海	11	2	18.2
江西	16	6	37.5	宁夏回族自治区	7	3	42.9
山东	8	5	62.5	合计	268	98	36.6

2. 法制委兼任和兼职委员配置情况

2006 年问卷调查显示:第一,除主任委员、副主任委员之外,27 个省级人大法制委成员中近半数(48.1%)是其他专门委的兼任委员和不驻会的兼职委员。[①] 第二,兼职和兼任委员之比为2.5∶1。其中兼职委员92人,占法制委成员1/3(34.3%),吉林甚至高达3/4(76.9);兼任委员37人,占法制委成员近1/7(13.8%),除北京等16个省级行政区法制委中无其他专门委成员兼任之外,最少的云南和宁夏回族自治区均为14.3%。第三,一些省级人大法制委除正副主任委员之外,没有任何专职委员,甚至个别省级行政区法制委正副主任委员也是兼任的,如青海。第四,本书第四章分析的辽宁省法制委兼职委员高于各省平均数10个百分点(44.4%),但无兼任委员;上海和江西的兼职委员均低于各省平均数,分别为20.0%和25.0%,兼任委员却多于各省平均数,其中上海超过36个百分点(50.0%)(见表5-14)。

表5-14　省级人大法制委组成人员的兼职和兼任构成

省级行政区	法制委人数/人	兼职和兼任人数/人		占比/%	省级行政区	法制委人数/人	兼职和兼任人数/人		占比/%
		兼职	兼任				兼职	兼任	
北京	15	8(53.3%)	0	53.3	河南	7	1(14.3%)	3(42.9%)	57.1
天津	15	8(53.3%)	5(33.3%)	86.7	湖北	13	6(46.2%)	0	46.2
河北	13	4(30.8%)	0	30.8	湖南	9	3(33.3%)	0	33.3
内蒙古自治区	11	0	0	0	广东	9	3(33.3%)	0	33.3
辽宁	9	4(44.4%)	0	44.4	广西壮族自治区	6	3(50.0%)	0	50.0
吉林	13	10(76.9%)	0	76.9	重庆	10	3(30.0%)	3(30.0%)	60.0

① 在实践中,人们有时将两类成员都视作法制委的兼职委员:一类是省人大常委会领导以及法工委主任和副主任,另一类是本职工作并非在人大系统的党政机关和教学科研单位的人员。考虑到省人大常委会领导以及法工委主任和副主任的日常工作主要在人大常委会,可以对法制委的统一审议投入较多的时间和精力,因此,本段落分析的法制委兼职委员仅指非人大系统内部的、不驻会的法制委成员。

续表

省级行政区	法制委人数/人	兼职和兼任人数/人		占比/%	省级行政区	法制委人数/人	兼职和兼任人数/人		占比/%
		兼职	兼任				兼职	兼任	
黑龙江	10	5（50.0%）	0	50.0	四川	8	3（37.5%）	0	37.5
上海	10	2（20.0%）	5（50.0%）	70.0	贵州	7	3（42.9%）	0	42.9
江苏	6	2（33.3%）	1（16.7%）	50.0	云南	7	3（42.9%）	1（14.3%）	57.1
浙江	8	3（37.5%）	0	37.5	陕西	9	6（66.7%）	0	66.7
安徽	12	1（8.3%）	7（58.3%）	66.7	甘肃	11	3（27.2%）	2（18.2%）	45.5
福建	8	0	0	0	青海	11	2（18.2%）	5（45.5%）	63.6
江西	16	4（25.0%）	4（25.0%）	50.0	宁夏回族自治区	7	0	1（14.3%）	14.3
山东	8	2（25.0%）	0	25.0	合计	268	92（34.3%）	37（13.8%）	48.1

注：表格中带括号部分，括号外数字是人数，括号内数字是人数占比。

根据上述分析，本书的初步判断和结论是：

第一，省级人大法制委成员的性质构成现状在某些环节上促进了统一审议法定功能的发挥，但在整体上并不能真正适应法制委的“角色”需求。

值得充分肯定的是，河南、青海等11个省级行政区的人大法制委有其他专门委成员兼任，尤其是安徽、上海、天津和江西4个省市人大所有其他专门委都有成员兼任法制委的举措，无疑有助于法制委在统一审议中在全面、准确了解其他专门委审议意见及其缘由的基础上更有效地与相关专门委员会交涉，并进而更为审慎、科学地取舍来自其他专门委的审议意见。

然而，同样需指出的是，近2/3的法制委非驻会委员和多达1/3的兼职委员的组织结构无疑将削落法制委的工作实力，进而影响其法定职责的履行。尽管法制委的这些成员具有高度责任心和工作热情,也具有较高的文化素质和议政水平,但兼职太多、负担过重、分身乏术以致没有足够时间和精力充分做好统一审议的准备工作,难于考虑全局性、根本性的问题,甚至难以保证出席法制委会议也是不争的事实。在2006年问卷调查中,不少省级行政区对法制委成员的性质构成现状也多有微词。如吉林坦言,法制委兼职委员过多,有时连出席会议都保证不了;广西壮族自治区提出,因兼职委员过半,有时无法保证出席会议的委员超过半数;北京指出,部分委员出席率不高,对重要问题无法直接参与调查研究活动;甘肃也认为,部分委员参与立法调研、座谈活动较少,了解实际、掌握一手资料不够,直接影响统一审议的质量。此外,法制委的可能工作能量还受到以下两个因素的影响:一则,来自其他专门委的法制委兼任委员的主要工作仍在其所在的专门委员会;二则,即便在法制委兼任的人大系统内部的常委会领导和法工委负责人,也不可避免地受其职务以及完成事务性工作的影响。因此,若加上此两类成员,"兼"法制委成员的人数已超过半数,达52.2%。这样的组织结构难免"有其形而无其力",将直接导致法制委会议出席率不高、会前准备不充分、审议不到位等结果,从而使法制委的集体决策作用大打折扣,影响统一审议的决策质量。

第二,应当在坚持和完善人民代表大会这一根本政治制度的框架内提高法制委成员的专职化程度。随着我国社会主义民主法制的发展,人民代表大会制度正在不断完善,专门委员会组成人员的专职化程度也在不断提高。[①] 相比较省级人大其他专门委,由于法制委的工作任务相对繁重,不仅应当履行《地方组织法》规定的专门委员会的"一般"职责,而且还须承担所有法规统一审议的"特殊"重担,[②]因此,除保证法制委足够的组成人员之外,还应当安排一定比例的专职委员,以保证其拥有足够时间为开好每一次统一审议会

① 在全国人大,专门委员会组成人员的专职化程度正在不断提高。2003年3月,第十届全国人大常委会新增19名40岁左右的专职委员,占全体成员的10%左右。19名专职常委会组成人员全部进入7个专门委员会,其中的10名又在2004年8月由全国人大常委会办公厅任命为相关专门委员会主任委员助理。

② 关于法制委与其他专门委的职责比较,见本书第六章第二节第"一"部分的"法制委的统一审议职责和其他工作职责",第248~260页。

议作好扎实准备，全身心地履行职责，使法制委的会议质量和审议水平得到保障。基于代表机构审议组织"过半数成员出席会议"的议事和决策规则，建议将专职委员的"一定比例"确定为"不少于法制委全体组成人员的50%"，或以修改《地方组织法》相关规定的方式予以明确，或以全国人大常委会出台"意见"等有关文件加以指导。

第三，应当高度重视各专门委员会交涉协调机制的组织化和制度化。2006年问卷调查曾就法制委与其他专门委的关系进行研究。就法制委与有关专门委员会的关系而言，26个被调查省级人大法制委认为"关系协调"的有6个省级行政区（23.1%），"比较协调"的有江西等18个省级行政区（69.2%），"有时关系比较紧张"的有辽宁等2个省级行政区（7.7%）；[①]就统一审议制度的实施是否影响法制委和有关专门委员会两个积极性发挥的问题，除安徽和吉林未作答之外，24个法制委认为两者在立法过程中"积极性都发挥得较好"的有江西等16个省级行政区（66.7%），认为"其他专门委员会的积极性有所减弱"的有辽宁等8个省级行政区（33.3%）。[②] 这些来自法制委自身的主观判断尽管表明实行统一审议后的法制委和其他专门委的关系在总体上是比较协调的，但此乐观结论毕竟缺乏来自其他专门委的认可。为了尽量减少因统一审议导致审议资源的浪费，充分发挥其他专门委和法制委在审议中的两个积极性，也为了确保我国将人大及其常委会全体会议的辩论前置到委员会审议阶段的预期效果，法制委和其他专门委之间的必要交涉和有效沟通必须借助"组织装置"。[③] 为此，建议优化省级人大法制委的兼任委员结构，以修改《地方组织法》相关规定的

① 认为"关系协调"的6个省级行政区为江苏、湖南、广东、广西壮族自治区、四川和云南；认为"比较协调"的18个省级行政区是河北、内蒙古自治区、宁夏回族自治区、黑龙江、河南、贵州、山东、浙江、青海、重庆、天津、北京、安徽、甘肃、吉林、福建、湖北和江西；认为"有时比较紧张"的2个省级行政区是辽宁和陕西。

② 前者指河北、宁夏回族自治区、黑龙江、江苏、河南、贵州、浙江、湖南、天津、北京、甘肃、广东、广西壮族自治区、四川、福建和江西；后者指内蒙古自治区、山东、青海、重庆、陕西、湖北、云南和辽宁。

③ 此处涉及的"组织装置"借用日本行政法上的"制度装置"。具体内容见第14页注①。

方式或以出台全国人大常委会“指导意见”的方式或以各省制定的有关地方人大和政府组织细则的方式，建立其他专门委员兼任法制委成员的制度，即明确规定凡承担法规审议职能的省级人大其他专门委至少各有一名驻会成员兼任法制委委员。

（四）年龄构成

法制委组成人员年龄构成的合理与否直接关乎委员会工作能否具有连续性和稳定性，更客观影响智力经验和创造活力的优势结合何以促使统一审议功能的更好实现。

本届辽宁、上海和江西三地人大法制委的补充调查数据（以下简称三省补充调查）显示：三地人大法制委成员的平均年龄偏大，中青年委员比例较小，主任委员年龄仅能任满一届，副主任委员年龄呈梯状分布（见表5－15）。

表5－15　辽、沪和赣三地人大法制委组成人员的年龄构成

省级行政区	法制委人数/人	年龄分布						主任委员/岁	副主任委员/均岁
		>60岁/人	56～60岁/人	51～55岁/人	46～50岁/人	41～45岁/人	≤40岁/人		
辽宁	9	6	1	2	—	—	—	62	61
上海	10	6	2	1	1	—	—	64	51
江西	16	6	2	2	4	2	—	64	61
合计	35	18	5	5	5	2	0	63	58

注：据2007年5月了解，辽宁省和江西省人大法制委成员已分别增至10名和17名（增加1名副主任委员）；上海市人大法制委的10名成员中有1名自2007年起不再任职该委员会组成人员，年龄58岁。基于本章的数据资料源于2006年课题组，为保证各省级人大组织结构的同期比较，因而未将三地人大法制委组成人员的最新变化写入正文。

具体是：

第一，在三地人大法制委的35名组成人员中，平均年龄58岁，其中60岁以上的18人，占51.4%；56～60岁的5人，占14.3%；51～55岁的5人，占14.3%；46～50岁5人，占14.3%；45岁以下的2人，占5.7%。

第二，在三地人大法制委中，江西的平均年龄最小，其中最年轻的委员仅42岁；辽宁省中青年委员最少，平均年龄达60岁。

第三，三地人大法制委主任委员年龄均已超过 62 岁，副主任委员年龄相对年轻，呈现平缓的阶梯分布，其中 2 名上海副主任委员为 55 岁和 49 岁，5 名江西副主任委员为 65 岁、64 岁、61 岁、61 岁和 55 岁。

如前文所述，法制委成员中老同志的加入无疑使统一审议具有了弥足珍贵的经验和沟通优势。然而，年龄结构偏大可能制约法制委的工作效率，而且也会影响委员的连任并进而影响工作的稳定性和连续性。① 因此，建议适当增加法制委的中青年委员，提高 55 岁以下委员的比例，保证 1/2 的组成人员能够任满两届，从而使法规案的统一审议具有更稳定的组织保障。

三、法制委主任委员和副主任委员的配置

2006 年问卷调查显示：

第一，法制委主任委员的配置有三种类型。一是由省级人大常委会副主任兼任，如北京、江西、山东、安徽和内蒙古自治区 5 个省级行政区，占 18.5%。二是由省级人大常委会法工委主任兼任，如天津、湖南、浙江和青海 4 个省级行政区，占 14.8%。三是由专职的省级人大常委会委员担任，此种类型占据多数（66.7%），包括黑龙江、陕西等 18 个省级行政区。担任法制委主任委员的专职常委会委员有原人大常委会秘书长（11.1%）、原党政机关局级领导干部（44.4%）和原同级人民政府法制办主任（7.4%），也有专家学者（3.7%），如重庆市（见表 5－16）。

表 5－16　省级人大法制委主任委员配置情况

省级行政区名称	省级行政区数/个	占比/%	配置情况
北京、江西、山东、安徽、内蒙古自治区	5	18.5	由常委会副主任兼任
天津、湖南、浙江、青海	4	14.8	由常委会法工委主任兼任

① 参见毛磊：《优化人大常委会组成人员结构势在必行》，载《人民日报》2003 年 6 月 11 日，第 13 版。

续表

省级行政区名称	省级行政区数/个	占比/%	配置情况	
辽宁、湖北、贵州	3	11.1	由专职常委会委员担任	原人大常委会正副秘书长
福建、陕西、河南、江苏、四川、吉林、广东、河北、云南、黑龙江、广西壮族自治区、宁夏回族自治区	12	44.4		原党政机关局级领导
上海、甘肃	2	7.4		原政府法制办主任
重庆	1	3.7		专家学者
合计	27	100.0		

第二，各省级人大法制委副主任委员的职数不尽相同，省均2.96名。27个省级人大法制委共有副主任委员80人。少则1人（福建、安徽和青海），多则6人（湖北），设2~4名副主任委员的省级行政区最为多见（74.1%），达20个。本书第四章重点分析的江西人大法制委副主任委员5人，多于辽宁的4人和上海的3人（见表5-17）。

表5-17　省级人大法制委副主任委员配置情况

省级行政区名称	省级行政区数/个	副主任委员数/人	占比/%
湖北	1	6	3.7
江西、浙江、黑龙江	3	5	11.1
辽宁、湖南、山东、四川、贵州	5	4	18.5
北京、重庆、陕西、广东、河北、甘肃	6	3	22.2
上海、天津、河南、江苏、吉林、云南、内蒙古自治区、广西壮族自治区、宁夏回族自治区	9	2	33.3
福建、安徽、青海	3	1	11.1
合计	27	10	100.0

第三,省级人大法制委副主任委员的任职来自12个方面。其中由原其他党政机关局级领导兼任的最多(18个省级行政区),省人大常委会法工委主任兼任的次之(14个省级行政区),由法工委副主任或原法工委领导兼任的均为6个省级行政区,由原专门委员会领导兼任的有5个省级行政区,由法学专家或者现任党政机关局级领导兼任的均为4个省级行政区,由原政府法制办领导兼任的有2个省级行政区,兼任最少的是原常委会领导和省级人大其他专门委主任委员(均为1个省级行政区)。特别引起注意的是,宁夏回族自治区的1位法制委副主任由其他专门委员会委员兼任。本书第四章重点分析的上海2名副主任委员分别由法工委主任和学者兼任,江西的5名副主任分别由法工委主任、原法工委领导和原党政机关局级领导干部兼任,辽宁的4名副主任委员分别由原法工委领导、原其他专门委领导和原党政机关局级领导干部兼任。

根据上述数据材料,本书的三个初步结论和建议是:

第一,具有较深资历和任职法工委负责人是我国省级人大法制委主任和副主任委员的两项重要任职条件。在107名主任和副主任委员中,19名为原人大常委会秘书长或原同级人民政府法制办主任(17.8%),25名为法工委负责人(23.4%)。

就法制委主任和副主任委员的提名和任命重视其在同领域的任职资历这一条件而言,无疑吻合现代国家代议机关委员会主席遴选的资深惯例。① 尽管法制委是一个以合议为主要审议方式的组织,委员会组成人员的法律地位平等,享有同等的权力和义务,然而,不仅法制委的日常工作需要安排,日常事务需要处理,委员会会议需要主持,更关键的是法制委的主任委员还须列席常委会主任会议,对主任会议拟定常委会会议议程、决定提请常委会会议审议的由各专门委员会提出的审议报告以及处理常委会其他重要日常工作时回答询问和作出说明,还须与其他专门委就法规案的分歧意见进行广泛的私下磋商。所有这些都决定了主任委员应当具备在人

① 如在美国,委员会任职最久的多数党议员通常被选举为委员会主席;在英国,委员会主席由议长从资深议员组成的主席团名单中选派;在法国,领导委员会的主席团主席由比较有名望的、在该领域内工作多年的、经验丰富的政治家担任。参见周伟:《各国立法机关委员会制度比较研究》,山东人民出版社2005年版,第249~252页。

大系统或者在其他立法部门长期工作的资深经历。

就由法工委负责人兼任法制委主任和副主任委员的现象而言，的确只是我国人民代表大会法制委负责人的任职“特色”。由于法工委本身是各省级人大常委会领导下专门负责立法的工作机构，不仅是常设机构，而且主要任务就是为省级人大和常委会审议法规案提供服务，为省级人大和常委会审议法规案提供有关资料，进行立法方面的法理研究和比较法研究，因此，由法工委负责人兼任法制委主任或副主任委员具有非常明显的优势。一方面，在人大内部系统，可以最大限度地集中相对有限的法律专业人员；另一方面，在承担法制工作的专门组织之间，能够实现负责法制的专门委员会和负责法制的工作委员会之间的无缝对接，减少摩擦、增加合力。以2006年问卷调查为例，在认为法制委和法工委两者关系“很协调”的6个省级行政区中，湖南、重庆、福建和江西都有法工委主任兼任法制委副主任，四川和辽宁由原法工委负责人任职法制委副主任；在认为“有时不够协调”的陕西、吉林和云南省，其共同特点都是法工委主任既未兼任法制委主任委员也不任职副主任委员。① 另外，就审议文化和习惯的“软环境”建设而言，法工委负责人的相对年轻和专业化的现状②也可能更有利于统一审议制度及其操作性细节的稳定和延续。

第二，现阶段由省级人大常委会副主任兼任法制委主任的组织体制在实践中有利于实现统一审议的法定功能。客观而言，常委会副主任兼任法制委主任的利弊皆备。在我国，尽管地方人大常委会主任会议并非实体权力机构，无权替代常委会行使任何职权，然而，其毕竟是“处理常务委员会的重要日常工作”③的机构，是“常委会的

---

①　2006年问卷调查中的该问题以及选项是，“在法制委员会不专设工作机构的情况下，同人大常委会法制工作机构的关系：很协调、比较协调、有时不够协调”。除江苏、山东和广东之外，23个省级行政区回答了此题。其中认为“很协调”的占26.1%，“比较协调”的占60.9%（河北、内蒙古自治区、宁夏回族自治区、黑龙江、河南、贵州、浙江、青海、天津、北京、安徽、甘肃、广西壮族自治区、湖北），“有时不够协调”的占13.0%。

②　上海和江西两地人大常委会法工委主任都是（法学）专家型的领导，分别为54岁和55岁（辽宁法工委主任已退休）。

③　《地方组织法》第48条规定，“……主任会议处理常务委员会的重要日常工作”。

领导机构”,是“常委会的真正核心”。[①] 由于省级人大主任会议由主任、副主任和秘书长组成,[②]因此,兼任法制委主任的常委会副主任无疑对法制委的统一审议及其结果的形成以及采纳程度产生举足轻重的影响。一方面,兼任的组织体制弱化了主任会议本应具有的独立和中立属性,使本应保持与法制委的适度距离变得“虚化”,因此,审议角色从差异走向混同,即统一审议的法律专业审议可能混淆于处理重要日常工作的“领导”身份议决,进而使法规案的统一审议因角色混同而降低交涉性,这是兼任制的弊端;另一方面,无论从地方立法统一审议制度因尚处于构建阶段而相当粗放,运行该制度所需的众多细则尚未“既定”而仅“潜在”,尚未“制度”而仅“习惯”而言,还是从统一审议的确需要排除众多阻力、协调各方利益才能实现戒断不当部门利益和维护法制统一功能的实际而言,常委会副主任的兼任当然具有权威和有效的特征。这是因人大常委会副主任的“人格魅力”和“制度话语”所决定的。常委会副主任不仅通常担任过较高级别国家机关的领导、较有名望、资历较深、经验丰富,以致能更好与其他专门委沟通,而且可以凭借其是主任会议的组成人员,有权参加主任会议,并享有发言和表决权的制度平台[③]更充分地向主任会议反映并解释法制委的统一审议意见,从而为主任会议全面了解各方审议意见,协调法制委和其他专门委的争议,尤其是“放行”法制委的正确审议意见夯实组织结构上的基础。借此,在省级人大常委会主任会议行政化倾向难以彻底“抛弃”和在全体会议上充分有效辩论的审议文化尚未扎根的现阶段,由常委会副主任兼任法制委主任委员当属一种更有利于统一审议法定功能实现的组织

---

① 蔡定剑:《中国人民代表大会制度》,法律出版社2003年版,第237~238页。

② 《地方组织法》第48条规定,“省、自治区、直辖市、自治州、设区的市的人民代表大会常务委员会主任、副主任和秘书长组成主任会议;县、自治县、不设区的市、市辖区的人民代表大会常务委员会主任、副主任组成主任会议。主任会议处理常务委员会的重要日常工作”。

③ 就本届各省级人大常委会主任会议的会议规则而言,不同时具有常委会副主任身份的法制委主任委员如同其他各专门委员会主任委员,虽然有权列席主任会议,但不享有发言权和表决权,因而不便于在主任会议上全面反映该委员会的统一审议意见。如《上海市人民代表大会常务委员会主任会议议事规则》第九条规定,“市人民代表大会各专门委员会和常务委员会各工作委员会负责人,副秘书长,办公厅和研究室负责人列席主任会议”,但没有规定“列席人员有发言权”。

结构。当然，若为了同时减少兼任制的负面效应，也可以考虑安排资深、排位靠前的省级人大常委会副主任分管法制委的统一审议工作。

第三，至少应当安排一名法学专业人士任职法制委副主任委员。在我国地方立法统一审议的实际运作中，法制委主任委员和副主任委员往往相对于其他委员而言具有更大的影响力。这种影响力集中反映在三个方面：其一，在程序上，主任委员和副主任委员对法制委会议的召开、议题的确定以及分配给某法规案的审议时间具有决定权；其二，在实体上，主任委员和副主任委员在法制委会议上所发表的对法规案的统一审议意见往往更易得到其他委员的尊重、重视乃至采纳；其三，更为重要的是，法制委经统一审议后所形成的审结报告和修改情况报告须由主任委员或副主任委员审核后方可签发。由于审核并不限于文字，有时也会涉及内容修改，因此，签发意见的主任委员和副主任委员有对统一审议的结果施加更多个人影响的便捷"通道"。据此，面对统一审议更具法律专业审议的要求但目前省级人大法律人才匮乏的实际矛盾，建议采取北京、上海、陕西和吉林四地的做法，由副局级职级的法学专业人士担任法制委副主任委员，以更好辅佐具有更强政治经验的法制委主任委员履行统一审议的职责。

四、法制委员会构成的初步研究结论

第一，应当回归并强化设置统一审议组织的理念。在影响法制委何以组成的诸多环境因素中，设置该组织的初衷及其理念无疑是决定性要素。因此，应当强调法制委的构成必须满足地方立法统一审议的需要，必须以是否有助于法制统一的维护和不当利益的摒除作为衡量其人员配置是否合理"到位"的唯一标尺。事实上，影响了组织结构的决定因素，必然会影响组织结构的变迁，乃至于影响到组织功能的优化。

第二，应当注重考察组织结构对组织功能的影响。结合本书第四章对辽宁、上海、江西三地统一审议实效的研究，审议效率和审议质量的差异几乎都能在本章所分析的组织结构的差别中找到"关键"。由此，各省级人大不仅要明晰设置法制委的基本理念，更应重视法制委的"作为"能否吻合设置目的，即充分关注、仔细分析统一审议组织的行为后果。唯如此,才能“理直气壮”地证明审议组织是否真正变迁,更关键的是,才能客观判断法制委的构成合理与否,才能清晰决断法制委的构成是否需再作调整以及何以调整。

第三,应当重视适应特定环境的组织结构的必要调整。组织社会学的权变理论指出,尽管所有组织都依赖于自身的资源环境和技术信息环境,但由于这些环境在复杂性和不确定性方面是不同的,因此为了适应环境的需要,组织结构也会随之变化。就各地法制委而言,为了切实履行统一审议的法定功能,应当依据当地实际情况,注重八个关键环节的调整。一是保持法制委 10 ~ 12 名的人员规模,使法规案的统一审议具有更适当规模的组织保障。二是改变现职党政机关负责人任职法制委的来源结构,使法规案的统一审议具有更超脱的组织保障。三是强化法制委成员的法学知识结构,吸收具有一定地方立法经验和熟悉法律专业的人员,使法规案的统一审议具有更专业的组织保障。四是降低法制委成员的年龄结构,保证 1/2 的组成人员能够任满两届,使法规案的统一审议具有更稳定的组织保障。五是强调法制委成员的善于表达和兼容的秉性特征,以法规案能在“审”和“议”的基础上求大同存小异而最终形成“统一”。[①] 六是配置必要的兼任委员,包括法工委主任兼任法制委副主任委员和其他专门委兼任法制委成员,使法规案的统一审议具有更常态交涉的组织保障。七是逐步提高法制委专职委员的比例,使法规案的统一审议具有更充裕时间、更专业化审议的组织保障。八是强调法制委主任和副主任委员具有较深任职资历和任职法工委负责人的两项重要任职条件,使法规案的统一审议具有更强政治经验和智慧的组织保障。

第三节　统一审议组织工作机构的组织与职责

为了保障立法机关委员会工作的正常进行,现代各国无一例外

---

① 参见谢天放、王宗炎、何雅、崔凯:《地方立法统一审议机制研究》,载《政府法制研究》2007 年第 10 期。

地设置了辅佐委员会完成任务的工作机构。换言之,委员会的工作机构能否提供高效、细致、充分和专业的各项准备工作,直接掣肘委员会的工作效率和质量。

在我国,尽管《地方组织法》和《立法法》对因实施地方立法统一审议制度而设立的审议组织的工作机构未作任何规范,然而,省级人大法制委的"手脚"——工作机构仍然随同法制委的设立而产生。

需说明的是,我国相关法律并未对此类机构的名称予以统一规范。因此,尽管学界几乎无一例外地都称其为"工作机构",但各地的称呼却有所不同。有的依照通说命名为"工作机构",如2003年4月7日印发的《重庆市人民代表大会法制委员会、重庆市人大常委会法制工作委员会及其工作机构工作职责》(以下简称《重庆职责》)文件第三部分规范的是"工作机构"的职责;有些省级行政区却在正式文件中行文为"内设机构"或者"办事机构",如2003年四川省人大法制委和省人大常委会法工委首次联席会议议定:"法制委员会、法制工作委员会内设机构参照全国人大法律委员会和常委会法制工作委员会的做法,法制委员会不再另设办事机构。法制工作委员会下设的办公室、综合处、法规处,也是法制委员会的办事机构……",并在该次会议上制定了《四川省人大常委会法制工作委员会内设机构工作职责》(以下简称《四川职责》)。

一、工作机构的设置及模式

2006年问卷调查显示,27个省级人大法制委都设有工作机构,但模式不尽相同:

第一种模式为"共用"机构。此模式如同全国人大法律委员会和法工委的工作机构,即法制委不单设工作班子,而是与常委会的法工委共用一套工作班子。24个省级人大采用此种模式。

第二种模式为"独用"机构。由于个别省的人大常委会未设法工委,因此,法制委下单独设有完整的工作班子。广东、①云南两省便是如此。

---

① 据了解,广东省人大常委会已于2006年下半年设立了法制工作委员会。

第三种模式为"叠加"机构。山东省人大法制委除与法工委(法制工作室)共用一套工作班子外,还自设办公室(编制5人,实为4人)。

二、工作机构的人员规模

第一,关于工作人员人数。27个省级人大法制委的工作机构共有工作人员360人,但人数自6人至21人不等。其中黑龙江最多(21人),宁夏回族自治区最少(6人),10~15人的有23个省级行政区,平均每省11.4人(见表5-18)。本书第四章分析的江西、上海和辽宁法制委各有工作机构成员15人、13人和10人。

表5-18　省级人大法制委的工作机构的人数

省级行政区名称	省级行政区数/个	组成人员数/人	占比/%
黑龙江	1	21	3.2
北京、山东	2	16	6.5
江西、福建、湖北、陕西、浙江、江苏、河北	7	15	22.6
河南、甘肃、广东	3	14	9.7
上海、重庆、湖南、贵州、云南	5	13	16.1
天津、吉林、安徽、内蒙古自治区	4	12	12.9
四川	1	11	3.2
辽宁、青海、广西壮族自治区	3	10	9.7
宁夏回族自治区	1	6	3.2
山西、西藏自治区、海南、新疆维吾尔自治区	4	不详	12.9
合计	31	118	100.0

第二,关于工作人员和法制委成员的数量关系。人大法制委成员与工作机构人员的总构成比为1∶1.3。其中上海和辽宁等大多数省级行政区的构成比在1∶1.1~1.9之间,黑龙江、江苏、山东和河南四省的构成比大于或等于1∶2,天津、江西和青海三地的构成比则小于1∶1(见表5-19)。

表 5－19　省级人大法制委成员与其工作机构成员的构成比情况

省级行政区	法制委人数/人	法工委人数/人	工作机构		省级行政区	法制委人数/人	法工委人数/人	工作机构	
			人数/人	与法制委人数比				人数/人	与法制委人数比
北京	15	3	16	1∶1.1	河南	7	3	14	1∶2
天津	15	4	12	1∶0.8	湖北	13	2	15	1∶1.2
河北	13	3	15	1∶1.2	湖南	9	4	13	1∶1.4
内蒙古自治区	11	3	12	1∶1.1	广东	9	—	14	1∶1.6
辽宁	9	2〔1〕	10	1∶1.1	广西壮族自治区	6	3	10	1∶1.7
吉林	13	3	12	1∶1.1	重庆	10	3	13	1∶1.3
黑龙江	10	2	21	1∶2.1	四川	8	2	11	1∶1.4
上海	10	6	13	1∶1.3	贵州	7	2	13	1∶1.9
江苏	6	3	15	1∶2.5	云南	7	—	13	1∶1.9
浙江	8	3	15	1∶1.9	陕西	9	2	15	1∶1.7
安徽	12	3	12	1∶1	甘肃	11	2	14	1∶1.3
福建	8	2	15	1∶1.9	青海	11	3	10	1∶0.9
江西	16	4	15	1∶0.9	宁夏回族自治区	7	2	6	1∶1.2
山东	8	2	16	1∶2	合计	268	71	360	1∶1.3

〔1〕据2007年5月了解，辽宁人大常委会法工委设主任和副主任两名成员，但因两人退休而职位空缺。

三、工作机构的内部构成

无论统一审议组织的工作机构采取“共用”、“独用”还是“叠加”的模式，所有省级人大法制委工作机构都设立了1个至2个立法处室。此外，八成五的工作机构内设办公室，还有个别省级行政区设有规章备案审查处或综合处(信息处)。其中立法处室工作人员为“主力军”,共228人,占全体成员的63.7%,处理日常事务办公室人员占近三成(29.3%),规章审查和综合处分别占1.7%和5.3%(见表5-20)。

表5-20　省级人大法制委工作机构的内部构成

单位:人

地区	办公室	立法处室						规章备案审查处	综合处	合计
		一处	二处	三处	四处	行政法规处	经济法规处			
北京	—	5	5						6	16
天津	3	3	4					2		12
河北	4	3	3	3				2		15
内蒙古自治区	4	4	4							12
辽宁	3	4	3							10
吉林	4					3	4	1		12
黑龙江	6	3	4	4	4					21
上海	4	4	5							13
江苏	5					5	5			15
浙江	4					5	6			15
安徽	3	5	3					1		12
福建	6					5	4			15
江西	7					4	4			15
山东	8					4	4			16
河南	—	4	5						5	14
湖北	3					4	5		3	15
湖南	5	4	4							13
广东	7					5				12
广西壮族自治区	3	4	3							10

续表

地区	办公室	立法处室						规章备案审查处	综合处	合计
		一处	二处	三处	四处	行政法规处	经济法规处			
重庆	4	4	5							13
四川	5	3	3							11
贵州	4	5	4							13
云南	4					5	4			13
陕西	5	5	5							15
甘肃	—	4	5						5	14
青海	4	3	3							10
宁夏回族自治区	—					3	3			6
合计	105	67	68	7	4	43	39	6	19	358

四、工作机构的功能职责

一般而言，省级人大法制委工作机构的职责包括委员会的日常行政工作、较大的市报请批准的法规审查工作、立法规划和年度审议法规草案计划的拟定工作、经其他专门委初审的法规案的修改工作四大方面。

就统一审议而言，工作机构承担的工作繁杂而重要。以四川省和重庆市人大法制委工作机构的职责规定为例。

《四川职责》规定：

办公室

……

五、负责草拟向全国人大常委会法制工作委员会有关法律问题的请示报告。……

七、负责组织有关法学理论研究和法制宣传活动。……

十三、负责省人大机关综合信息系统中法律数据库的建立。……

十五、负责委员会会议记录，编印会议纪要。

综合处(一处)

一、起草非经济类地方性法规草案审议结果报告初稿,负责非经济类地方性法规草案的修改。

二、承办非经济类地方性法规草案在统一审议阶段的调查研究、论证听证事宜。

三、收集、综合非经济类地方性法规草案审议中重要问题的不同意见,提出重大问题协调的选择方案,编写法规草案审议重要意见综述。

四、收集、整理、编印非经济类地方性法规草案有关参阅资料。……

八、负责与省人大内务司法、民族宗教、教科文卫、外事侨务委员会及其办公室的日常联系。

九、负责与省政府法制办公室政法文教法规处的日常联系。……

法规处(二处)

一、……二……三、……四、……八……九……①

《重庆职责》规定:

三、工作机构

(一)法制委员会办公室

1. 负责法制委员会和法制工作委员会的文秘、会务、档案……等日常事务……

4. 承办市人大常委会法制讲座的安排落实……

7. 负责市人大常委会立法顾问和立法咨询专家的日常联系工作。

(二)法制工作委员会法规一处(原综合处)

1. 联系财政经济委员会(预算工作委员会)、教育科学文化卫生委员会、民族宗教侨务外事委员会。

2. 承办计划、财政、税收、审计、统计、商业、对外贸易、

① 《四川职责》对"法规处"的职责规定与对"综合处"的规定基本相同。所不同的只是,第一,法规处的工作对象是"经济类地方性法规草案"而非"非经济类地方性法规草案";第二,法规处负责日常联系的对口专门委员会以及政府有关部门与综合处不同。

工商管理、交通、信息通信、质量技术监督、药品监督、劳动和社会保障、教育、科学、文化、体育、卫生、广播电视、新闻出版、民族、宗教、侨务、外事等方面法规的调研、征求和整理意见等事项,提供立法有关资料,提出修改建议、草拟立法文件。

3. 承办相关法规草案的征求意见工作。……

(三)法制工作委员会法规二处(原法规处)

1. 联系内务司法委员会、城乡建设环境保护委员会(移民工作委员会)、农业和农村委员会和人事代表工作委员会、研究室、信访办公室。

2. 承办法院、检察院、公安、国安、检察、司法、民政、人事、信访、国防、城建、国土资源和房地产、市政、园林、环保、人防、旅游、移民、农业、林业、水利、扶贫、物价、气象、人大制度及法制建设等方面法规的调研、征求和整理意见等事项,提供立法有关资料,提出修改建议、草拟立法文件。

3. 承办相关法规草案的征求意见工作。……

概括上述两地有关人大法制委工作机构的职责规定,工作机构围绕统一审议所进行的工作主要包括以下三个环节:

第一,提供统一审议会议的会务、文秘和档案各项服务工作等。

第二,进行统一审议的前期准备工作。包括对口联系省人大其他专门委和人民政府法制办相关处室、组织相关法学理论研究、安排落实相关法制讲座、草拟向全国人大常委会法工委就法规审议中法律问题的请示报告、提供审议所需要的立法资料以及其他参阅材料、收集并综合各方对法规草案中的重要问题的不同意见等。

第三,开展统一审议阶段中的基础性工作。包括承办立法调查、论证和听证会事宜、起草审议结果报告初稿、提出重大问题协调的选择方案、起草法规草案修改稿等。

五、工作机构的初步研究结论

第一,省级人大法制委工作机构的辅佐是法制委依法履行统一审议职责的重要基础。工作机构提供的会议服务工作、前期工作以及基础性工作的深度、质量和水平，直接关系到法制委实施统一审议工作的深度、质量和水平。因此，必须高度重视工作机构人员构成的合理性以及工作制度的科学性。“议会的助理机构和人员不是摆设，它必须根据议会的需要而设置，必须能协助议会办理各项工作，解决各种问题”①。

第二，省级人大法制委工作机构的设置现状在总体上能基本适应统一审议的需要。这种“基本适应”性主要反映于2006年问卷调查中法制委的评价，即大多设置“共用”式工作机构的省级行政区对“共用”现状予以肯定。其中“认为能适应统一审议机制需要”的有天津、四川和内蒙古等8个省级行政区，占33.3%；认为“基本适应”的有辽宁、江西、北京等13个省级行政区，占54.2%；②未作“适应与否”评价的有河北、江苏和上海3个省市，占12.5%。此外，6年来地方立法统一审议的实际效果也在一定程度上比较客观地证实了“基本适应”的判断。③

第三，法制委组成人员较少或者专职委员较少的省级人大应当适当增加其工作机构的人员数量。尽管各国立法机关委员会工作机构人员的多少尚无定规，但基于其重要的辅佐作用，一般都配备精良且充足的工作人员。换言之，工作人员的数量往往数倍于议员或者代表的数量。④ 在我国，尽管全国人大其他8个专门委员会工作机构的总人数约170人左右，但法工委的在编工作人员却多达163人，与法律委员会25名成员之比为近7∶1。然而，就2006年问卷调查数据分析，我国省级人大法制委工作机构成员与法制委成员的总构成比仅为1.3∶1。若不计算负责委员会日常行政事务的办公室以及规章备案等处的工作人员，立法处室的230名工作人员与268名法制委成员的比值更是跌至0.85∶1，即为每位法制委成员提供专业辅佐作用的人员不足1人。因此，基于统一审议的专业属

① 参见蒋劲松：《议会之母》，中国民主法制出版社1998年版，第837页。

② 认为“适应”的还有浙江、湖南、重庆、福建和湖北；认为“基本适应”的还有宁夏回族自治区、黑龙江、河南、贵州、青海、陕西、安徽、甘肃、广西壮族自治区和吉林。

③ 详见本书第四章对地方立法统一审议实际效果的分析研究。

④ 如美国联邦国会工作人员达32,000多人，德国的具有公务员身份的国会工作人员达4000多人。参见周伟：《各国立法机关委员会制度比较研究》，山东人民出版社2005年版，第280～281页。

性,分工的细致和准备的充分是确保统一审议实现预期功能的必要条件,建议省级人大,尤其是法制委成员较少的浙江、福建、四川、云南、宁夏回族自治区以及法制委成员以及专职委员均较少的广西壮族自治区、贵州、辽宁和陕西等省级人大法制委适当增加其工作机构的成员数量,在现阶段至少达到 2∶1 的比例,以通过“借力”为统一审议功能的实现提供必要的组织结构保障。

第四,省级人大法制委应当强化工作机构成员的专业性、稳定性和连续性。如同 2006 年问卷调查的结果,我国省级人大法制委的工作机构现状尚不能真正、完全适应统一审议运行的实际需要。因此,建议工作机构内设的立法处室不仅应当加大具有法律、经济以及管理等相关专业知识以及工作经历人员的任用,而且要保证熟悉法学知识和运行规则的成员相对稳定,以确保为有任期的法制委成员提供连续、稳定的服务工作、前期工作和基础性工作。

第四节　统一审议组织的立法顾问

在我国省级人大,由于承担统一审议职责的法制委中法律专业人员相当“稀有”,加之辅佐统一审议的工作机构成员数量受编制限制而难以“充裕”,因此,为保障遏制不当部门利益,尤其是维护法制统一功能的实现,多数省级人大的统一审议组织聘有“外脑”——立法咨询员或立法顾问(以下简称立法顾问)。①

---

①　在我国,不少地方人大常委会既聘任一定任期的立法顾问,又建立立法咨询专家库。例如,山东人大常委会立法咨询专家库于 2005 年 11 月 4 日正式成立,80 名专家成为首批成员。其中法律类 22 名,经济类 17 名,城乡建设与环境保护类 14 名,政治哲学与民族宗教类 7 名,教科文卫类 11 名,语言文字类 4 名,社会保障与劳动就业类 5 名。这些专家中具有博士学位的 24 名,占 30%,绝大多数具有高级职称,不乏学术带头人和知名专家。平均年龄 46 岁。又如,安徽省人大常委会的立法咨询专家库于 2007 年 2 月 5 日正式运行。该省人大常委会法工委召开专家库成员会议,征询《安徽省地方志条例》(草案)的修改意见和建议。专家库成员根据 2007 年立法计划各自选择确定了今年希望重点参与的立法项目。参见《我省人大常委会成立立法专家咨询库》,载山东人大立法网 2007 年 4 月 12 日,http://www.sdrdlf.gov.cn/main/show_gg.asp? id = 85 和《安徽省人大常委会立法咨询专家库正式运行》,载中国人大新闻网 2007 年 4 月 12 日,http://npc.people.com.cn/GB/25019/5402549.html。本节分析的仅仅是指具有一定任期的立法顾问。

一、立法顾问的聘任及其方式

据不完全了解，北京、内蒙古自治区、吉林、黑龙江、上海、江苏、浙江、安徽、江西、山东、广东、重庆、四川、陕西和青海15个省级行政区都聘任了不脱产的立法顾问。

聘任立法顾问的方式主要有两种。其中北京、上海和江苏等绝大多数省级人大法制委的立法顾问或直接由常委会主任会议决定后或先由专门委员会推荐再经常委会主任会议决定后由常委会统一聘任，[①]陕西省等则由法制委直接聘任。由人大常委会统一聘任的立法顾问又以两种方式开展“外脑”工作：一种是“独享独用”，即仅对法制委的立法工作进行专业顾问，如上海；另一种是“共享共用”，即同时可为法制委和其他专门委的立法工作提供专业意见和建议，如广东。

二、立法顾问的人数和专业构成

各省级人大常委会的立法顾问数量不等，但一般都呈现本届多于上一届的现象。如九届广东省人大常委会在2000年12月22日仅聘任6名立法顾问，十届于2004年2月28日聘任的立法顾问多达20名。[②]

立法顾问均为专家学者。专业构成包括法学、财经、农业、环保、城市建设、教育、卫生和语言文字等领域。其中法律专业人士为主要成员，包括知名的法学教授、律师和司法工作者。[③] 此外，富有丰富立法实践经验的专家也是重要成员。[④]

---

① 在全国人大，各专门委员会曾可以根据工作需要任命专家若干人为顾问。顾问由委员长会议提名，由常委会任免。但是，此项制度自第九届全国人大起被取消。参见蔡定剑：《中国人民代表大会制度》，法律出版社2003年版，第246页。

② 参见《邓世豹教授受聘为广东省人大常委会新一届立法顾问》，载广东商学院网2007年4月12日，http://202.116.48.11:8082/show.aspx?id=574&cid=85。

③ 如本届四川省人大常委会于2003年4月首批聘请7名立法咨询委员。其中法律专家学者4名，其余为司法界和律师界人士。参见《四川省人大常委会聘请立法咨询员》，载贵阳市人大信息网2007年4月12日，http://www.gysrd.gov.cn/mtcz/showDetail.asp?id=528。

④ 参见《广东省人大设立立法顾问制度》，载青岛人大常委会网2007年4月12日，http://rdcwh.qingdao.gov.cn/renda/qdrd.nsf/c04c81bca796667448256bd7002f6207/f94a722bbce1efa7482569ba00083263?OpenDocument。

三、立法顾问的任期

立法顾问都有一定的任期,但长短不一。有的为 1 年,如上海和四川;有的为 3 年,如广东;有的与人大的任期相对应,聘为 5 年,如山东。

任期届满后,一般都可续聘。至于是否可以连聘连任,基于聘任实践仅始于上一届人大,即实践至今尚未超过两届,因此,各地既不可能有连聘连任的实践,也没有做出相关规定予以认可或者限制。

四、立法顾问的作用及其途径

在统一审议中,立法顾问的主要作用是发挥法律专业的"智囊"作用,即就某件法规的重点和难点问题,尤其是各方争议或者分歧较大的"合法性"和"正当性"问题提出专业意见和建议。[①] 例如,山东省九届人大常委会第三十二次会议于 2002 年 11 月分组审议《山东省遗体捐献条例(草案)》。12 月 4 日,省人大法制委专门召开了立法顾问论证会。有的立法顾问提出,"条例草案第 27 条第 3 项中'组织库未按规定参加年检的',应当视为其自动撤消组织库的行为,不应予以处罚;只有被取消组织库资格后仍继续从事组织库活动的,才应给予行政处罚。因此,建议将该项修改为'违反本条例规定,组织库未按照规定参加定期检查的,取消其组织库;该组织库继续存放捐献的遗体组织的,依照前款规定给予行政处罚'"。[②] 此修改建议最终被 2003 年 1 月 12 日的省人大常委会第三十三次通过的《山东省遗体捐献条例》第 28 条第 2 款所采纳。又如,吉林省人大常委会立法顾问针对《吉林省国家通用语言文字条例(草案)》中关于该省政府有关部门"有权在特殊情况下批准保留或者使用繁体字、异体字"的规定,指出其违背《中华人民共和国国家语言文字

---

① 作为省级人大常委会统一聘任的立法顾问,其作用并不限于统一审议。一般而言,立法顾问的任务主要是:参与立法规划和年度立法计划拟定和论证工作;参与地方立法以及立法规范等理论研究;参与法规的调研、起草、论证以及草案的修改;专题研究、论证立法中的重点、方向等宏观性问题;提供立法相关资料;参与由全国人大常委会委托的法律草案征求意见工作;参与培训或指导立法工作人员;参与人大常委会需要咨询的其他工作。

② 参见《山东省人大法制委员会关于〈山东省遗体捐赠条例(草案)〉审议结果的报告》,载《山东省第九届人民代表大会常务委员会第三十三次会议公报》。

法》关于此种情形须由国务院有关部门批准的规定,从而避免了立法权限上的错位。据称,本届吉林省人大常委会自 2003 年建立立法顾问制度至 2005 年年底,立法顾问就 26 件法规草案提出近 1500 条的意见和建议,其中被采纳的有 700 多条;[①]2006 年,立法顾问又就 8 件法规草案提出 185 条意见和建议,[②]对保障该省地方立法质量起到了重要作用。

立法顾问在地方立法统一审议过程发挥"外脑"作用的方式主要有三种:第一种,列席人大法制委的统一审议会议,发表意见。第二种,参加人大法制委召开的立法顾问论证会,对论证的法规草案提出修改意见和建议。第三种,书面提出对进入统一审议程序的法规草案以及有关问题的意见和建议。

五、立法顾问的日常联系和活动经费

多数省级人大立法顾问的日常联系由法制(工)委办公室负责。如《重庆职责》规定:法制委办公室"负责市人大常委会立法顾问和立法咨询专家的日常联系工作"。有些省级行政区由法制委办公室会同人大常委会办公厅秘书处进行日常联系。

关于立法顾问开展立法咨询活动的经费一般在各省级人大常委会的立法经费中开支,由法制委工作机构按照财务制度办理。

六、立法顾问的初步研究结论

第一,省级人大法制委借助立法顾问的外部结构实现了"借壳孵蛋"的效果。一方面,立法顾问的外部结构强化了立法的专业性。人大法制委的组成人员不是全能专家,不可能对任何立法项目都具有专业的认知和判断。专家型的立法顾问恰恰弥补了这一缺憾。另一方面,立法顾问的外部结构提高了立法的参与度。立法顾问不仅是各方面的专家,也是民众的一员。他们可以直接将百姓的声音传递到立法者那里,使立法更为科学和完善。再一方面,立法顾问

---

① 参见《人大立法咨询员发挥"外脑"作用　700 建议得采纳》,载中国人大新闻网 2007 年 4 月 12 日,http://npc.people.com.cn/GB/14957/53049/4077785.html。

② 参见《以人为本立法为民省人大常委会召开立法咨询员座谈会》,载《吉林日报》2007 年 2 月 7 日,第 1 版。

的外部结构固化了立法的中立性。相对于直接对口政府管理部门的其他专门委而言,法制委的“超脱”属性毋庸置疑。然而,相对于法制委的内部性或内生性而言,立法顾问的外部或外生性更使中立得以“刚性”,更易“火眼金睛”地透视出不当的部门和地方利益,更易“铁面无私”地截断不当的部门和地方利益。正因为如此,立法顾问这一外在的组织结构辅助了法制委这一内生的组织结构,共同服务于统一审议制度的不当利益的遏制和法制统一的维护功能。换言之,具有专业性和中立性特质的外部专家的参与,使法制委的统一审议更具超然性、可信性和权威性,进而使统一审议的结果更易被常委会其他成员所接受。

第二,立法顾问的外部结构需要短期化、非专用、松散型和公开性的适度调整。为了使立法顾问的“壳”孵出更高质量的法规的“蛋”,建议进一步强化该组织结构的“外部性”或者“外生性”。在现阶段,需要调整的主要是:

其一,立法顾问的任期应当相对短暂而不宜与人大的任期对应。立法顾问任期长固然有助于其在熟悉统一审议的前提下发挥专业作用,但也极易滋生出“熟人”效应从而弱化其“中立”性。

其二,立法顾问的智囊作用应当体现在各专门委员会的立法审议中而非为法制委“专用”。立法顾问归属法制委专用的状况易局限其问题视野而片面判断法规案中的各种争端和各方博弈,非专用的立法顾问更易从法制委和其他专门委两条管道全面了解法规案中的争议症结,从而既有助于克服法制委和其他专门委的各自“偏见”,又有利于避免法制委的可能“专断”。

其三,立法顾问的相对固定有助于“职业化”但不利于“强中立化”。因此,建议省级人大法制委的“外脑”可以采用多种形式。既可安排相对固定的、有一定任期的、更便于有效辅助统一审议的立法顾问,也可采取非固定的、松散型的专家咨询库的方式。立法咨询专家库中的成员可以根据年度立法计划选择希望重点参与的立法项目,使进入统一审议阶段的法规案获得组织制度保障的、更为专长的真知灼见,同时进一步强化外部结构的中立性。

其四,立法顾问对统一审议的影响方式及其影响力应当公开。立法顾问设立的本意就是期待专业、中立的“外脑”经由结构制度有效去除法规案中可能存在的瑕疵。由此,立法顾问的专业影响力不可“小觑”。因此,为了既强化立法顾问的专业责任,同时避免因专业“特权”而可能出现的新的不当主张渗入法规草案,立法顾问提出的任何最终进入法规草案修改稿的意见和建议必须以一定方式公开,进而提高其公信度。在这一方面,有些省级人大法制委已将被其采纳的立法顾问的意见和建议明确地记载在向常委会全体会议提交的法规案修改情况报告或审议结果报告之中。[①] 这一做法值得肯定,当然,也需将其制度化和规范化。

第五节　小　　结

毋庸置疑,我国执政为民理念、法治建设目标、决策重心回归人大,以及各地社会发展状况等环境决定了人大审议组织结构的变迁,而各省级人大法制委组织结构的不尽相同也必然影响到统一审议功能的优化。[②]

“干部是决定的因素”。一项法定制度的生成并发挥作用,需要立法制度上的恰当安排,更需要人员等组织制度上的妥善安排。就统一审议而言,人员的合理搭配会有效弥补许多制度上的欠缺,会生成起理性的议事文化和交涉机制。相反,即便有最高法律的授

---

① 如《辽宁省人大法制委员会关于〈辽宁省预防和制止家庭暴力或干规定(草案)〉修改情况的汇报》中提到,“根据委员和专家学者的意见,增加了‘地方各级人民政府及其有关部门和妇女联合会、工会、老龄工作委员会、残疾人联合会等组织应当结合实际,组织开展各种形式的预防和制止家庭暴力的宣传教育活动,增强公民的法制观念、道德观念和防范家庭暴力的法律意识、维护自身合法权益的意识,提高自我保护能力’。‘新闻媒体应当宣传健康文敏的家庭风尚,引导公民树立正确的家庭伦理观念,形成有力的社会舆论监督’。‘市、县人民政府支持有关部门和社会团体设立家庭暴力防治辅导组织,对有心理障碍的家庭暴力加害人提供心理辅导’”。载《辽宁省人大常委会会刊》2005年第4期(总第155期)。

② 组织变迁始终是组织社会学的重要话题。一方面,社会学家高度重视影响组织变迁的决定因素。如西方组织社会学的重要学者W. R. 斯科特认为,自20世纪中期以来,组织结构的决定因素一直是社会学家关注的焦点。另一方面,社会学家同时关注组织结构的后果。因为这本身也是判断组织变迁是否出现的依据。本书的重点在于后者,以期实现以功能视角判断组织结构变迁的“到位”程度以及何以继续变迁。

权，没有恰当的人员构成，统一审议依然形同虚设，并最终断送法律的尊严和放空制度的功效。

统一审议法定以及事实功能的充分发挥是统一审议组织中组成人员经验互补、知识互补、能力互补的必然，因此，知识结构、经验结构、能力结构是人员安排的关键。

在本章各节具体分析各地法制委组织结构异同和针对提出组织结构完善建议的基础上，本节以更好实现统一审议的功能为轴心，补充性地提出统一审议组织结构锻造方面的四个理念作为小结：①

一、强化统一审议组织结构的中立性；

二、夯实统一审议组织结构的专业化；

三、坚持统一审议组织的合理组织规模、年龄结构、专职比例和人员稳定；

四、保持统一审议组织与其他审议组织的“非同质化”。

---

① 关于体现统一审议组织结构四个锻造理念的若干具体设想将在第七章“结论”第二节“统一审议功能强化的组织制度空间”中展开，第315～322页。

第六章　工作规范　统一审议规则的文本分析

制度学派主张,不仅要研究组织变迁的技术环境,更要考虑其存在的制度环境。的确,统一审议机制能否实现预期的法定功能及其实现程度,关键因素之一在于规制统一审议主体、职能以及运作程序的制度规范是否存在及其完善程度。

为了解我国省级人大有关统一审议规则的制度建设现状,2006 年课题组在问卷中专门设计了“目前法制委员会统一审议工作的规范性”选择题展开调查。在 26 份问卷调查结果中,辽宁、江西等 25 个省级人大法制委认为“比较完善,已形成工作规范”(96. 2%);仅北京市坦言“尚不完善,未形成工作规范”(3. 8%)。

为进一步了解各地统一审议规则的制度化历程并判断其规范化和完善化的程度,本书通过统一审议规则文本的数据统计和相关文本的纵横对比,以期实现:第一,把握各地统一审议规则的制度化和完善化程度;第二,缕析各地统一审议规则的得失,探究其是否有助于发挥该制度的法定功能;第三,透视各地统一审议规则的细节,剖析其与统一审议制度衍生的事实功能间的逻辑关联。综合前三项研究结论,提出完善地方立法统一审议规则的若干价值理念以及具体规则。

借此,在文本资料能获取的前提下,本章依据尽可能全面、客观和可信的原则，采用判断取样法，共选取76个文本作为研究样本。包括31个省级人大及其常委会制定和修改的36件地方立法条例和北京、天津、辽宁、吉林、黑龙江、上海、江苏、福建、江西、山东、广西壮族治自区、海南、重庆、四川、贵州、云南、陕西、甘肃、青海、宁夏回族自治区等20个省级人大法制委有关统一审议规则的37件工作规范。此外，本书还将《立法法》(2000年)、2005年12月8日全国人大法律委员会第九十四次会议通过的《全国人大法律委员会工作规则》和2005年5月全国人大常委会办公厅发布的《关于充分发挥专门委员会作用的若干意见》列为研究样本。

为便于样本分析，本研究运用Excel软件建立了统一审议规则设定情况数据库。依据样本名称等8个描述性参数和职责等24分析性参数[①]，将涉及统一审议规则的978条条文或段落分别予以输入，共形成1430个单位数据。

第一节　统一审议规则的制定概况[②]

自2001年1月14日《河北省地方立法条例》率先制定和2001年2月12日《青海省人大法制委工作规则》首先出台六年多来，各地根据《立法法》精神，先后制定了省级人大法制委工作规则或议事规则。其中有些省级行政区虽然尚未制定过专门的法制委工作规

① 8项描述性参数包括名称、制定主体、通过日、实施日、修改时间、修改主体、关于统一审议的修改比例、文本格式等；24项分析性参数包括法制委工作职责、统一审议职责、统一审议外的职责、其他专门委审议职责、法制委员会工作原则、实施统一审议的阶段、统一审议原则、统一审议的审议要求和重点、其他专门委员会审议重点、法制委提前介入、法制委会期制度、法制委会议制度、发言制度、审议方式、表决制度、法制委会议列席制度、听取意见制度、对重要不同意见的处理制度、统一审议的会议记录和存档、统一审议与常委会审议的关系、法制委与其他专门委员会审议的关系、统一审议与法工委的关系、法制委与常委会主任会议的关系等。

② 尽管本章分析的文本并未穷尽我国31个内地省级行政区的相关规定，尤其对省级人大法制委工作规范的分析仅占内地省级行政区总数的近2/3，但是，考虑到未提供相关本书的部分省级行政区迄今尚未制定专门的规则，因此，本节所分析的样本概况大致可以还原我国省级人大统一审议规则的实际制定状况。

范,但在人大的议事规则等综合制度或地方立法条例这一专门制度中设定了或粗或细、或多或少的关乎统一审议的规则。

因此,本章分析的有关统一审议规则的文本包括两大类:一类为省级人大制定的、含有统一审议规则的地方立法条例(以下简称条例规则),如《上海市制定地方性法规条例》;另一类为省级人大法制委制定的专门的法制委工作规范和省级人大常委会等对统一审议具有明确规定的综合性内部工作制度(以下统称内部规则),如《上海市人民代表大会法制委员会工作规则》和《甘肃省人大常委会地方性法规质量标准及其保障措施(试行)》。

一、条例规则的制定概况

统计结果显示:自2000年《立法法》颁布实施以来,31个省级人大都制定或修改了包含统一审议规范在内的条例规则。

(一)条例规则的名称

在31件省级条例规则中,[①]以"条例"命名的有上海、江西等23个省级行政区,占74.2%;以"规定"定名的有辽宁等7个省级行政区,占22.6%;甘肃称为"规则",仅占3.2%(见图6-1)。

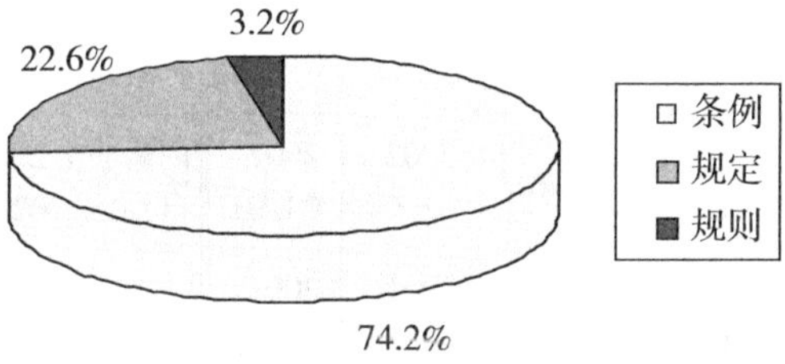

图6-1　省级人大有关统一审议规则的条例规则的名称

① 此处的条例规则总样本仅指现行生效的样本,不包括吉林、上海、浙江和广东四地于2001年通过但已被该地人大常委会修正的样本。命名为"条例"的还有北京、天津、河北、山西、内蒙古自治区、黑龙江、江苏、浙江、安徽、福建、山东、湖北、湖南、广东、广西壮族自治区、海南、贵州、云南、西藏自治区、陕西和新疆维吾尔自治区等;称呼为"规定"的还有吉林、河南和重庆。无特别说明时,下文中"31件条例规则"均指代现行生效的样本。

（二）条例规则的制定主体

36 件条例规则中有 31 件的制定主体是省级人大，其余 5 件是修正后的文本，修正主体分别为北京、吉林、上海、浙江和广东的人大常委会。

（三）条例规则的制定日

修正前的 31 件条例规则的制定时间比较集中。除黑龙江和新疆维吾尔自治区的条例规则出台相对较晚（分别于 2002 年 2 月 4 日和 2003 年 1 月 16 日通过）之外，其他 29 件条例规则均集中于 2001 年 1 月或者 2 月当届人大四次会议召开期间通过。当然，2003 年省级人大换届以来，前述的 5 件条例规则分别得以修改。

（四）条例规则的施行日

在 31 件条例规则中，14 件的实施日与制定或修改日相同，占 45.2%，17 件的施行日为距该规则制定或修改日之后的某一日。其中间距最短的仅 5 天（辽宁），最长的近 5 个半月（青海）（见表 6－1）。

表 6－1　省级条例规则样本的制定日和施行日

省级行政区	制定日	施行日	省级行政区	制定日	施行日	省级行政区	制定日	施行日
河北	2001.01.14	2001.01.14	黑龙江	2002.02.04	2002.04.01	内蒙古自治区	2001.02.24	2001.02.24
天津	2001.01.16	2001.01.16	海南	2001.02.16	2001.02.16	辽宁	2001.02.24	2001.03.01
广西壮族自治区	2001.01.16	2001.02.01	云南	2001.02.16	2001.02.16	西藏自治区	2001.05.21	2001.07.01
重庆	2001.01.16	2001.03.01	江苏	2001.02.17	2001.03.01	陕西	2001.02.19	2001.02.19
甘肃	2001.01.17	2001.01.17	山东	2001.02.18	2001.03.01	新疆维吾尔自治区	2003.01.16	2003.03.01
湖南	2001.01.17	2001.03.01	湖北	2001.02.18	2001.05.01	北京	2003.04.18	2003.04.18

续表

省级行政区	制定日	施行日	省级行政区	制定日	施行日	省级行政区	制定日	施行日
青海	2001.01.17	2001.07.01	宁夏回族自治区	2001.02.20	2001.02.20	浙江	2004.01.16	2004.01.16
贵州	2001.01.18	2001.01.18	山西	2001.02.21	2001.03.01	吉林	2005.01.20	2005.01.20
安徽	2001.01.19	2001.03.01	河南	2001.02.21	2001.04.01	上海	2005.02.24	2005.02.24
四川	2001.02.13	2001.02.13	江西	2001.02.23	2001.02.23	广东	2006.01.18	2006.03.01
福建	2001.02.14	2001.02.14	—	—	—	—	—	—

(五)条例规则的修改情况

31 件条例规则中已修正 5 件,占 16.1%。修改的统一审议规则条款数达 16 条 17 款,占此制度总条款数 40 条 51 款的 40.0% 和 33.3%(见表 6-2)。

表 6-2 5 个省级条例规则中有关统一审议条款的修改情况

条例名称	原条文数/个	现条文数/个	条文数变动率/%	原统一审议条款数/个	变动条款数/个	变动率/%
北京市制定地方性法规条例	48	48	0.0	9	2	22.2
浙江省地方立法条例	82	82	0.0	14	3	21.4
吉林省人大及常委会立法程序规定	54	54	0.0	9	2	22.2
上海市制定地方性法规条例	58	58	0.0	10	3	30.0
广东省立法条例	90	94	4.4	9	7	77.8

(六)条例规则的结构单位

所有条例规则无一例外都以条文作为文本的基本结构单位。

上述分析结果表明:其一,各省级人大条例规则的名称、制定主体、制定日、施行日以及结构单位等基本情况大同小异。其二,1/6省级人大条例规则中16条(款)有关统一审议规则的修改在一定程度上透视出地方统一审议规则的变化趋向,如浙江人大法制委与常委会法工委的职责之间的变化呈现两委的分工更加明晰和合理化倾向。[①] 但多数省级条例规则,尤其涉及统一审议的规则并未随统一审议实践的发展而适度变化。事实上,各地自2001年"超前"构建起统一审议规则后,经数年的统一审议实践,均已因地制宜地总结出不少适合地方特色的统一审议经验,其中一些成熟的经验完全可以通过规范的方式予以制度化。[②]

二、内部规则的制定概况

2006年问卷调查显示,各地都已制定了省级人大法制委的工作规范。[③] 然而,经多方努力,本项目共收集包括辽宁、上海和江西在内的20个省级行政区的20件省级人大法制委工作规范以及17件包含统一审议规则的省级人大及其常委会的综合性内部工作制度。

---

① 例如,2001年制定的《浙江省地方立法条例》第36条规定,"地方性法规案经常务委员会会议第一次审议后,由法制委员会将地方性法规草案及时印发省人民代表大会代表,各市、县、区人民代表大会常务委员会,有关机关、组织和专家、学者征求意见",2004年修改后《浙江省地方立法条例》修改为"规定地方性法规案经常务委员会会议第一次审议后,由常务委员会法制工委员会将地方性法规草案及时印发省人民代表大会代表,各市、县、区人民代表大会常务委员会,有关机关、组织和专家、学者征求意见。"又如,修改前的第37条规定,"地方性法规案经常务委员会会议第一次审议后,法制委员会应当就地方性法规案的有关问题进行调查研究,听取各方面的意见",修改后调整为"地方性法规案经常务委员会会议第一次审议后,法制委员会和常务委员会法制工作委员会应当就地方性法规案的有关问题进行调查研究,听取各方面的意见。"此外,修改后的条例在第32条还增加了一款,"提案人为法制委员会的,在全体会议上不再听取法制委员会关于地方性法规草案审议结果的报告。"

② 具体分析见本章第二节,第247~303页。

③ 参见谢天放、王宗炎、何雅、崔凯:《地方立法统一审议机制研究》,载《政府法制研究》2007年第10期,第11页。

（一）内部规则的名称

在37件内部规则中，近五成五是专门规范法制委工作的（20件）规范或取名为“法制委员会工作规则”（15件，75.0%），或称为“法制委员会工作职责”（3件，15.0%），或命名为“法制委员会议事规则”（1件，5.0%），或定名为“组成人员守则”（1件，5.0%）；逾四成五包含统一审议规则的人大及其常委会的综合性内部工作制度（17件）或定名为“意见”（5件，29.4%），或称谓为“立法工作规程（或规则）”（4件，23.5%）、“立法听证条例”（2件，11.8%），或取名为“工作职责”（2件，11.8%）、“工作制度”（2件，11.8%），或命名为“保障措施”（1件，5.89%）。此外，还有一件是直接规范统一审议工作但尚处在起草阶段的文本，即《福建省人民代表大会法制委员会地方性法规统一审议若干规定（草案）》（见表6－3）。

表6－3　省级人大有关统一审议规范的内部规则制定情况

	编号	名称	制定主体	制定时间
法制委的工作规范	1	北京市人大法制委工作规则	十二届人大法制委1次会议	2003.03.25
	2	天津市人大法制委工作规则	十四届人大法制委1次会议	2003.02.17
	3	辽宁人大法制委工作规则	十届人大法制委1次会议	2003.03.06
	4	吉林人大法制委工作规则（修订）	十届人大法制委1次会议	2003.02.24
	5	黑龙江人大法制委工作规则	十届人大法制委7次会议	2003.06.30
	6	上海人大法制委工作规则（2001年通过）	法制委2次会议	2001.04.02
	7	上海人大法制委工作规则（2007年修正）	法制委54次会议	2007.01.04
	8	江苏人大法制委工作职责	不详	不详
	9	福建人大法制委工作规则	人大法制委3次会议	2001.03.22
	10	江西人大法制委工作规则（2001年通过）	九届人大法制委2次会议	2001.03.23
	11	江西人大法制委工作规则（2005年修正）	十届人大法制委38次会议	2005.09.13

续表

	编号	名称	制定主体	制定时间
法制委的工作规范	12	广西壮族自治区人大法制委工作规则	人大法制委13次会议	2003.11.17
	13	重庆人大法制委、常委会法工委及其工作机构工作职责	主任委员办公会议	2003.03.24
	14	重庆人大法制委议事规则	法制委第16次会议	2004.07.10
	15	四川人大法制委工作规则	十届人大法制委会议	2003.02.11
	16	贵州人大法制委工作规则(试行)	九届人大法制委2次会议	2001.03.22
	17	青海人大法制委工作职责	十届人大法制委6次会议	2003.06.19
	18	青海人大法制委工作规则	十届人大法制委6次会议	2003.06.19
	19	宁夏回族自治区人大法制委工作规则	九届人大法制委6次会议	2003.04.24
	20	宁夏回族自治区法制委组成人员守则	九届人大法制委7次	2003.05.26
其他内部工作制度	1	(北京)关于充分发挥专门委作用的若干意见(试行)	—	2006
	2	海南人大法制委关于进一步提高立法质量的实施意见	第3届主任会议26次会议	
	3	陕西省地方立法工作规程	十届人大常委会39次主任会议	2004.02.24
	4	江苏省人大常委会法工委工作职责	不详	不详
	5	山东人大常委会关于加强和改进地方立法工作进一步提高立法质量的意见	十届人大常委会26次会议	2004.11.02
	6	江西省人大常委会法工委工作规则	不详	2005.10.01
	7	江西省法规修改、送审工作基本规程(试行)	不详	不详
	8	重庆市常委会关于进一步提高地方立法质量的工作意见(试行)	二届人大常委会13次主任会议	2003.11.11

续表

	编号	名称	制定主体	制定时间
其他内部工作制度	9	重庆人大法制委、常委会法工委内部工作制度	主任委员办公会议	2003.03.17
	10	重庆法制委、法委员立法工作规程	主任委员办公会议	2003.03.24
	11	四川人大常委会法工委工作职责	不详	不详
	12	云南人大常委会关于改进立法工作提高立法质量的意见	常委会主任会议	2003.07.02
	13	甘肃省人民代表大会常务委员会立法听证规则	十届人大常委会10次会议	2004.06.04
	14	甘肃人大常委会地方性法规质量标准及其保障措施(试行)	主任会议	2005.07.20
	15	宁夏回族自治区制定地方性法规协调工作的制度	九届常委会主任会议16次会议	2005.11.04
	16	宁夏回族自治区人大常务委立法听证条例	九届常委会13次会议	2004.11.19
正在制定的专门规范统一审议工作规范	1	福建法制委地方性法规统一审议若干规定(草案)	十届人大法制委会议	2006

(二)内部规则的制定主体

在37件内部规则中,除6件制定主体不明(16.2%)之外,19件由省级人大法制委制定,占51.4%;3件由省级人大常委会制定,占8.1%;6件由省级人大常委会主任会议制定,占16.2%;3件由法制委主任委员办公会议制定,占8.1%(见图6-2)。

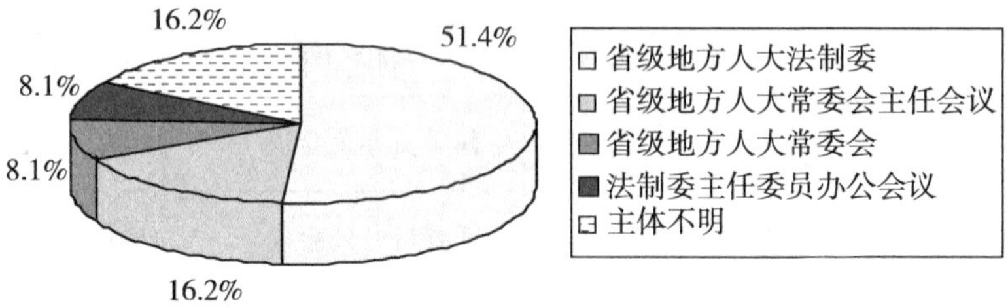

图 6-2 省级人大关于统一审议规则的内部规则的制定主体

（三）内部规则的制定日

在 37 件内部规则中，明确标示制定日的 33 件，占 89.2%。其中在 2003 年制定得最多，达 16 件（43.2%），2001 年制定 4 件（10.8%）、2004 年制定 5 件（13.5%）、2005 年制定 4 件（10.8%）、2006 年通过 3 件（8.1%）、2007 年通过 1 件（2.7%）。此外，《陕西省人民代表大会法制委员会议事规则》制定于 1998 年（见图 6-3）。

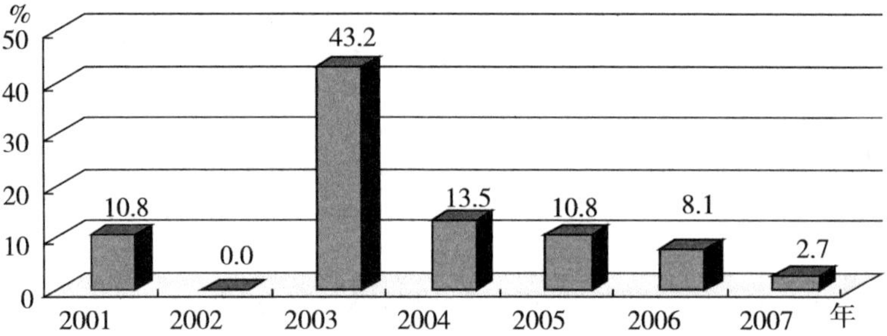

图 6-3 省级人大关于统一审议规则的内部规则的制定日

（四）内部规则的施行日

仅 1/3 的内部规则明确标示施行日（13 件，35.1%）。其中 1 件为 2001 年制定，占当年制定样本的 1/4；4 件为 2003 年制定，占该年样本的 1/4；3 件在 2004 年制定，占同年样本的 3/5；2005 年制定的 4 件全部明确施行日，达 100%；但 2006 年制定的 3 件中仅 1 件规定实施日（见图 6-4、图 6-5）。13 件中，4 件内部规则的施行日与制定日不同。其中除《北京市人大法制委工作规则》规定在报人大常委会备案后实施外，间距最短的仅 17 天（江西），最长的近

42 天(宁夏回族自治区)。

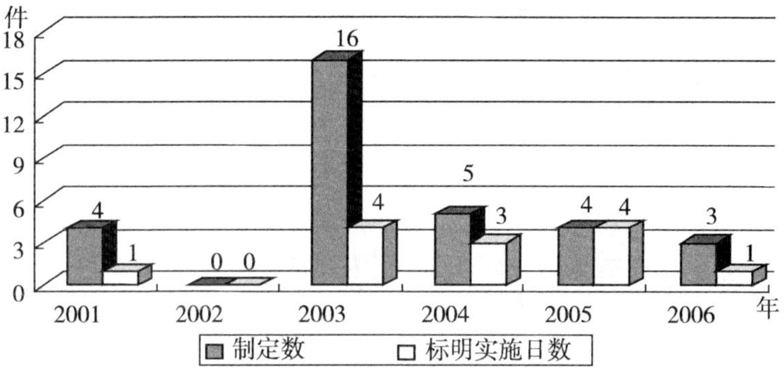

图 6-4　省级人大关于统一审议规则的内部规则的实施日

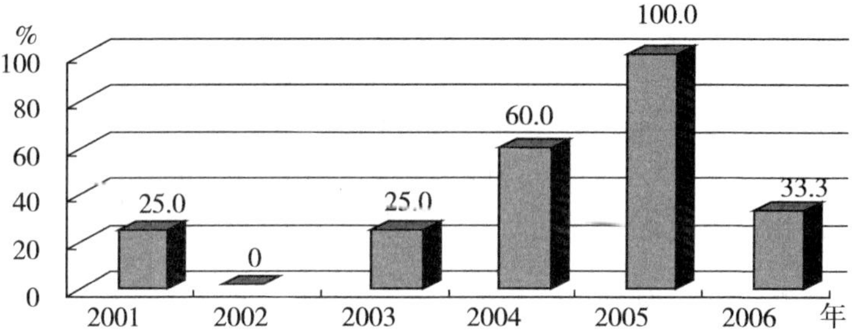

图 6-5　省级人大关于统一审议规则的内部规则标明实施日的比例

(五) 内部规则的修改情况

在 37 件内部规则中,已修订 5 件(13.5%),全部为专门规范法制委工作的规则。

从制定到修改的时间跨度上分析,最短的为 2 年(吉林);最长的为 5 年 9 个月(上海)(见表 6-4)。

表 6-4　省级人大关于统一审议规则的内部规则的修改时间

编号	规则名称	制定主体	制定时间	修改主体	修改时间	时间跨度
1	青海省人大法制委工作职责	省九届人大法制委第一次会议	2001 年 2 月 12 日	省十届人大法制委第六次会议	2003 年 6 月 19 日	2 年 4 个月

续表

编号	规则名称	制定主体	制定时间	修改主体	修改时间	时间跨度
2	江西省人大法制委工作规则	省九届人大法制委第二次会议	2001年3月23日	省十届人大法制委第三十八次会议	2005年9月13日	4年半
3	江西省人大法制委统一审议工作原则和制度	省十届人大法制委第十四次会议	不详	省十届人大法制委第三十八次会议	不详	不详
4	吉林省人大法制委工作规则	省九届人大法制委第一次会议	2001年	省十届人大法制委第一次会议	2003年2月24日	2年1个月
5	上海市人民代表大会法制委工作规则	市十一届人大法制委第二次会议	2001年4月2日	市十二届人大法制委第五十四次会议	2007年1月4日	5年9个月

就修改数量而言，①《上海市人民代表大会法制委员会工作规则》修订前后的不同之处共有24个段落（该规则不以条、款、项等为结构单位），其中涉及统一审议规则的修改有18个段落，修改比例较大。《江西省人大法制委员会工作规则》修订前有15条，修后共有31条，其中原文本中仅第1条和第2条在修改后得以保留之外，其他条文都作了修改，还增加了一倍以上的条款，直接涉及统一审议制度的修改有8条18项，修改比例相当大。

（六）内部规则的结构单位

在所有省级人大涉及统一审议的内部规则样本中，半数以上采用段落式的文本结构（21件，56.8%）；选择条文式的相对较少（16件，43.2%）。其中在20件专门规范省级人大法制委工作的规范样

① 由于内部规则公开度较小，查找资料途径限制，因此，吉林和青海两省于2001年制定的法制委工作规则的文本资料已无法收集，进而也无法对两个省修订前后的文本进行对比研究。

本中,9 件以条文为基本的结构单位,占 45.0%。

上述分析结果说明:其一,内部规则的名称、制定主体、制定日、施行日、结构单位等基本情况存有较大差异,但各地专门规范法制委工作的规范的名称、制定主体和制定时间差别有限。其二,各地内部规则的名称呈现多样性,部分省级行政区的多件内部规则均涉及统一审议的规则。一方面,此或许反映一些省级行政区"力争"从多个角度加强对统一审议的规范;另一方面,名称的多样也许在一定程度上说明统一审议规则的制度化有待完善。其三,多头规范统一审议的现象需要整合化。叠床架屋式的规范不仅造成制度资源的浪费,而且会导致效力和作用的彼此"消蚀"。而诸如"办公会议"所立规则的效力本身大打折扣。因此,此类现象需要整合。其四,内部规则的制定(或通过)日和施行日有待规范化。制定日是任何规范文件制定完毕的标志,施行日则宣告了该文件发生效力的具体时日。多数内部规则缺失时间要件,不仅不利规则遵行,至少表明地方统一审议规则尚处于低规范化的水平。其五,内部规则的结构单位需要完善化。尽管条文式难以容纳叙事性的内容表述,但因其用词简洁精练,结构层次清晰而成为规范类文件的首选。因此,具有明显"规范"属性的法制委统一审议规则理应以条文作为文本的基本结构要件。

第二节　统一审议规则的主要内容

任何组织的活动需要制度规则。就实施统一审议的组织而言,除本身应当是一个稳定的组织之外,至少应当具有得以运行的四大规则:清晰的职权(责)边界、必要的议事规则、明确的相互关系形式以及有效的沟通渠道。

在我国,尽管省级地方立法统一审议本身是一项全新的制度,尽管将其细化和操作化的会议制度、审议制度等规则的制定几乎在尚无实践或鲜有实践的背景下进行,然而,本章所析"条例规则"和"内部规则"样本(以下统称所有样本)所构建的规则在总体上已包括了上述四大内容,尽管每件样本乃至各地规范所提供的统一审议规则详略不一。

一、法制委的统一审议职责和其他工作职责

（一）法制委和其他专门委承担的与统一审议相关的职责

1. 法制委承担统一审议的具体职责

第一，法制委实施统一审议的具体职责主要有审议法案、提出报告、说明意见3类共7项。

所有样本共对法制委设定12类25项的职责，其中关乎统一审议职责的3类7项。3类职责包括：一是根据各方意见对提请大会或常委会审议的法规案进行统一审议，即审议法案职责；二是向大会主席团或常委会提出修改情况汇报或审议结果报告以及草案修改稿和表决稿，即提出报告职责；三是在修改情况报告或审议结果报告中对重要不同意见予以说明，即说明意见职责（见表6－5、表6－6）。

表6－5　所有省级人大法制委承担统一审议的具体职责及其例证

代码[1]	职责类别	职责分项	“规则”例	
			具体规定	名称和条次
1－1	根据各方意见进行审议职责	审议法规案	法规案经常委会会议初次审议后，根据常委会组成人员、有关的专门委的审议意见和各方面提出的意见进行统一审议	《上海市制定地方性法规条例》第24条第1款
2－1	提出各种审议报告和草案修改与表决稿职责	提出修改情况汇报或审议结果报告和草案修改稿	……由法制委员会根据……提出的意见进行统一审议，提出审议结果报告和法规草案修改稿	《上海市制定地方性法规条例》第24条第1款
2－2		提出草案表决稿	……由法制委根据常委会组成人员的审议意见进行修改，提出法规草案表决稿	《上海市制定地方性法规条例》第35条

续表

代码	职责类别	职责分项	“规则”例	
			具体规定	名称和条次
3－1	说明意见职责	重要不同意见的说明	对重要的不同意见，在审议结果报告中予以说明	《上海市制定地方性法规条例》第24条第1款

〔1〕为方便将样本中的全部同类项归类并输入Excel数据表予以统计，故将文本中关于特定研究内容的所有同类项进行编码，其中短横线前的自然数编码代表“类”，短横线后的自然数编码代表“同类中的项”。

表6－6　部分省级人大法制委承担统一审议的具体职责及其例证

代码	职责类别	职责分项	“规则”例	
			具体规定	名称和条次
1－2	根据各方意见进行审议职责	审议自治或单行条例案	对省人大常委会审议的自治条例、单行条例，根据常委会会议审议的意见，牵头做好统一审议工作，提出审议意见的报告	贵州省人大法制委工作规则（试行）第2条第（四）项
3－2	说明意见职责	听证意见的采纳说明	省人大法制委在审议法规时，应当对听证会提出的意见进行审议，并在审议结果报告中对听证会提出的意见采纳情况予以说明	甘肃省人大常委会立法听证规则第23条第2款
3－3		汇编并发送立法情况通报	法制委应就二审法规草案及修改稿举行的专家论证、部门论证和征求各方面意见情况以及常委会组成人员一审意见的情况汇编成《立法情况通报》，并在常委会会议前送发给常委会组成人员	重庆市人大常委会关于进一步提高地方立法质量的工作意见（试行）之“十”

当然，各地规定的法制委统一审议的职责存有大同也有小异。“同”指的是各地都明确法制委应当履行的3类职责；“异”表

明有些省级行政区对3类职责进行了细化规定(见表6－6)。主要有:一是将根据各方意见审议法案职责的审议对象扩展至自治条例和单行条例。如贵州省第九届人大法制委在成立后不久的第二次会议上(2001年3月22日)所通过的《贵州省人大法制委员会工作规则(试行)》第2条第(四)项规定,“对省人民代表大会常务委员会审议的自治条例、单行条例,根据常务委员会会议审议的意见,牵头做好统一审议工作,提出审议意见的报告”。二是在说明意见职责中强调听证意见的说明。如2004年11月19日宁夏回族自治区第九届人大常委会第十三次会议通过的《宁夏回族自治区人大常委员会立法听证条例》第25条第2款规定,“法制委员会在审议结果报告中,应当对立法听证会上公众提出的主要意见的采纳情况予以说明”。三是在说明意见职责中特别规定以情况通报告知各种意见。如2003年11月11日重庆市第二届人大常委会第十三次主任会议通过的《重庆市人大常委会关于进一步提高地方立法质量的工作意见(试行)》规定,“法制委员会应就二审法规草案及修改稿举行的专家论证、部门论证和征求各方面意见情况以及常委会组成人员一审意见的情况汇编成《立法情况通报》,并在常委会举行会议前送发给常委会组成人员”。①

第二,内部规则未充分发挥对条例规则关于法制委统一审议职责规定的细化作用。

如表6－5所示,所有条例规则规范的是法制委在统一审议时应当履行的3类职责,而本项目所收集到的20个省的内部规则除了“重复”条例规则规定的3类职责之外,仅个别省级行政区对3类职责进行了“细化”规范。这种内部规则在法制委统一审议职责规范上几无作为的现象或许表明,各地还不及将实践中法制委何以履行统一审议职责的成熟做法提升至规范化的层面(见表6－7)。

① 需要说明的是,其他省级行政区一般将收集统一审议有关意见和资料的职责明文规定由人大常委会的工作机构(如法制工作委员会)承担。

表 6 – 7 条例规则和内部规则对法制委统一审议具体职责的规定情况

代码	条例规则		内部规则	
	样本数	省级行政区	样本数	省级行政区名称
1 – 1	31(100.0%)	辽宁、上海和江西等 31 个省级行政区	20(100.0%)	北京、天津、山西、辽宁、吉林、黑龙江、上海、江苏、福建、江西、山东、广西壮族自治区、海南、四川、贵州、云南、陕西、甘肃、青海、宁夏回族自治区
1 – 2	0	—	1(5.0%)	贵州
2 – 1	31(100.0%)	同上	20(100.0%)	同上
2 – 2	31(100.0%)	同上	19(95.0%)	除黑龙江外,同上
3 – 1	31(100.0%)	同上	19(95.0%)	除黑龙江外,同上
3 – 2	0	—	2(10.0%)	甘肃、宁夏回族自治区
3 – 3	0	—	1(5.0%)	重庆

2. 其他专门委承担的与统一审议有关的主要职责

31 个省级行政区现行规则中有关其他专门委审议职责的规定是:其他专门委行使的审议职责有 2 类 3 项。2 类职责包括:一是在法规案列入议程前,对主任会议交付的法规案进行审议,并向主任会议提出是否列入会议议程意见的职责;①二是在法规案列入议程后,审议法规案并提出审议意见的职责(见表 6 – 8)。

表 6 – 8 所有省级人大其他专门委承担的审议职责及其例证

代码	职责类别	职责分项	“规则”例	
			具体规定	名称和条次
1	审议并提出列入议程与否意见职责	(同左)	(法规案)先交有关专门委审议、提出报告,再由主任会议决定列入常委会议程	《江西省立法条例》第 28、29 条

① 与多数省级行政区其他专门委仅行使法规案列入常委会会议议程与否的建议权不同,上海规定直接由其他专门委行使是否列入会议议程决定权。见《上海市制定地方性法规条例》第 17 条第 2 款、第 18 条第 1 款。

续表

代码	职责类别	职责分项	“规则”例	
			具体规定	名称和条次
2－1	列入议程后审议法案并提出审议报告职责	审议法规案	列入常委会会议议程法规案，由有关专门委进行审议，提出审议意见	《辽宁省制定和批准地方性法规程序规定》第22条
2－2		提出审议意见报告	有关的专门委审议法规案时……提出审议意见报告	《江西省立法条例》第31条第1款

此外，上海等个别省级行政区规定，其他专门委在常委会会议初审后的特定情况下继续行使法规案的审议或者协调职责；还有的省级行政区甚至规定其他专门委“提出法规草案修改建议稿或法规草案第二次审议稿”的审议职责（见表6－9、表6－10）。这些现行制度中有关其他专门委审议职责的特别规定是否必要和合理，是否影响法制委统一审议职责的履行，需要在总结实践经验的基础上进一步论证。

表6－9　个别省级人大其他专门委承担的审议职责及其例证

代码	职责类别	职责分项	“规则”例	
			具体规定	名称和条次
2－3	列入议程后审议法案并提出审议报告职责	提出法规草案修改建议稿	列入常委会会议第一次审议的法规案，由有关的专门委进行审议……提出……法规草案修改建议稿	《广东省地方立法条例》第36条
3－1	初审后特定情况下的继续审议或者协调职责	继续审议和提出报告	常委会会议审议法规案时，如果提出专业性问题需要进一步研究的，可以由主任会议交有关的专门委进行研究，提出审议意见报告……	《上海市制定地方性法规条例》第26条
3－2		继续协调和报告	主任会议认为法规草案需继续协调后再进入第二次审议的，由有关专门委在常委会会议结束后10天内进一步协调……将常委会组成人员审议意见、协调结果……送交法制委，并向主任会议报告	《云南省人民代表大会常务委员会关于改进立法工作提高立法质量的意见》

表 6－10　条例规则和内部规则对其他专门委具体审议职责的规定情况

代码	条例规则		内部规则	
	样本数	省级行政区	样本数	省级行政区
1	31(100.0%)	31	2(10.0%)	2(山东、陕西)
2－1	31(100.0%)	31	2(10.0%)	2(山东、陕西)
2－2	31(100.0%)	31	2(10.0%)	2(山东、陕西)
2－3	3(9.7%)	3(广东、四川、安徽)	—	—
3－1	1(3.2%)	1(上海)	2(5.0%)	1(甘肃)
3－2	—	—	2(10.0%)	2(宁夏回族自治区、云南)

(二)法制委承担的统一审议之外的其他职责

除统一审议职责之外,法制委还承担着作为专门委员会承担的其他职责。这些职责设定的合理与否将直接对统一审议功能的实现产生正面或负面的影响。

第一,省级人大法制委承担着多项统一审议外的其他职责。

所有样本规定的法制委职责共 12 类 25 项,其中统一审议之外的职责(以下简称其他职责)有 9 类 18 项。9 类职责包括:提出或拟订法规案;①审查报请批准的文件;审议法规解释草案并提出表决稿;拟定立法规划;②调研建议;监督检查;对外交流;办理交办事项;

① 此项职责还包括"起草和提出裁决决定草案"。如《陕西省地方立法条例》第 50 条规定,"依照本条例第四十八条第二款、第四十九条规定,提请省人民代表大会常务委员会裁决的,由省人民代表大会法制委员会提出裁决决定草案,经省人民代表大会常务委员会主任会议决定,列入常务委员会会议议程"。

② 有的省级行政区规定此职责由人大常委会主任会议承担,如 2001 年通过的《内蒙古自治区人大及其常委会立法条例》第 6 条规定,"常务委员会每届任期的最后一年由常务委员会主任会议提出下一届五年立法规划建议草案,由下一届常务委员会主任会议决定。每年的第四季度由常务委员会主任会议编制下一年度立法计划";有的规定由人大常委会承担,如 2001 年通过的《海南省制定与批准地方性法规条例》第 6 条第 4 款和第 5 款规定,"省人大常委会法规工作机构负责编制地方立法规划草案和年度立法计划草案。地方立法规划草案由省人大常委会主任会议提请省人大常委会审议同意后组织实施;年度立法计划草案经主任会议审议批准后实施""主任会议根据实际情况,可以对立法规划进行部分调整和对年度立法计划进行调整"。

完成属于法制委其他职责的事项(见表 6－11)。

表 6－11　省级人大法制委承担的其他职责及其例证

代码	职责类别	职责分项	“规则”例	
			具体规定	名称和条次
4－1	提出或拟订法案职责	提出法规案或议案	向人大或省人大常委会提出法规案及其他与本委员会有关的议案	《江西省人大法制委工作规则》第 3 条第 2 项
4－2		起草或拟订法规案	拟订提请市人大或者市人大常委会审议的法规案	《上海市人大法制委工作规则》之“一”
5	调研建议职责	进行调研提出建议	对……同本委员会有关的问题进行调查研究,提出建议	《上海市人大法制委工作规则》之“一”
6	拟订立法规划或计划	提出、审议或调整立法规划和计划	拟订省人大常委会年度立法计划草案,向常委会主任会议提出报告	《辽宁省人大法制委工作规则》第 5 条第 5 项
7－1	监督检查职责	执法和司法监督	审议、通过市人民政府及其工作部门、市高院、市人民检察院向市人大及其常委会提出的属于法制委工作范围的专项工作报告的审查结果报告	《重庆市人大法制委议事规则》第 2 条第 9 项
7－2		立法监督	按照省人大常委会规定的职责,审查省人大常委会交付的省人民政府的决定、命令和规章,设区的市人大及常委会的决议、决定以及较大的市人民政府的规章。对认为与宪法、法律、行政法规和本省地方性法规抵触的,向常委会提出报告	《江苏省人大法制委工作规则》之“八”
8	对外交流职责	与国内外组织人员交流	开展同其他省、自治区、直辖市人民代表大会法制委员会和外国城市议会有关委员会的交流	《北京市人大法制委工作规则》第 3 条第 7 项

续表

代码	职责类别	职责分项	“规则”例	
			具体规定	名称和条次
9－1	办理交办事项职责	办理法律委交办的法律案征求意见	负责有关的国家法律草案征求意见的办理工作	《辽宁省人大法制委工作规则》第5条第8项
9－2		答复法规具体问题询问[1]	研究并答复询问的地方性法规应用的具体问题	《辽宁省人大法制委工作规则》第5条第9项
9－3		办理交付的代表议案	办理省人大主席团交付的代表议案、建议	《辽宁省人大法制委工作规则》第5条第7项
9－4		审议并报告交付质询案	审议省人大主席团或省人大常委会交付的质询案，听取受质询机关对质询案的答复，并向人大主席团或常委会提出报告	《福建省人大法制委工作规则》“一”第5项
9－5		办理交办的其他事项	办理市人大主席团、市人大常委会和主任会议交办的事项	《上海市人大法制委工作规则》之“一”
10	审查报批法文件职责	审查报请批准的法文件	对报请批准的地方性法规，先交省人大法制委审议，提出审议意见报告，再由主任会议决定，提交常委会会议审查批准	《江西省立法条例》第47条第1款
11	审议法规解释案提出表决稿	审议法规解释草案并提出表决稿	对提请市人大常委会审议的法规解释草案进行统一审议，提出法规解释草案表决稿	《上海市人大法制委工作规则》之“一”
12－1	完成属于法制委职责的其他职责	清理法规[2]	法制委根据国家立法情况和常委会工作安排，提出地方性法规清理意见，经常委会主任会议同意，依法做好地方性法规清理工作	《陕西省地方立法工作规程》第34条

续表

代码	职责类别	职责分项	“规则”例	
			具体规定	名称和条次
12-2		负责依法治市相关工作	负责依法治市方面的相关工作	《重庆市人大法制委人大常委会法工委及工作机构工作职责》之“七”
12-3		印发人大年度报告[3]	印发市人大的年度工作报告和届期工作报告	《重庆市人大法制委议事规则》第2条第6项
12-4		其他事项	属于委员会职责的其他事项	《辽宁省人大法制委工作规则》第5条第10项

〔1〕有的省级行政区规定此项职能由人大常委会的工作机构行使。例如,2005年修订的《吉林省人民代表大会及其常务委员会立法程序的规定》第53条规定,“省人民代表大会常务委员会工作机构可以对地方性法规具体问题的询问进行研究,提出意见,经主任会议同意后予以答复,并报常务委员会备案”。

〔2〕有的省级行政区规定此项职能由人大常委会各工作委员会承担。例如,2001年通过的《内蒙古自治区人民代表大会及其常务委员会立法条例》第72条规定,“常务委员会各工作委员会,应当根据各自职责范围分别对有关地方性法规定期进行清理。发现地方性法规内容与法律、行政法规不一致,与现实情况不适应,或者与相关地方性法规不协调的,应当及时提出修改或者废止的意见,向常务委员会主任会议报告”。

〔3〕有的省级行政区规定此项职能由人大常委会法制工作机构行使。例如,2001年制定的《陕西省立法条例》第61条规定,“常务委员会法制工作机构负责省地方性法规的汇编、出版和译本的审定。省地方性法规的条文释义,由常务委员会法制工作机构组织编写和审定”。

第二,半数“其他职责”由法制委自定的内部规则所“添加”。

如表6-12所示,省级人大或常委会制定的条例规则主要对法制委设定了“提出法规案”、“审查报请批准的法文件”、“审议法规解释草案并提出表决稿”、“拟定、审议或调整立法规划或计划”、“监督检查”以及“办理交办事项”中的“答复法规具体问题的询问”6项其他职责,而“拟定法规案”、“调研及建议”、“对外交流”、“完成属于法制委其他职责事项”等职责以及“办理交办事项”中的多数细化职责均由不少省级行政区的内部规则“额外”设定。

表 6－12　条例规则和内部规则对法制委其他职责的规定情况

省级行政区	4－1	4－2	5	6	7－1	7－2	8	9－1	9－2	9－3	9－4	9－5	10	11	12－1	12－2	12－3	12－4	合计
北京	▲	*	*		*	*	*			*		*	▲	▲*					10
天津	▲	*	*									*		▲*					5
河北	▲					▲								▲					3
山西	▲					▲							▲	▲					4
内蒙古自治区	▲													▲					2
辽宁	▲*	*	*	*				*	*	*			▲*	*				*	10
吉林	▲										*	*	▲*	▲*					5
黑龙江	▲*		*		*	▲*				*		*	▲*	▲					8
上海	▲	*	*							*		*		▲*				*	7
江苏	▲	*	*	▲*	*	*					*		▲*	▲*					9
浙江	▲					▲			▲				▲	▲					5
安徽	▲					▲							▲	▲					4
福建	▲	*		*	*	▲*	*				*	*	▲*	▲					10
江西	▲*		*							*		*	▲*	▲*					6
山东	▲					▲							▲	▲					4
河南	▲												▲	▲					3
湖北	▲			▲									▲	▲					4
湖南	▲					▲							▲	▲					4
广东	▲			▲									▲	▲					4
广西壮族自治区	▲*		*		*	▲*				*		*						*	7
海南	▲												▲						2
重庆	▲	*	*	▲*	*		*			*	*	*	▲			*	*	*	13
四川	▲	*	*		*	*	*			*		*							8
贵州	▲*	*	*		*	*	*	*	▲*		*		▲*	▲*					11
云南	▲			▲*		▲	*						▲						5

续表

省级行政区	4-1	4-2	5	6	7-1	7-2	8	9-1	9-2	9-3	9-4	9-5	10	11	12-1	12-2	12-3	12-4	合计
西藏自治区	▲					▲							▲	▲					4
陕西	▲	*	*	*	*	*			*		*		▲*	▲*	*				11
甘肃	▲													▲					2
青海	▲*	*		▲	*	*				*	*	*	*	▲*					10
宁夏回族自治区	▲*		*									*	▲*						4
新疆维吾尔自治区	▲					▲							▲	▲					4
省级计	31	11	13	9	10	18	6	2	4	9	7	12	24	25	1	1	1	4	188
法律委	*		*	*	*	*	*			*	*	*						*	10

注：其他职责代码（表内“▲”为条例规则设定，“*”为内部规则设定）。

第三，各项其他职责在全部样本中出现的比例较客观地反映出各地在规范法制委其他职责上存在认识差异乃至不当。横向分析显示，在法制委的各项其他职责中，各地依次确认的是“提出法规案和议案”（100.0%）、“审议法规解释草案并提出表决稿”（80.6%）、“审查报请批准的法文件”（77.4%）、“立法监督”（58.1%）、“调研及建议”（41.9%）、“办理交办的其他事项”（38.7%）、“起草或拟定法规案”（35.5%）、“执法和司法监督”（32.3%）、“提出、审议或调整立法规划和计划”（29.0%）、“办理代表议案”（29.0%）、“审议和报告质询案”（22.6%）、“对外交流”（19.4%）、“答复法规询问”（12.9%），至于“办理全国人大法律委员会关于法律案的征询意见”、“清理法规”、“印发人大年度报告”、“负责依法治市方面的工作”4 项具体职能仅分别为 1～2 个省级行政区所明确。此分析结果表明，尽管各具特色的规定可能反映甚至符合各地人大常委会开展各项工作的实际需求，然而,从法制委的设立完全是因统一审议制度构建及其运行之需来看,诸如与统一审议关联不大的"办理交办的其他事项""调研及建议""执法和司法监督""审议和报告质询案""对外交流""印发人大年度报告""负责依法治市方面的相关工作"等职责的规定未免过于宽泛,由此可能导致法制委因受累于多种职能而无法保证统一审议的质量。因此,在目前法制委的组织建构在总体上依然存在人员资源投入不足或者投入偏差的情况下,各省级人大在完善法制委工作职责的制度规范中,应认真斟酌法制委应当而且能够承担的各项其他职责,从而在制度规范层面确保法制委切实并"优先"履行统一审议的法定职能。

第四,在制度规范层面,除个别省级行政区之外,各省级人大法制委承担的其他职责少于全国人大法律委员,但操作层面未必如此。

2005 年 12 月 8 日第十届全国人大法律委员会第九十四次会议通过了新的《全国人大法律委员会工作规则》。其第 2 条具体规范了法律委员会的全部职责:

> 第二条　法律委员会的职责:
>
> (一)统一审议列入全国人大或者全国人大常委会会议议程的法律案;
>
> (二)提出全国人大或者全国人大常委会职权范围内同本委员会有关的议案;
>
> (三)对于全国人大或者全国人大常委会职权范围内同本委员会有关的问题,进行调查研究,提出建议;
>
> (四)向全国人大常委会提出五年立法规划和年度立法计划有关立法项目的建议;
>
> (五)检查监督有关法律和有关法律问题决定的实施情况;
>
> (六)办理全国人大会议主席团交付的代表议案;
>
> (七)审议全国人大常委会交付的被认为同宪法或者法律相抵触的行政法规、地方性法规、自治条例和单行条例等;
>
> (八)审议全国人大会议主席团或者全国人大常委会交付的质询案;
>
> (九)与外国议会相关专门委员会和法律界进行交流;

（十）法律规定的其他职责或者全国人大会议主席团、全国人大常委会、委员长会议交办的其他事项。

由此可见，除统一审议职责之外，全国人大法律委员会共承担着“提出有关议案”等其他10项职责，明显“重于”所有规则样本规定的31个省级人大法制委平均履行的6项其他职责。需强调的是：一方面，全国人大法律委员所挑起的“重担”有赖于有力的组织体系保证。为数较多、经验丰富的委员会成员以及专业性强、人数众多的工作班子远非目前的省级人大法制委可以“望其项背”。正因为如此，上海、江西等本届人大法制委通过“减负”其他职责而使统一审议职能得以强化，并获得较好的审议实效。另一方面，虽然重庆、陕西和贵州等少数省级人大法制委承担的其他职责稍多于全国人大法律委员会，但这些职责或是泛化的（负责依法治市方面的相关工作）或是非实质性的（审议、通过印发人大的年度工作报告等），并不因此倏然增加法制委的工作量。[①] 再一方面，在履行其他职责的“实然”层面，不少省级人大法制委往往承担着比制度规范要求更多的责任。例如，虽然《黑龙江省人大法制委工作规则》仅规定其承担“提出议案或起草拟定草案；进行调研，提出建议；监督检查实施情况；办理交付的代表议案；办理交办的其他事项”5项其他职责，然而，法制委在事实上还承担着“对已经实施的特别是对本省经济和社会发展有重要作用的地方性法规的回头看”，即不断增加数量的“立法跟踪问效”的职责。[②] 借此，对省级人大法制委其他职责的“重量”评估以及由此对统一审议质量的影响控制，还应充分关注法制委实际承担的各项职责，毕竟“非正式的行为规范是组织运作的实际机制”。[③]

---

① 《重庆市人大法制委、重庆市人大常委会法制工作委员会及其工作机构工作职责》之“一、7”和《重庆市人民代表大会法制委员会议事规则》第二条规定“法制委员会会议审议、通过……（六）印发市人民代表大会的年度工作报告和届期工作报告”。

② 参见黑龙江省第十届人大法制委员会：《黑龙江省第十届人民代表大会法制委员会2003年工作总结和2004年工作要点》，黑龙江省第十届人民代表大会第三次会议秘书处2004年2月5日公布，载黑龙江省人大网，http://www.hljrd.gov.cn/rdhy/10/03/200501190857.htm。

③ 周雪光：《组织社会学十讲》，社会科学文献出版社2003年版，第77页。

二、实施统一审议的阶段及其对象

(一)实施统一审议的阶段

法制委实施统一审议的阶段直接关系法制委是在何种前提条件下开始统一审议以及是否拥有充分时间进行统一审议。

文本分析结果显示:31 个省级人大法制委实施统一审议的阶段并非完全一致。其中 29 个省级行政区条例规则的规定(93.5%)与《立法法》对法律委员会实施法律案统一审议阶段的规定一致,即绝大多数省级人大法制委在人大常委会会议“一审”之后开展统一审议,但安徽省和四川省两省人大法制委的统一审议却在常委会会议“二审”之后开始。两省的具体规定是:

> 列入常务委员会会议议程的地方性法规案,一般应当经三次常务委员会会议审议后再交付表决。
>
> 常务委员会会议第一次审议法规案,在全体会议上听取提案人的说明,由分组会议进行审议。
>
> 常务委员会会议第二次审议法规案,在全体会议上听取有关专门委员会关于法规草案的审议意见,由分组会议对有关专门委员会提出的法规草案第二次审议稿进行审议。
>
> 常务委员会会议第三次审议法规案,在全体会议上听取法制委员会关于法规草案审议结果的报告,由分组会议对法制委员会提出的法规草案修改稿进行审议。①

产生统一审议实施阶段不同的原因主要是,我国绝大多数省级人大常委会制定法规的普通程序是“两审”,但上述两省的常规程序却是“三审”。②

---

① 参见《四川省人民代表大会及其常务委员会立法程序规定》第 18 条和《安徽省人民代表大会及其常务委员会立法条例》第 23 条。

② 在我国,辽宁、安徽、福建、湖南、广东、广西壮族自治区、重庆、四川、西藏自治区 9 个(29.0%)省级人大常委会以“三审”作为制定地方性法规的普通程序。然而,其中 7 个省人大常委会的一审、二审如同 22 个实行“两审”制的人大常委会——由其他专门委在一审时提出审议意见,由法制委在二审时提出有关统一审议的报告;而上述两省在一审时仅听取提案人说明,分组审议,二审时才有其他专门委发表审议意见并提出法规草案第二次审议稿。

从法制委更为充分听取常委会组成人员审议意见的角度分析，两省的这一规定无疑具有积极意义。然而，就更为充分研究各方的审议意见和意见而言，上述规定并无明显优势。相反，其不仅面临地方性法规通行“三审”是否必要的疑虑，更重要的是，由于审议周期的相对有限可能导致法制委统一审议时间的“缩水”，并进而可能弱化法制委统一审议应有功能的有效发挥。

（二）统一审议的具体对象

受制于不同的统一审议实施阶段，统一审议的具体对象亦有所不同。

29个省级行政区的条例规则和内部规则规定的统一审议对象相同。包括：在常委会一审之后，法制委根据常务委员会组成人员、有关的专门委员会的审议意见和各方面提出的意见对地方性法规草案进行统一审议，并提出地方性法规草案修改稿；在常委会二审之后，法制委根据常委会组成人员的审议意见和其他各方的意见对法规草案修改稿进行统一审议，并提出地方性法规草案表决稿。

安徽省和四川省两省对统一审议的对象作出了不同于上述省级行政区的规定。根据《安徽省人大及其常委会立法条例》第23条的规定，法制委在常委会二审之后，对有关专门委提出的法规草案修改建议稿进行统一审议，并提出法规草案修改稿；在常委会三审之时，根据各方审议意见对地方性法规草案修改稿进行统一审议，并提出法规草案表决稿。在四川省，根据《四川省人民代表大会及其常务委员会立法程序规定》第18条规定，法制委在常委会二审之后和三审之时先后对法规草案第二次审议稿和地方性法规草案修改稿进行统一审议。

三、统一审议的原则

统一审议的原则是集中体现统一审议的性质和价值取向的载体，也是指导统一审议活动的精神意旨。因此，统一审议原则具体内容的确定，不仅成为法制委能否实现克服部门利益和维护法制统一法定功能的思想基础，也是统一审议中能否充分实现交涉性的基本依据。

（一）统一审议原则的设定方式

文本分析表明：第一，所有条例规则均未规定统一审议原则；第二,北京、天津、吉林、黑龙江、上海、安徽、福建、江西、广西壮族自治区、贵州、陕西、青海和宁夏回族自治区 13 个省(61.9%)的 15 件内部规则明确了统一审议原则。具体规定方式是:

间接规范。有些省级行政区的规定如同全国人大法律委员会工作规则,通过对法制委工作原则的规范而间接确立统一审议的原则。如《上海市人大法制委工作规则》在第二部分规定了 6 项“工作原则”,其中“坚持法制统一原则,不与宪法、法律和行政法规相抵触,保持法规之间协调一致”等原则也是统一审议中必须恪守的。采用此规定方式的还有北京、黑龙江、安徽、陕西和宁夏回族自治区等地。

直接规定。有的省级行政区直接规定法制委应当遵循的统一审议原则。如《福建省人大法制委员会工作规则》就法规案的统一审议直接提出包括“以宪法、法律和行政法规为依据,坚持地方立法与宪法、法律行政法规不相抵触原则”“地方立法要充分体现人民的根本利益,注意防止地方和部门利益倾向”等 8 项“基本要求”。采用此规定方式的还有吉林省。

结合规定。有的省级行政区结合间接和直接的方式规定法制委在统一审议中应当遵循的原则。如《江西省人大法制委员会工作规则》除在第五条规定“法制委讨论和决定问题,实行民主集中制”之外,还在第 17 条专门规定,“法制委在统一审议中应当遵循以下原则:(一)维护法制统一,坚持不抵触原则……”。天津、广西壮族自治区、贵州和青海也采用此种方式。

(二)统一审议原则的内容

第一,从总体上看,13 个省级行政区的内部规则确立的在统一审议中应当遵循的原则共 8 项。包括:“民主集中制、集体行使职权原则”、“法制统一原则”、“从实际出发原则”、“按照法定程序办事”和“重大问题请示报告原则”、“立法规范化原则”、“民主原则”、“责权利统一、立法为民原则”(或者“公平公正原则”)。这些原则既在宏观上明确了统一审议组织应当奉行重要理念,也成为贯穿于会议制度、决定制度等统一审议具体工作制度的基本准则。因此,这些原则的确立的确有助于促进统一审议法定功能的实现,其中法制统一、责权利相统一等原则更是实现维护法制统一和克服不当利益功能的观念和规范保障。

第二,从横向上比较,各省级内部规则规定的统一审议原则同异皆存。一方面,各省一般都明确法制委统一审议时应遵循的“民主集中制”(100.0%)、“维护法制统一”(92.3%)和“从实际出发”(84.6%)3大原则;另一方面,设定其他5项统一审议原则的省级行政区不尽相同,出现频率也有落差。如仅福建、广西壮族自治区和陕西三省设定“遵循法定程序”原则(23.1%),确认“责权利统一”原则的仅为上海、江西和宁夏回族自治区(23.1%),而明确“重大问题请示报告”原则的只有安徽。[①] (见表6-13)由此可见,省级内部规则最关注的是有助于指导会议制度、表决制度的“民主集中制、集体行使职权”原则,而直接关乎不当利益克服的“责权利统一”以及有关交涉协调机制的“重大问题请示报告”原则尚未引起足够重视。

表6-13　各项有关统一审议的原则在内部规则的出现频率

单位:项

代码	原则内容	内部规则数	省级行政区数	省级行政区名称
1-3	民主集中制	14(87.5%)	13(100.0%)	北京、天津、吉林、黑龙江、上海、安徽、福建、江西、广西壮族自治区、贵州、陕西、青海、宁夏回族自治区
1-1	维护法制统一	13(81.3%)	12(92.3%)	除陕西之外,同上
1-2	从实际出发	11(68.8%)	11(84.6%)	除黑龙江、陕西之外,同上
1-4	依法定程序	3(18.8%)	3(23.1%)	福建、广西壮族自治区、陕西
1-5	立法规范化	8(50.0%)	7(53.8%)	上海、江西、福建、广西壮族自治区、宁夏回族自治区、贵州、青海
1-6	责权利统一	5(31.3%)	3(23.1%)	上海、江西、宁夏回族自治区
1-7	发扬民主	4(25.0%)	4(30.8%)	天津、上海、安徽、广西壮族自治区
1-8	重大问题请示报告	1(6.3%)	1(7.7%)	安徽

注:表格中,带括号部分,括号外数字为规则数目,括号内为规则数占比。

① 《安徽省人大法制委工作规则(2006年修改稿)》第9条规定:“……遇有重大的原则分歧,由法制委向主任会议、党组会议报告。”

第三,从纵向上分析,修订后的上海和江西《人大法制委工作规则》在统一审议原则上既有承继又有发展。其中2007年1月4日修订的上海规则如同其他11个省级行政区的内部规则,将“坚持民主集中制原则,集体行使职权”作为一项新的原则予以确认。此表明,随着地方立法统一审议的不断实践,“集体行使职权”作为一种基本的程序理念,日趋成为省级人大统一审议组织的自觉意识,逐渐渗入统一审议程序的各个环节,成为法制委进行统一审议活动、实现统一审议功效所必须依循并体现的基本规则。江西的统一审议原则也在不断完善。2001年3月23日制定的法制委工作规则仅以间接的方式确认了法制统一、从实际出发、民主集中和立法规范化4项原则,2005年10月修订施行的《江西省人大法制委工作规则》不仅以间接方式规定了民主集中制原则,而且在第17条专门规定了“统一审议中应遵循的(六大)原则”,并在原有原则的基础上发展了责权利统一、发扬民主和对较大的市人民代表大会常务委员会报请批准的地方性法规坚持合法性审查3项原则。

第四,从内容和适用上分析,统一审议原则应当在区分程序性和实体性原则的基础上予以规范完善。12个省级行政区内部规则设定的八大原则在内容和适用上可以分为两大类。一类是法制委作为议事型组织在进行统一审议活动过程中应该恪守的程序性原则,主要有“民主集中制原则”以及由其指导下或衍生出的运行于法制委内部的法定会议人数原则、参与原则、平等议事原则和多数决原则以及适用于法制委与其他审议组织之间的沟通原则、重大问题请示报告原则等。由于此类原则适用于法制委的所有议事活动而并非仅贯穿于统一审议的过程,因此,此类原则通常被视为法制委的一般“工作原则”。另一类是法制委为实现统一审议的法定功能而应当遵循的实体性原则,诸如各地已规定的从实际出发和立法规范化等原则,尤其是法制统一和责权利相统一两项原则。因此,统一审议原则的设定以及完善应当着眼于两个范畴:既应当强化以实现议事职能为取舍标准的程序性原则,又必须重视以确保统一审议法定功能实现为衡量标准的实体性原则。基于此,现阶段我国地方立法统一审议原则的设定及其完善尤其要重视两个问题。一是重视统一审议程序原则和实体原则"应然"内容的实践提炼和学理研究。① 二是注意统一审议两类原则设定方式的合理性。在选择结合方式规定时,不要混淆一般适用的程序原则与特别适用的实体原则。如广西壮族自治区人大的《法制委工作规则》第 14 条第(五)项将"依照法定程序原则"缩小为仅仅适用于"法制委员会审议法规应遵循的基本原则";在选择间接方式规定时,不要疏漏统一审议的必要原则,并注意两类原则层次上的区分。如宁夏回族自治区人大的《法制委工作规则》第二部分将"责权利统一"和"立法规范化"扩大为适用各项议事职能的一般"工作原则"。

第五,辽宁和上海、江西三地有关统一审议原则的制度化程度不同。表现为:一则,本届江西和上海两地人大法制委在总结实践经验的基础上,分别于 2005 年 9 月和 2007 年 1 月修订了由上一届人大法制委于统一审议制度实施之初制定的《法制委工作规则》,对统一审议原则作了相应的调整,辽宁至今施行由本届人大法制委于 2003 年 3 月 6 日第一次会议上通过的《工作规则》;二则,江西和上海的《法制委工作规则》专门设定了"工作原则",江西更以专条(第 17 条)规定了"统一审议中应当遵循"的 6 项原则,辽宁的《法制委工作规则》中无"工作原则"或"统一审议原则"的专门规定,仅以专条规定了法制委在审议法规案时需"着重审议"的五项"内容",包括"是否与宪法、法律、行政法规相抵触""权利与义务是否统一,权力与责任是否统一""地方性法规之间是非协调""立法技术是否规范"等。

四、统一审议的重点

统一审议的重点是统一审议功能的集中反映,是统一审议职责的具体体现。统一审议重点的合理设定既能保证法制委和其他专门委各司其职,发挥优势,又能避免两者作用简单叠加,甚至相互销蚀。

---

① 在学界,有学者提出法制委应遵循的议事原则有公开会议原则、参与原则、议事平等原则、多数决原则、独立审议原则和议事非人格化原则;也有学者提出专门委(包括法制委)应遵循的议事规则有法定人数原则、秘密会议原则、自由辩论原则和多数决原则等。这些主张既有共同之处(如多数决定原则),也有不同甚至相反之见(如公开审议与秘密审议原则)。前者见孔瑜:《论省级人大法制委员会的统一审议制度》,华东政法学院 2002 届法学硕士学位论文,第 43 ~45 页;后者见周伟:《各国立法机关委员会制度比较研究》,山东人民出版社 2005 年版,第 24 ~34 页。

早在《立法法》起草之时，围绕着统一审议制度的构建，立法实务界便展开了关于法制委和其他专门委的职责分工及其审议重点的讨论，[①]并逐渐将统一审议的重点定位于“主要针对法律草案的统一性、指导思想、原则、结构和立法技术等方面进行审议”。[②] 然而，出台后的《立法法》虽然明确了全国人大其他专门委和法律委员会各自的审议阶段，但未规定统一审议的重点。由此，无论在理念还是制度设计上，地方立法统一审议的重点始终存在宽泛的“创新”空间。

在理念上，迄今立法理论界和实务部门对不同的审议组织应有不同的审议功能并无分歧，[③]但就如何具体区分不同组织的审议重点依然存有不同看法。有的认为，“对法规草案的初步审议，主要是……协助常委会会议抓住审议要点，对常委会审议具有提示、导向作用。对法规草案的统一审议，主要是……协助常委会作出修改抉择，不需要重复陈述审议意见报告中已说明的立法必要性等内容”。[④] 有的主张，“法制委员会应侧重审议法规草案的合法性……同时应负责对法规草案进行相应的立法技术处理，包括法规用语是否规范、条款项设置是否合理等。其他专门委员会或有关工作委员会则应侧重审议、审查法规草案的合理性”。[⑤] 还有的强调，法制委在“审议中要把握好每一部法规的重点，主要是法规的必要性、合法性、协调性、可行性、规范性”。[⑥]

---

① “对于列入全国人民代表大会会议和常委会会议的法律案如何进行统一审议，各方面存在不同意见。……另一种意见认为，规定对法律草案的统一审议需要注意并解决以下问题……(3)应当明确法律委员会和各专门委员会在审议法律草案中的职责分工，一审的实质性内容由专门委员会负责，二审由法律委员会负责，各有侧重。”参见刘松山：《一部关于立法制度的重要法律　〈立法法〉制定过程中争论的主要问题及其解决方式》，载《中国司法》第5期。

② 转引自全国人大常委会法制工作委员会国家法行政法室关于全国人大各专门委员会和全国人大常委会办公厅有关局室对立法法(草案)的意见汇总(1999年9月13日)。

③ 参见李祖兴：《加强专门委员会在立法审议中的作用》，载《中国法学》1993年第3期；周伟：《各国立法机关委员会制度比较研究》，山东人民出版社2005年版，第409页；俞永生：《论改革完善中国地方立法程序》，载周旺生主编：《立法研究》(第1卷)，法律出版社2000年版，第234页。

④ 王宗炎：《关于地方人大立法审议机制的若干问题》，载《上海人大》2002年第10期。

⑤ 刘生荣：《关于地方立法实行统一审议制度的思考》，载《人大研究》2002年第8期。

⑥ 甘肃省人大法制委填写的调查问卷，摘录于2006年课题组的问卷调查文字资料(未刊稿)。

在省级地方立法制度层面，有关统一审议的重点仅为 12 个省级行政区的条例或者内部规则加以规范。具体是：

第一，所有样本中涉及的统一审议的重点主要有必要性、合法性、合理性、可行性、规范性和矛盾焦点等 11 类（见表 6－14）。

表 6－14　规则样本中涉及统一审议重点内容及其例证

代码	重点内容类别	“规则”例	
		具体规定	名称和条次
1	必要性	全面审议法规案的必要性	北京市人大法制委工作规则第 14 条
2	合法性	是否与宪法、法律、行政法规相抵触	辽宁省人大法制委工作规则第 8 条第 1 项
3	协调性	地方性法规之间是否协调	辽宁省人大法制委工作规则第 8 条第 4 项
4	合理（适当）性	应当注意法规案的……合理性……	福建省人大法制委地方性法规统一审议若干规定（草案）第 13 条
5	可行（操作）性	注重地方立法……可操作性	上海市人大法制委工作规则之二第 4 项
6	科学性	应当注意法规案的……科学性	福建省人大法制委地方性法规统一审议若干规定（草案）第 13 条
7	矛盾焦点（重要问题）	全面审议……法规案中的矛盾焦点问题	北京市人大法制委工作规则第 14 条
8	（地方）特色性	是否有地方特色	辽宁省人大法制委工作规则第 8 条第 2 项
9	针对性	是否……有针对性	辽宁省人大法制委工作规则第 8 条第 2 项
10	规范性	立法技术是否规范	辽宁省人大法制委工作规则第 8 条第 5 项
11	重要性	注意研究立法的……和法规重要性	吉林省人大法制委工作规则之二第 3 项

第二,31个省级行政区中仅江苏省条例规则规定了统一审议的重点,[①]20个省级行政区所有内部规则样本中有12个省级行政区的13件样本确定了统一审议的重点,但各省的审议重点多有不同。有的涉及的审议重点比较宽泛,有的则相对狭窄。前者如《贵州省人大法制委员会工作规则(试行)》第6条规定了六方面的审议重点,即"从实际出发,注意立法的必要性、可行性和科学性,维护法制统一,避免法规之间相互矛盾、抵触,注意法规的规范化,力求用语和概念清楚、准确、简明易懂";后者如《山东省人大常委会关于加强和改进地方立法工作进一步提高立法质量的意见》仅规定三个审议重点,即"统一审议要突出重点……在充分体现'不抵触、有特色、可操作'上下功夫"。

第三,"合法性"和"可行(操作)性"是统一审议重点的"聚焦点"(占12个省级行政区的91.7%和83.3%),"规范性"和"地方特色性"(各占75.0%)也都成为法制委统一审议的重点内容。此外,"协调性"和"必要性"也得以关注(各占50.0%)(见表6-15)。

表6-15　所有规则样本中关于统一审议重点内容的规定

省级行政区	样本名称	审议重点类代码											
		1	2	3	4	5	6	7	8	9	10	11	合计
江苏	制定和批准地方性法规条例		*	*							*		3
北京	人大法制委员会工作规则	*	*			*		*			*		5
天津	市人大法制委会工作规则	*	*	*		*	*		*				6
辽宁	人大法制委工作规则		*	*	*				*	*	*		6
吉林	人大法制委工作规则	*	*			*			*			*	5

① 《江苏省制定和批准地方性法规条例》第35条规定:"法制委员会侧重于对统一性、合法性、规范性进行审议。"

续表

省级行政区	样本名称	审议重点类代码											
		1	2	3	4	5	6	7	8	9	10	11	合计
福建	人大法制委员会工作规则	*				*			*				3
	人大法制委员会地方性法规统一审议若干规定(草案)		*	*	*		*				*		5
山东	人大常委会关于加强和改进地方立法工作进一步提高立法质量的意见		*			*			*				3
贵州	人大法制委员会工作规则(试行)	*	*			*	*		*		*		6
云南	人大常委会关于改进立法工作提高立法质量的意见		*			*	*	*	*	*	*		7
甘肃	人大常委会地方性法规质量标准及其保障措施(试行)			*		*					*		3
青海	人大法制委工作规则		*	*		*		*	*	*	*		7
宁夏回族自治区	人大法制委员会工作规则	*	*			*			*	*	*		6
合计		6	11	6	2	10	4	3	9	4	9	1	

第四,统一审议的重点应更加突出“法律专业审”和“责权利统一(平衡)审”的重心。不少规则将“必要性”和“可行性”作为统一审议重点,吉林省甚至将“重要性”作为统一审重点。然而,从《立法法》构建统一审议机制的目的而言,有关省级行政区关于统一审议重点的上述规定不仅有违统一审议机制的设定初衷,而且会造成

其他专门委和法制委分工不明，重复劳动，[①]降低立法效率的后果。因此，统一审议重心的制度化应当围绕着维护法制统一和遏制不当利益作适度调整，以确保其他专门委和法制委的审议各有侧重，各扬其优势。

五、统一审议的基本程序和议事规则

（一）统一审议前的准备——提前介入

提前介入，即法制委在统一审议之前提前参与立法项目的调查研究、座谈论证，以尽早掌握统一审议所需的第一手资料。

第一，提前介入实践相当普遍，但上升到制度层面的极其有限。统一审议制度确立初期，法制委的通行做法是“被动”介入（即受其他专门委邀请后方才参加）或者不介入。[②] 如今，江西、广东、甘肃、北京、广西壮族自治区、黑龙江、江苏、宁夏回族自治区和云南等越来越多的省级人大法制委主动提前介入。然而，在制度层面，仅江西、云南和宁夏回族自治区 3 个省级行政区的 4 件内部规则直接规定了提前介入制度。其中《江西省人民代表大会法制委工作规则》规定法制委为准备统一审议“可以”提前介入，《宁夏回族自治区制定地方性法规协调工作的制度》则规定“应当”提前介入。此外，唯有《福建省人民代表大会及其常务委员会立法条例》1 件条例规则以间接方式明确了提前介入，即法制委在统一审议前“可以”应邀参加常委会有关工作机构开展的调查研究和论证工作会议。[③]

第二，重视提前介入的负面效应，相关制度有待完善。随着实践的深入，不少省级行政区已意识到提前介入可能带来潜在的

---

① 根据对《上海市制定地方性法规条例》第 20 条、《江西省立法条例》第 31 条第 2 款和《贵州省地方立法条例》第 25 条等 15 件条例规则的分析，各省通常规定其他专门委对地方性法规案予以初审的重点是立法的必要性、可行性、法规草案中的专业性问题以及重点、难点等问题。当然，也有新疆维吾尔自治区、上海、江西的立法条例和山东、陕西、广东以及甘肃的内部规则等 8 件样本将“合法性”或者“是否存在追求部门利益”作为其他专门委的审议重点之一。

② 参见孔瑜：《论省级人大法制委员会的统一审议制度》，华东政法学院 2002 届法学硕士学位论文，第 57 ~ 60 页。

③ 分别参见江西、云南和福建三部规则的第 22 条、第 6 条第 2 款和第 21 条。

负面效应。广西壮族自治区法制委坦言，“对是否提前介入存有矛盾心态：担心介入前期工作，前期的观点、判断会影响统一审议，没有余地；不介入，又对一些问题掌握存在局限性。”①各地在总体上意识到“法制委员会对于立法项目提前介入的时机和深度难以把握，同其他专门委员会和法工委提前介入的关系尚须理顺”，但又担忧提前介入太少必然导致“一审之前的基础工作不够扎实，协调难度大”，“了解实际情况、掌握第一手资料不够，影响统一审议质量”②。

本书认为：首先，在目前统一审议人少时短的状况下，适度提前介入的确能够发挥“制度丛”的协同效应，有助于法制委在常委会一审、二审间可利用时间相当有限的现状下，利用提前介入的“时间差”来补足统一审议原本需要的时间资源，尽可能全面了解法规的起草背景、立法要解决的主要问题、主要的制度设计、起草中遇到的主要矛盾及其协调解决情况、草案内容与现行法律、政策之间的关系等重点和难点等决策信息，以把握法规的关节点并提出常委会审议的重点，掌握统一审议的主动权并提出切实可行的修改方案。由此，需将提前介入作为一项阶段性、过渡性的措施予以制度化。其次，必须审慎对待提前介入制度化的负面影响。一方面，要特别重视提前介入可能损害统一审议法定功能的防范性制度设计。由于法制委因提前介入可能遭致不当利益表达者的强力影响，从而导致其超然和中立立场的弱化乃至丧失，因而应当注重法制委提前介入的程度、方式的限制，尤其应当有细节性的禁止性规范。另一方面，要注重法制委提前介入可能导致其和其他专门委两种审议组织不必要重复活动③的区别性制度设计。鉴于法制委“提前介入”的特定要求，其必然有别于其他专门委和法工

---

① 2006年《地方立法统一审议机制研究》课题组整理的“地方立法统一审议工作机制有关情况征询”（未刊稿），第2页。在这份整理稿中，还有一些地方对提前介入表现出两难的担忧。如内蒙古自治区反映，因统审前的调查研究工作不够而影响审议质量；北京也坦言，不提前介入便缺乏对重要问题直接参与调研的途径。

② 谢天放、王宗炎、何雅、崔凯：《地方立法统一审议机制研究》，载《政府法制研究》2007年第10期，第2页、第16页。

③ 如贵州法制委提出，法制委提前介入的“部分工作，比如征求意见、论证会等与有关专门委员会及起草单位所做的工作相差无几，有重复劳动之嫌”。

委的“提前介入”,因而需要对其主要目的、介入方式、介入时机和介入深度等作出专门规范。

（二）统一审议的议事规则

统一审议的议事规则主要包括会议制度、审议制度和表决制度。

1. 会议制度

第一,辽宁、上海和江西等15个省级行政区内部规则所规定的统一审议会议制度一般包括会议类型、法定人数、召集或主持者以及通知等内容(见表6－16)。

表6－16　内部规则样本对法制委统一审议会议制度的规定

会议制度	具体规定	省级行政区数/个	省级行政区名称
会议类型	全体	15(75.0%)	北京、天津、辽宁、吉林、黑龙江、上海、福建、江西、广西壮族自治区、重庆、四川、贵州、陕西、青海、宁夏回族自治区
	无规定	5(25.0%)	江苏、山东、海南、云南和甘肃
出席法定人数要求	绝对多数(全体组成人员过半)	12(60.0%)	北京、天津、辽宁、吉林、黑龙江、上海、福建、江西、重庆、陕西、青海、宁夏回族自治区
	特别多数(全体组成人员2/3以上)	1(5.0%)	四川
	无规定	7(35.0%)	江苏、山东、广西壮族自治区、海南、贵州、云南和甘肃
请假制度	因故不出席须请假	15(75.0%)	北京、天津、辽宁、吉林、黑龙江、上海、福建、江西、广西壮族自治区、重庆、四川、贵州、陕西、青海和宁夏回族自治区
	无规定	5(25.0%)	江苏、山东、海南、云南和甘肃
出席会议年通报制度	出席会议情况年度通报	1(5.0%)	重庆
	无规定	19(95.0%)	除重庆之外的其他19个省级行政区

续表

会议制度	具体规定	省级行政区数/个	省级行政区名称
召集或主持人制度	主任委员主持，并可委托副主任委员主持	14(70.0%)	北京、天津、辽宁、吉林、黑龙江、上海、福建、江西、广西壮族自治区、四川、贵州、陕西、青海、宁夏回族自治区
	主任委员主持，因故不能出席时可委托副主任委员主持	1(5.0%)	重庆
	无规定	5(25.0%)	江苏、山东、海南、云南和甘肃
会前通知制度	有具体的会前通知期间	6(30.0%)	北京、黑龙江、福建、广西壮族自治区、重庆、陕西
	仅规定"提前通知"	1(5.0%)	上海
	无规定	13(65.0%)	天津、辽宁、吉林、江苏、江西、山东、海南、四川、贵州、云南、甘肃、青海、宁夏回族自治区

注：表格中括号外数字为省数，括号内数字为省级行政区数占比。

第二，七成五省级行政区规定统一审议法规案必须召开全体会议，表明统一审议应有的民主性和交涉性已为法制委自身高度认同。为保障统一审议组织的成员平等、充分地行使审议权，进而发挥统一审议的交涉功能，多数省级行政区的内部规则不仅规定法制委履行统一审议职责时必须召开全体会议，并且强调过半成员出席的法定会议人数要求以及因故不能出席必须请假。本项目重点研究的辽宁、上海和江西三地人大法制委的会议制度均设计了这些内容。此外，个别地方甚至规定了特别多数的出席法定人数要求（如四川），建立了出席会议情况年度通报制度以及年度因故不出席会议的最多次数限制制度（如重庆）。①

第三，各地会议制度详略不一，但多数省级行政区的此项制度

① 《重庆市人民代表大会法制委员会议事规则》第6条第2款规定，"组成人员每年未出席会议的次数不能超过当年会议召开次数的1/3。办公室每年应当将出席会议的情况向全体组成人员通报"。

有细化之需。一方面,各地法制委会议的制度化程度不一。例如,重庆法制委的会议制度既规范了会议类型、主持人、会前准备和通知,又规定了会议出席法定人数、请假制度、不出席的限制及其责任等,而辽宁法制委的会议制度仅简单规定了会议类型、主持人和出席会议法定人数等。另一方面,有必要细化和完善现行的统一审议会议制度,以确保统一审议活动的各个环节有章可循。例如,就会前通知而言,仅上海、重庆等7个省级行政区的会议制度有此内容,且上海仅规定"提前通知"却未明确"提前"的时日。[①] 又如,以出席法定人数而言,由于目前各地法制委兼职委员较多,绝对多数制的出席法定人数要求难以实现敦促委员尽可能出席会议的目的,[②]因而有必要如同四川法制委,将出席法定人数从绝对多数制调整为特别多数制。

第四,应当在会议制度中增加最少审议次数和最低审议持续期间的规定。如同全国人大法律委员会工作规则,各地法制委的内部专门规则都未对统一审议一部法规的最少审次和全体会议审议该法规案的最低持续时间作出规范。事实上,必要的审议次数和审议持续时间是实现交涉功能的基本保障,但地方立法统一审议的实践却表明,一些省级行政区法制委"统一审议会议时间短,使统一审议不够充分"。[③] 借此,本书认为,为了保障统一审议组织充分发挥其法定功能,各地内部规则应当在会议制度中对法制委统一审议一部法规案的最少审次和需消耗的最低时限等两个具体环节作出明确规定。

2. 审议制度

在统一审议中,审议制度关涉的是法制委如何合议的重要制度。

(1)发言及辩论规则

第一,所有的内部规则样本未对统一审议的发言和辩论作出任

---

① 除上海之外,其他6个省级行政区规定的会前通知期限为:北京为"7日前";福建、广西壮族自治区和重庆为"3日前";黑龙江、陕西为"2日前"。此外,全国人大法律委工作规则也选用模糊语言规定会前通知。

② 吉林省法制委有关人员认为,目前法制委的主要问题是"兼职委员多,有时连出席会议都保证不了"。参见谢天放、王宗炎、何雅、崔凯:《地方立法统一审议机制研究》,载《政府法制研究》2007年第10期,第1页。

③ 谢天放、王宗炎、何雅、崔凯:《地方立法统一审议机制研究》,载《政府法制研究》2007年第10期,第16页。

何制度化规定，仅江西提出了发言内容的限制性要求，[①]规定发言“应当围绕议题，简明扼要”。值得一提的是，福建法制委正在酝酿“建立统一审议辩论制度”，该规定若能最终通过实施，无疑将开启我国立法程序的辩论制度。[②]

第二，法制委内部专门规则亟须修改或补充包括发言次数、时间、方式以及内容限制在内的发言规则。统一审议中的发言次数、时间、内容、责任以及辩论式发言方式等规则不仅事关法制委成员在统一审议中行使的发言权是否平等，而且关乎审议中的交涉是否充分以及交涉基础上的审议是否高效。因此，各地应当在总结以往会议发言实践经验的基础上，在法制委的工作规则或议事规则中确立并逐步完善上述重要的发言规则，以既依循程序保障法制委的统一审议具有合法性和正当性，又最终提高统一审议质量，实现统一审议的法定功能。

(2)审议方式规则

近半省级行政区(45.0%)规范了审议方式，其中1/3省级行政区采用逐条和重点相结合的方式统一审议法规案。天津、吉林、上海、福建、江西、广西壮族自治区、贵州、甘肃和宁夏回族自治区9个省级行政区内部规则明确规定法制委对法规案“进行逐条审议”，但具体审议方式略有差异。其中上海、江西等三地如同全国人大法律委员会工作规则，规定法制委“对草案修改稿进行逐条审议”，“对草案表决稿进行重点审议”；另2/3的省级行政区仅规定一律采用逐条审议方式。辽宁等11个省级行政区未作此规定(见表6－17)。

---

① 当然，在实践中，一些省级行政区已开始注意统一审议中的发言问题并提出针对性的完善建议。如内蒙古自治区指出，“统审时充分讨论，研究不够”；甘肃准备“建立审议辩论制度，即对法规案中争议较大的个别重大问题在法制委会议进行专题讨论和辩论”。参见谢天放、王宗炎、何雅、崔凯：《地方立法统一审议机制研究》，载《政府法制研究》2007年第10期，第2页。

② 分别参见《江西省人民代表大会法制委员会工作规则》第13条第3款和《福建省人民代表大会法制委员会地方性法规统一审议若干规定(草案)》(征求意见稿)第14条。

表 6－17 省级人大法制委采用的统一审议方式及其例证

审议方式	省级行政区数/个	省级行政区名称	"规则"例	
			具体规定	名称和条次
逐条审议	6(66.6%)	天津、福建、广西壮族自治区、贵州、甘肃、宁夏回族自治区	对法规草案进行逐条审议,提出法规草案修改稿	《广西壮族自治区人民代表大会法制委工作规则》第17条
逐条与重点审议结合	3(33.3%)	吉林、上海、江西	对法工委提出的法规草案修改稿,由全体会议进行逐条审议。对法工委提出的法规草案表决稿,由全体会议进行重点审议,必要时也可进行逐条审议	《上海市人大法制委工作规则》之"三"

注:表格中括号外数字为省级行政区数,括号内数字为省级行政区占比。

事实上,各地法制委在统一审议实践中大多依据审议对象采用逐条与重点审议结合的审议方式。[①] 为了改变法制委基于理性或惯例选择的审议方式处于随意或不确定的状态,各地应将这种能够同时提升审议效率和质量的审议方式予以制度化,并通过制度化既提升该项审议规则的合法性又保持其在统一审议实践中的稳定性。

3. 表决制度

作为统一审议中的一项重要制度,表决制度规范法制委何以决断。其主要规范的是表决方式、表决结果的计算规则以及表决结果的宣告。

第一,表决方式的制度化程度较低,实践中的表决方式丰富多样。尽管各地统一审议实践中的表决方式具有多样性,如举手表

① 谢天放、王宗炎、何雅、崔凯:《地方立法统一审议机制研究》,载《政府法制研究》2007 年第 10 期,第 14 页。

决、委员逐一表态、主持人决定甚至提请主任会议决定等，[①]但仅上海、安徽、福建和重庆4个省级行政区的内部规则规定了表决方式。其中除重庆以“举手、无记名投票”表示法制委以公开或秘密方式决断之外，没有任何其他省级行政区将公开抑或秘密方式定夺统一审议结果列入制度化的范畴。另外，上海、江西肯定了“有争议条款的单独付诸表决”，安徽拟创设“无异议通过”方式，即法制委对法规草案修改稿、表决稿无不同意见时，采取无异议方式通过，不再进行表决[②]（见表6－18）。

第二，21个省级行政区[③]中有14个省级行政区（66.7%）规定法规案通过统一审议的法定人数。其全部采取“过半”绝对多数比例规则和“全体组成人员”应到人数范围规则。其中辽宁等10个省级行政区规定“表决以全体组成人员过半数通过”，上海等三地表述为“法制委员会会议表决事项以全体组成人员的过半数赞成方为通过”（见表6－18）。

---

① 参见谢天放、王宗炎、何雅、崔凯：《地方立法统一审议机制研究》，载《政府法制研究》2007年第10期，第46页。据统计，26个省级行政区回答了“在统一审议中法制委员会委员之间存在意见分歧时，主持人采用什么决策方式”的提问。其中除贵州省同时选择下列四种方式做出决策之外，其他各省级行政区对各种选择方式的回答是：第一，仅贵州、山东、重庆、四川、福建和云南6个省级行政区选择“举手表决”，占23.1%，其中重庆将其作为唯一的决策模式；第二，江西等21个省级行政区选择“委员逐一表态，少数服从多数”的方式，其中江西等11个省级行政区（占42.3%）将其作为唯一的决策模式，贵州、山东和安徽作为第一选择；第三，主持人选用“一般由主持人决定”方式的有辽宁等7个省级行政区，占26.9%，其中辽宁等3省将此方式作为唯一决策模式；第四，河南、青海、安徽和广西壮族自治区4省采用“提请主任会议研究决定”的模式，其中河南将“提请主任会议决定”作为唯一的决策模式。

② 甘肃已有“无异议通过”的规定。参见谢天放、王宗炎、何雅、崔凯：《地方立法统一审议机制研究》，载《政府法制研究》2007年第10期。问卷调查资料，第14页。

③ 需要说明的是，因收到安徽省人大法制委工作规则时间较晚，因此未将其纳入总研究样本。在表决制度部分，因安徽省的表决制度具有独特内容而将其纳入研究范围。

表 6－18　14 个省级人大法制委采用的表决制度及其例证

表决制度内容		省级行政区数/个	省级行政区名称	“规则”例	
				具体规定	名称和条次
表决方式	无记名投票、举手或其他方式表决	1 （4.8%）	重庆	法制委会议表决事项，采用无记名投票、举手或者其他方式	《重庆市人大法制委议事规则》第 12 条
	无异议通过	1 （4.8%）	安徽	法制委对法规草案修改稿、草案表决稿没有不同意见的，可采取无异议方式通过，不再进行表决	《安徽省人大法制委工作规则（修改稿）》第 19 条
	争议条款单独表决	4 （28.6%）	上海、安徽、福建、江西	……对有争议的条款，全体会议以表决方式决定	《上海市人大法制委工作规则》之三
通过法规案的法定人数	过半数赞成（通过）	14 （66.7%）	北京、辽宁、吉林、黑龙江、福建、广西壮族自治区、四川、贵州、陕西、青海	……经全体组成人员的过半数通过	《辽宁省人大法制委工作规则》第 7 条
			上海、安徽、重庆、宁夏回族自治区	审议的法规草案修改稿、法规草案表决稿及等，须以组成人员的过半数赞成方得通过	《上海市人大法制委工作规则》之三
宣布表决结果		2 （9.5%）	广西壮族自治区、重庆	表决议案由委员会组成人员的过半数通过，表决结果由会议主持人当场宣布	《广西壮族自治区人大法制委工作规则》第 11 条

注：表格中括号外数字为省级行政区数，括号内数字为省级行政区数占比。

第三，仅广西壮族自治区和重庆两地的内部规则对表决结果宣布予以制度化。如《重庆市人民代表大会法制委员会议事规则》第 13 条规定“法制委员会会议表决事项以全体组成人员的过半数赞成方为通过。表决结果由会议主持人当场宣布”。

（三）列席会议并发表意见制度

邀请有关人员列席法制委会议并发表意见，是法制委实现广开言路、增进交涉、克服部门利益的一种组织手段。

第一，列席省级人大法制委统一审议会议并发表意见的人员主要有8类。其中人大系统内部的有5类：包括其他专门委负责人或成员、人大常委会有关工作委员会或工作机构负责人、人大代表或常委会委员、省级人大常委会分管领导、人大常委会联系法制委的秘书长或副秘书长；人大系统外部的也有4类：包括省级人民政府有关部门负责人或者有关单位的负责人、省级人大常委会顾问、较大的市的人大及其常委会有关负责同志（见表6－19）。

表6－19　列席省级人大法制委统一审议会议并发表意见的人员及其例证

代码	列席人员	“规则”例	
		具体规定	名称和条次
1	其他专门委负责人或成员	审议法规案时，应当邀请有关专门委员会的成员列席会议，发表意见	《上海市人大法制委工作规则》之三（三）
2	省级人民政府有关部门负责人或有关单位的负责人	法制委全体会议可邀请……省政府法制办……有关负责同志列席会议，发表意见	《江西省人大法制委工作规则》第13条第2款
3	人大常委会有关工作委员会或工作机构的负责人	法制委全体会议可邀请……省人大常委会法工委等有关工作机构负责人及其工作人员……列席会议，发表意见	《江西省人大法制委工作规则》第13条第2款
4	有关人大代表或常委会委员	法制委统一审议时，可以邀请……人民代表大会代表……列席会议，发表意见	《山西省地方立法条例》第38条第2款
5	省级人大常委会顾问	审议法规案时……也可以邀请……专家到会发表意见	《上海市人大法制委工作规则》之三（三）
6	省级人大常委会分管领导	法制委会议邀请市人大常委会分管领导……列席法制委会议	《重庆市人大会法制委议事规则》第8条

续表

代码	列席人员	“规则”例	
		具体规定	名称和条次
7	人大常委会联系法制委的秘书长或副秘书长	法制委会议邀请……联系法制委的秘书长或副秘书长到会指导……列席法制委会议	《重庆市人大法制委议事规则》第8条
8	较大的市的人大及其常委会有关负责同志	法制委全体会议,可邀请……南昌市人大及其常委会有关负责同志列席会议,发表意见	《江西省人大法制委工作规则》第13条第2款
9	概括规定	审议法规案时……也可以邀请有关人员……到会发表意见	《上海市人大法制委工作规则》之三(三)

第二,所有省级行政区都以条例规则规范列席并发表意见制度,但规则相对粗疏。表现为:其一,陕西规定的列席并发表意见者仅为“有关人员”;其二,天津、河北、内蒙古自治区和福建等5个省级行政区(16.1%)规定的列席并发言者中无“其他专门委负责人或成员”;其三,辽宁、上海和江西等12个省级行政区(38.7%)法制委审议法规案时邀请的列席并发表意见者仅限于其他专门委成员;其四,除概括规定之外,所有条例规则规定的列席并发表意见的仅四类人员,在条例规则中出现的频率由高到低依次为:其他专门委负责人或成员(83.9%)、人大常委会有关工作委员会或工作机构的负责人(38.7%)、省级人大常委会顾问(12.9%)和有关人大代表或常委会委员(6.5%)(见表6-20);其五,有些省级行政区条例规则设定了“列席”法制委会议制度,却疏忽了“发表意见”的规定。①

① 如《上海市制定地方性法规条例》第24条第2款仅规定,“法制委员会审议地方性法规案时,应当邀请有关的专门委员会的成员列席会议”。

表6－20　各省级行政区条例规则规定的列席法制委会议并发表意见人员的情况

序号	省级行政区	列席以及发表意见人员代码									
		1	2	3	4	5	6	7	8	9	合计
1	天津				*	*				*	3
2	福建			*							1
3	海南	*		*		*				*	4
4	甘肃	*		*		*					3
5	山西	*		*	*	*					4
6	新疆维吾尔自治区	*		*						*	3
7	陕西									*	1
8	河北、内蒙古自治区			*						*	2
9	湖南、广西壮族自治区、重庆、宁夏回族自治区	*								*	2
10	北京、江苏、安徽、河南、云南	*		*							2
11	辽宁、吉林、黑龙江、上海、浙江、江西、山东、湖北、广东、四川、贵州、西藏自治区、青海	*									1
合计		26	0	12	2	4	0	0	0	10	
占比/%		83.9	0.0	38.7	6.5	12.9	0.0	0.0	0.0	32.3	

第三，各省级行政区内部规则补充细化了列席并发表意见制度。表现为：其一，扩大列席法制委会议并发表意见人员至8类，其中辽宁、上海和江西三地条例规则中仅规定其他专门委成员列席并发表意见，但在内部规则中扩大到省级人民政府有关部门负责人或有关单位的负责人、人大常委会有关工作委员会或工作机构的负责人或专家顾问等。① 其二，被邀请各类人员在内部规则中的出现频

① 又如，重庆市条例规则中也仅规定了专门委员会成员和有关机关及组织列席并发表意见，而内部规则中则详细列举了8类列席人员。

率均有不同程度的提高,其中邀请专家顾问列席会议的省级行政区明显增多。除概括规定之外,列席并发表意见的人员在内部规则中出现频率较高的前三位依次为:人大常委会有关工作委员会或工作机构负责人(50.0%);其他专门委负责人或成员(45.0%);省级人大常委会顾问(35.0%)(见表6-21)。

表6-21　20个省级行政区内部规则中规定列席会议人员以及发表意见的情况

序号	内部规则名称	列席以及发表意见人员代码									
		1	2	3	4	5	6	7	8	9	合计
1	北京市人大法制委工作规则	*		*	*	*					4
2	天津市人大法制委工作规则			*						*	2
3	辽宁省人大法制委工作规则	*								*	2
4	吉林省人大法制委工作规则(试行)	*		*					*	*	4
5	黑龙江省人大法制工作规则									*	1
6	上海市人大法制委工作规则(2007年修订)	*				*				*	3
7	江苏省人大法制委工作职责										0
8	福建省人大法制委工作规则 福建省人大法制委地方性法规统一审议若干规定(草案)			*	*	*	*			*	5
9	江西省人大法制委工作规则	*	*	*					*	*	5
10	山东人大常委会关于加强和改进地方立法工作进一步提高立法质量的意见										0
11	广西壮族自治区人大法制委工作规则	*	*	*							3

续表

序号	内部规则名称	列席以及发表意见人员代码									
		1	2	3	4	5	6	7	8	9	合计
12	海南人大法制委进一步提高立法质量的实施意见		*	*							2
13	重庆市人大法制委议事规则 重庆市法制委、法工委立法工作规程	*	*	*	*	*	*	*		*	8
14	四川省人大法制委工作规则(2007 年修订)			*		*				*	3
15	贵州省人大法制委工作规则(试行)	*		*		*				*	4
16	云南省人大常委会改进立法工作提高立法质量的意见	*	*		*					*	4
17	陕西省地方立法工作规程										0
18	甘肃省人大常委会地方性法规质量标准及其保障措施(试行)										0
19	青海省人大法制委工作规则									*	1
20	宁夏回族自治区人大法制委工作规则					*				*	2
合计		9	5	10	4	7	2	1	2	13	
占 20 个省级行政区的占比/%		45.0	25.0	50.0	20.0	35.0	10.0	5.0	10.0	65.0	
全国人大法律委员会工作规则		*			*					*	3

第四，修改后的江西人大法制委工作规则明显扩大列席并发表意见的对象范围，但上海的修改无变化。在江西，修改前列席人员仅包括有关部门负责人和常委会法工委等有关工作机构负责人及其工作人员两大类，①修改后增加了其他专门委成员、省政府法制办有关负责人

① 参见 2001 年实施的《江西省法制委员会工作规则》第 8 条规定。

和南昌市人大及其常委会有关负责人。[①] 这一变化为更多方面的代表参与统一审议活动并进行交涉提供了制度上的保障。

第五,列席并发表意见制度的实施和完善应当更加体现其交涉性。根据2006年课题组问卷调查,各地统一审议实践中列席并发表意见的9类人员从多到少排列为:法工委处室有关工作人员(80.0%)、法工委正副主任和有关其他专门委负责人(两者均76.0%)、同级政府法制机构负责人(60.0%)、同级政府法制机构有关工作人员(56.0%)、法规草案起草部门负责人和项目联系人(52.0%)、法工委有关负责人(40.0%)、法工委全体成员和有关其他专门委分管委员(两者均为24.0%)。其中列席及发表意见人员范围最广的省级行政区是江西,包括除法工委全体成员之外的其他8类人员,最窄的是浙江和重庆,前者仅法工委处室有关工作人员和法工委全体成员2类,后者也仅为法工委正副主任和有关其他专门委负责人2类(该市内部规则规定的列席人员为8类)。本项目重点分析的辽宁和江西(上海未参加此项问卷调查)都规定法工委处室有关工作人员、有关其他专门委负责人和同级政府法制机构负责人3类人员列席并发表意见,江西还规定同级政府法制机构有关工作人员、法规草案起草部门负责人和项目联系人、法工委有关负责人和有关其他专门委分管委员也出席统一审议会议并发表意见。上述数据显示:

其一,列席并发表意见人员的范围的规定与实践不尽一致,即法制委在统一审议中可能突破制度界限,灵活变动列席并发表意见人员的范围,或扩展人员(如黑龙江从制度上的1类扩展为实践中的4类),或缩小对象(如重庆),甚至制度层面的某类人员在实践层面中集体"消失"(如2006年问卷调查显示,参与答卷的25个省级行政区无一邀请专家顾问列席法制委的审议法案会议),以试图控制统一审议的交涉性。上述情况至少说明,制度规定并未完全适应审议实践的需要。实践对制度的"延伸"或许表明,审议机构严于"自律",希望借助相关主体的参与,以保障决策的理性。实践对制度的"收缩"也许并不意味着这类列席对象在统一审议制度中真正"消失",而只是没有出现在法制委全体会议上。

---

① 参见2005年9月13日修订的《江西省法制委员会工作规则》第13条第2款规定。

其二,应当重视有关其他专门委成员列席并发表意见制度的强化和实施。一方面,大多省级行政区的内部规则仅规定邀请有关其他专门委“负责人”出席会议并发表意见,少数省级行政区规定的是有关其他专门委的分管委员。从我国专门委实行的是专门委的组成人员负责制而不是专门委主任负责制的原则出发,大多省级行政区应当修改现行内部规定,表述为,“法制委员会审议法规案时,应当邀请有关专门委员会组成人员参加会议,发表意见。”[①]另一方面,尽管吉林和安徽两地的内部规则明确规定法制委在召开统一审议会议时应当邀请有关其他专门委的负责人或其他专门委分管委员出席并发表意见,但在实践中并不邀请上述两类人员。[②] 此外,天津和陕西两地无论在制度规范还是实践运行中均不邀请有关其他专门委的成员出席法制委的统一审议会议。此现象在客观上多少影响了人大内部不同委员会在审议法规案上的尽可能沟通和协商,并在实际上损及交涉的程度和水平。

其三,本项目重点分析的三地在列席并发表意见的内部规则规定上各不相同,其中辽宁的对象范围最窄,江西最宽(见表6－21)。同时,辽宁实践中列席并发表意见人员范围也窄于江西的做法或许在一定程度上影响了法制委统一审议过程“顺畅”度和结果的“共识”度。[③] 就上海而言,各其他专门委成员兼任法制委成员的组织结构无疑是对该市此项制度规定对象相对较窄的拓展和保障。

（四）听取意见制度

1. 关于听取意见的形式

第一,各省级条例规则对听取意见形式的规定与《立法法》的规定基本一致,一般都规定“列入常务委员会会议议程的法规案,法制委员会……应当听取各方面的意见。听取意见可以采取座谈会、论证会、听

---

① 《立法法(草案)》曾规定,法律委员会审议法律案时,“可以邀请有关专门委员会的主任委员或副主任委员参加会议”。《立法法》(2000年)第31条第2款的规定是“可以邀请有关的专门委员会的成员列席会议,发表意见”。2015年经修改后的《立法法》第33条第2款规定,“应当邀请有关的专门委员会的成员列席会议,发表意见”。

② 参见《吉林省法制委工作规则》之三(六)和《安徽省人大法制委工作规则(2006年修改稿)》第8条。

③ 见本书第四章第四节的第“二”部分,第153～154页。

证会等多种形式”。吉林、云南和甘肃三个省级行政区还规定了法制委听取意见的其他形式，如《吉林省人民代表大会及其常务委员会立法程序的规定》第26条规定“可以通过报纸、电视、广播及互联网等媒体向社会公布征求意见；也可以采取座谈会、论证会、听证会等多种形式直接听取意见，还要将法规草案发送市（州）、县（市、区）人大常委会、政府有关部门和专家学者书面征求意见”（见表6－22）。

表6－22　各省级人大条例规则关于法制委听取意见形式的规定

省级行政区名称	听取意见形式	省级行政区名称	听取意见形式
北京、天津、河北、山西、内蒙古自治区、辽宁、黑龙江、上海、江苏、浙江、安徽、福建、江西、山东、河南、湖北、湖南、广东、广西壮族自治区、海南、重庆、四川、贵州、西藏自治区、陕西、青海、宁夏回族自治区和新疆维吾尔自治区	座谈会 论证会 听证会	吉林	通过媒体公开征求意见、座谈会、论证会、听证会、将法规草案发送市（州）、县（市、区）人大常委会、政府有关部门和专家学者书面征求意见五种方式
		云南	座谈会、听证会、论证会、通过媒体公开征求意见四种方式
		甘肃	座谈会、论证会、听证会和书面征询四种方式

第二，省级人大内部规则几乎没有对条例规则有关法制委听取意见形式的规定予以细化。天津、吉林、福建、广西壮族自治区、海南、贵州、云南、陕西和青海9个省级内部规则规范了听取意见制度，但或照搬条例规则中的“座谈会、论证会、听证会”三种听取意见形式，或仅确认其中的一两种形式，仅陕西、云南和青海三地强调了采用报刊、网络等形式公开征求和听取社会公众意见。

2. 关于研究意见的范围

第一，与全国人大法律委员会工作规则的规定基本一致，各地对法制委研究意见范围的规定一般都较为宽泛。在31个省级行政区中，多数省级行政区仅规定法制委应当研究“各方面的意见”，仅天津、吉林、黑龙江、浙江、贵州、云南、陕西和青海8个省级行政区较为具体地列举了法制委应当研究的意见的范围（见表6－23）。

表6－23　各省级人大条例和内部规则关于法制委研究意见范围的规定

省级行政区名称	研究意见的范围	省级行政区名称	研究意见的范围
北京、河北、山西、内蒙古自治区、辽宁、上海、江苏、安徽、福建、江西、山东、河南、湖北、湖南、广东、广西壮族自治区、海南、重庆、四川、西藏自治区、甘肃、宁夏回族自治区和新疆维吾尔自治区	各方面的意见	黑龙江	有关部门、专家和利害关系人的意见
		浙江	省人大代表,各市、县、区人大常委会、有关机关、组织和专家、学者的意见
		云南和陕西	有关部门和专家的意见、社会公众的意见
		天津、吉林、贵州、青海	部分委员、顾问、有关部门负责人的意见

第二,各地法制委研究意见范围的制度规定与该地听取意见的实际范围不很一致。2006年问卷调查显示,与制度规范的“笼统”不同,26个省级人大法制委在统一审议实践中研究来自12个方面的意见。包括:常委会组成人员的意见(100.0%)、政府有关部门的意见(92.4%)、其他专门委、工作委成员但非常委会组成人员的意见(88.5%)、专家学者的意见(88.5%)、社会公众的意见(80.8%)、各级人大代表的意见(76.9%)、其他6个方面的意见(30.8%),如重庆研究区县人大常委会、行政管理相对人的意见;黑龙江研究社团组织的意见;广东研究社会中介组织,行业性社团的意见;贵州研究法工委有关处室的意见;浙江研究工作人员的意见;湖南研究立法调研中所收集的基层意见。

第三,应将实践证明有助于强化统一审议法定功能和交涉常规化的研究意见范围的实际做法上升为内部规则。一方面,研究意见范围的扩大可能有助于法制委在集思广益的基础上提升交涉的广度和程度并克服部门利益的渗透;另一方面,法制委研究意见范围的广泛并不是简单地等同或重复其他专门委的工作,也不是对各种意见都一视同仁地用力研究,而是有所侧重地重点研究某些主体的意见。2006年问卷调查结果显示,除了常委会组成人员的意见均在各地占主导的研究地位之外,江西、辽宁等地更为重视政府有关部门、其他专门委、工作委成员但非常委会组成人员的意见。实践中的这些研究意见范围的扩大、细化以及侧重不同的“惯例”，是否有助于统一审议法定功能和“正”事实功能的实现，应当在总结的基础上提升为制度性的操作规则。

（五）对重要不同意见的处理机制

由于统一审议中的重要不同意见主要产生于法制委与其他专门委、法制委与法工委之间，因此，本节将在第六部分“统一审议中主要关系的协调或理顺”中具体分析重要不同意见的处理机制。

六、统一审议中主要关系的协调和理顺

统一审议的过程无疑是各种利益诉求表达主张、交涉协调，进而寻求共识和建立平衡的过程。然而，除与现阶段法规案的主要提案人——政府以及政府部门的协调是统一审议的“重头戏”之外，在人大组织结构内部尤需机制化协调和理顺的关系主要有四对：一是与有关其他专门委的关系；二是与法工委的关系；三是与主任会议的关系；四是与常委会的关系。这些理顺协调机制的切实运行，贯穿于统一审议乃至立法的全过程，对于在程序上以强化交涉而提高立法效率、在实体上以克服不当利益和维护法制统一而保证立法质量都是至关重要的。反之，省级人大审议组织结构的调整可能带来的“应然”优势就会因不同审议组织之间的不当磨合和人为张力而耗损。

（一）与其他专门委之间的协调

法制委统一审议与相关其他专门委审议的协调通常“涉及法制的一般要求与专门领域的特殊要求之间的平衡和选择”，也敏感地触及法制委的“超脱”和相关其他专门委与其固定分工联系的政府部门的提案人间的碰撞，“是统一审议中协调难度最高的”。[①]

第一，从制度规范层面看，省级人大法制委与其他专门委各自参与的审议阶段明确；彼此的审议重点大致清晰；但北京、天津、吉林、福建、贵州和宁夏回族自治区等地对两者的审议职责和重点的

---

① 谢天放、王宗炎、何雅、崔凯：《地方立法统一审议机制研究》，载《政府法制研究》2007 年第 10 期，第 35 页。

规定存在模糊和不妥之处。①

第二，不少省级行政区尚未就其他专门委成员列席法制委统一审议会议并发言做出制度规定。其中未依条例规则规定的有陕西等5个省级行政区，在20个省级行政区的内部规则中，竟然有10个省级行政区规定了法工委负责人等其他人员的列席会议制度，但未将其他专门委成员的列席会议作为一项固定的、日常化的联系工作机制。②

第三，各地已就法制委与其他专门委的重要不同意见建立了多种处理机制。具体是：

其一，重要不同意见的处理机制主要有3类6项。三类处理机制为：向其他专门委反馈沟通机制、向常委会说明机制和有关专门委员会之间的协调机制。其中协调机制中包括法制委先行协调、秘书长协调、分管副主任协调、党组或主任会议决定四种方式（见表6－24）。

表6－24　省级人大关于重要不同意见的处理机制及其例证

<table>
<tr><th rowspan="2">代码</th><th rowspan="2" colspan="2">处理机制内容</th><th colspan="2">“规则”例</th></tr>
<tr><th>具体规定</th><th>名称和条次</th></tr>
<tr><td>1</td><td colspan="2">反馈沟通机制</td><td>列入常委会会议议程的法规案，由法制委根据……对有关的专门委的重要审议意见没有采纳的，应当反馈</td><td>《辽宁省制定和批准地方性法规程序规定》第26条</td></tr>
<tr><td>2</td><td colspan="2">向常委会说明机制</td><td>对重要的不同意见，法制委应当在审议结果报告中予以说明</td><td>《上海市制定地方性法规条例》第24条</td></tr>
<tr><td>3－1</td><td>协调机制</td><td>法制委先行协调</td><td>专门委或工作委员会对地方性法规草案的重要问题意见不一致的，法制委应进行协调，经协调后仍不一致的，应向主任会议报告……</td><td>《安徽省人大及其常委会立法条例》第29条</td></tr>
</table>

① 参见本节“一、（一）2.其他专门委承担的与统一审议有关的主要职责”和“四、关于统一审议的重点”部分的内容，第251～253页，第266～271页。

② 参见本节“五、（三）列席会议并发表意见制度”部分的内容，第280～286页。

续表

代码	处理机制内容		“规则”例	
			具体规定	名称和条次
3－2		秘书长协调各委员会并向主任会议报告	专门委之间对法规草案的重要问题意见不一致时，由秘书长协调并向主任会议报告	《吉林省人大及其常委会立法程序的规定》第25条
3－3		由分管法制工作的常委会副主任出面协调	对重要不同意见没有采纳的法制委分管的副主任委员应及时组织反馈沟通，力求对主要问题达成共识，将主要分歧解决在提请审议之前	《江西人大法制委工作规则》第22条第3项
3－4		提请党组会议或常委会主任会议讨论决定	专门委之间对地方性法规草案的重要问题意见不一致时，应向主任会议报告	《辽宁省制定和批准地方性法规程序规定》第27条

其二，27个省级行政区（87.1%）的条例规则规定了2种或2种以上重要不同意见处理机制，但上海、广西壮族自治区、重庆和陕西四地仅规定1种处理方式。其中15个省级行政区（48.4%）选择的三种重要不同意见处理机制相同，即法制委对重要的不同意见应当在审议结果报告中予以说明、对有关工作机构的重要意见没有采纳的应当反馈、对重要问题意见不一致的应当向主任会议报告（见表6－25）。

表6－25　各省级人大条例规则中法制委对重要不同意见的处理机制

代码	省级行政区数/个	省级行政区名称
2	3（9.7%）	上海、广西壮族自治区、陕西
3－4	1（3.2%）	重庆
1和2	4（12.9%）	北京、山西、福建、甘肃
1和3－4	5（16.1%）	内蒙古自治区、黑龙江、海南、贵州、新疆维吾尔自治区

续表

代码	省级行政区数/个	省级行政区名称
1.2 和 3－2	1(3.2%)	吉林
1.2 和 3－4	15(48.4%)	天津、河北、辽宁、江苏、浙江、山东、河南、湖北、湖南、广东、四川、云南、西藏自治区、青海和宁夏回族自治区
1.2、3－1 和 3－4	1(3.2%)	安徽
1.2、3－3、3－4	1(3.2%)	江西
合计	31(100.0%)	—

注:表格中带括号部分,括号外数字为省级行政区数,括号内数字为省级行政区数占比。

其三,仅 11 个省级行政区(55.0%)的 13 件内部规则规定了重要不同意见的处理机制。其中辽宁内部规则未涉及此制度的规范;上海法制委工作规则增加了"对重要问题经协商不能取得一致意见的,可提请主任会议讨论"的机制;江西法制委工作规则以专条方式特别规定了"法制委应当不断完善立法协调机制","充分重视……省人大有关专门委员会……的意见,对于重要的不同意见,能够采纳的,应当吸收;对重要不同意见没有采纳的,法制委分管的副主任委员应当及时组织反馈沟通,力求对主要问题达成共识,将主要分歧解决在提请审议前"。①

其四,双方委员会自行协商处理重要的不同意见成为统一审议实践中的主导机制。尽管无任何省级行政区规定可采用直接协商机制解决委员会之间存在的重要不同意见,然而,在统一审议实践中,各地采用的协调方式基本上是先由双方委员会自行协商,难以取得共识时,再提请党组会议或者主任会议讨论。对重要不同意见由双方自行协商解决的包括辽宁、江西等 22 个(91.6%)省级行政区,其中天津、河北、湖北、广东和宁夏回族自治区 5 个省级行政区完全排除其他协调方式,仅以双方自行协商作为处理重要不同意见的唯一机制;在作出排序的 7 个省级行政区中,将此协商方式作为第一排序的占 85.7%,它们是辽宁和江西等 6 个省级行政区。采用

① 分别见上海和江西人大法制委工作规则的"三(四)"和第 22 条第(三)项。

“提请党组会议或者常委会主任会议讨论决定”处理机制有17个省级行政区(70.8%),但无一视其为唯一的协调方式或作为第一选择的方式。此外,也有16个省级行政区(66.6%)选择“由分管法制工作的常委会副主任出面协调”,但仅北京视其为唯一的协调方式,仅陕西将其作为协调重要不同意见的首选方式①(见表6-26)。

表6-26　24个省级人大法制委对重要不同意见的实际协调方式

代码	处理方式	省级行政区	省级行政区数/个
—	双方委员会协商解决	天津、河北、内蒙古自治区、辽宁、黑龙江、江苏、浙江、安徽、福建、江西、山东、河南、湖北、湖南、广东、广西壮族自治区、重庆、四川、贵州、甘肃、青海和宁夏回族自治区	22(91.6%)
3-3	由分管法制工作的常委会副主任出面协调	北京、内蒙古自治区、辽宁、黑龙江、江苏、浙江、安徽、江西、河南、湖南、广西壮族自治区、重庆、贵州、陕西、甘肃和青海	16(66.6%)
3-4	提请党组会议或常委会主任会议讨论决定	内蒙古自治区、辽宁、黑龙江、江苏、安徽、福建、江西、山东、河南、湖南、广西壮族自治区、重庆、四川、贵州、陕西、甘肃和青海	17(70.8%)

注:表格中带括号部分,括号外数字为省级行政区数,括号内数字为省级行政区数占比。

第四,从省级地方统一审议实践看,多数省级人大法制委认为统一审议和其他专门委审议间的两者关系在总体上比较协调(92.3%),并且双方积极性都发挥较好(66.7%)。但也有辽宁等少数省级行政区认为两者关系比较紧张,而且其他专门委的积极性有所减弱②(见表6-27)。

---

① 此项数据源自2006年课题组。该项调查的有效问卷为24份,有效率为92.3%。上海未参加此项调查。

② 此项数据源自2006年课题组。其中有关“两种委员会的协调关系”的有效问卷为26份,有效率为100.0%;有关”双方积极性发挥”的有效问卷为24份,有效率为92.3%。上海均未参加上述两项调查。

表6－27 省级人大法制委与其他专门委在审议关系上的协调性和积极性

协调程度	样本数/个	省级行政区名称	两方积极性	样本数/个	省级行政区名称
协调	6（23.1%）	江苏、湖南、广东、广西壮族自治区、四川、云南	都发挥较好	16（66.7%）	北京、天津、河北、黑龙江、江苏、浙江、福建、江西、河南、湖南、广东、广西壮族自治区、四川、贵州、甘肃、宁夏回族自治区
比较协调	18（69.2%）	北京、天津、河北、内蒙古自治区、吉林、黑龙江、浙江、安徽、福建、江西、山东、河南、湖北、重庆、贵州、甘肃、青海、宁夏回族自治区	其他专门委积极性减弱	8（33.3%）	辽宁、内蒙古自治区、山东、湖北、重庆、云南、陕西、青海
有时比较紧张	2（7.7%）	辽宁、陕西	其他专门委积极性明显减弱	0（0.0%）	—
不够协调	0	—	—	—	—
合计	26（100.0%）	—	合计	24（100.0%）	—

注：表格中带括号部分，括号外数字为省级行政区数，括号内数字为省级行政区数占比。

此外，据2006年课题组调查，不少省级人大法制委对其与其他专门委之间建立良好“互动”关系不无期待。例如，有的建议应当在机制上进一步处理好“统审”和“专审”的关系，充分发挥两个积极性（青海）；有的反映其他专门委重视一审前调研活动的参与，一审后的积极性不大（甘肃）；有的认为一审前的基础工作不够扎实，协调难度较大（贵州）；有的指出目前人大机构设置体制不顺，以致有些其他专门委站在所联系政府部门的立场上考虑问题,统一审议阻力较大(湖南)。因此,进一步完善不同委员会之间,包括重大不同意见的协调处理机制,既强化必要交涉,又弱化不当“阻尼”,不仅是理论研究的重要选题,而且是制度建设的当务之急。

（二）与法工委之间的协调

法制委与法工委(以下简称两委)之间是审议组织与其工作组织之间的关系。作为“真正承担立法职责的专业工作机构”,[①]法工委对各方意见的收集、不同方案的调研、统审议题的选择、主要争议的挑明、关键修改的论证以及各种报告的草拟都会实质性地影响法制委这一审议组织的审议水平。因此,两委之间的协调往往是“就法论事”与“就事论法”之间的权衡与选择,是法制专业审议中“政策决策”和“技术服务”之间的对话与沟通,因而是统一审议中协调频率最高的。

1. 关于法工委在统一审议中的职责

第一,法工委职责的制度化范围不广。仅上海、江西等 7 个省级行政区(35.0%)以内部规则明确了法工委在统一审议中的职责(见表 6－28)。

表 6－28　部分省级人大内部规则对法工委职责的规定

内部规则名称	法工委职责	内部规则名称	法工委职责
上海市人大法制委工作规则	法工委向法制委提出法规草案修改稿和法规草案表决稿等	重庆人大法制委、常委会法工委及其工作机构工作职责	负责法规草案修改稿及表决稿和审议结果报告、修改情况报告的草拟等统一审议的前期工作
江苏人大常委会法工委工作职责	承担法规案统一审议的具体工作,为法制委统一审议工作提供服务	四川省人大法制委、省人大常委会法工委主要职责	配合法制委负责草拟代表大会、常委会审议地方性法规草案统一审议结果报告和草案修改稿

① 周伟:《全国人大法律委员会统一审议法律草案立法程序之改革》,载《法律科学》2004 年第 5 期。

续表

内部规则名称	法工委职责	内部规则名称	法工委职责
江西人大常委会法工委工作规则	拟定法规草案、法规解释草案和其他议案草案……承担法规草案的具体修改工作	宁夏回族自治区人大常委会立法听证条例	法制委举行立法听证会，具体工作由自治区人大常委会法工委会负责
江西省人大法制委工作规则	根据情况，法制委和法工委可召开联席会议……工作中与法工委密切配合。法制委成员在会前应熟悉法工委提供的相关材料。审议后，对法规案需补充重要内容的，应要求法工委征求省政府的意见	甘肃人大常委会地方性法规质量标准及其保障措施（试行）	法工委负责收集整理常委会会议对法规草案的审议意见。对审议法规中提出的难点、重点问题进行调研论证，为法制委统一审议做好具体工作

第二，法工委的主要职责是“为法制委统一审议提供服务”。法工委不仅负责“收集整理常委会会议对法规草案的审议意见、对审议法规中提出的难点和重点问题进行调研论证、向法制委提供有关审议材料”，①而且负责“草拟代表大会或常委会审议地方性法规草案的统一审议结果的报告、草案修改稿或法规草案表决稿”。②

2. 关于两委在共用工作机构前提下的协调性

第一，内部规则多倾向两委共用工作机构。仅重庆、黑龙江两地（10.0%）单独设立法制委办公室作为法制委工作机构；天津、辽宁、吉林、上海、福建、江西、四川、贵州和宁夏回族自治区9个省级行政区（45.0%）明确规定两委合用工作机构，③“法工委的办事机

① 2005年7月20日主任会议通过的《甘肃省人大常委会地方性法规质量标准及其保障措施（试行）》之第33项规定。

② 《重庆市人民代表大会法制委员会、重庆市人大常委会法制工作委员会及其工作机构工作职责》之二的第4项。

③ 据了解，除山西、西藏自治区等4个省级行政区的情况不详之外，其余在27个省级人大法制委中有24个与法工委共用一套工作班子。

构也是法制委的办事机构”。[①] 其中《辽宁省法制委员会工作规则》第3条直接规定:“法制委员会与常务委员会法制工作委员会对内是一个机构,对外是两块牌子;除了必须以常务委员会法制工作委员会名义的情况外,均以法制委员会的名义开展工作。”这种制度安排有利于集中现阶段依然“稀缺”的法律专业人员,不仅便于人大常委会法制建设工作的统一,也有助于两委在统一审议中的协调。

第二,实践中的两委关系仍有待进一步协调。依据2006年课题组调查,即便两委共用办事机构,依然只有辽宁、江西等6个省级人大法制委认为两者关系协调(23.1%);14个法制委认为比较协调(60.9%);陕西、吉林、云南三地认为有时不够协调(13.0%)。[②]

3. 关于两委联席会议以及工作制度

在全国,《全国人大法律委员会工作规则》第5条规定,法律委员会“可以和法制工作委员会联合召开两委主任会议”。在省级,尽管不少省级行政区在事实上召开或希望引入[③]两委联席会议,但仅上海和江西的内部规则涉及两委的会议制度。当然,与全国人大的上述规定不同,两地规范的都是两委联席会议而并非两委负责人联席会议。其中《江西省人大法制委员会工作规则》第9条和第15条规定,“根据情况,法制委和法工委可以召开联席会议”,“主要讨论地方性法规草案调研修改中的重大问题,通报有关工作情况,研究、协调有关问题”;《上海市人大法制委员会工作规则》规定“常委会一审后,法制委员会可以根据需要与法工委举行联席会议,根据常委会的审议意见,研究法规草案的修改事项”。可见,两地规定的联席会议的主要任务就是研究法规草案中重大问题的修改,但江西的制度更体现出借助联席会议机制“通报工作情况,研究协调有关问题”,从而更好协调两委间政策抉择与技术支撑的关系。

---

① 北京人大常委会专门负责法制工作的机构是“法制办公室”而非“法工委”,因此,《北京市人大法制委工作规则》第25条规定,“市人大常委会法制办公室作为法制委员会的办事机构,承担……工作”。

② 此项数据源自2006年课题组。该项调查的有效问卷为23份,有效率为88.5%。上海未参加此项调查。

③ 在各地答复的2006年调查问卷中,甘肃等省级行政区都建议加强“两委”的联席会议制度。

（三）与常委会主任会议关系的理顺

在统一审议阶段，常委会主任会议决定的对象与法制委统一审议的内容分别是程序问题的决断和实体问题的审议。主任会议是立法议程的控制者，是统一审议程序进退的决定者，法制委则依据主任会议安排的程序对法规案实施合法性、正当性等实体审议。由于主任会议具有负责常委会日常工作的核心地位，因而与法制委之间的程序掌控和实体审议的关系在统一审议中最不易被理顺。

第一，主任会议的负责处理人大常委会日常工作的核心机构地位在关乎统一审议的条例规则和内部规则中得以普遍确认。作为人大常委会的核心机构，主任会议处理日常工作的"负责"地位主要体现在统一审议程序的推进决定权和就专门委之间对重要问题意见不一致时的解决程序的启动提出权。31 个省级条例规则对主任会议对法制委的领导关系主要作了四个方面的规定。一是统一审议中，重要的法规案经主任会议决定，可公布法规草案或者草案的主要内容，征求社会各界意见或者举行立法听证。二是法制委在统一审议中与其他专门委有重要的不同意见时，应当向主任会议报告，由主任会议提出如何解决的程序性意见。三是法规案经常委会两审或三审后仍有重大问题需进一步研究的，由主任会议提出暂不付表决，交法制委进一步审议。四是对法规案制定的必要性、可行性有重大分歧意见的，主任会议可以提出搁置法规案，暂不列入下次常委会会议的议程。① 同时，天津、上海、江西、广西壮族自治区、云南、陕西和甘肃等地的内部规则也规定：法制委对法规草案中涉及的重大分歧意见或存在的重要问题向主任会议汇报，由主任会议负责进行协调或者作出决定。

第二，所有规则均未直接肯定或者限制实践中不乏存在的主任会议对实体问题的决断。在统一审议实践中，黑龙江等地的人大常委会主任会议在决策程序问题的同时涉及实体问题的审议，致使法

---

① 《广东省地方立法条例》第 46 条规定，"地方性法规案经常务委员会会议审议后，对于法规草案的必要性、可行性和合法性等重大问题存在较大意见分歧，需要搁置审议的，由主任会议提出，提交常务委员会全体会议对法规草案是否搁置审议进行表决"。

制委的统一审议意见有时与主任会议的意见较难协调。[①] 主任会议涉足实体审议固然在客观上有助于审议僵局的打破，然而，主任会议毕竟只是负责处理常委会日常工作的机构，既不是实体权力机构，也不具有行政领导职能，因此，其无权代替常委会行使决定权。相反，法规案实体问题的决断必须出自常委会全体会议的审议和表决。据此，有必要进一步明确常委会主任会议的地位及其职责，尤其要改变必然产生模棱两可理解的将不能取得一致意见的重要问题"提请主任会议讨论"的现行规定，[②]明令禁止主任会议利用安排程序的优势地位越权决断统一审议中的任何实体问题，防止和克服主任会议的行政化倾向，让其真正成为掌控常委会立法进程的组织者，而不是干预统一审议实体内容的仲裁者。

（四）与常委会关系的理顺

法制委的统一审议是建立在常委会审议基础之上，又以专业化的审议服务于常委会集体审议的。其与人大常委会全体会议的审议之间是"精加工、提方案、出评价"和"定方向、明重点、断取舍"的关系。两者关系的理顺主要涉及常委会对法制委专业审议意见的尊重和法制委对常委会集体审议结果的服从。

第一，在组织关系上，常委会与法制委之间是领导与被领导关系。除江苏、海南、重庆、四川、陕西和甘肃六地之外，北京、天津、辽宁、吉林、黑龙江、上海、福建、江西、山东、广西壮族自治区、云南、贵州、青海和宁夏回族自治区 14 个省级内部规则（70.0%）与全国人大法律委员会工作规则一样，都规定了法制委"在本级人大及其常委会领导下，依法履行职责"。

第二，在审议结构上，常委会审议与法制委审议之间是整体和环节的关系。省级人大常委会是地方立法权的行使主体，是法规案的审议主体。法制委作为人大的一个专门委，只是法规制定程序中统一审议环节的责任主体。因此，尽管法制委经统一审议后负责向

---

① 参见 2006 年问卷调查的黑龙江文字稿。

② 如《上海市人大法制委工作规则》第"三（四）"规定，"法制委员会在审议法规案中，与其他专门委员会意见不一致时，应当协商解决。对重要问题经协商不能取得一致意见的，可提请主任会议讨论"。

常委会提交各种审议报告和草案修改稿、表决稿，但其根据内部规则召集全体会议并经法定表决所凝聚在上述各种报告中的多数意见并不就是常委会审议的最终定论。法制委所提出的统一审议意见必须经过常委会全体会议的审议并以整体表决的方式才能最终作出取舍。①

第三，从审议职能看，常委会审议与法制委统一审议间具有主导性和引导性。

一方面，常委会全体会议的审议具有主导性。其包含两点：一是常委会组成人员的审议意见在统一审议中具有主导地位。根据各省级条例规则的规定，统一审议的对象是常委会组成人员的审议意见和各方面提出的意见，但统一审议的主要对象无疑是常委会组成人员的审议意见。根据本书第四章第三节第二部分对辽宁、上海和江西三地关于"统一审议听取和采纳的意见来源"的分析，法制委经统一审议后提交给常委会二审的报告中有 50.0% 修改建议来自常委会初审时组成人员对法规案的审议意见，常委会组成人员在二审时发表的审议意见又占法制委提交的二审后报告的 80.7% 。因此，若条例和内部规则没有对常委会全体会议审议法规案的时间等予以保障性规定或规定不当时，不充分的常委会审议必然直接影响统一审议职能的履行以及审议的质量。② 二是常委会集体审议的结论超然于统一审议的结果之上。统一审议结果中的内容不能被常委会集体审议认同时，法制委必须尊重常委会的集体审议，服从常委会集体审议的结果。

另一方面，法制委的审议具有引导性。立法是一项专业性极强的工作。立法者除具备其他专业知识之外，还应储备必要的法律专业信息。法制委作为连接其他专门委和常委会的中间环节，同时是连接两次常委会全面审议的关键环节。其在过滤基础上保留的其他

---

① 孔瑜：《论省级人大法制委员会的统一审议制度》，华东政法学院 2002 届法学硕士学位论文，第 50 ~ 51 页。

② 问卷统计显示，"认为常委会有时审议时间不足，审议不够充分，以致统一审议有一定难度的占 44. %"，"有的反映，常委会审议安排的时间往往不充分，影响了常委会审议的质量，也影响了统一审议的质量"。参见谢天放、王宗炎、何雅、崔凯：《地方立法统一审议机制研究》，载《政府法制研究》2007 年第 10 期，第 10 页、第 16 页。

专门委的专业决策信息，以及自身在比常委会全体会议审议较为宽裕的审议时间内以法律专业知识和技能对法规案实施“法律专业审”后形成的“合法性”决策信息，必然对常委会集体审议发挥引导作用。由此，认为法制委在统一审议后提出的审议报告对常委会二次审议法规案“发挥了较好引导作用的占72.0%”。[①]

七、法制委的内部工作制度

（一）统一审议的会议记录、编发会议纪要以及存档制度

统一审议会议的记录或纪要及其存档不仅是统一审议职责履行并完毕的标志，而且也是议事型组织决策效力的“凭证”。

第一，共有辽宁、上海和江西等13个省的内部规则规定了统一审议的会议记录、编发会议纪要或者存档等制度。其中除云南仅规定存档制度外，辽宁等12个省级行政区的法制委工作规则与全国人大法律委员会工作规则一样，规定了法制委“召开全体会议应当做会议记录，编发会议纪要”，占20个省级行政区内部规则的60.0%。

第二，仅重庆、宁夏回族自治区和云南3个省级行政区的内部规则明确规定其他有关资料的存档制度（15.0%）（见表6－29）。例如，《宁夏回族自治区人大常委会立法听证条例》第22条规定，“立法听证会工作人员应当制作书面听证记录。听证记录由主持人、记录人签名并存档备查”；又如，《云南省人大常委会关于改进立法工作提高立法质量的意见》之“五”规定，“对立法工作中或法规草案审议过程中形成的有关资料，应当建立工作专卷保存”。[②]

---

① 谢天放、王宗炎、何雅、崔凯：《地方立法统一审议机制研究》，载《政府法制研究》2007年第10期，第10页。

② 《重庆市人大法制委、重庆市人大常委会法工委内部工作制度》“二”之“三”规定，“法制委员会、法制工作委员会的保密文件、重要文件应当认真保管，并根据机关的统一规定，定期进行清理、上交或销毁。需要订卷归档的文件材料，按照‘谁承办，谁负责’的原则。由承办处室和承办人负责其承办文件材料的积存和整理，年底或该项工作完成后交办公室统一订卷归档，由办公室在下一年度内交机关档案管理部门”。

表 6－29　20 个省级行政区统一审议的会议记录、纪要和存档情况

记录、纪要和存档制度	省级行政区名称	省级行政区数/个
会议记录、编发会议纪要	北京、辽宁、吉林、黑龙江、上海、福建、江西、广西壮族自治区、宁夏回族自治区、重庆、四川和贵州	12(60.0%)
存档(统一订卷和归档书面听证记录并存档备查专卷保存)	重庆 宁夏回族自治区 云南	1(5.0%) 1(5.0%) 1(5.0%)
无规定	天津、江苏、青海、海南、陕西、山东、甘肃	7(35.0%)
合计	—	20(100.0%)

注:表格中括号外数字为省级行政区数,括号内数字为省级行政区数占比。

第三,统一审议会议记录、纪要及其存档的制度化亟待加强。尽管不少省级行政区的内部规则明确规定法制委举行统一审议会议时应当作好会议记录或编发会议纪要,但只有极个别省级行政区对会议记录和纪要以及其他关乎统一审议的资料予以存档予以规范。因此,有必要加强统一审议会议的记录、纪要及其存档的制度化。

(二)办公会议制度

第一,尽管各地基本上都实行由主任委员、副主任委员组成的主任委员办公会议制度,处理重要日常工作,但以内部规则规范的仅辽宁、上海和江西等六成五的省级行政区。个别省级行政区还规定了"定期"举行主任委员办公会议及工作职责等内容。①

第二,仅四川和黑龙江两地(10.0%)的内部规则规定了法制委

① 《重庆市人民代表大会法制委员会、重庆市人大常委会法制工作委员会内部工作制度》"六(二)"之"二""三"规定,"主任委员办公会议原则上每周一上午举行,根据需要可以临时召开","主任委员办公会议职责:(1)听取各处室工作进展情况报告,检查上一周工作落实情况;(2)确定本周工作计划并落实到处室;(3)听取有关法规征求意见及修改情况报告,确定采纳意见;(4)研究法律草案征求意见报告稿;(5)研究有关法规解释、询问的答复草案;(6)研究自身制度建设等重要问题"。

办公会议,负责处理法制委的重要日常工作。①

(三)参加调研和学习制度

仅5个省级行政区(25.0%)的内部规则明确规定了法制委成员参加调研和学习的制度。其中重庆和黑龙江的内部规则规定了法制委针对特定内容进行定期学习的学习制度。上海、江西和宁夏回族自治区的内部规则仅概括地提出了法制委组成人员应当坚持学习的要求。

第三节　小　　结

在组织社会学中,伯格和勒克曼(Berger & Luckmann)等制度学派的理论家们更强调导致组织变迁以及影响组织功能最大化的环境中的文化特征。通过对省级人大条例规则和内部规则有关统一审议的职责、运行程序和协调机制等规定的文本分析,本节从整体和重点研究的省级行政区两方面对影响地方立法统一审议功能的制度环境及其文化要素——统一审议工作规则的制度化、规范化及其程度——以及这种制度环境和文化要素对统一审议功能的契合程度和实现影响作出如下初步评价。

一、统一审议工作制度初具规模,具体审议规则有助功能实现

从总体而言,文本分析表明,全国31个省级人大常委会都根据《立法法》的规定相继制定了地方立法条例,为统一审议提供了最基本的运行规则;各地人大及其法制委还制定专门的法制委工作规则、议事规则或常委会的综合性工作制度,对统一审议基本运行规则进行不同程度的细化,从而初步形成了地方立法统一审议工作机制的制度化。

---

①　《黑龙江省人大法制委员会工作规则》第27条和第28条规定,法制委办公会议由主任委员、副主任委员、秘书长组成。法制委办公会议主要内容:研究确定提交委员会讨论议题的准备工作;研究常委会临时交办的事项;部署、落实有关工作任务;商定其他事项。

当然,由于大多数规则早在2001年统一审议实施之初即已制定,也因2003年省级人大换届时统一审议实践相当有限而不具备修改相关规则的经验条件,因此,我国现行地方立法统一审议规则的规范化和制度化尚处于“初级”阶段。相比较《立法法》以及各省级地方立法条例就统一审议制度的原则规定而言,各地有关法制委以及统一审议的内部规则所呈现的“初级”特征主要表现为:一是统一审议职责有所细化但仍待调整明晰;二是统一审议内容有所侧重但仍应加强力度;三是统一审议议事规则有所创新但仍需补漏系统;四是统一审议沟通机制有所建立但仍要规范完善。

换言之,统一审议工作规则的制度化初具规模但需进一步规范化;统一审议工作规则的具体内容契合功能但有待继续强化。体现为:

（一）内部规则体现了统一审议的法定功能

审议原则是法制委履行统一审议职责的指针,有些省级行政区已直接将两大法定功能明确于法制委的统一审议原则之中。例如,《江西省法制委工作规则》第17条规定,“法制委在统一审议中应当遵循以下原则:（一）维护法制统一,坚持不抵触原则。审议中要坚持和维护以宪法为核心的社会主义法制统一,做到‘不越权、不抵触’……（三）注意责、权、利的统一,坚持立法为民原则。把维护广大人民群众的根本利益作为立法工作的出发点和落脚点。注意防止和克服不当的部门利益驱动现象……”

审议重点是法制委履行统一审议职责的重心,有些省级行政区已直接将两大法定功能明确于法制委的统一审议重点的规则之中。如《辽宁省人大法制委工作规则》第8条规定,法制委统一审议时,“着重审议以下内容:（一）是否与宪法、法律、行政法规相抵触……（三）权利与义务是否统一,权力与责任是否统一”。

工作原则是法制委履行包括统一审议在内的所有法定职责的准则,有些省级行政区甚至将两项法定功能拓展为法制委承担所有职责的工作原则。如《上海市人大法制委工作规则》在第“二、工作原则”部分规定,“（三）坚持法制统一原则,不与宪法、法律和行政法规相抵触,保持法规之间协调一致……（五）坚持立法的公正和公平,科学合理地规定公民、法人和其他组织的权利与义务、国家机关的权力与责任"。

(二)保障事实功能的规定贯穿于条例规则和内部规则的始终

虽然各地条例规则并未将两大法定功能以规范方式予以显性表述,但保障乃至强化事实功能的隐性表述却普遍存在。如各地条例规则都明确规定法制委在整个审议过程中始终应当听取、处理和协调来自其他专门委、常委会组成人员、法工委、专家顾问以及社会各方意见。

同时,不少省级行政区的内部规则既具体规定了法制委内部的实施统一审议的会议方式、出席并请假会议制度、发言规则、条文审议方式和多数决制,还一一规定了外部的列席和发表意见制度、听取意见的方式以及对重要不同意见的协调和处理机制。所有这些规定从内外两方面强化了统一审议的交涉性。

(三)统一审议的制度建设仍须着眼于功能的强化

经过数年实践,各省级人大积累了经验,也进行了许多理性思考。因此,随着统一审议走出初创阶段,走进统一审议制度建设的"中级"阶段理当摆上日程,以通过统一审议的制度化来促进其规范化,进而提升统一审议的效率和质量,实现统一审议法定和事实功能的"最大化"。[①] 在这一过程中,如下三方面制度需要着力打造和构建:第一,"拨正"法制委的工作职责;第二,细化和补缺统一审议的议事等程序规则;第三,调整不同审议主体的协调机制和重大不同意见的处理机制。[②]

二、统一审议工作规则的异同是左右统一审议组织实现功能的独立制度要素

就本项目重点分析的辽宁、上海、江西而言,除第五章分析的各自组织结构存有差异之外,本章分析的三地统一审议工作制度

① 在一些国家,法律法规、议会规则和委员会规则以及惯例通常是明确委员会制度的几种固定规则。其中任何制度规则的变化,委员会的功能和权力等也随之发生相应变化。See Christopher J. Deering & Steven S. Smith, Committees in Congress 9(1990).

② 关于实现统一审议制度法定功能最大化的制度环境的建设及完善的若干具体设想将在第七章"结论"第二节"统一审议功能强化的组织制度空间"、第三节"统一审议功能强化的工作制度空间"中展开,第315~327页。

的不尽相同则从制度环境的角度诠释了各自统一审议效率和质量的缘何不同。其不仅客观验证了文化要素在组织中发挥着和结构性、物质性要素同等且独立的作用,而且形象地说明文本规则这一"制度"系统的管制性和规范性在组织行为上扮演了重要且独立的角色。①

(一)辽、沪、赣三地统一审议工作规则制度化的相同性

文本分析表明,辽、沪、赣三地都已建立了一些实现统一审议功能的基本制度规则。这些制度规则包括:一是统一审议的原则或重点;二是统一审议的方式——会议制度,包括行使统一审议权的法制委全体会议以及出席会议的法定人数、召集制度、请假制度以及邀请其他专门委成员列席会议并发表意见制度、听证会等其他听取意见的方式;三是统一审议的议决制度,包括表决的全体成员基数制度和过半赞同的绝对多数制度;四是统一审议中重要不同意见的处理制度,包括向常委会说明制度和提请主任会议讨论制度;五是统一审议过程和结果的档案制度,包括办公会议制度、会议记录、编写会议纪要与归档等制度;六是统一审议组织的工作机构制度。

文本分析也表明,一些统一审议的必要规则,如前文涉及的缺席会议的限制制度、出席会议的年度报告制度、发言和辩论规则等在三地同样处于空白状态。

(二)辽、沪、赣三地统一审议工作规则制度化的相异性

文本分析表明,三地统一审议工作规则的制度化代表三种类型。

相对系统型。江西在总结实践的基础上,已对规范法制委以及统一审议的规则"改朝换代",2005 年修订后的条文数多达 31 条。显著特征是:(1)涉及范围较全面。除各地已普遍设立的上述规则之外,还专条规定统一审议的原则、明确了法制委可以提前介入、对统一审议的发言内容作了限制性规定,对重大不同意见规定了四种之多的处理机制,此外,对两委联席会议、法工委在统一审议中的职责也作了特别规定。(2)规则内容较具体。如除明确初次审议应对

① 参见[美]W. 理查德·斯格特:《组织理论:理性、自然和开放系统》,黄洋等译,华夏出版社 2002 年版,第 195 页。

草案逐条审议之外,还规定再次审议时着重审议草案的主要问题以及修改建议;除规定两委联席会议研究法规草案中重大问题的修改之外,还规定联席会议要“通报工作情况,研究协调有关问题”;除规定法制委成员参加调研之外,还规定相关的学习制度。此外,对法制委履行统一审议职责的具体范围、可采用的收集信息渠道、具体审议工作的承担者等事项也作了具体规定。(3)规则设计较适当。如承担统一审议外的职责较少(6 项)且大都为法律规定的职责;将维护法制统一和遏制不当利益直接确认为统一审议的原则;对有重大争议的条款提请主任会议决定由常委会全体会议进行单独表决;列席并发表意见的范围最宽,扩大到省政府法制办有关负责等八类人员。

突出重点型。于 2007 年 1 月修改的上海法制委以及统一审议规则依然不求“面面俱到”但有所侧重。主要表现为:(1)侧重列举与统一审议相关的工作职责,概括规定统一审议之外的职责。(2)侧重强调统一审议职责职权的依法履行和集体行使的工作原则。(3)侧重保障统一审议时间充分的安排,强调对不同法规草案安排“适当”的审议时间。(4)侧重特殊审议程序的规定。如除明确对草案修改稿进行逐条审议、对草案表决稿进行重点审议之外,还规定必要时也可对表决稿进行逐条审议。(5)侧重特别表决程序的规定。如设定有争议条款的单独表决制,强调法制委成员个人不能对经表决形成的审议意见进行实质性修改。(6)侧重设定发挥各自优势的规则。如强调法制委“应当”邀请其他专门委成员列席法制委会议的义务,设置其他专门委在一审后根据主任会议决定就“专业性问题”提出审议意见报告并印发常委会会议和法制委的制度。(7)侧重重要不同意见处理机制的设定。如规定对重要问题经与其他专门委协商不能取得一致意见的提请主任会议讨论,明确对各方意见争议大的法规案经两次常委会会议审议后仍有重大问题需进一步研究的向主任会议提出暂不付表决的建议。(8)侧重法制委成员积极履行统一审议职责的规定。如一一规定加强学习、审阅法规文本、积极参加调研活动、了解立法难点重点、积极发表审议意见、及时与相关委员会和部门沟通等义务。

相对简约型。相比较赣、沪,辽宁人大法制委的工作规则虽出台较晚但迄今未及“更新”，同时因受其组织结构“外部性”的限制，[①]因而除设定了前文已述的，与沪、赣两地相同的工作规则之外，其他相关规则虽有特色但相对粗疏或疏漏。与上述两地不同的制度主要有：(1)仅“根据常委会组成人员和有关专门委员会的审议意见”统一审议法规案；(2)法制委全体会议审议法规案时仅“邀请有关专门委员会人员参加”，而且视“需要”与否；(3)建立了法制委与省政府法制办的联系会议制度，却没有法制委与法工委的联系会议制度；(4)规定了听取意见的制度，但仅限于“有关部门”而非“各方面意见”；(5)强调法制委审议法规草案时“应当充分进行讨论”，却未明确是否进行逐条审议，也仅规定“(至少)两个月召开一次会议”；(6)将“统一审议法规草案”作为法制委的首项职责，但同时规定了“拟定立法计划草案”“研究并答复询问的地方性法规应用的具体问题”等其他9项统一审议之外的职责；(7)内部规则未涉及协调机制和重大不同意见处理机制等统一审议有效运作的基本规则。[②]

综上所述，辽、沪、赣三地已建立相同规则的个案再次佐证了有助地方立法统一审议功能实现的制度要素已初具规模。同时，三地工作制度上的差异再次解密和说明了各自推行统一审议的难易缘由及其程度，说明了组织功能的实现并非仅仅取决于组织结构本身，同样掣肘于组织的制度环境。毕竟无论新组织的优点和局限是什么，所有组织都存在一个不争的趋势——那就是对直接命令型权威依赖的减少，而非人格的控制机制则相应地增多。[③] 美国社会学家彼特·布劳(Peter Blau)所揭示的科层制变迁的结论对法制委这一审议组织的变迁以及统一审议功能的优化同样具有价值。

---

① 见本书第四章第一节“第一、功能评估的对象”部分关于三地人大法制委类型特征的分析，第90～91页。

② 见《辽宁省人大法制委工作规则》第5条、第6条第1款、第9条、第10条、第11条、第14条。

③ [美]彼得·布劳、马歇尔·梅耶：《现代社会中的科层制》，马戎等译，学林出版社2001年版，第162～181页。

第三部分　结论和余论

第七章　结　　论

地方立法统一审议是一项我国特有的、“土生土长”的、具有遏制不当利益和维护法制统一两项法定功能的立法程序制度，是我国立法机关实现国家治理体系与治理能力现代化的重要制度探索，也是践行全过程人民民主的重要制度装置。通过本论部分的规范分析和“组织—规则—功能”的研究进路，并通过对我国地方立法统一审议制度及其实践的系统分析研究，得出主要结论如下：

结论一：已实施的省级地方立法统一审议已在相当程度上“兑现”了预设的两项法定功能，而未来适当调整后的统一审议实施组织以及审议规则定能保障两项法定功能得以更为充分的体现。

结论二：实证研究同时证明，统一审议程序制度还具有一项强大且显著的事实功能，即交涉功能。交涉这一“实然”的事实功能，尽管只是一种隐性功能，却是一种能明显助力两项法定功能实现的正功能。当然，该功能的大小强弱也应统一审议实施组织及其规则的不同而呈现明显的差异。

结论三：法治的价值不仅体现于立法内容的公平正义，更首先体现在立法程序设置的公正理性。因此，“正义优先、兼顾效率”理应成为建构及其运作并评价包括立法统一审议在内的我国所有立法程序制度的基本价值取向。

结论四：引入并强化交涉机制是实现决策科

学、民主的“引爆点”。因此,程序先行应当成为我国民主政治建设和制度变革的关键切入口之一。

第一节　统一审议制度的法定与事实功能及其关系

一、法定功能的明确

《立法法》及其地方立法统一审议制度的法定功能已在本书第三章对实定法的结构分析中得以明晰。毋庸置疑,《立法法》期待地方立法统一审议程序制度实现规范立法行为和优化立法结果的法定功能,其中后者更突出地显示为遏制不当利益和维护法制统一的两项次级功能。因而,遏制地方立法中的不当部门利益和地方利益;坚持地方立法不同宪法、法律和行政法规相抵触,维护社会主义法制的统一和尊严,这就是立法者赋予地方立法统一审议制度更为直接和具体的法定功能。

二、法定功能的实现

本书第四章关于统一审议制度实效的研究结果显示:样本法规案的平均修改建议为18项,总条文调整率达近四成,关乎法制统一的维护和不当利益的遏制之修改比率各占1/3上下,因重要修改意见的内容与上位法相抵触等而不予采纳的近1/10。这些实证数据足以证明:已实施的地方立法统一审议已初步实现了立法者预设的两项法定功能。

三、事实功能的呈现

无论是统一审议对法规案审议周期的制约还是对表决结果的影响;是对法规案修改内容的择定还是让过滤机制的启动,交涉这一事实功能已充分渗透并凸显于统一审议制度的运行过程及其结果之中。立法者的这一最大“意外收获”在本书第四章以时间、宽度、深度、强度和透明五项指标予以一一呈现。

四、事实功能的价值

既然统一审议程序制度的付诸实施呈现法定功能之外的强大的交涉性事实功能,因此,进一步分析这种功能的影响,判断其与法定功能之间的相关性,并进而关注交涉功能对立法程序乃至整个立法制度所带来的变化,无疑更具普遍性。

统一审议中日渐强化的交涉功能对立法活动的改变至少表现在以下四个方面:

第一,“交锋式”的诉求之门再次打开。

就人大系统外部的利益表达者而言,统一审议制度实施之前,一个专门委员会“一揽子”到底的审议通常只给予利益主张者一次表达的机会。与此同时,对地方行政部门在利益表达中的“一言堂”现象缺乏机制上的有效遏制。统一审议实施之后,一方面,两个专门委员会的分阶段审议不仅使各利益诉求者至少拥有两次表达机会,而且第二次表达往往不再是对第一次主张的简单重复,而是在“知己知彼”的前提下进行自我校正、针对交锋、“优胜劣汰”。另一方面,利益表达主体的范围也可能因倾听者的不同而相异,进而为更多类别的利益主体开启了利益的冲撞之门。外部诉求的表达通道从一个正“V”字形走向正“X + V”形,这种变化保障了立法决断更能建立在集思广益的基础之上。

第二,必要的“阻尼系数”由小变大。

就人大系统内部的合议而言,统一审议实施之前的全体会议审议更具“讨论”性,而非“辩论”性。统一审议实施之后,尽管全体会议的审议依然“平和”而少有“激烈”,但法律所分派给不同专门委员会的相异角色,分工其在审议法规上的不同职责,必然使两者在职能上既有配合更有牵制,在交涉中既有妥协又有“对峙”,或者说,将全体会议审议所应有的“辩论”提前至委员会审议阶段。这种内部判断和选择诉求的方式从提交给全体会议的“一家(委)之言”走向“公婆各有理”的变化保障了立法决策更为审慎。

第三,决策取舍的模式走向公开。

就法规案及其修改建议的取舍过程而言,统一审议实施之前,专门委员会审议阶段的“声音”只有一个,全体会议审议阶段的交涉明显不足，因而形式上公开的委员会审议结果报告等并无公开的实质意义。统一审议实施之后，源于“声音”不同而导致的各种审议报告的说明力加强，可看性加大。尤其是法制委在统一审议后对不同修改意见的取舍结果在常委会全体会议上的报告，必然要有透彻的说理，不仅解释为何修改，更要说明为何不修改，还须专门就未采纳的来自其他专门委的意见予以反馈。这种将代表各种利益主张和部门倾向的修改意见的取舍予以制度化的强制说明和反馈的变化，压缩乃至彻底排除了审议过程中意见来源和意见采纳两方面的恣意空间和余地，保障了立法决策更具公正性和可信度。

第四，表决结果的非“唯一”性趋向可能。

就立法产出而言，统一审议实施之前，由于提案人和审议者事先“默契”的提案惯例，因此，一旦列入立法计划的法规案进入立法程序之后，“顺理成章”地通过便成常态。统一审议实施之后，上述各项变化为下述结果奠基了可能：原有的“一通（入口）百通（出口）”的历史将被实质性改变，理性的否决将被“正名”并成为现实。本书所描述的上海立法中零星否决的出现和弃权数量的不断减少，江西立法中赞成率的不小幅度走低，以及辽宁等三地过滤机制的逐渐启用，恰恰或多或少佐证了“求同”的同时敢于“存异”的趋向，表明了进入程序的法规案被搁置乃至被否决的可能性在增加，社会尤其是地方立法机关对法规案中途夭折的“负面”结果的承受力和认同度正在加强，将瑕疵法案“逼出”程序或阻断不良立法的程序本义开始回归。

总之，统一审议的交涉功能扩大了立法参与、冷却了立法冲动、排除了立法恣意，促使立法走向持续的审慎与节制。由此，统一审议的事实功能与其法定功能之间明晰且稳固的“手段和目的”的逻辑关联便不证自明——程序上广泛而有效的交涉必将有助于以法制统一和排除不当利益为表征的立法质量的实质提升。因而，交涉的事实功能无疑就是一种契合于法定功能的“正”功能，一种“有助于一定系统之调适的后果”。①

---

①　[美]罗伯特·K. 默顿：《社会理论和社会结构》，唐少杰、齐心译，译林出版社2006年版，第152页。

第二节 统一审议功能强化的组织制度空间

应当承认,统一审议制度的法定功能实际上是立法者“强加”于统一审议组织的。倘若没有审议组织的认同,法定功能的实现只是空想。因此,诚如本章第一节所析,遏制不当利益和维护法制统一两项法定功能的实现必须经由交涉这一事实功能的发挥而转换而成,事实功能的存在以及与法定功能的契合是关键。

“干部是决定的因素”。本书的第四章和第五章两章研究结果表明:交涉功能的强弱及其辅佐法定功能的大小受制于实施统一审议的组织。换言之,适当的组织制度是统一审议法定和事实功能同时存在、共同作用的制度空间。由此,为强化统一审议这一立法制度的功能,为今后地方人大换届选举组建旨在坚持和完善统一审议制度的新一届法制委提供科学的经验坐标体系,本节在第五章小结的基础上,围绕着统一审议组织架构的中立性、专业化、稳定性以及与其他审议组织的非同质化,着重就法制委的人员规模、年龄阶梯、知识结构、禀赋要求、兼任构成和兼职比例等组织制度的完善提出如下结论性建议:

一、遏制不当利益法定功能的实现必须强化统一审议组织结构的中立性

公正才能消蚀偏私,中立才能确保公正。省级人大统一审议组织结构的“强”中立性至少应当具备两个组织元素:

首先,人员构成与立法所涉利益的相对“绝缘”。

立法本是利益的载体。正当的利益表达、理性的利益识别和高超的利益整合是立法实现对社会关系有效调控的坚实基础。在我国,由于行政机关具有立法起草的绝对优势,亦是主要的立法提案者,因此,立法过程中的利益表达不可避免地呈现向提案者“一边倒”的趋势,至少存在行政机关和相对管理人之间,或者提案的行政主体与其他行政主体之间能提供、可提供的诉求信息不相平衡。正因为如此,“遏制不当利益”才成为统一审议的首要

法定功能。为了有效实现这一功能，确保利益超脱便是我国组织人事部门在人大代表中遴选法制委成员的首要原则，应当尽可能地吸纳那些在背景上与行政部门相对“绝缘”的人士，以保持其独立的判断能力以及出色的辨认和排除不当利益的能力。为此，原则上应当排除现职党政领导任职法制委的可能性，并且适当降低原党政领导在法制委任职的职数。事实上，本书第四章侧重分析的辽宁、上海和江西三地统一审议的不同成效，实际上说明了各自实施统一审议的难易程度、审议效率及其工作质量，而第五章第二节对各省级人大法制委的组织“解剖”则从一个关键侧面“解密”了上述不同。尤其是辽宁法制委在主客观上显示出的难度和压力，都可以在其组织结构中找到“关键”。因此，以原、现职厅局级党政领导为主要成员的法制委在本届我国省级人大占据近1/3的状况应当着力改变。毕竟法制委的成员配置不是一种职位安排而是一种功能的实现，应当首先服从统一审议制度预期的法定目的。①

其次，组织的法律地位较少受到利益部门的牵制。

中立性必须以组织上的超然独立为前提。倘若法制委在组织上受到太多不应有的掣肘，或者对行政机关缺少必要的监督手段，那么，其独立性必然受到挑战，中立性也必然遭致削弱。目前，法制委在独立性上普遍存在三个可能的“软肋”，即没有对口的行政机关、较少参与诸如执法检查之类的监督实践以及组成人员的“留职带薪”。前两个“软肋”似乎是强化其中立性的重要手段。没有对口的行政机关，法制委在利益上比较超脱；较少参与监督实践则可以专注于统一审议。但是，两个“软肋”的存在也可能使法制委失去行政机关的支持（没有对口）和遵从（缺乏监督），由此处于“无援”的境地而影响统一审议的质量。更为关键的是，就法制委委员的“留职带薪”乃至“进入机制”的第三个软肋而言，实际上与其他专

① 如今，法制委员会组成人员的构成与立法所涉利益的相对“绝缘”已得以提升。例如，2018年辽宁省第十三届人大第一次会议选举产生的法制委员会共由15名组成。相比较2006年本研究项目进行时该省第十届人大法制委员会的成员构成，“清一色”已不复存在，“多色”已成基本色调。即之前的法制委员会成员由“清一色”的原、现职党政厅局级干部担任，本届人大的该委员会人员组成中已增加了民营企业家、村委会主任、律师协会会长和大学教授各1名，占比逾1/4。

门委并无二致。因此,强化法制委的组织独立性,两个环节的组织变迁应当推进。一是加大法制委成员的专职化,以此切断其与选举单位之间的"经济瓜葛"和"人事依赖",彻底改变若即若离的状态而真正超然物外。[①] 二是推行由排名靠前的常委会副主任主管法制委制度,以增加法制委的权威性。该副主任不仅可以使法制委赢得行政部门应有的尊重,而且可以运用其人脉资源和行政级别协调法制委和行政部门的关系并使法制委获得应有的工作支持。[②] 尽管后一种变迁具有明显的行政痕迹,本身具有"双刃性",但这也是现阶段我国制度语境下的一个比较可行的"权宜之计"。

当然,法制委的中立超脱无疑必要,但若能治本于整个专门委员会的人事、供给等相关组织制度,不当利益的遏制将事半功倍。

二、维护法制统一法定功能的实现必须夯实统一审议组织结构的专业化

省级人大法制委是因维护法制统一而专门设置的审议组织。这种组织功能的特性使法制委必须具备较高程度的法律专业化水准。

首先,人员构成具备必要的法律从业经验或者法律背景。

由于立法所涉领域极为广泛,也由于其他审议组织的存在及其"分"专业审议职能的赋予,因此统一审议组织不太可能也不必配备各个领域的"专家"以满足立法需求。相反,基于法律强调法制委"统"管所有法规案的法律专业审议的责任,其人员构成更应强调法律方面的专业化。反则,缺乏法律专业化的支撑,审议质量将无从保障。然而,我国法律人才尽管有限但不会稀缺到一个省级行政区找不到数名法律人才的程度,但第五章的研究表明,目前我国各省级人大法制委中的法律专业人员数量存在明显缺口。不仅约 1/3

---

① 十多年来,地方人大法制委员会成员的专职化已得以相当程度的强化。仅以本研究重点考察的辽宁、江西和上海三地而言,2018 年换届后,辽宁省人大法制委 15 名委员中有 6 名驻会委员(40.00%),江西省 13 名委员中有 7 名驻会委员(53.85%),上海市 8 名委员中有 4 名驻会委员(50.00%)。其中江西和上海的驻会委员比例分别比 2006 年时增加了 16 个和 20 个百分点。(详见本书第五章第二节表 5－13)

② 比较遗憾的是,2018 年换届时,江西、辽宁、上海三地的法制委员会主任委员均不是由常委会副主任兼任。

省级行政区的人大法制委尚无法律专业人员任职，而且每省平均仅1.15名法制委委员由法律专业人员担任。总数30余名的法律专业人士使法制委仅仅具备组织优势之“形”而无专业优势之“实”。这种组织构成显然与其他专门委不无二致，必然在相当程度上影响统一审议的维护法制统一功能的实现。因此，未来法制委的组成人员中应当让更多具有法律背景或者从业经验的人大代表“加盟”，不仅使其中立更有底气，而且更能在维护法制统一的“角色”上获得尊重和认可，以专业知识、法律思维以及更趋中立化的判断形成法律专业审议上的真正权威。①

其次，建立专业化的“外脑”系统。

如前文所述，相对于法制委的内部性或者内生性而言，立法顾问的外部或者外生性更使中立得以“刚性化”。不仅如此，立法顾问中的法律专家还能发挥法律专业的“智囊”作用，尤其能够就各方争议或者分歧较大的“合法性”和“正当性”问题提出法律专业性的意见和建议，从而使法制委的法律专业化得以强化和“成规模”。此外，在法制委规模受编制限制的现状下，借用不占编制的“外脑”也不失为一种务实的选择。当然，立法顾问是借用外来专业力量为立法服务的举措，因此，中立化和公开化是关键，是立法顾问正当影响立法的保障。

三、法定功能的高效和高质有赖于统一审议机构维持合理的组织规模、年龄结构、专职比例和人员稳定

随着社会制度化、秩序化管理的常态化以及人大及其常委会逐渐向决策重心回归，立法的需求和任务将不断增加。这是一个可预见

---

① 法制委员会的人员构成应当具备必要的法律从业经验或者法律背景的建议也在近三届的地方人大组织建设实践中得以正向验证。2018年，辽宁省人大法制委换届选举出的15名委员中，有6名长期在人大、法院从事立法、审判工作，1名委员是律师（省律师协会会长）。经届中调整后，目前共有11名委员。其中增补的副主任委员杨松是法学教授。2018年，上海市人大法制委换届选举出的8名委员中，有3名长期在人大、法院从事立法、审判工作（其中2名也是法学教授），另有1名法学教授。经届中调整后，现有14名委员。其中1名增补的委员为法学教授。相比较2006年，该两省级人大法制委组成人员中法律专业人员的构成分别为零和10.0%。（详见本书第五章第二节表5－12）。可见，法制委议会成员专业构成不合理，法律专门人才“稀缺”的现象已得以显著的改变。

的、不可逆转的趋势。与此相适应,审议任务最重的法制委将面临更多的需求和负荷。因此,法制委的组织结构应当更趋合理性。

首先,应当维持一个相对合理的组织规模。

规模是否合理应当同时侧重两项衡量指标:既要保证有足够的成员承担日益繁重的审议任务,又要适当控制人数以确保议事效率。各地应当根据本地区的立法需求科学地确定人员规模,一般可考虑全体组成人员数在10人以上,13人以下,或专职委员为五六人。① 既不能人员冗多、人浮于事,从而导致不必要的彼此牵制而使审议效率低下;也不能人数过少、力不从心,从而无法形成必要的交涉而令审议匆匆过场。同时,应当适当配置领导职和非领导职的合理比例,既不能将多兵寡、无人做事,也不能兵多将缺、群龙无首。此外,法制委内部也可适当进行法规案管辖权的分配,以进一步提高审议效率和专业化水平。

其次,必须实现成员年龄结构的合理配置。

审议工作复杂又繁重,既需要政治智慧,也要有技术武装;既需要埋头苦干的匠才,又需要运筹帷幄的帅才;既要有充满活力、担当重负的年轻人,也需要老成持重、深谋远虑的老同志。因此,可以根据"三三制"原则配备老、中、青"三代同堂",实现优势互补,提高审议质量和效率。②

再次,逐步而适当地提高专职委员比例。

法制委审议任务的不断加重已是不争的事实,其担当的不再是"闲差",而是不折不扣的"重活"。因此,如同专业化的需求,法制委成员的专职化也是强化法定功能实现的关键。反则,有人但不专

---

① 统一审议机构应当维持合理的组织规模这一研究结论和学术建议同样在十多年的地方人大组织建设中得以高度重视。2006年,上海、江西和辽宁三个省级人大法制委议会的组成人员分别为10名、16名和9名,其中专职驻会委员分别为3名、6名和5名(详见本书第五章第二节表5－7和表5－13)。目前组成人员已分别调整为13名、11名和11名,专职驻会委员分别为9名、10名和4名。其中,上海和江西专职委员人数及比例都有明显提高,辽宁则略有下降。

② 上海人大法制委现有委员13名。其中60岁以上有7名(53.8%),56岁至60岁有4名(30.8%),50岁至55岁和45岁至50岁各有1名(15.4%)。相比较2006年时10名法制委的年龄构成(60岁以上占60%、56岁至60岁占20%、55岁以下占20%)(详见本书第五章第二节表5－15),已初步显现出相对年轻化的趋势。

业，有专业者但仅兼职，都存在明显短板，并必定影响制度功能的实现。事实上，本届各省级人大法制委近2/3的非驻会委员和多达1/3的兼职委员，甚至一些省级人大法制委除正副主任委员之外没有任何专职委员的组织结构已经削弱了法制委的工作实力，进而影响其法定职责的履行。因此，人大领导机关和组织人事部门必须认识到这一点，配备更多专职的“实干委员”。能否胜任日常的审议工作、能否保证必要的驻会工作时间应当成为选择法制委委员的硬性标准。基于代表机构审议组织“过半数成员出席会议”的议事和决策规则，建议将专职委员的“一定比例”确定为“不少于法制委全体组成人员的一半”。[①]

最后，必须保证法制委成员适当的稳定性。

对个体来说，专长源于日积月累的历练；对组织来说，权威来自于一支稳定的、富有专长的队伍。这个规则同样适用于法制委。面对不断变化的规则需求、日益多样的利益诉求，法制委必须保持专业、经验、决策方法和工作程序的稳定性和传承性。走马灯式的人员变动不仅影响整个法制委的审议效率，而且影响现职人员的工作情绪，甚至导致一些成员的“短期利益化”。这些对于维持法制委工作效率的决策权威都将产生巨大的消极作用。因此，应当尽量减少法制委成员的流动性，不能将法制委作为短暂的“最后一站”或者临时的“中转站”，而应当使其成为大多数成员的长期“根据地”。

四、交涉功能的延续和放大必须保持统一审议组织与其他审议组织的非同质化

统一审议组织的设计和安排还应当有助于不同意见甚至不同利益在统一审议过程中的充分协商和博弈，并提供解决冲突的有效机制。因此，以下两点尤为重要：

首先，专门委和法制委必须以各自承担的不同职能为基础进行人员配备。

---

① “逐步而适当地提高专职委员比例”，“建议将专职委员的‘一定比例’确定为‘不少于法制委全体组成人员的一半’”的学术意见同样得以实践的认同和证明。本届上海、江西和辽宁人大法制委议会的专职委员比例都已是或者接近全体组成人员的一半。

统一审议的质量首先取决于其他专门委对其本职审议任务的完成质量。因此,应当首先遵循术业有专攻的原则对各委员会进行人员配备,使其独善其身。其他专门委的任务是解决法规草案中的专业问题,因此,其组成人员必须以所管辖的立法事项为基础进行遴选。同样,如前文所述,法制委也必须侧重于吸纳政法工作背景和法学专业背景的人员。只有两种委员会的组成人员都能胜任本职审议工作,统一审议的质量才能得到保证。

其次,应当建立适当的兼任制以从组织上保证交涉功能的最大化。

独善其身容易演变成各自为战、互相推诿,甚至针锋相对。由于统一审议只是立法过程中的一个环节,因此,必须在委员会之间营造一种容忍异见、鼓励交涉的氛围,形成一个便于沟通、易于协调的组织结构,保障整个系统的协调运转和有效交涉。我国地方人大内部组织多元化设置的实践以及本实证研究关于"组织和功能"相关性的结论都已表明,值得推广的适当兼任机制主要包括两个方面:一是法工委领导兼任法制委副主任委员;二是其他专门委成员兼任法制委成员制。① 此种机制既能进一步拓宽了法制委的视野和决策技术支持,避免先入为主、偏听偏信和武断决策,又能更好发挥其他专门委员会的积极性。随着对法制委归属感的日益增强,其他专门委的兼任委员很可能超越原来的利益背景,帮助法制委其他成员洞察、分辨并最终排除不当的部门利益。相比较辽宁等其他省级行政区,上述建议早就成为上海人大法制委的组织设置,其在统一审议中优越性自不待言。

---

① 目前,法工委领导兼任法制委副主任委员和其他专门委员会成员兼任法制委成员的组织构成机制已相当普遍。以辽宁、江西和上海三地为例。第一,三地法工委主任都兼任了法制委副主任委员。第二,就其他专门委员会成员兼任法制委的情况而言,三地情况有所差异。虽然辽宁法制委中尚无其他专门委员会委员,但上海和江西的法制委都有相当数量和比例的兼任委员。其中上海市人大法制委现有 14 名组成人员中有 6 名委员来自其他专委会。除了侨民宗外委没有成员兼任法制委委员外,其他专委会在法制委都有兼任委员。江西省人大法制委现有 13 名组成人员中有 7 名委员来自其他专委会。其他 6 名专委会均有副主任委员兼任法制委委员,财经委更有 2 名副主任委员兼任法制委委员。这一现象说明:"建立适当的兼任制以从组织上保证交涉功能的最大化"的建议亦已成为我国地方人大提升统一审议质量和效率的重要组织抓手。

总之,组织具有二元特征——部分是被物质资源力量塑造的,部分是被社会和文化系统塑造的。因此,上述有助统一审议功能强化的组织结构优化应当制度化。制度化的措施包括但不限于如下三项:或以各地的组织规范予以探索,或以全国人大常委会出台"意见"等有关文件加以指导,或以修改《地方组织法》相关规定的方式予以明确。三种制度化措施的难度逐步升高、涉及面亦由小及大。因此,各地率先进行人大组织结构优化的制度化试验无疑具有成本小、阵痛少、见效快、收效大的改革优势,完全符合我国各地非均衡发展的基本国情。

第三节　统一审议功能强化的工作制度空间

统一审议规则是引导功能兑现的行为路径。本书第四章、第六章的分析结果表明:统一审议的程序和规则同样掣肘统一审议的交涉功能及其辅佐的法定功能。由此,在第六章小结的基础上,本节着重就统一审议主体的职责边界、审议重点、议事规则以及沟通机制等工作制度的完善提出如下四点结论性建议,以期实现统一审议功能的"最大化"。

一、"拨正"法制委的工作职责

职责的恰当和明晰是统一审议组织完成并放大统一审议功能的基本前提。尤须在两个问题上形成共识并予以制度化。

一方面,合理分配法制委和其他专门委在立法方面的各自职责。在审议中,以不同的专业"选手"来发现并处理不同的立法问题是提升审议效率和质量的组织保障。就委员会阶段审议的流水线而言,生产部门是其他专门委,检验部门是法制委。因此,根据《立法法》的精神和各地实际,建议其他专门委负责一审前的审议工作,把好"入口关";法制委负责一审后的审议和修改工作,把好"出口关"。[①]

① 谢天放、王宗炎、何雅、崔凯:《地方立法统一审议机制研究》,载《政府法制研究》2007年第10期。

另一方面，理性"瘦身"法制委现有的除立法之外的其他职责。法制委本是因应统一审议制度的确立而变迁的一种审议组织。然而，各地在明确法制委作为"专门"承担统一审议的专门委员会应履行的职责的同时，还规定其承担"一般"专门委员会应承担的执法检查、工作监督等其他职责，少则2项，多则13项。从理论上看，在统一审议组织规模和成员构成既定的情况下，法制委承担统一审议之外的职责越多，其"产出"必然或减少数量或降低质量。从可行性上分析，法制委承担监督等其他职责，不仅会造成与其他专门委的职能交叉，更会使法制委原本"局促"的人手更"捉襟见肘"，从而抑制统一审议功能的正常发挥。因此，在目前法制委的组织建构在总体上依然存在人员资源投入不足或者投入偏差的情况下，各省级人大在完善法制委工作职责的制度规范中，应认真斟酌法制委应当而且能够承担的各项其他职责，从而在制度规范层面令其轻装上阵，回归组织设置的本意，确保法制委切实并"优先"履行统一审议的法定职能。

二、回归和理顺统一审议的重点

统一审议的重点是统一审议功能的集中反映，是统一审议职责的具体体现。工作职责的准确定位虽能保证法制委紧扣统一审议主题，但统一审议重点的不当"扩容"又将置法制委于"大包大揽"之中。

统一审议重点的回归主要面临主观认识和法律规定两大层面问题的厘清。前者主要是，既然法制委负有向常委会会议提出尽可能完善的法规草案表决稿的责任，因此，统一审议就应当是"综合性审议、全面的审议"。[①] 后者主要是，既然《立法法》第31条规定一审后的法制委应"根据常委会组成人员、有关的专门委员会的审议意见和各方面提出的意见"进行统一审议，由于各方提出的意见和建议并不限于法律问题，因此，"对合法性以外的问题进行审议无疑是法制委正常的工作范围"，"审议范围不宜作任何限制"。[②] 本书

---

① 崔立文：《制定地方性法规程序比较评析》，载周旺生主编：《立法研究》（第4卷），法律出版社2003年版，第316页。

② 丁伟：《完善地方立法统一审议工作机制的几点思考》，载《中国人大》2005年第20期。

的观点是：

第一，首先应当基于统一审议的法定功能来确定审议重点。让其他委员会在一审前审议法规的“重要性”“必要性”“可行性”等其他问题，让法制委在一审后集中力量解决合宪合法以及消除不当利益的问题，从而既保证不同专门委各司其职，又避免两者作用简单叠加，进而高效利用法制委集中有限的审议资源，在坚持有所不为中实现大有作为。不同阶段审议重点的区分本身也符合决策过程的一般规律。决策包含事实要素和价值要素。前者关乎合理，后者涉及合法。在决策过程中，初始阶段一般以事实判断为主，随着决策过程终点的渐趋逼近，事实判断所占比重缩小，价值判断比重必然增大。

第二，统一审议重点的确定与否还应当基于统一审议事实功能的强化。交涉的前提条件是意见双方乃至多方的存在。因此，不能因其他专门委审议积极性的可能退化或审议质量不到位而进一步弱化和缩小该审议组织及其职责。相反，统一审议交涉性的强化恰恰需要“有意”培育和壮大人大内部交涉和博弈的委员会“对手”。反之，其他专门委的立法积极性进一步遭受挫折，当然不愿去发现和“透视”出不当部门利益；法制委的统一审议任务更重而审议时间和人手持续缺乏，必然不能发现并“检验”出非正当的部门利益。皮之不存，毛将焉附。交涉方的“消失”定将引起连锁反应，最终必将损及统一审议法定预期的实现。

此外，着手统一审议后的法制委在法规审议不同阶段所实施的审议应当有所侧重也是统一审议重点理顺的应有之义。比如上海等三地在统一审议实践中，在二审前集中解决法规案的合法性、不当性问题，纯立法技术的问题则在二审后才予以较多关注。这种适当倾斜审议重心的安排有利于聚焦问题、深入交锋，避免“漫谈式”的审议，减少不必要的时间成本，提高审议水平和效率。

三、细化和补缺统一审议的议事等程序规则

议事等程序规则是统一审议组织高效履行职责，放大制度功能的程序装置。现阶段需着力细化并使之操作化的议事等程序规则主要有：

第一，健全会议制度。

尽管3/4省级行政区规定法制委统一审议法规草案必须召开全体会议，也规定过半数出席的会议人数制度，但几乎都未对如何保障过半法定人数出席作出制度安排。建议法制委在提交常委会全体会议二审的报告中增加出席审议该法案的法制委员会会议的委员人数；建议增加缺席限制以及责任制度，以制度保障过半委员出席统一审议会议。同时，也可考虑建立出席会议情况年度通报制度。

第二，补漏审议制度。

尽管近半省级行政区规定统一审议以逐条或以逐条和重点相结合的方式进行，但未对法制委在一审后进行逐条审议的充足时间予以制度保障。至于统一审议中的发言次数、时间、内容和发言方式规则也几乎空白。建议明确规定一般情况下法规案的“两审”应当是不连续的两次常委会全体会议，以解决法制委统一审议时间不够充裕的问题。建议通过组织结构的调整提高有限审议时间的利用率。例如，审议时间的长短通常与审议人员的身份有关。若其他专门委成员在法制委交叉任职，沟通基础上的交涉无疑因“亲缘”关系而相对便捷。

第三，系统表决制度。

尽管2/3的省级行政区规定了法规草案通过统一审议的法定人数，但仅少数省级行政区规范了表决方式，宣布表决结果的制度更为鲜见。

第四，坐实列席会议并发表意见制度。

尽管八成以上的省级行政区确立了法制委邀请其他专门委成员列席会议并听取意见的制度，但如何令其成为法制委“必须”作为的审议义务而非“可为可不为”的审议权利，制度化的设计几乎为零。

第五，流程其他听取意见制度。

尽管所有省级行政区都明确了听取意见制度，但除一些省级行政区设计了立法听证的程序规则之外，有关座谈会、专家论证会等其他听取意见方式的程序规范同样鲜见。

四、调整不同审议主体的协调机制和重大不同意见的处理机制

审议结果的冲突和危机处理规则是议事规则生命力强弱的主要体现。其中不同审议组织的良性互动是统一审议组织有效运作的外围环境，不同审议结果的理性处理是实现统一审议功能的持续动力。各地不同程度地区分了法制委和其他专门委的不同审议重点、规定了法工委在统一审议中的服务职责、确认了主任会议在统一审议中的程序决断作用，也肯定了常委会全体会议为统一审议指明方向和取舍统一审议结果的审议地位。① 这些规定为明确不同审议组织的关系以及处理不同的审议结果构筑了制度框架，但仍需对此框架作进一步的调整和“填充”。主要有：

第一，取消法制委对其他专门委重要不同意见的采纳或认同的规则。

法制委对其他专门委重要不同意见的强制性反馈的确有助于阻断法制委的非理性并保障两者的优势互补。然而，有些地方的制度设计不尽合理。如《江西省人大法制委工作规则》中强调，“对重要不同意见没有采纳的，法制委分管的副主任委员应当及时组织反馈沟通，力求对主要问题达成共识，将主要分歧解决在提请审议之前……”。这种对不同专门委员会审议共识的不当追求可能相悖于遏制部门不当利益渗透的制度设计初衷。②

第二，限制主任会议决断统一审议的实体问题。

在地方立法实践中，主任会议决断不同审议主体的不同审议意见，或取舍不同利益诉求的现象并不罕见。本书第四章研究的江西省法规样本共 5 件，但有 3 件含有源自本级人大常委会主任会议所决定的修改意见。这种凭借程序安排的优势地位定夺立法实体问题的做法容易对统一审议的法定功能造成负面影响。为此，主任会

① 详见本书第六章第三节第“二”部分，第 305 ~ 308 页。

② 值得说明的是，江西省人大法制委的当年这一内部规则已在统一审议的立法实践和制度建设中得以“拨正”。2019 年 9 月 28 日江西省第十三届人民代表大会常务委员会第十五次会议第三次修正的《江西省立法条例》第 37 条明确规定，“……对有关专门委员会或者常务委员会工作机构的审议或者审查意见没有采纳的，（法制委会议）应当向有关专门委员会或者常务委员会工作机构反馈。”从“沟通”到“反馈”，虽仅一词之差，但佐证了对不同专门委员会的重大不同意见的协调理念及其机制从极端走向中正。

议要实质性地减少对实体问题的决断,还交涉权和决策权于常委会全体会议。

第三,增设必要时的常委会全体会议“三审”制。

地方立法统一审议的质量必然掣肘于法制委和常委会全体会议审议时间的充分且必要。相对于全国立法而言,地方立法需兼顾的特殊性和需协调的矛盾性相对较少,因而以“两审”为一般程序并无不妥。然而,对那些调整对象比较复杂、利益争执比较尖锐、各方意见明显相左的法规案,审议次数的适当增加无疑有助审议功能的实现。①

第四,提升处理重要不同意见的“惯例”为可视、可操作的制度机制。

尽管近半省级行政区建立了对不同意见的审结报告中说明、向其他专门委反馈和向主任会议报告的制度,但充其量只是对存有不同审议意见或对法制委不予采纳的审议意见的“告示”,真正在不同中寻求平衡、整合各种意见的“协调”规则并未进入制度层面。例如,尽管省级地方立法实践中不乏对未采纳的来自其他专门委的意见予以反馈,但在本书调查的三地19部法规样本中仅见书面反馈1例。专门就未采纳的审议意见向提出该意见的其他专门委予以强制反馈的立意无疑是为了压缩乃至彻底排除审议意见采纳与否的恣意空间,但反馈若都以非正式的、口头的方式实施,又何以保障统一审议的公正性和可信度?当然,“对不同的问题,不同的对象,应当有不同的协调方式;对同样的问题、同样的对象,在不同的立法背景、不同的法制文化环境中,也要采取有针对性的协调方法”,但这些方法以及实施过程与结果必须是制度化的,是可“还原”和可事后监督的。反则,涉及最为要害的权义配置问题完全可能在私下完

---

① 除了前文提及的已实施“三审制”的辽宁、安徽、福建、湖南、广东、广西壮族自治区、重庆、四川、西藏自治区等地之外,陕西、北京等地也在2007年之后将“三审制”作为地方性法规草案审议的常规程序。同时,实行“两审制”的地方通常在程序规则上为一些法规草案实行“三审”留有余地。例如,《吉林省地方立法条例》第24条第2款规定,“比较重要或者有重大分歧意见未能达成一致的法规案,经主任会议决定,可以经三次常务委员会会议审议后交付表决”。

成。因此，“只要（协调）有效，不必拘泥于任何模式”①的前提必须是在多种制度模式中的选择而非制度边界外的“率性”和“任意”。

总之，工作规则的“活跃”修改在一定程度上是一项新规则本身利用率高和实用性强的体现。既强化必要交涉又弱化不当“阻尼”，进而实现统一审议制度功能最大化的制度环境建设及其完善乃是法制委工作规则修正的当务之急。未来法制委工作规则不仅应当尽可能规范科学，而且应逐渐注入民主化和公开化的因子。② 例如，将法制委的表决结果向人大常委会公布、保持会议记录并提供详尽资料于选民。

第四节 统一审议制度折射的立法程序价值理念

如导论所述，尽管本书的首要研究使命是“就事论事”地回应我国统一审议制度的存废以及完善的设问，然而，以地方立法统一审议制度为分析进路，“举一反三”地审视和解析我国立法程序建构的价值体系以及各种价值的“位次”，并回归立法程序的功能也是本研究希冀承担的第二个使命。

一、立法程序是一定价值形态的载体和外化物

作为制度形态的立法程序，究竟是与价值无涉的机械的、纯粹的时间流程，还是一定价值形态的载体和外化物？

以“结果本位主义”为哲学基础的程序工具主义理论完全否认立法程序的自身价值，把整个立法程序视为与价值无涉的工具。这一理论认为，相对于实体结果而言，程序本身不是目的，而只是用以实现某种外在目的工具或手段。因此，从终极意义上讲，程序的设置仅仅具有服务于外在目标的技术性意义，不可能在其内在品质上找到任何

---

① 谢天放、王宗炎、何雅、崔凯：《地方立法统一审议机制研究》，载《政府法制研究》2007 年第 10 期。

② Davidson, Roger H. and Oleszek, Walter J., Congress and Members 218 – 219 (1985).

合理和正当的因素。“程序法的唯一正当目的，则为最大限度地实现实体法”，“程序法的最终有用性要取决于实体法的有用性”，相对于实体法而言，程序只是工具，程序法只是“附从法”（subsidiary law，or adjective law），它本身不具有任何独立的内在价值。[①] 这就是典型的绝对程序工具主义理论的经典性阐释。

在很大程度上受自然法学以及当代所谓“价值侧重法理学”理论影响的程序本位主义理论则对程序做出了完全非工具主义的解释。此理论强调，程序具有自身的价值取向。公正的程序直接决定公正的结果，而无论这种结果是否建立在正确的事实基础之上。[②] 因此，评价立法程序的价值标准在于其本身是否具有内在的优秀品质，而不在于其能否确保良好立法结果产生方面的有用性。

无疑，在理论上，程序工具主义学派和程序本位主义理论都具有重大的学术贡献。前者揭示程序在确保实体法目标实现方面的工具性价值，后者在联结程序价值与人的道德主体地位的前提下阐释了程序的内在独立价值。然而，无论是程序工具主义抑或程序本位主义的极端化实践都势必致社会治理于困境，前者的绝对化必将导致“重实体、轻程序”乃至程序虚置、程序虚无现象的盛行，后者的片面性也必将奉程序为圭臬，最终束缚于“中看不管用”的桎梏。

因此，本书的观点是：

第一，任何法律程序的构建和评价应当综合其工具和内在的价值体系，绝不能倚仗某种单一的价值标准。

一方面，程序与结果虽然有着十分密切的关联，但不能相互混淆，更不能合二为一的。立法程序的理性只是立法结果正当的必要条件而非充分条件，因此，立法结果良善与否的评判应当具有其独立于程序的价值标准。另一方面，立法结果的正当往往又是由科学程序赋予的，是正当程序运作的结果。正当的立法结果对理性的立

① Postema，Gerald J. The Principle of Utility and the Law of Procedure：Bentham's Theory of Adjudication 1393（1977）.

② 英国学者达夫是程序本位主义的代表者之一。其以刑事审判程序为研究视角，对程序的内在价值作了较为系统的理论分析。达夫教授的基本观点是，被告人在刑事审判中的参与及其所获得的公正审判，既不是用以实施实体法的有效手段，也不是对程序工具主义价值目标的独立限制，而是用以评价和构建刑事审判程序的内在价值标准。Duff，R. A. Trials and Punishments 110－114（1986）.

法程序具有相当的依附性，因此，立法结果良善与否的评判又无法完全超脱理性程序的内在价值标准。

第二，立法程序的设计和评价应当优先体现其内在价值。

首先，尽管程序的内在和工具等多元价值之间存在复杂的对立统一关系，尽管良好程序的设计须臾综合各类价值标准，但立法程序的设置和评价应当首先确保其符合内在的价值标准，从而使其具备最低限度的公正和理性。换言之，尽管法是一种必不可少的、具有高度助益性的社会正式制度，然而它如同任何人定的制度那般必然存在弊端：并非至善至美，亦非成本最低、效益最高的治理手段。因此，作为制定法的程序而言，其理应是国家通过立法手段协调利益冲突、规制社会秩序、配置社会资源的合法路径和正当法律程序，更必须首先是一种尽可能限制立法者恣意、排除外界非正常干扰，增加阻力，实现过滤，达到“节制”立法目的的流程安排。没有科学、合理、缜密的立法程序体系，立法结果中法律权力权利的理性平衡，法律权力责任的彼此照应，法律权利义务的合理设置只是一种偶然，甚至只是一种可能。因此，立法程序具有独立于立法目的，并且优先于工具价值的内在价值。“通过程序实现正义”，没有正当程序也就没有正义这一价值标准理应首先从程序本身而非任何外部因素得到体现。

其次，立法程序应当具备基本的工具价值，即拥有产生良好立法结果的能力，[①]由此追求并实现不同层面程序价值的最大限度的统一。

第三，统一审议制度展现的事实和法定功能是立法程序内在和工具两类价值的有机结合。

诚如本书第四章的小结部分所言，作为程序制度的统一审议而言，其良性运作必然有赖于内在价值的有力支撑，其旺盛生命力的持续必然取决于工具价值的真正实现。其中以平等表达、公开诉求、平等对话、合理对抗、理性妥协、自主选择、压缩恣意、摈弃独断、尊重多数和捍卫少数为特征的交涉功能归根结底就是立法程序的

① 至于什么是良好的立法结果，不同历史阶段、不同国情和不同法的调整对象具有不同的独立判断标准。囿于研究目的和篇幅，本书不作系统展开。

内在或自身价值在统一审议制度上的充分体现;统一审议所兑现的法定功能则是其外在或工具价值的集中体现;程序上广泛而有效的交涉价值必将有助于以法制统一和排除不当利益为目标的工具价值的真正而持续的实现。

二、“正义优先、兼顾效率”当是立法程序建构和评估的内在价值

在我国法学理论界,正义和效率是法律程序价值体系中的两大基本价值已成共识。在法治实践中,自20世纪90年代以来,“程序正义”的理念已成为我国司法改革的重要价值导向之一,正当法律程序也已成为依法行政的应有之义。[①] 那么,作为与诉讼程序、行政程序一起共同构筑我国程序法律体系的立法程序,注入其内的两大价值又应具有怎样的位次?

在导论的第一章,本书已提出基本观点是:“正义是立法程序的首要和核心价值,现代立法程序的建构及运作应当遵循‘正义优先、兼顾效率’的价值取向。”[②]之所以强调程序性正义是立法程序自身的首要和核心价值,首先取决于程序性正义和效率的基本内容和性质。程序性正义突出地表现为:强调立法程序权力平等,排除议事恣意;追求立法参与权利平等,广泛吸纳民意;注重不同利益诉求交涉,形成理性妥协;坚持各种利益取舍公开,摒弃独断决策。可见,程序性正义既限制恣意妄为的专断,又保障理性选择的自由;既具有多样选择的开放性,又追求高度确定的保守性。因而,“如果我们要实现有节度的自由、有组织的民主、有保障的人权、有制约的权威、有进取的保守这样一种社会状态的话,那么,程序可以作为其制度化的最重要的基石”。[③] 而偏重经济内涵的程序效率则主要体现为立法程序规则的可操作性、立法程序运作成本的可支付性、立法程序规则的可反复适用性、立法行为及其结果产生的可预期性以及

① 例如,刑事诉讼法的修改明显强化了对公民权利尤其是犯罪嫌疑人权利的程序性保障。又如,行政处罚法有关听证程序的规定彰显了行政程序正义的精神。

② 详见第一章第二节,第15页。

③ 刘武俊:《立法程序的法理分析》,载《渝州大学学报(社会科学版)》2002年第1期。

立法程序产出结果的社会可接受性。当然,结果的可接受性本身蕴含着正义价值的养分。因此,合理追求立法程序效率的主要意义在于,“在立法活动过程中,通过程序规则的引导和运作,实现人、财、物、时间等稀缺性资源的优化使用和合理配置,从而提高立法活动的效率”,“在一定程度上化解立法系统在社会日趋复杂的制度变迁时可能呈现的僵化性或被动性”。[①] 可见,正义凸显的是立法程序的道德性,效率强调的是立法程序的经济性,因而,正义是立法程序的首要和核心价值,效率的追求必须吻合正义的前提。

程序性正义作为立法程序自身的首要和核心价值还缘于现代立法的基本要求。现代立法的宗旨就是民主合意,即符合公意。的确,法律是一种特殊的公共产品,理应具有广泛的民意基础,否则就会异化或蜕变为服务于少数利益集团的“私人产品”。现代立法的合意性必须通过立法程序得以保障和体现。为了使所立之法的内容符合公意,而不是众人之意的简单相加,更不为个别意志所左右,立法程序必须是一套民主合议,即共同议决的规则和制度。从立法机关会议议程的审议表决、法律草案的逐条辩论、立法听证制度的运行,到立法修正案的先付表决、表决方式和结果的公开,等等,这些制度及其规则的设计无一不围绕着合议,而合议的基本价值就是程序正义。

就地方立法统一审议而言,制度设计之初便面临不同委员会“重复劳动”的诟病,制度运行至今依然存在“效率降低”的担忧。对此,本书认为,首先,不能以孤立、片面的效率标准去甄别并废弃地方立法统一审议制度,因为作出合议决定的内、外在成本是否经济至少是衡量立法程序效率高低的两个不可分离的方面。因此,即便出现了江西、上海两地的法规样本在统一审议实施之后平均审议周期有所延长的现象,但统一审议某个环节上的效率相对走低并不意味着统一审议的整体效率低下。辽宁等三地人大常委会成员在草案表决时的更趋理性以及不当法规案的被淘汰等现象,至少可以说明不能简单地将统一审议判定为效率低下的程序制度。与其“疏

---

① 刘武俊:《立法程序的法理分析》,载《渝州大学学报(社会科学版)》2002 年第 1 期。

通”法的制定程序而“阻塞”法的适用通道,还不如将阻力提前,以可计量的制定成本换取不可估量的社会效益。其次,更不能将效率因素唯一化和绝对化并以此去评价并舍弃地方立法统一审议制度,毕竟正义是立法程序的首要和核心价值。因此,即便统一审议的多个环节的确都呈现低效乃至负效性,但经三地统一审议形成的修改建议占公布的法规文本中条文总数的近四成,对19部法规草案“扫描”出102个有违法制统一和107个含有不当利益的问题,对占据修改内容总项数13.7%的意见予以公开舍弃并说明理由等,无一不佐证着程序正义在统一审议制度设计中的优先性。正因为如此,尽管“交锋式”的诉求之门因统一审议而被再次打开,但毕竟为更多的主体开启了利益的冲撞之门,也使第二次表达的诉求更易在“知己知彼”的前提下“优胜劣汰”,保障了立法决断真正建立在集思广益的基础之上;尽管“阻尼系数”因不同委员会的分阶段审议而由小变大,但从提交给全体会议的“一家(委)之言”走向“公婆各有理”的变化保障了立法决策更为审慎;尽管审议结果报告等因统一审议而篇幅加大,“声音”不同,但将代表各种利益主张和部门倾向的修改意见的取舍予以制度化的强制说明和反馈的变化,压缩了审议过程中意见来源和意见采纳两方面的恣意空间和余地,保障了立法决策更具公正性和可信度;尽管表决结果因统一审议而不再那么统一“默契”,进入程序后的法规案被搁置乃至被否决的可能性也在增加,但其间或多或少隐藏着的“求同”之时敢于“存异”的现代议事意识正在觉醒,社会尤其是立法机关对法规案中途被淘汰的“负面”结果的承受力和认同度正在加强,将瑕疵法案“逼出”程序或阻断不良立法的程序本义开始回归,预示着立法结果更趋理性化。

总之,地方立法统一审议对完善和评价我国立法程序“整体”制度提供了“微观”但理智的诠释——正义是立法程序的首要和核心价值,我国现代立法程序的建构及运作应当遵循“正义优先、兼顾效率”的价值取向。相比较立法质量的提升、执行效果的改善,立法程序中时间等成本的合理而有限增加,当属可承受的代价,毕竟这是追求良法和现代法治所必须付出的对价。

第五节　统一审议制度适应于社会进步的普遍效应

如导论所述，尽管本研究的对象是我国特有的地方立法统一审议制度，但研究的意义绝不会止步于统一审议。本节仅就交涉机制和程序先行对社会进步的普涉意义提出两个不尽成熟的结论。

一、生命力元素——交涉机制是实现决策科学和民主的“引爆点”

如本章第一节所述，统一审议制度最终能实现其维护法制统一、遏制不当利益的工具功能，关键在于蕴藏其中的生命力元素——交涉性。

事实上，统一审议预期目标的成功兑现并不意味着相对超脱的法制委能够单枪匹马地消除不当利益、维护法制统一。试想，若其他专门委员会完全退出，只留下法制委出演独角戏，岂非换汤不换药，即以法制委取代其他专门委之形行“一竿子到底”审议之实。没有了交涉对手的法制委必将碌碌无为，丢失了交涉元素的统一审议终将乏善可陈。这是因为，缺席了其他专门委审议，交锋式的诉求之门便无须再次打开，法规案中的民主合意程度肯定降低；委员会阶段中的“阻力”便不复存在，法规审议中的科学合议成分必然减少；没有对峙也没有妥协，没有不同也没有选择；包裹在专业性下的不当利益便无法被法制委识别；缺少他方“紧盯”的法制委难以持续履行检验法规产品合法与否的职责。

当然，交涉功效的发挥还取决于交涉的公开环境。统一审议的关键是说服而非强制，是以理以法服人。因此，将统一审议的过程呈现在常委会全体成员的面前，如此的交涉结果必然平添其公正和权威。

交涉程序的引入并强化，反映了我国最高决策层对立法机关及其立法在转型社会中的地位和作用深刻而富有革命性的认识。关门立法失效了，“无害”通过也行不通。因此，唯有经过理性冲突、合理妥协、多数敬重少数,少数宽容多数的交涉,才能最终达成平衡,形成共识。

交涉机制的意义是什么？所有民主决策、科学决策的“魂”都是交涉！当今社会,利益主体走向多元,利益矛盾与冲突成为常态,有序参与当属必要。如何使不同利益在影响力不均等的常态下达成总体上的双赢和多赢的安排,这是一个难题;而持续实现双赢和多赢的安排,更是难上加难。交涉作为一种制度安排,赋予少数、弱者有合理抗衡的权利;要求多数、强者有理性让步的责任;赋予少数、弱者有更为充分的知情权,要求多数、强者有举证的责任;赋予双方充分的协商权,消除双方取巧的机会和可能。这样,就能建立起持续交涉的期待和习惯,形成待异议为常规、视妥协为惯常的自觉,培育起让少数发声、不强求多数的议事品格,并进而建立起产出公平结果的坚实平台。这就是民主和科学决策机制的内核和生命力——交涉元素。它通过内生在程序和制度中的强“粘合力”,将现实中存在的不平等转化为程序的平等,使冲突、分离、排斥的利益走向礼让、平衡和合作。为此,交涉机制将成为一个“引爆点”,当其在利益多元化的政治、经济、文化等领域被广泛采纳和运行之时,在宽容异见的基础上形成多数、在保护多数的结局中尊重少数就将成为常态而非罕见,决策的合理和公正就将成为必然而非偶然,社会的和谐便将具有制度保障、一国的活力就将得以永续。

当前,我国正处在制度变革的社会转型期。执政高层与社会大众在政治体制改革和社会主义民主制度建设的必要性上已达成高度共识。然而,如何进行改革和建设却成为值得探讨的重要问题,更为关键的是,我们究竟应该寻找到一个怎样的合理制度坐标去衡量评判各种改革方案的可行性。统一审议制度的实施以及功效的实现似乎已找到了这样的坐标——一个既照顾中国社会现实和历史传统,又能够在现实政治体制语境下赋予人们充分表达意见、彼此平衡利益、共同决定未来机会的坐标——交涉。在广泛和持续的交涉中,合理增加决策的阻力,适当减低决策的便捷度,让争议一一曝光,将公共政策的决断放在公众聚焦点上取舍。这样,我国的决策机制中便加入了现代的议事文化和精神,决策的失误才会逐步减少,决策的结果才将更得民心。

二、四两拨千斤——程序先行当可成为社会变革的切入口之一

毋庸置疑，本书第四章得出的最终结论是，地方立法统一审议有其存在的我国国情现状的必要，也有其因成功实践而"力挺"的可行。如果说，明确回答这一关乎该项立法制度在我国发展前景的上述问题之任务早在本研究选题之初便已明了，那么，尚未在运筹帷幄之中的是，程序制度能量的几何级数！

统一审议是一项独创的制度，却是浩繁立法程序制度体系中"极不起眼"的小制度；统一审议是一次全新的制度尝试，但其践行却未动用过多的制度和社会资源。更为关键的是，这一看似不起眼的程序设置必将乃至已经对我国的社会发展释放出巨大的能量——表面上似乎仅限于人大内部各组织审议权力关系的调适，并进而提高组织决策的实效、兑现统一审议的预设功能，实质上却优化了公权力间的制衡、开启了宪法体制下人大决策中心地位的回归路程。[①]

如前文所述，在我国现阶段，立法提案权在很大程度上被行政部门垄断，由其提交的法规草案难免带有不当的部门利益，"较多强调本部门的权力，有的还力图通过立法扩大自己的权力"。[②] 更为关键的是，因各种原因导致的立法提案权几乎为行政垄断的现状目前还难以根本改变，或者说，改变政府主导法规起草现状所需的基本条件目前还不具备，其中涉及权力机关和行政机关权力关系和制衡机制的国家制度条件更难一蹴而就。因此，如何让资源和权利的分配权力逐渐从行政真正回归立法？这恰恰就是在立法程序中"嵌入"统一审议的"玄妙"之处。从现象上看，统一审议涉及的仅仅是

① 党的十八大以来，人大的决策中心地位得到反复强调。《中共中央关于全面推进依法治国若干重大问题的决定》提出，"健全有立法权的人大主导立法工作的体制机制，发挥人大及其常委会在立法工作中的主导作用。"《中共中央关于坚持和完善中国特色社会主义制度推进国家治理体系和治理能力现代化若干重大问题的决定》也提出，"完善党委领导、人大主导、政府依托、各方参与的立法工作格局。"在中央人大工作会议上，习近平总书记进一步指出，要发挥好人大及其常委会在立法工作中的主导作用，深入推进科学立法、民主立法、依法立法。

② 沈国明：《关于改进地方立法机制和立法程序的几点思考》，载东方法治网2007年3月30日，http://appl.eastday.com/news/fazhi/index_gj.asp?pkey=243。

人大系统内部不同专门委员会之间审议权力的重新分配,但其实质却是借助一项程序制度让人大能够真正成为重大问题立法决策的重心而不再受制于行政系统的左右。一方面,因实施这一制度建立的法制委不仅因不与行政机关对口挂钩而在制度上“斩断”了利益部门的牵制,而且其内部成员也尽可能是与行政部门相对“绝缘”的人士,以保持其独立的判断能力;另一方面,赋予法制委不同于其他专门委的审议职责,令其具有审议程序上的优先地位,从而“刺激”其与“众”不同,有所作为。统一审议组织的中立和审议权力的“统一”为立法决策不惟政府提案左右奠定了组织基础和内在动力,进而增强人大的“整体”决策优势,并最终实现了我国决策系统中人大与政府之间重大问题决定权力的调整和分配。

当然,统一审议程序制度所释放的能量不仅仅触及我国权力和行政机关的关系,还影响到我国中央和地方的关系。即此项制度在表面上似乎仅仅关乎地方人大内部各专门委员会关系的调整,但实质上却借助地方人大法制委的架构及其作用,使地方立法能够与中央立法保持高度统一,维护中央的决策权威。不仅使单一制大国中法制统一的难题得以一定程度的“解套”,并进而通过中央和地方立法权力关系的调适来实现两者权力格局的协调和稳定。

正因为如此,在对有关体制作大的、实质性的调整尚无条件之时,在保存整体体制不作大的、“阵痛式”的改革之时,选择非焦点冲突领域、非利益交汇领域进行蕴含正义和效率意义的程序变革,往往可以产生阻力相对有限、成本相对较低、成效显著的结果。这样的变动,小事成就伟业,人、财、物耗费不大,社会保持平稳,社会不断进步。这种以程序方案面对实体现实,以技术之道解决政治问题,既不大动干戈又能有效解决问题的程序装置,即“以四两拨千斤”的思维应当成为未来权衡并决断社会改革方法并引领改革成功的新视角乃至重要路径选项之一。这就是程序先行的普遍意义。

第八章　余　　论

本研究在收获基本定论的同时，也依然存在一些困惑以及未尽成熟的“遐想”。其中包括：

一、关于统一审议制度与各国通行的议会委员会立法管辖制度的相悖性

近代以来，为了减轻和分担立法机关日趋繁重和艰巨的立法与监督工作，设置立法机关委员会几乎成为各国的实践。在有些国家，委员会体制成为“国会中枢神经系统，在立法过程中具有举足轻重的分量”，[①]“国会山上制定政策的中心舞台在委员会”，“它们是政治神经末梢、情况汇集处、方案筛选器、立法细节提炼场”。[②] 由于委员会设置较多，因而每个委员会都被明确一定的工作管辖权，以防止越俎代庖或者相互推诿。基于委员会管辖权的确立都源于上述相同的法理，因此，各委员会管辖范围平衡，不允许某委员会的实际作用明显超过其他专门委员会成为现代各国通行的惯例。[③]

然而，我国的制度似乎有所不同。诚如本书

---

① 孙哲：《左右未来——美国国会的制度创新和决策行为》，复旦大学出版社 2001 年版，第 213 页。

② Thomas E. Mann & Norman J. Omstein ed., The New Congress 183 (1981).

③ 参见周伟：《各国立法机关委员会制度比较研究》，山东人民出版社 2005 年版，第 364 页。

第三章第二节对我国地方立法统一审议制度基本结构的分析，该项程序制度通过审议次序的前后、审议原型的差异以及职能配置的不同确立了法制委"优势"于其他专门委的审议地位。由此，统一审议制度导致了专门委员会管辖分工不尽平衡的批评乃至指责至今存在。①

客观而言，统一审议制度决定于我国基本的议事理念、立法机关的实际地位以及所处的特殊制度环境。

一方面，从立法的传统分析，以下两个议事理念迄今占据着我国立法程序的主导地位：其一，法规案一旦进入程序，乐见"出生""顺产"而非"胎死腹中""难产"；其二，即便存有重大意见分歧，乐见程序外"私下"协商而非程序内正常博弈。然而，无论从利益多元因市场经济确立和政治进步而成常态，还是从现代社会管理手段日趋复杂和技术化，"私下"协商之举时有失灵，简单同意已非易事，即便法律产品得以"顺产"亦会损及质量。因此，将其他国家议会全体会议上的辩论交涉提前至我国人大常委会全体会议前的委员会审议阶段中进行不失其为良方佳药。其既顾全了现阶段不可能改变的不公开对峙的历史传统，也满足了提升草案审议质量的现实需求。换言之，我国特定的人大各委员会审议管辖权制度的本质依然是：在两个法律地位平等的审议组织展开交涉抗衡的前提下，让所有常委会成员在拥有充分和不同的决策信息基础上共同做出最后抉择。

另一方面，从立法程序启动的角度看，如果说行政机关因承担立法起草任务而成为制度创设者的话，那么，作为"来料加工方"的人大及其常委会仅仅是制度的提供者。因此，在人大常委会暂时无法成为"全职"创设者、尚未完全掌握立法资源的大前提下，要想加工"剪裁"出好的制度文本，只能对"来料提供方"所提草案进行周密审议和严格把关，消除不当的利益诉求，维护国家的法制统一。因此，统一审议应当是现阶段人大内部审议模式的最优选择。当然，这或许只是路径依赖下的无奈选择，也让那些

---

① 参见周伟：《各国立法机关委员会制度比较研究》，山东人民出版社2005年版，第370页。

青睐其他国家委员会制度的学者深感失望。但是,统一审议推行中对不同利益诉求和不同审议主体交涉性的强调、倚重或只是“放任”,无疑都显示出我国立法机关对先进议事文化精髓的推崇和利用。

综上,我们虽然放弃了对其他国家议会委员会制度“形”的直接平移,但吸收了其议事文化的“神”。借此,我们可以说,统一审议当属我国特殊国情下的明智选择,同时为未来其他领域的制度移植提供了一个成功的先例。

二、关于法制委员会身份的单一性和中立秉性的纯度性

本书第六章有关我国省级人大法制委工作职责的分析表明,包括北京、天津、辽宁、上海、江苏等11个省级行政区的人大法制委(35.5%)在实施统一审议的同时承担着“起草或拟定法规案”的职责。至于“提出法规案”几乎是所有省级人大法制委履行的主要职责。这些规定似乎似是而非,令人产生困惑。基于法制委的“专门委员会”身份,“提出法规案”职责的承担当然无可厚非,因为现行宪法和《立法法》早已明确授权,作为专门委员会之一的法制委,同其他专门委一样行使立法提案权。然而,基于权力运行的基本规律以及统一审议制度的基本宗旨,前述两项职责的赋予,尤其是“起草、拟定法规案”的规定或有可商榷之处。这是因为,如此制度群体的安排必然意味着,在自行拟定法规案的情况下,法制委既是提案人又是统一审议的主体。这种“球员”和“裁判”身份“混合”的状况令人对统一审议所必需的“立场中立”和“充分交涉”产生疑窦。

从《全国人大法律委员会工作规则》的修改来看,中央国家立法机关对这一问题不无“警觉”:尽管于1988年实施的《工作规则》明确规定,“拟订提请全国人大或者全国人大常委会审议的法律草案”是法律委仅次于“统一审议”的“具体任务”,但2005年通过的《工作规则》已巧妙地将其修改为“提出全国人大或者全国人大常委会职权范围内同本委员会有关的议案”。

借此,是否需要实现法制委“裁判”身份的唯一性,又如何提高法制委的“中立”纯度,不仅是立法实践必须面对的问题,亦是宪法

理念必须厘清和立法制度必须作出安排的重要内容。①

三、关于法制委员会主动审议的正当性

尽管地方立法实施统一审议是《立法法》确立的一项强制性程序制度,然而,法制委在该阶段的审议究竟必须是“有米之炊”还是也可以“无米之炊”,即只能限定在各方提出的审议意见或意见的范围内进行“消极”审议,还是也能凭借法制委的独到见解进行“积极”审议?

就实践而论,根据本书第四章对辽宁等三地人大法制委在统一审议过程中听取意见的方式、对象以及对各方意见采纳情况的统计,法制委在统一审议实践中主要以各方的审议意见和意见为审议“原型”,但也有一些源自“已见”。因此,地方立法实务中的统一审议无疑以“消极”为主兼有“积极”。

那么,就现行法律制度而言,其是否足以支撑统一审议以“消极”为主兼有“积极”的现实?换言之,现行法律是否已为法制委“主动”出击,在各方的审议意见和意见之外去发现法规案中的问题并提出修改建议提供了制度空间?

若以“法条”作为分析对象,并以“语义原意”的标准解读作为地方立法统一审议行为“准用”规范的《立法法》第18条和第31条,省级人大法制委在无其他主体提出修改意见的前提下进行主动的“积极”审议似乎于法无据。的确,无论是“列入全国人民代表大会会议议程的法律案,由法律委员会根据各代表团和有关的专门委员会的审议意见,对法律案进行统一审议,向主席团提出审议结果报告和法律草案修改稿”的规定,还是“列入常务委员会会议议程的

---

① 现行《地方组织法》第30条第3款规定,“各专门委员会在本级人民代表人会及其常务委员会领导下,研究、审议和拟订有关议案;对属于本级人民代表大会及其常务委员会职权范围内同本委员会有关的问题,进行调查研究,提出建议”。因此,法制委员会仍然具有双重职责,中立性疑虑也并未消除。近期,全国人大常委会分组审议《地方组织法》修正案草案,其中涉及对地方人大专门委员会的职责调整。参见朱宁宁:《全国人大常委会分组审议地方组织法修正草案　加强地方政权组织建设保障人民当家作主》,载网易官网2021年10月26日,https://www.163.com/dy/article/GN7L6SFE0514Q0KM.html。但是,从最新发布的修正案草案(征求意见稿)来看,似乎仍然保留着“研究、审议和拟订有关议案”的规定。参见“地方各级人民代表大会和地方各级人民政府组织法(修正草案)征求意见”,载中国人大网 http://www.npc.gov.cn/flcaw/userIndex.html?lid=ff8081817ca25a70017ca634acac0c9d。

法律案,由法律委员会根据常务委员会组成人员、有关的专门委员会的审议意见和各方面提出的意见,对法律案进行统一审议,提出修改情况的汇报或者审议结果报告和法律草案修改稿”的规定,两个“根据”,言之确确,几乎无法肯定法律允许省级人大法制委在记载统一审议结果的各种报告中可以“自说自话”,主动发现并纠正法规案中的问题。换言之,“……根据某意见对……进行统一审议”的行为模式至少在立法语言的表述上并未赋予法制委“积极”审议的职权。

然而,若以“法意”作为研究依据,“历史原意”的释义标准无疑肯定了省级人大法制委应当承担起“积极”审议的职责。《立法法》之所以构建地方立法统一审议机制,并在《意见》中强调必须由目前唯一的、不与人民政府各职能部门对应的专门委员会——法制委承担统一审议职责,其目的就是要让该制度发挥遏制不当利益、维护法制统一的法定功能以实现《立法法》的规范立法行为、优化立法结果的最终目的。正是基于《立法法》的这一显性“法意”,省级人大法制委在统一审议过程中,不仅应当审慎地根据各方审议意见和意见对法规案进行专业审议,做好“有米之炊”,而且必须忠实地以专业眼光和敏锐视角主动透视法规案中任何潜在的、微小的不当利益或抵触法制统一的“瑕疵”,做出“无米之炊”。

综上,本书认为,与司法救济的消极性不同,具有立法“救济属性”的统一审议理应包括“被动”和“主动”两个方面。其中,“法官”身份为主,“检察官”身份为辅,即“不告不理”是底线,但法案存有明显瑕疵但无人“起诉”之时,法制委仍须主动出击。统一审议应当以实现法定功能为宗旨,基于但绝不限于对各方审议意见和意见的取舍。[①] 当然,制度的设计要在鼓励法制委审慎使用主动审议权的同时,必须力戒法制委的越俎代庖,从而确保立法决策最终出自人

---

① 尽管笔者尚未找到地方立法程序制度中相对清晰的规定,但一些立法工作者也已提出类似的主张。例如,时任重庆市人大常委会副主任郑洪认为,“在进入人大及其常委会的审议程序后,统一审议机构应对常委会的审议意见以及通过其他渠道收集到的意见进行归纳分析,把握宏观与微观、个别与普遍,提出具体、科学的建议方案,为常委会审议法规案打好基础、做好准备”。参见郑洪:《强化人大对立法工作的组织协调》,载《中国人大》2013 年第 23 期。

大及其常委会的自主而充分的审议。

四、关于统一审议交涉的持续激励性

如果说，统一审议制度设立之初，省级人大其他专门委对“一竿子到底”审议权的调整多少有些“耿耿于怀”，至少不很习惯，那么，之后换届组成的新的其他专门委或许会对审议权的“剥离”泰然处之、不再在意。这是因为，相当数量的本届省级人大各其他专门委的成员已任职两届乃至多届，其中不乏对2000年7月《立法法》实施前的“一竿子到底”审议模式相当熟悉和非常留恋，思维及其工作惯性难以撼动其心仪的原本“说了算”的审议传统，难以说服其完全接受由另一个法律地位完全相同的专门委员会取舍由其提出的审议意见的决策模式。与此同时，因统一审议而新生的本届人大法制委“势单力薄”，除了对外必须承受不当利益始作俑者的压力之外，对内还不得不周旋于其他专门委、法工委和主任会议等各审议组织的“夹缝”之中。因此，与其说统一审议挫伤了其他专门委的审议积极性，还不如确切地说法制委小心翼翼，如履薄冰，有些省级行政区的统一审议还相当“艰难”。然而，这一现状或许将随着地方人大多番换届后得以相当程度的改变。这是因为在新组建的其他专门委员会中，一些“老”委员因时间的推移而不再留恋以往的审议模式，更关键的是，一批新任职的委员将视统一审议为理所当然，对有无“一竿子到底”的审议权已无切肤之痛。

倘若果真如此，因统一审议而萌发并良好生长的交涉机制势必受到不小的冲击——因交涉一方的主动退位而使委员会阶段的法规审议重蹈“一家定夺”之覆辙！此外，各级人大工作重点的转移，监督职责的加强，也可能使其他专门委的工作“兴奋点”远离法规案的审议。

这种主观思维惯性的重塑和客观工作重心的转移以致交涉另一方的弱化并非杞人忧天。因而，如何避免其他专门委的自动退位？如何培养并保存能与法制委持续交涉、真正抗衡的“强大”对手？如何开辟让其他专门委依然倾尽全力履行审议职责的制度途径？又如何力戒法制委在统一审议中大包大揽，甚至独断专行？这些在本届人大立法实践中不存在的难题完全可能频繁地出现在下一届人大的立法实务之中。对此，本届甘肃、宁夏回族自治区和云南等省级人大已建立了特定情况下其他专门委在一审后继续履行审议职责的制度。如2005年2月24日修改通过的《上海市制定地方性法规条例》第二十六条规定，“常务委员会会议审议地方性法规案时，如果提出专业性问题需要进一步研究的，可以由主任会议交有关的专门委员会进行研究，提出审议意见报告，并印发常务委员会会议和法制委员会”。地方立法制度的这一创新已被全国人大常委会重视并吸纳。2005年6月17日，由全国人大常委会委员长会议原则同意的《关于充分发挥专门委员会作用的若干意见》明确规定，“法律案经常委会会议第一次审议后，有关专门委员会应根据常委会组成人员的审议意见，就法律案中涉及的问题继续调查研究、进行审议，并提出本委员会的审议意见，经秘书长同意，印发下一次审议该法的常委会会议”。总之，统一审议制度的完善仍须未雨绸缪，问题需展望、研究应先行、制度须到位。要在总结实践经验的基础上将其他专门委审议职责和法制委统一审议职责间的关系明确化和制度化，令理性决策的交涉生命元素在新的环境之下持续不断地得到激励和光大。

五、关于确立法制委员会与提案人之间重大分歧解决机制的必要性

由于目前省级人大法制委的统一审议往往不限于草案的合法性、不当性和立法技术等层面，对具体制度内容的修改已趋经常化，因此，法制委与提案人之间往往存在较明显的意见分歧。

由于目前我国地方立法的提案人主要是政府，因此，法制委与提案人之间的意见协调主要涉及与政府及其有关部门之间的协调。

由于法制委与政府之间的重大意见分歧更多关乎行政权力配置的合法性和合理性，因而解决不同意见的重要性逐渐凸显；同时两者之间的重大分歧通常也涉及法治的一般原理和地方现实可行性的关系，因而分歧的解决机制当属必要。

针对人大专门委员会之间的重要不同意见，《立法法》已提供了法定的解决渠道。然而，法制委与政府及其有关部门之间存在重大分歧却尚未纳入制度解决的框架之内。这种意见分歧将在多大程

度上影响法规的实施？是否需要确立制度化的解决机制以及建立怎样的解决机制，都有待实践的证明和理论的探索。①

除了上述所感所思但未及悟彻的诸问题之外，需在余论中予以简要说明的还有本研究的局限性。

最为明显的局限当属研究数据资料方面的三大缺陷。一是缺乏我国早期省级地方人大立法实践的分析资料，以致对审议制度变迁和统一审议制度建构的研究只得以地方审议程序规则为主要对象。虽然已尽可能提供了规则之外的辅助资料，但此部分的研究无疑缺失层次感和场景感。二是缺失我国省级人大常委会的地方性法规制定过程和表决结果的立法历史档案。立法档案的不完整程度不仅仅完全超出了作者的想象，更为重要的是，其必然在相当程度上影响了地方立法制度实效量化评估结果的精确、严谨和逻辑性。另外，基于我国表决者个体表决态度的"隐私"保护现状，无法还原表决并探讨否决或者弃权的真实原因，因而只得推论而无法演绎，只得凭借表象拿捏结论而无法如愿层层剖析。三是缺少省级人大其他专门委对统一审议制度以及作用的评价资料。由于 2006 年课题组的问卷调查对象仅仅限于法制委，"自我评价"的结果多少降低了研究素材的可信度，更在一定程度上影响了研究结论的客观全面性。

研究路径的相对单一无疑也是本书无奈的缺憾。在本书第三章第一节，作者曾指出《立法法》起草中对统一审议制度的取舍存在两大瑕疵，即"从征集意见的省级行政区而言，有可能力荐非统一审议模式的地方几乎如数'缺席'……从听取意见的各地人大系统内

① 各地在处理此类分歧上的制度供给呈现较大差异。例如，《上海市制定地方性法规条例》第 32 条第 4 款规定，"地方性法规案有关问题部门间争议较大的，可以引入第三方开展评估，充分听取各方意见。评估情况应当向常务委员会报告"。此款似乎并未涉及法制委与部门之间争议的处理。同条第 3 款则规定，"地方性法规案有关问题存在重大意见分歧或者涉及利益关系重大调整，需要进行听证的，应当召开听证会。听证情况应当向常务委员会报告"。就语义而言，"重大意见分歧"似乎包括了法制委与提案主体间所存在的分歧。相较而言，广东省的规定似乎更为明确。《广东省立法条例》第 53 条规定，"地方性法规案有关问题存在重大意见分歧或者涉及利益关系重大调整，应当召开听证会，听取有关基层和群体代表、部门、人民团体、专家、省人民代表大会代表、本省选出的全国人民代表大会代表和社会有关方面的意见。听证情况应当向常务委员会报告"。

部的‘代表者’而言，有可能反对统一审议的其他专门委的声音根本未进入决策者的‘听觉’系统。针锋相对的声音最终通过最高决策层有意识地筛选而被成功地‘过滤’在外。”据此，本书理当以定量研究的方法予以证伪——其他审议模式，包括2000年前地方人大普遍采用的分散审议模式不具备统一审议制度所具有的交涉以及遏制不当利益、维护法制统一的功能；或者即便具备这些功效却无法与统一审议的优势媲美。然而，囿于研究时间的有限，更苦于原始素材的匮乏，本研究得出的各项结论仅仅“圈定”于统一审议制度的平台。

最后，必须强调指出的是，已走过7年历程的地方立法统一审议制度依然是一项新生的、年轻的、有待巩固和发展的制度。其是“专利”制度而非“舶来品”，是“新生代”而非“老古董”，既无本国的同类历史经验可资借鉴，又无他国的类似操作模式可资比对。因此，尽管交涉这一有助于提高议事质量的因子已经“落地”，但各地为该先进议事文化因子提供的软硬环境却依旧存在很大差异；尽管社会改革中的法律推进将产生巨大的推动力，但在如此广袤且各地差异悬殊的国土上推行新的法律制度首先会受到来自方方面面的阻力，实际利益的缺损和调整、优势地位的弱化或丧失，法律的实施并非容易。可以预见的是，立法机关内部对交涉机制的干预和抵制在未来一段时期内不可避免，立法机关外部为最大化统一审议制度法定和事实功能所构筑的环境亦并非完全同质和正向。因此，统一审议制度的前景仍然带有不少的不确定性。它将遭遇更多的困难和问题，也需要更多的呵护、支持和推进：不仅涉及制度和规范的具体可操作化的制定，更关乎制度的执行和规范的严格遵守！不仅重在科学机制的建设，更需先进理念和共识的维护！不仅包括组织制度、工作制度和立法制度的调适和完善，更涉及我国议事文化、决策理念的重塑乃至政治体制层面的改革！

主要参考文献

一、中文类著作和论文

著作

(一)国内著作

[1]蔡定剑:《中国人民代表大会制度》,法律出版社2003年版。

[2]蔡定剑、杜刚建主编:《国外议会及其立法程序》,中国检察出版社2002年版。

[3]曹叠云:《立法技术》,中国民主法制出版社1993年版。

[4]曹海晶:《中外立法制度比较》,商务图书馆2004年版。

[5]曹康泰主编:《中华人民共和国立法法释义》,中国法制出版社2000年版。

[6]方向新:《人性因素·生存环境:组织社会学》,知识出版社1990年版。

[7]风笑天:《社会学研究方法》,中国人民大学出版社2001年版。

[8]高贤峰:《现代组织行为学》,中国财政经济出版社1997年版。

[9]甘超英:《德国议会》,华夏出版社2002年版。

[10]谷安梁主编:《立法学》,法律出版社1993年版。

[11]顾昂然:《社会主义法制建设和立法工

作》,中国政法大学出版社 1989 年版。

[12]顾昂然:《中华人民共和国立法法讲话》,法律出版社 2000 年版。

[13]郭道晖:《中国立法制度》,人民出版社 1988 年版。

[14]郭星华、陆益龙等:《法律与社会:社会学和法学的视角》,中国人民大学出版社 2004 年版。

[15]蒋劲松:《议会之母》,中国民主法制出版社 1998 年版。

[16]李步云主编:《立法法研究》,湖南人民出版社 1998 年版。

[17]李林:《立法机关比较研究》,人民日报出版社 1991 年版。

[18]李林:《立法理论与制度》,中国法制出版社 2005 年版。

[19]李培传:《中国社会主义立法的理论与实践》,中国法制出版社 1991 年版。

[20]李友梅:《组织社会学及其决策分析》,上海大学出版社 2001 年版。

[21]刘建飞、刘启云、朱艳圣:《英国议会》,华夏出版社 2002 年版。

[22]刘政、于友民、程湘清主编:《人民代表大会工作全书》,中国法制出版社 1999 年版。

[23]刘祖云:《组织社会学》,中国社会出版社 2002 年版。

[24]罗传贤:《立法程序》,台北,龙文出版社 1993 年版。

[25]罗传贤:《立法程序与技术》,五南图书出版有限公司 1997 年版。

[26]苗连营:《立法程序论》,中国检察出版社 2001 年版。

[27]乔晓阳主编:《立法法讲话》,中国民主法制出版社 2000 年版。

[28]任浩:《公共组织行为学》,同济大学出版社 2006 年版。

[29]宋林飞:《西方社会学理论》,南京大学出版社 1997 年版。

[30]苏力:《制度是如何形成的》,中山大学出版社 1999 年版。

[31]苏力:《道路通向城市——转型中国的法治》,法律出版社 2004 年版。

[32]孙潮:《立法技术学》,浙江人民出版社 1993 年版。

[33]孙哲:《左右未来——美国国会的制度创新和决策行为》,

复旦大学出版社 2001 年版。

[34]孙哲:《中国人大制度研究(1979—2000)》,法律出版社 2004 年版。

[35]唐孝葵、欧阳振、黄湘平主编:《地方立法比较研究》,中国民主法制出版社 1992 年版。

[36]汤唯、毕可志等:《地方立法的民主化与科学化构想》,北京大学出版社 2002 年版。

[37]徐向华:《中国立法关系论》,浙江人民出版社 1999 年版。

[38]徐向华主编:《新时期立法反思》,学林出版社 2004 年版。

[39]徐育苗主编:《中外立法制度比较》,商务印书馆 2004 年版。

[40]许振洲:《法国议会》,华夏出版社 2002 年版。

[41]汪全胜:《制度设计与立法公正》,山东人民出版社 2005 年版。

[42]吴大英等:《中国社会主义立法问题》,群众出版社 1984 年版。

[43]吴大英、任允正:《立法制度比较研究》,法律出版社 1981 年版。

[44]吴大英、任允正、李林:《比较立法制度》,群众出版社 1992 年版。

[45]阎林:《政府组织结构调整与经济发展》,社会科学文献出版社 1999 年版。

[46]杨国枢、文崇一、吴聪贤、李亦园主编:《社会及行为科学研究法(上册)》,重庆大学出版社 2006 年版。

[47]杨国枢、文崇一、吴聪贤、李亦园主编:《社会及行为科学研究法(下册)》,重庆大学出版社 2006 年版。

[48]杨建顺:《日本国会》,华夏出版社 2002 年版。

[49]张爱卿:《当代组织行为学:理论与实践》,人民邮电出版社 2006 年版。

[50]张春生主编:《中华人民共和国立法法释义》,法律出版社 2000 年版。

[51]张根大:《立法学总论》,法律出版社 1991 年版。

[52]张家麟:《组织社会学》,安徽人民出版社 1988 年版。

[53]张善恭主编:《立法学原理》,上海社会科学院出版社 1991 年版。

[54]郑允海:《人民代表大会制度论丛》(第一辑),中国民主出版社 1992 年版。

[55]周雪光:《组织社会学十讲》,社会科学文献出版社 2003 版。

[56]周旺生:《立法学》,北京大学出版社 1988 年版。

[57]周伟:《各国立法机关委员会制度比较研究》,山东人民出版社 2005 年版。

[58]朱景文:《现代西方法社会学》,法律出版社 1994 年版。

(二)译著

[1][美]埃德加·博登海默:《法理学——法哲学及方法》,邓正来、姬武译,华夏出版社 1987 年版。

[2][法]皮埃尔·布迪厄、[美]汉斯·哈克:《自由交流》,桂裕芳译,三联书店 1996 年版。

[3][美]彼得·布劳、[美]马歇尔·梅耶:《现代社会中的科层制》,马戎等译,学林出版社 2001 年版。

[4][英]布赖恩·特纳编:《Blackwell 社会理论指南》,李康译,上海人民出版社 2003 年版。

[5][日]川岛武宜:《现代化与法》,申政武等译,中国政法大学出版社 2004 年版。

[6][美]德沃金:《法律帝国》,李常青译,中国大百科全书出版社 1996 年版。

[7][美]罗伯特·K. 默顿:《社会理论和社会结构》,唐少杰、齐心译,译林出版社 2006 年版。

[8][澳]马尔科姆·沃特斯:《现代社会学理论》,杨善华等译,华夏出版社 2000 年版。

[9][美]曼瑟尔·奥尔森:《集体行动的逻辑》,陈郁、郭宇峰、李崇新译,上海人民出版社 1995 年版。

[10][美]欧文·拉兹洛:《系统、结构和经验》,李创同译,上海译文出版社 1987 年版。

[11][法]皮埃乐·布迪厄:《实践与反思——反思社会学导论》,李猛、李康译,中央编译出版社1998年版。

[12][法]皮埃乐·布迪厄:《法律的力量:迈向场域的社会学》,强世功译,《北大法律评论》(第2卷第2辑),法律出版社1999年版。

[13][法]皮埃乐·布迪厄:《实践感》,蒋梓骅译,译林出版社2003年版。

[14][美]乔纳森·特纳:《社会学理论的结构·上册》,邱泽奇等译,华夏出版社2001年版。

[15][美]乔纳森·特纳:《社会学理论的结构·下册》,邱泽奇等译,华夏出版社2001年版。

[16][美]乔治·瑞泽尔:《后现代社会理论》,谢立中等译,华夏出版社2003年版。

[17][美]唐纳德·布莱克:《法律的运作行为》,唐越、苏力译,中国政法大学出版社1994年版。

[18][日]岩井奉信:《立法过程》,李微译,经济日报出版社1990年版。

[19][日]芝池义一:《行政法总论讲义(第四版)》,有斐阁2001年版。

[20][美]詹姆斯·M.布坎南、戈登·塔洛克:《同意的计算:立宪民主德逻辑基础》,陈光金译,中国社会科学出版社2000年版。

[21][美]R.M.昂格尔:《现代社会中的法律》,吴玉章、周汉华译,译林出版社2001年版。

[22][美]W.理查德·斯格特:《组织理论:理性、自然和开放系统》,黄洋等译,华夏出版社2002年版。

论文和文章

[1]白平:《我国省级人大立法审议的组织结构研究》,载徐向华主编:《新时期中国立法反思》,学林出版社2004年版。

[2]卜明长:《完善地方立法制度发挥专门委员会作用》,载《宁波人大》2006年第6期。

[3]蔡谱:《专门委员会不具有"统一审议"的职权》,载《上海市政法管理干部学院学报》2000年第6期。

[4]陈立忠:《人大立法咨询员发挥“外脑”作用　700 建议得采纳》,载《检察日报》2006 年 2 月 6 日。

[5]陈洪江:《坚持科学立法民主立法　提高天津地方性法规质量》,载《天津日报》2007 年 1 月 22 日。

[6]陈诗诗:《我国信访部门存在问题及成因:一个组织理论的视角》,载《社会科学论坛》2006 年 11 月。

[7]陈斯喜:《〈立法法〉起草研讨会综述》,载《中国法学》1997 年第 3 期。

[8]陈斯喜:《充分发挥专门委员会“专”的优势》,载《中国人大》2005 年第 15 期。

[9]崔立文:《地方性法规制定过程中的文件形态》,载《人大研究》2001 年第 4 期。

[10]崔立文:《制定地方性法规程序比较评析》,载周旺生主编:《立法研究》(第 4 卷),法律出版社 2003 年版。

[11]戴少一:《论地方立法程序及其完善》,湘潭大学 2003 年硕士学位论文。

[12]丁伟:《完善地方立法统一审议工作机制的几点思考》,载《中国人大》2005 年第 20 期。

[13]董九洲:《加强地方立法工作　健全社会主义法制》,载《中国人大》2004 年第 18 期。

[14]董蟠舆:《论全国人大及其常委会的议事规则》,载《比较法研究》1990 年第 2 期。

[15]段宝燕:《如何理解地方立法中的统一审议》,载《人大研究》2001 年第 7 期。

[16]龚学平:《认真做好地方立法工作　大力推进依法治国进程》,载《中国人大》2004 年第 12 期。

[17]顾月:《实行统一审议后如何充分发挥专门委员会在立法中的作用》,载《人大研究》2002 年第 10 期。

[18]黑龙江省第十届人大法制委员会:《黑龙江省第十届人民代表大会法制委员会 2003 年工作总结和 2004 年工作要点》,载黑龙江省人民代表大会常务委员会官网,http://www.hljrd.gov.cn/rdhy/10/03/200501190857.htm。

[19]姜春云:《地方立法要防止和克服部门利益倾向和地方保护主义》,载《宁夏人大》2002 年第 7 期。

[20]姜国栋:《法规草案推迟审议的背后》,载《上海人大》2007 年第 2 期。

[21]蒋劲松:《论人大各专门委员会的独立报告权》,载《人大研究》1995 年第 7 期。

[22]金立:《关于地方立法统一审议的实践与思考》,载《人民政坛》2003 年第 4 期。

[23]孔瑜:《论省级人大法制委员会的统一审议制度》,华东政法学院 2002 年硕士学位论文。

[24]李汉林等:《组织和制度变迁的社会过程——一种拟议的综合分析》,载《中国社会科学》2005 年第 1 期。

[25]李友梅:《社区治理:公民社会的微观基础》,载《社会》2007 年第 2 期。

[26]李祖兴:《加强专门委员会在立法审议中的作用》,载《中国法学》1993 年第 3 期。

[27]刘建伟:《省级国家权力机关立法程序探讨》,载周旺生主编:《立法研究》(第 2 卷),法律出版社 2001 年版。

[28]刘勉义:《从程序的角度谈克服立法中的部门利益》,载《中国人大》2003 年第 16 期。

[29]刘润忠:《试析结构功能主义及其社会理论》,载《天津社会科学》2005 年第 5 期。

[30]刘生荣:《关于地方立法实行统一审议制度的思考》,载《人大研究》2002 年第 8 期。

[31]刘松山:《一部关于立法制度的重要法律——〈立法法〉制定过程中争论的主要问题及其解决方式》,载《中国司法》2000 年第 5 期。

[32]刘武俊:《立法程序的法理分析》,载《渝州大学学报(社会科学版)》2002 年第 1 期。

[33]陆西泠:《一次提高审议水平和审议质量的实践——部分上海市人大常委会委员首次提出法规表决稿修改正案》,载《民主与法制时报》2002 年 12 月 24 日,第 10 版。

[34]毛磊:《优化人大常委会组成人员结构势在必行》,载《人民日报》2003 年 6 月 11 日,第 13 版。

[35]荣彩春:《法贵在优　地方立法应树立的一个新理念》,载《人民之友》2005 年第 7 期。

[36]沈国明:《关于改进地方立法机制和立法程序的几点思考》,载东方法治网,http://appl. eastday. com/news/fazhi/index_gj. asp? pkey =243。

[37]沈启帆、徐向华:《论立法多数决制——一个公共选择理论的视角》,载《法学》2005 年第 12 期。

[38]石东坡、王保民:《地方人大常委会议事质量理论与实践问题初探》,载周旺生主编:《立法研究》(第 5 卷),法律出版社 2005 年版。

[39]苏力:《法律社会学调查中的权力资源:一个社会学调查过程的反思》,载《社会学研究》1998 年第 6 期。

[40]苏力:《当代中国法律中的习惯——一个制定法的透视》,载《法学评论》2001 年第 3 期。

[41]孙潮、徐向华:《论我国立法程序的完善》,载《中国法学》2003 年第 5 期。

[42]孙晓咏:《关于自治条例和单行条例制定中统一审议问题的思考》,载《中南民族学院学报(人文社会科学版)》2002 年第 1 期。

[43]W. 理查德 · 斯科特:《对组织社会学 50 年来发展的反思》,李国武摘译,载《国外社会科学》2006 年第 1 期。

[44]魏黎明、任宣:《省人大终止审议〈物管条例〉》,载搜狐网,http://news. sohu. com/20041125/n223171131. shtml。

[45]汪全胜:《论立法制度资源的合理配置》,载周旺生主编:《立法研究》(第 3 卷),法律出版社 2002 年版。

[46]王林、赵志宏:《地方立法:统一审议需统一认识》,载《人民政坛》2001 年第 6 期。

[47]王建瑞:《关于专门委员会的产生、组成及职权问题的探讨》,载《人大研究》1999 年第 5 期。

[48]王宗炎:《关于地方人大立法审议机制的若干问题》,载

《上海人大》2002 年第 10 期。

[49]吴小云:《制度创新是立法的源头活水——广东省汕头市人大常委会提高立法质量的实践与探索》,载《中国人大杂志》2005 年第 16 期。

[50]肖萍:《以程序公正保证立法公正》,载《民主法制建设》2000 年第 8 期。

[51]谢天放等:《地方立法统一审议机制研究》,载《政府法制研究》2007 年第 10 期。

[52]许崇德:《序言》(一),载苗连营:《立法程序论》,中国检察出版社 2001 年版。

[53]徐苗铨:《统一审议制度与地方立法质量——浙江省地方立法实行统一审议 20 年的体会》,载周旺生主编:《立法研究》(第 2 卷),法律出版社 2001 年版。

[54]徐向华、林彦:《我国〈立法法〉的成功和不足》,载《法学》2000 年第 6 期。

[55]徐向华:《论我国立法多数决制度的完善》,载《上海人大月刊》2000 年第 1 期。

[56]杨国森:《规范地方立法程序强化统一审议制度——学习〈中华人民共和国立法法〉的一点体会》,载《天津市政法管理干部学院学报》2000 年第 2 期。

[57]叶勇鹏:《实行统一审议后地方立法存在的问题及对策》,载《人民政坛》2002 年第 12 期。

[58]尹秀荣、孙德英:《关于提高地方立法质量的几点思考》,载《沈阳干部学刊》2004 年第 6 期。

[59]于均波:《实行统一审议 提高立法质量》,载《法制日报》2002 年 3 月 7 日,第 5 版。

[60]余凯、韩靖桥:《10∶3——透视省本级法规案年度统一审议》,载《湖北日报》2005 年 1 月 25 日,第 B4 版。

[61]俞永生:《论改革完善中国地方立法程序》,载周旺生主编:《立法研究》(第 1 卷)法律出版社 2000 年版。

[62]湛正群、李非:《组织制度理论:研究的问题、观点与进展》,载《现代管理科学》2006 年第 4 期。

[63]朱克映:《安徽省人大常委会立法咨询专家库正式运行》,载中国人大新闻网,http://npc. people. com. cn/GB/25019/5402549. html。

[64]粘青:《以人为本　立法为民　省人大常委会召开立法咨询员座谈会》,载《吉林日报》2007年2月7日,第1版。

[65]张引:《世纪之交的北京地方立法》,载周旺生主编:《立法研究》(第4卷),法律出版社2003年版。

[66]张志坚、刘勉义:《贯彻实施〈立法法〉制定地方立法法规的几个问题》,载《人大研究》2001年第4期。

[67]周旺生:《再论全国人大立法运作制度》,载《求是学刊》2003年第4期。

[68]周伟:《近代立法机关委员会产生的原因探讨》,载《西南交通大学学报》2002年第1期。

[69]周伟:《立法机关委员会管辖比较》,载《人大研究》2003年第6期。

[70]周伟:《全国人大法律委员会统一审议法律草案立法程序之改革》,载《法律科学》2004年第5期。

[71]周伟:《我国立法程序中专门委员会审查法案的主要问题》,载《学海》2005年第3期。

[72]周文菁:《遭委员异议　上海人大一项法规修正案搁置》,载《解放日报》2002年2月1日,第1版。

[73]周冶陶:《做好统一审议工作提高地方立法质量》,载《楚天主人》2005年第12期。

[74]《我省人大常委会成立立法专家咨询库》,载山东人大立法网,http://www. sdrdlf. gov. cn/main/show_gg. asp? id = 85。

二、英文类著作和论文

[1] Davidson, Roger H. and Oleszek, Walter J., Congress and Members. 2nd ed, Congressional Quarterly Inc(1985).

[2] Davies, Jack, Legislative Law and Process(1975).

[3] Dickerson, Reed, Legal Drafting(1981).

[4] Duff, R. A., Trials and Punishments(1986).

[5] William N. Eskridge & Philip P. Frickey & Elizabeth Garrett, Cases and Materials on Legislation: Statutes and the Creation of Public Policy 67 (2001).

[6] Filson, Lawrence E., The Legislative Drafter's Desk Reference (1992).

[7] Griff, J. A. G., Parliarment, Functions and Procedures, Sweet & Maxwell (1989).

[8] Harrison, Jeffrey L., Law and Economics (1995).

[9] Kreibel, Keith, Pivotal Politics: A Theory of U. S. Lawmaking (1998).

[10] John D. Lees & Malcolm Shaw, Committees in Legislatures: A Comparative Analysis 377 (1979).

[11] Lindblom Charles E, The Policy Making Process (1968).

[12] Malloy, R. P., Law and Market Economy (2000).

[13] Moen C. & Copeland W, The Contemporary Congress: A bicameral Approach, Wadsworth (1997).

[14] David M. Olson, The Legislative Process: A Comparative Approach 342 (1980).

[15] Postema, Gerald J. The Principle of Utility and the Law of Procedure: Bentham's Theory of Adjudication (1977).

[16] Pring, Kenneth Bradshaw David, Parliaments and Congress (1982).

[17] Redman, Eric, The Dance of Legislation, Simon and Schuster (1973).

[18] Christopher J. Deering & Steven S. Smith, Committees in Congress 9 (1990).

[19] Robert E. Stake, The Art of Case Study Research (1995).

[20] Stone, Seidman & Sunstein & Tushnet, Constitutional Law (2001).

[21] Thomas E. Mann & Norman J. Omstein ed, The New Congress (1981).

[22] Tiefer, Charles, Congressional practice and procedure: a

reference, research, and legislative guide(1989).

[23] Zander, Michael, The Law-Making Process(1990).

[24] "Mason's Manual of Legislative Procedure" West Publishing Co. St. Paul, Minn.

[25] "Rules of the Maryland House of Delegates" Regular Session(2000).

[26] "Law-Making in the People's Republic of China" Kluwer Law International(2000).

三、法律、法规、规范性文件和起草说明、审议报告

[1]《中华人民共和国宪法》

[2]《中华人民共和国立法法》

[3]《中华人民共和国全国人民代表大会组织法》

[4]《中华人民共和国地方各级人民代表大会和地方各级人民政府组织法》

[5]《关于起草地方性法规草案和制定规章程序的暂行规定》

[6]《中共中央通知:要加强全国人大常委会制度建设》

[7]《关于立法法有关问题的询问答复》

[8]《北京市人民代表大会议事规则》

[9]《北京市人大法制委员会工作规则》

[10]《北京市制定地方性法规条例(2003 年修正)》

[11]《北京市关于充分发挥专门委作用的若干意见(试行)》

[12]《天津市人民代表大会常务委员会议事规则》

[13]《天津市人大法制委员会工作规则》

[14]《河北省地方立法条例》

[15]《河北省地方性法规制定程序的暂行规定》

[16]《河北省第九届人民代表大会常务委员会关于授权法制委员会承担对地方性法规草案统一审议工作的决定》

[17]《河北省人民代表大会议事规则》

[18]《河北省制定地方性法规规程》

[19]《河北省人民代表大会常务委员会议事规则》

[20]《河北省人民代表大会议事规则》

[21]《河北省制定地方性法规草案和规章的规定》

[22]《河北省制定地方性法规规程(修正)》

[23]《山西省人民代表大会常务委员会制定地方性法规的程序(试行)》

[24]《内蒙古自治区人民代表大会常务委员会关于授权法制工作委员会承担地方性法规草案统一审议工作的决定》

[25]《内蒙古自治区人民代表大会常务委员会制定地方性法规的若干规定(试行)》

[26]《内蒙古自治区人民代表大会及其常务委员会立法条例》

[27]《辽宁省人民代表大会常务委员会制定和批准地方性法规条例》

[28]《辽宁人大法制委员会工作规则》

[29]《辽宁省制定和批准地方性法规程序规定》

[30]《辽宁省行政执法条例》

[31]《辽宁省实施〈中华人民共和国农村土地承包法〉办法》

[32]《辽宁省古生物化石保护条例》

[33]《辽宁省预防和制止家庭暴力规定》

[34]《辽宁省人大法制委员会关于〈辽宁省预防和制止家庭暴力若干规定(草案)〉修改情况的汇报》

[35]《辽宁省人大法制委员会关于〈辽宁省预防和制止家庭暴力规定(草案)〉审议结果的报告》

[36]《辽宁省人大法制委员会关于〈辽宁省预防和制止家庭暴力规定(草案三次审议稿)〉修改意见的说明》

[37]《辽宁省实施〈中华人民共和国国家通用语言文字法〉规定》

[38]《辽宁省旅游条例》

[39]《辽宁省人大法制委员会关于〈辽宁省旅游条例(草案)〉审议结果的报告》

[40]《辽宁省人大法制委员会关于〈辽宁省行政执法条例(草案)〉修改情况的汇报》

[41]《辽宁省人大法制委员会关于〈辽宁省古生物化石资源保护条例(草案)〉修改情况的汇报》

[42]《辽宁省人大法制委员会关于〈辽宁省古生物化石保护条例(草案)〉审议结果的报告》

[43]《辽宁省实施〈中华人民共和国国家通用语言文字法〉规定(草案)修改情况的汇报》

[44]《辽宁省人大法制委员会关于〈辽宁省实施《中华人民共和国农村土地承包法》办法(草案)〉审议结果的报告》

[45]《吉林省人民代表大会常务委员会关于授权法制工作委员会承担地方性法规草案统一审议工作的决定》

[46]《吉林省人民代表大会常务委员会关于制定和执行地方性法规若干问题的规定》

[47]《吉林省人民代表大会常务委员会议事规则》

[48]《吉林省人民代表大会及其常务委员会立法程序的规定》

[49]《吉林省人民代表大会常务委员会制定地方性法规的规定》

[50]《吉林人大法制委员会工作规则(修订)》

[51]《吉林省法制委工作规则》

[52]《黑龙江省人民代表大会常务委员会关于制定地方性法规若干问题的规定》

[53]《黑龙江省人民代表大会常务委员会议事规则》

[54]《黑龙江省人民代表大会常务委员会制定和批准地方性法规条例》

[55]《黑龙江省人民代表大会议事规则》

[56]《黑龙江省人大法制委员会工作规则》

[57]《黑龙江省人民代表大会常务委员会关于制定地方性法规若干问题的规定》

[58]《上海市区、县人民代表大会代表选举暂行实施细则》

[59]《上海市人民代表大会常务委员会关于加强与市人民代表大会代表联系的暂行办法》

[60]《上海市人民代表大会常务委员会制定地方性法规程序的暂行规定》

[61]《上海市人民代表大会常务委员会主任会议议事规则》

[62]《上海人大法制委员会工作规则》

[63]《上海人大法制委员会工作规则(修正)》
[64]《上海市制定地方性法规条例》
[65]《上海市民用机场地区管理条例》
[66]《上海市公路管理条例》
[67]《上海市水路运输管理条例》
[68]《上海市防汛条例》
[69]《上海市信访条例》
[70]《上海市法律援助若干规定》
[71]《上海市公园管理条例》
[72]《上海市排水管理条例》
[73]《上海市住房公积金管理若干规定》
[74]《上海市促进就业若干规定》
[75]《上海市人民代表大会城市建设环境保护委员会关于〈上海市民用机场地区管理条例修正案(草案)〉等十四件地方性法规修正案(草案)的审议意见报告》
[76]《上海市人民代表大会法制委员会关于〈上海市住房公积金管理若干规定(草案)〉(修改稿)修改情况的报告》
[77]《上海市人大常委会法制委员会关于〈上海市促进就业若干规定(草案)〉审议结果的报告》
[78]《上海市市容环境卫生管理条例(修正)》
[79]《上海市制定地方性法规条例(修正)》
[80]《上海市民用机场地区管理条例(二次修正)》
[81]《上海市排水管理条例(三次修正)》
[82]《上海市轨道交通管理条例(修正)》
[83]《上海市城镇职工社会保险费征缴若干规定》
[84]《上海市特种行业和公共场所治安管理条例》
[85]《上海市区县及乡镇人民代表大会代表直接选举实施细则的决定(草案)》
[86]《上海市机动车道路交通事故赔偿责任若干规定》
[87]《上海市宗教事务条例》
[88]《上海市人民代表大会法制委员会关于修改〈上海市宗教事务条例〉的决定(草案)审议结果的报告》

[89]《上海市人民代表大会法制委员会关于修改〈上海市宗教事务条例〉的决定草案(修改稿)修改情况的报告》

[90]《上海市人民代表大会法制委员会关于上海市人民代表大会常务委员会关于修改〈上海市宗教事务条例的决定(草案)〉(修改稿)修改情况的报告》

[91]《上海市企业名称登记管理条例》

[92]《上海市道路运输管理条例》

[93]《上海市人大法制委员会关于〈上海市道路运输管理条例(修订草案)〉审议结果的报告》

[94]《上海市环境保护条例》

[95]《上海市人大法制委员会关于〈上海市环境保护条例(草案)〉(修改稿)修改情况的报告》

[96]《上海市商品交易市场管理条例》

[97]《上海市区县及乡镇人民代表大会代表直接选举实施细则》

[98]《上海市实施《中华人民共和国国家通用语言文字法》办法》

[99]《上海市人民代表大会法制委员会关于〈上海市机动车道路交通事故赔偿责任若干规定(草案)〉审议结果的报告》

[100]《上海市人民代表大会法制委员会关于〈上海市机动车道路交通事故赔偿责任若干规定(草案)〉(修改稿)修改情况的报告》

[101]《上海市人大法制委员会关于〈上海市商品交易市场管理条例(草案)〉审议结果的报告》

[102]《上海市人民代表大会法制委员会关于修改〈上海市区县及乡镇人民代表大会代表直接选举实施细则〉的决定(草案)审议结果的报告》

[103]《上海市生产性废旧金属收购许可管理规定》

[104]《上海市人大常委会法制委员会关于〈上海市法律援助若干规定(草案)〉审议结果的报告》

[105]《上海市人大常委会法制委员会关于〈上海市促进就业若干规定(草案)〉审议结果的报告》

[106]《江苏省人民代表大会常务委员会关于授权法制委员会承担地方性法规草案统一审议工作的决定》

[107]《江苏省人民代表大会常务委员会关于制定地方性法规的若干规定》

[108]《江苏人大法制委员会工作职责》

[109]《江苏省人大常委会法工委工作职责》

[110]《江苏省制定和批准地方性法规条例》

[111]《浙江省人民代表大会常务委员会制定地方性法规的程序的规定》

[112]《安徽省各级人民代表大会及其常务委员会执行地方组织法的若干规定》

[113]《安徽省人民代表大会常务委员会议事规则》

[114]《安徽省人民代表大会议事规则(修正)》

[115]《安徽省人民代表大会及其常务委员会立法条例》

[116]《安徽省人大法制委工作规则(修改)》

[117]《福建省人民代表大会常务委员会议事规则》

[118]《福建省人民代表大会常务委员会制定地方性法规的规定》

[119]《福建省人民代表大会常务委员会主任会议议事规则》

[120]《福建省人民代表大会议事规则》

[121]《福建省制定地方性法规的暂行规定》

[122]《福建人大法制委员会工作规则》

[123]《福建省人民代表大会常务委员会工作条例(试行)》

[124]《福建省人民代表大会法制委员会地方性法规统一审议若干规定(草案)》

[125]《江西人大法制委员会工作规则》

[126]《江西人大法制委员会工作规则(修正)》

[127]《江西省人大常委会法工委工作规则》

[128]《江西省人民代表大会法制委员会工作规则》

[129]《江西省立法条例》

[130]《江西省法规修改、送审工作基本规程(试行)》

[131]《江西省实施〈中华人民共和国义务教育法〉办法》

[132]《江西省渡口管理条例》

[133]《江西省消防条例》

[134]《江西省特种行业治安管理条例》

[135]《江西省城市居住小区物业管理条例》

[136]《江西省建筑管理条例》

[137]《江西省种畜种禽管理条例》

[138]《江西省广播电视管理条例》

[139]《江西省城市房地产开发管理条例》

[140]《江西省实施〈中华人民共和国母婴保健法〉办法》

[141]《江西省烟草专卖条例》

[142]《江西省农作物种子管理条例》

[143]《江西省出版监督管理条例》

[144]《江西省测绘管理条例》

[145]《江西省企业负担监督管理条例》

[146]《江西省职业技能考核鉴定管理条例》

[147]《关于〈江西省企业负担监督管理条例(草案)〉修改情况的汇报》

[148]《关于〈江西省出版监督管理条例(草案修改稿)〉审议结果的报告》

[149]《关于〈江西省出版监督管理条例(草案)〉修改情况的汇报》

[150]《关于〈江西省测绘管理条例(修订草案)〉修改情况的汇报》

[151]《关于〈江西省测绘管理条例(修订草案)〉审议结果的报告》

[152]《关于〈江西省农作物种子管理条例(草案修改稿)〉审议结果的报告》

[153]《山东省关于制定地方性法规程序的暂行规定》

[154]《山东省人民代表大会常务委员会议事规则》

[155]《山东省人大常委会关于加强和改进地方立法工作进一步提高立法质量的意见》

[156]《山东省第九届人民代表大会第三次会议关于增设山东

省人民代表大会法制委员会的决定》

[157]《山东省人大法制委员会关于〈山东省遗体捐赠条例(草案)〉审议结果的报告》

[158]《关于〈山东省森林资源管理条例(修订草案)〉审议结果的报告》

[159]《关于〈山东省森林资源管理条例(修订草案修改稿)〉修改情况的说明》

[160]《河南省人民代表大会常务委员会议事规则》

[161]《河南省人民代表大会及其常务委员会地方立法程序规定》

[162]《河南省人民代表大会议事规则》

[163]《湖北省人民代表大会常务委员会制定地方性法规的规定》

[164]《湖北省人民代表大会常务委员会关于由省人民代表大会法制委员会承担地方性法规草案统一审议工作的决定》

[165]《湖北省人民代表大会常务委员会议事规则》

[166]《湖北省人民代表大会议事规则》

[167]《湖南省地方立法条例》

[168]《湖南省关于充分发挥专门委员会作用的若干意见》

[169]《湖南省人民代表大会常务委员会关于授权法规工作委员会对地方性法规草案进行统一审议的决定》

[170]《湖南省人民代表大会常务委员会制定地方性法规程序(试行)》

[171]《湖南省人民代表大会常务委员会主任会议提出的〈关于提请审议授权法规工作委员会对地方性法规草案进行统一审议的议案〉》

[172]《湖南省人民代表大会常务委员会制定地方性法规程序的规定》

[173]《广东省地方立法条例》

[174]《广东省人民代表大会常务委员会关于制定地方性法规程序的暂行规定》

[175]《广东省人民代表大会常务委员会议事规则》

[176]《广东省人民代表大会常务委员会制定地方性法规规定》

[177]《广东省人民代表大会议事规则(试行)》

[178]《广东省人民代表大会议事规则》

[179]《广东省制定地方性法规规定》

[180]《广西壮族自治区人民代表大会常务委员会关于制定地方性法规程序的规定》

[181]《广西壮族自治区人民代表大会常务委员会议事规则》

[182]《广西人大法制委员会工作规则》

[183]《海南省地方性法规起草和行政规章制定程序暂行规定》

[184]《海南省地方性法规制定程序条例》

[185]《海南省制定与批准地方性法规条例》

[186]《海南省人民代表大会常务委员会关于授权法制工作委员会、法规室负责统一审议地方性法规草案的决定》

[187]《海南省人民代表大会常务委员会议事规则(修正)》

[188]《海南省人民代表大会常务委员会制定批准地方性法规条例》

[189]《海南省人民代表大会议事规则》

[190]《海南省人民代表会议常务委员会议事规则》

[191]《海南人大法制委员会关于进一步提高立法质量的实施意见》

[192]《海南省人民政府关于修改〈海南省人民政府关于地方性法规起草和行政规章制定程序的规定〉的决定》

[193]《重庆市人民代表大会法制委员会议事规则》

[194]《重庆人大法制委员会议事规则》

[195]《重庆市制定地方性法规条例》

[196]《重庆市常委会关于进一步提高地方立法质量的工作意见(试行)》

[197]《重庆人大法制委、常委会法工委内部工作制度》

[198]《重庆法制委、法委员立法工作规程》

[199]《重庆市人民代表大会法制委员会、重庆市人大常委会

法制工作委员会及其工作机构工作职责》
[200]《四川人大法制委员会工作规则》
[201]《四川人大常委会法工委工作职责》
[202]《四川省人民代表大会及其常务委员会立法程序规定》
[203]《贵州省地方立法条例》
[204]《贵州省人大常委会关于贯彻实施〈中华人民共和国立法法〉有关规定的决议》
[205]《贵州省人大法制委员会工作规则(试行)》
[206]《贵州省人民代表大会常务委员会议事规则(试行)》
[207]《贵州省人民代表大会议事规则》
[208]《贵州省制定地方性法规的程序的暂行规定》
[209]《云南省人民代表大会常务委员会关于授权法制工作委员会负责统一审议地方性法规草案的决定》
[210]《云南省人民代表大会常务委员会关于制定地方性法规的暂行规定》
[211]《云南人大常委会关于改进立法工作提高立法质量的意见》
[212]《云南省人民代表大会常务委员会议事规则》
[213]《西藏自治区人民代表大会议事规则(试行)》
[214]《陕西省人民代表大会常务委员会制定地方性法规程序的规定》
[215]《陕西省地方立法工作规程》
[216]《陕西省地方立法条例》
[217]《甘肃省各级人民代表大会议事规则》
[218]《甘肃省人民代表大会常务委员会议事规则》
[219]《甘肃省人民政府拟定地方性法规草案和制定规章程序规定》
[220]《甘肃省人民代表大会常务委员会立法听证规则》
[221]《甘肃省人大常委会地方性法规质量标准及其保障措施(试行)》
[222]《青海省人民代表大会常务委员会关于制定地方性法规的规定》

[223]《青海省人民代表大会常务委员会制定地方性法规程序的规定(修正)》

[224]《青海人大法制委员会工作职责》

[225]《青海人大法制委员会工作规则》

[226]《宁夏回族自治区关于制定地方性法规程序的规定》

[227]《宁夏人大法制委员会工作规则》

[228]《宁夏法制委员会组成人员守则》

[229]《宁夏回族自治区制定地方性法规协调工作的制度》

[230]《宁夏回族自治区人大常务委员会立法听证条例》

[231]《宁夏回族自治区人民代表大会常务委员会制定和批准地方性法规程序的规定》

[232]《新疆维吾尔自治区人民代表大会常务委员会关于授权自治区人大常委会法制委员会承担地方性法规草案统一审议工作的决定》

[233]《新疆维吾尔自治区人民代表大会常务委员会议事规则》

四、重要讲话

[1]胡锦涛:《在首都各界纪念全国人民代表大会成立50周年大会上的讲话》(2004年9月15日),载《全国人民代表大会常务委员会公报》2004年第7期。

[2]李鹏:《在全国人大常委会立法工作会议上的讲话(摘要)》(2000年11月2日),载《立法与监督——李鹏人大日记》,第329~332页。

[3]李鹏:《在九届全国人大常委会第三次会议上的讲话》(1998年6月26日),载《全国人民代表大会常务委员会公报》1998年第3期。

五、年鉴

[1]全国人大常委会办公厅联络局地方联络处:《省、自治区、直辖市人民代表大会及其常委会制定地方性法规的工作》,载《中国法律年鉴》(1987年),法律出版社1987年版。

［2］王任重:《在会见云南省六届人大五次会议全体代表时的讲话》(1987 年 2 月 26 日),载《中国法律年鉴》(1988 年),中国法律年鉴社 1988 年版。

［3］广东省人大常委会法律委员会:《广东省地方立法十年概况》;北京市人大常委会法制室:《北京市地方性法规的制定及其实施》,载《中国法律年鉴》(1990 年),中国法律年鉴社 1990 年版。

［4］牛会拴(河北省人大常委会政法委员会):《河北省 11 年地方立法工作》(1992 年),载《中国法律年鉴》,中国法律年鉴社 1992 年版。

［5］袁兵:《湖北省法制建设》《地方立法》;黄钰:《上海市法制建设》《地方立法》,载《中国法律年鉴》(1999 年),中国法律年鉴社 1999 年版。

致 谢

敲下最后一行字,天已破晓。又是一个通宵达旦!回想过去4个多月的日日夜夜,面对一个无法轻易攀登的学术高峰,我终于有了登顶的快感!我有了年轻时无法产生的释然!

这是一个自我加压并自我超越的学术行为。选择一个年过半百的年龄、选择一个参与法学院管理工作的时段,更选择社会学这个与法学全然不同的领域。说真的,时至今日我还有几许后怕。如果没有导师李友梅教授[①]的热情鼓励和无私帮助,没有李老师的严格把关和悉心指点,我恐怕会半途而废。

20多年的法学教育和立法实践,我对法学的解读虽然驾轻就熟,但单一专业的思维和视野时常令人面临“只见树木、不见森林”的困境。因而,我萌生了用社会学的视角和理论工具研究本属复合现象的法学问题和立法行为的渴望。终于,在家人、同仁和朋友的鼓励支持下,于年过半百之时重拾学生身份,我走进了社会学这一充满活力的学术领域。眼前的论文就是一次法学与社会学的对话和交融。这是一次有心得、有感悟、有超越也有遗憾

---

① 李友梅教授是我从2005年3月至2007年9月在上海大学攻读社会学博士学位的导师。李老师师从我国著名社会学和人类学家费孝通先生。其曾任中国社会学会会长、上海大学副校长。

的冲刺！

上海大学社会学系的沈关宝、张钟汝、张文宏、张佩国、刘玉照、肖瑛和汤艳文等教授们对本书的写作给予了极大的帮助。本书的一些创新之处，亦是在他们的授课、开题与解惑中激发而得的。他们的耐心、热心、慧心及深厚的社会学功力是我努力的动力与目标。贺斌等老师也为学习和写作的一切细节提供了周到、便捷和热忱的帮助。在此，我发自肺腑地道声："谢谢"，"再谢谢"！

我要由衷地谢忱上海市人大法制委员会的谢天放主任委员、上海市人大常委会发言人王宗炎先生以及《地方立法统一审议机制研究》课题组的其他成员，他们的研究坚定了我扎扎实实研究中国法治进程中自然而然流淌出来的问题的信心；他们的研究成果激励了我采用法社会学的研究方法和路径进行一次"稚嫩"的尝试——通过社会变迁来研究立法制度、透过立法制度来反思社会变革。同时，辽宁省第十届人大法制委员会的崔立文主任委员、江西省第十届人大常委会法工委的沈立平主任和全国人大常委会法工委的胡健先生都为本研究提供了不可或缺的珍贵数据和资料。此外，我要感谢上海交通大学的林彦老师和周欣硕士研究生、华东政法大学的郭清梅老师和刘新慧硕士研究生、上海市人大常委会法工委的阎锐副处长和沈启帆女士，以及上海市人民政府法制办的王晓妹女士，[①]他们在研究前期提供的资料整理、在论文写作中切磋的思想火花、在研究后期进行的文本校对，一切无私的帮助对博士论文如期完成所起的作用自不待言。[②]

我还要特别感谢我的家人！他们的理解和支持、他们的付出和

---

① 本书付梓出版之时，当年予本研究以鼎力帮助的我的好友和学生们都不忘初心地继续在我国法治系统各领域努力工作着，并承担起更为重要的职责和责任。目前胡健是第十三届全国人大常委会法工委发言人办公室主任；林彦是上海交通大学凯原法学院教授，曾任法学院副院长和上海交大教务处副处长；周欣是上海金融法院立案庭审判员，三级高级法官；郭清梅是华东政法大学法律学院讲师；刘新慧是上海闵行区人民法院行政及执行裁判庭副庭长；阎锐是第十五届上海市人大法制委副主任委员、常委会法工委主任；沈启帆是第十五届上海市人大常委会办公厅秘书处（信息办）副处长（副主任）；王晓妹是上海市大数据中心副主任。在此，再次由衷谢忱我学术生涯中的伙伴们！

② 我还要由衷感谢法律出版社的曲杰编辑，他为本书的出版做了大量细致烦琐的编辑工作。

关爱才能让我坚持到底，最终登顶！

我深知，论文的写就绝不是一个个人行为，而是由导师、同事、家人和我组成的团队行为！我们给了中国地方立法统一审议这一"原创"制度一个全新的、有分量的解释！

最后，我至诚地感谢这个伟大的时代，让我有幸目睹并亲历国家的变革和发展；我至真感谢这个深刻的变革，让我乘时有所作为，不是对自己，而是对民族，对人类！

徐向华

2007年6月6日于上海